献给我深爱着的凯伦!

西方法律逻辑经典译丛
熊明辉 丁利 主编

〔加拿大〕道格拉斯·沃尔顿 著
樊传明 译

Argument Evaluation and Evidence

论证评价与证据

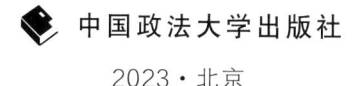

中国政法大学出版社
2023·北京

论证评价与证据

Translation from the English language edition:
Argument Evaluation and Evidence
by Douglas Walton

Copyright © Springer International Publishing Switzerland 2016
This Springer imprint is published by Springer Nature
The registered company is Springer International Publishing AG
All Rights Reserved

北京市版权局著作权合同登记号：图字 01-2017-3683 号

出版说明

"西方法律逻辑经典译丛"是由教育部普通高校人文社会科学重点研究基地中山大学逻辑与认知研究所、中山大学法学院以及广东省普通高校人文社会科学重点研究基地中山大学法学理论与法律实践研究中心共同策划,由中国政法大学出版社出版的系列图书翻译项目。"译丛"所选书目均为能够体现西方法律逻辑的经典著作,并以最高水平为标准,计划书目为开放式,既包括当代西方经典法律逻辑教科书,又包括经典法律逻辑专著。第一批由广东省"法治化进程中的制度设计与冲突解决理论:理论、实践与广东经验"项目资助出版,到目前为止已出版:《法律与逻辑:法律论证的批判性说明》《法律逻辑研究》《法律推理方法》《论法律与理性》《前提与结论:法律分析的符号逻辑》《建模法律论证的逻辑工具》《虚拟论证:论法律人及其他论证者的论证助手涉及》《对话法律:法律证成和论证的对话模型》

论证评价与证据

《平等的逻辑：非歧视法律的形式分析》《法律谈判简论》《诉答博弈——程序性公正的人工智能模型》等。他山之石，可以攻玉，相信本译丛之出版不仅有助于推动我国法律逻辑教学和研究与国际接轨，而且为法治中国建设提供一种通达法律理性和实现公正司法的逻辑理性工具。

熊明辉　丁　利
2014 年 5 月 31 日第一版
2018 年 1 月 1 日修订

总 序

法律逻辑有时指称一组用来评价法律论证的原则或规则,其目的是为法律理性和法律公正提供一种分析与评价工具;有时意指一门研究法律逻辑原则或规则的学科,即一门研究如何把好的法律论证与不好的法律论证相区别开来的学科。

自古希腊开始,法律与逻辑就有着密不可分的联系,甚至可以说,逻辑学实际上就是应法庭辩论的需要而产生的,因为亚里士多德(Aristotle)《前分析篇》中的"分析方法"后来演变成"逻辑方法",它实际上是针对当时的智者们的论证技巧而提出来的,这些智者视教人打官司为基本使命之一。亚里士多德把逻辑学推向了对普遍有效性的追求,这导致了这样的结果:论证的好坏与内容无关,而只与形式有关。19世纪末,亦即在弗雷格(Frege)发展出了数理逻辑之后,"形式逻辑"一度成为"逻辑"的代名词。法律与逻辑的关系似乎渐行渐远。因此,有人说逻辑就是形式逻辑,根本不存在特殊的法律逻辑,故法律逻辑至多是形式逻辑在法律领域中的应用。事实上,法律推理确实有自己的逻辑,并且这种逻辑指向的是与内容相关的实践推理。正因如此,如佩雷尔曼(Perelman)所说,在处理传统上什么是法律逻辑的问题时,有人宁愿在其著作中使用"法律推理"或"法律论证"之类的术语,而避免使用"逻辑"一词。

20世纪50年代,以图尔敏(Toulmin)和佩雷尔曼为代表的逻辑学家们开始把注意力转向实践推理,特别是法律推理领域,开辟了法律逻辑研究的新领域。特别是非形式逻辑学家与论证理论家们把语境因素引入到日常生活中真实论证的分析与评价上来,这为法律逻辑研究找到了一个很好的路径。如今,法律逻辑研究需要面对"两个大脑":一是"人脑",即法官、律师、检察官等法律人是如何进行法律论证的;二是"电脑",即为计算机法律专家系统中法律论证的人工智能逻辑建模。前者的逻辑基础是非形式逻辑,而后者的逻辑基础是形式逻辑。如果说形式逻辑对论证的分析与评价仅仅是建立在语义和句法维度之上的话,那么,非形式逻辑显然在形式逻辑框架基础之上引入了一个语用维度,因此,我们不再需要回避"法律逻辑"这一术语了。

熊明辉　丁　利

2014 年 5 月 31 日

致 谢

本书的研究得到了加拿大社会科学与人文研究理事会（Social Sciences and Humanities Research Council of Canada）对"卡涅阿德斯论证系统"（Carneades Argumentation System）资助项目（资助编号：435-2012-0104）的支持。我在该项目中的合作者汤姆·戈登（Tom Gordon），从多方面为本书的研究做出了贡献。

本书第 3 章的内容源于我的一篇论文："A dialogue system specification for explanation," in *Synthese*, 182（3），2011，349-374，但是纳入本书时做了很大修改，重写了许多内容。原来的内容得到了加拿大社会科学与人文研究理事会另一个研究资助项目"人工智能与法律中的论证"的支持。我要感谢温莎大学"推理、论证与修辞研究中心"（Centre for Research in Reasoning, Argumentation and Rhetoric）的成员，他们对这一章的初稿发表了评论。尤其要感谢史蒂文·帕特森（Steven Patterson）和晋荣东（Jin Rongdong），他们的评论促成了一些特别重要的改善。我还要感谢施普林格出版社允许我再次使用这篇文章的内容。

第4章的内容源于以下论文："On a razor's edge: evaluating arguments from expert opinion," in *Argument and Computation*, 5 (2-3), 2014, 139-159, 纳入本书时做了很大修改和部分重写。出版商泰勒和弗朗西斯有限公司许可我重印此文，我要对此表示谢意。

第5章的内容源于以下论文："An argumentation model of forensic evidence in fine art attribution," in *AI and Society*, 28 (4), 2013, 509-530, 经修改和部分重写后纳入本书。感谢施普林格出版社许可重印此文。我还要感谢鲍勃·平托（Bob Pinto）、菲尔·罗斯（Phil Rose）和克里斯·廷德尔（Chris Tindale），他们在2012年9月推理、论证与修辞研究中心举办的一次会议上，对本文给予了有益的评论和探讨。

第6章的部分内容，曾经于2014年2月在推理、论证与修辞研究中心作为论文宣读过。我要感谢托尼·布莱尔（Tony Blair）、汉斯·汉森（Hans Hansen）、凯特·亨德利贝（Cate Hundleby）、尼尔·辛普森（Neil Simpson）和迈克尔·西乌（Michael Siu），他们发表了有益的评论。马丁·肯普（Martin Kemp）发给我一组对本章的详细评论，这使我得以完善这一章的内容，并且纠正了一些严重的错误。

第7章的研究得以完成，有赖于加拿大社会科学与人文研究理事会给予的另一项资助。我要感谢大卫·古德恩（David Godden），他鼓励我选择这个主题，并且曾与我合作完成了一篇论文（"Redefining knowledge in a way suitable for argumentation theory"，提交在安大略论证研究学会2007年的会议上）。这篇论文为本书第7章的内容奠定了基础。第7章的内容曾作为论文发表过，即"Reasoning about knowledge using defeasible logic," in *Argument and Computation*, 2 (2-3), 2011, 131-155, 收入本书时做了不少修改。感谢泰勒和弗朗西斯有限公司许可重印此文。

致 谢

我要感谢以下人士对与本书章节相关的主题所做的讨论：弗洛里斯·J. 贝克斯（Floris J. Bex），J. 安东尼·布莱尔（J. Anthony Blair），托马斯·F. 戈登（Thomas F. Gordon），马尔塞洛·瓜里尼（Marcello Guarini），汉斯·V. 汉森（Hans V. Hansen），凯特·亨德利贝（Cate Hundelby），拉尔夫·约翰逊（Ralph Johnson），埃里克·C. W. 克拉贝（Erik C. W. Krabbe），法布里齐奥·马卡尼奥（Fabrizio Macagno），史蒂文·帕特森（Steven Patterson），罗伯特·C. 平托（Robert C. Pinto），亨利·普拉肯（Henry Prakken），埃德杜·里戈蒂（Eddo Rigotti），安德莉亚·罗西（Andrea Rocci）。我要感谢乔瓦尼·萨尔托尔（Giovanni Sartor）。2012年在佛罗伦萨欧洲大学学院（European University Institute）期间，我们在他的研究生研讨课上，以及在一些私下的交流场合，进行了许多关于法律论证的讨论。我于2012年1月至4月到意大利访学，得到了费尔南·布罗代尔研究基金（Fernand Braudel Research Fellowship）的资助。本书的写作还极大地受益于我一段为期五年的任职：我于2008年至2013年期间，担任温莎大学论证研究项目主席（Chair of Argumentation Studies）职务。我要向克里斯多夫·W. 廷德尔（Christopher W. Tindale）表达特别的谢意。他作为推理、论证与修辞研究中心的主任，使我在2013年至2014年间，以该中心"杰出研究人员"（Distinguished Research Fellow）的身份，继续完成本研究。他为我提供了研究设施和令人兴奋的智力工作环境。

弗洛里斯·贝克斯（Floris Bex）、庞标·卡萨诺瓦（Pompeu Casanovas）和斯科特·布鲁尔（Scott Brewer）对本书的初稿发表了有益的评论，我对此表达谢意。感谢丽塔·坎贝尔（Rita Campbell）在校对书稿时给予的极大帮助，感谢她为本书创建索引词表。

图　表

图 1.1　都灵裹尸布案例中的论证图表 ⋯⋯⋯⋯⋯⋯⋯⋯⋯ 11

图 1.2　血字的研究案例：福尔摩斯的推理 ⋯⋯⋯⋯⋯⋯⋯ 20

图 1.3　血字的研究案例：推理的 IBE 结构 ⋯⋯⋯⋯⋯⋯⋯ 23

图 1.4　科学教育案例：第一份学生解释的脚本模型 ⋯⋯⋯⋯ 29

图 1.5　血字的研究案例：推理的反向 IBE 结构 ⋯⋯⋯⋯⋯ 33

图 1.6　血字的研究案例：作为反向削弱的论证 ⋯⋯⋯⋯⋯ 37

图 2.1　威格莫尔案例的图示 ⋯⋯⋯⋯⋯⋯⋯⋯⋯⋯⋯⋯ 49

图 2.2　威格莫尔案例的现代风格论证图表 ⋯⋯⋯⋯⋯⋯⋯ 50

图 2.3　消失的海员案例：证据推理图表 ⋯⋯⋯⋯⋯⋯⋯⋯ 53

图 2.4　安梯丰案例：证据推理图表 ⋯⋯⋯⋯⋯⋯⋯⋯⋯ 57

图 2.5　牧羊人案例：论证图表 ⋯⋯⋯⋯⋯⋯⋯⋯⋯⋯⋯ 62

图 2.6　消失的海员案例：故事图表 ⋯⋯⋯⋯⋯⋯⋯⋯⋯ 74

图 2.7　安梯丰案例：故事图表 ⋯⋯⋯⋯⋯⋯⋯⋯⋯⋯⋯ 76

图 2.8　定向图中的循环 ⋯⋯⋯⋯⋯⋯⋯⋯⋯⋯⋯⋯⋯⋯ 78

图 2.9	IBE 对论证与解释的结合	86
图 3.1	暖气片案例中的脚本	93
图 3.2	解释中的典型对话序列	108
图 3.3	安德森诉格里芬案例中的故事与证据	113
图 3.4	科学教育案例：第二份学生解释的基于证据的结构	135
表 3.1	检验溯因推理的对话示例	142
图 3.5	评价解释的对话程序	149
图 4.1	红色灯光案例：DefLog 版本	167
图 4.2	冥王星案例：DefLog 版本	168
图 4.3	使用份量评价论证示例	171
图 4.4	冥王星案例：CAS 版本	172
图 4.5	专家意见冲突案例：CAS 版本	180
图 4.6	专家意见冲突案例：引入听众	181
图 4.7	专家意见冲突案例：关于信赖的批判性问题	182
图 4.8	盖蒂青年雕像案例：前两个基于专家意见的论证	184
图 4.9	盖蒂青年雕像案例：第三个基于专家意见的论证	186
图 5.1	调查的起始过程	203
图 5.2	CAS 论证案例的界面截图	205
图 5.3	肖像画案例：第一个论证图示	209
图 5.4	肖像画案例：第二个论证图示	211
图 5.5	肖像画案例：第三个论证图示	211
图 5.6	肖像画案例：第四个论证图示	212

图 5.7　肖像画案例：第五个论证图示 …………………………… 214

图 5.8　肖像画案例：第六个论证图示 …………………………… 214

图 5.9　肖像画案例：图示汇总 …………………………………… 219

图 5.10　肖像画案例：三个竞争性解释 …………………………… 222

图 5.11　肖像画案例：第一遍评价论证 …………………………… 227

图 5.12　肖像画案例：证据概览 …………………………………… 231

图 6.1　从替代性指标到因果结论的推论结构 …………………… 253

图 6.2　巧克力案例中的论证：第一阶段 ………………………… 254

图 6.3　巧克力案例中的论证：第二阶段 ………………………… 255

图 6.4　巧克力案例中的论证：第三阶段 ………………………… 257

图 6.5　专家意见冲突：第一阶段 ………………………………… 260

图 6.6　专家意见冲突：第二阶段 ………………………………… 261

图 6.7　肺癌因果关系论证的对抗性论证 ………………………… 264

图 7.1　红色灯光案例：CAS 版本 ………………………………… 287

图 7.2　红色灯光案例：削弱论证的例外 ………………………… 287

图 7.3　评价可废止知识主张的过程 ……………………………… 294

图 7.4　猫案例的 CAS 模型：步骤一 ……………………………… 306

图 7.5　猫案例的 CAS 模型：步骤二 ……………………………… 306

图 8.1　传导论证：步骤一 ………………………………………… 327

图 8.2　传导论证：步骤二 ………………………………………… 327

图 8.3　传导论证：步骤三 ………………………………………… 328

图 8.4　传导论证：步骤四 ………………………………………… 328

图 8.5 传导论证：步骤五 ·················· 329

图 8.6 传导论证：步骤六 ·················· 329

图 8.7 传导论证：步骤七 ·················· 330

图 8.8 传导论证：步骤八 ·················· 331

图 8.9 巧克力案例中的论证：证据结构 ·············· 334

图 8.10 中国吸烟案例：第一个论证图示 ············· 337

图 8.11 中国吸烟案例：第二个论证图示 ············· 337

图 8.12 中国吸烟案例：第三个论证图示 ············· 339

图 8.13 血字的研究案例：证据推理 ··············· 340

图 8.14 威格莫尔案例的论证重构 ················ 344

图 8.15 科学教育案例：融合论证、解释与证据的图表 ······ 347

图 8.16 关于维基百科是否可信的论证图示 ··········· 349

图 8.17 关于维基百科是否可信的新证据 ············ 350

图 8.18 基本证据型式群 ····················· 356

目 录

出版说明 ··· 1

总　序 ··· 3

致　谢 ··· 5

图　表 ··· 8

第1章　导论：论证与解释 ································· 1

1.1　本书概要··· 3

1.2　都灵裹尸布··· 9

1.3　溯因推理··· 15

1.4　血字的研究··· 17

1.5　血字的研究中的溯因推理································· 21

1.6　科学教育中关于解释的案例······························· 25

1.7　论证、证据与解释的结合································· 29

1.8　反向的溯因推理··· 32

1.9　削弱与反驳··· 35

1.10　结　论·· 40

参考文献 ………………………………………………………… 42

第 2 章　最佳解释推论 ………………………………………… 46
2.1　基本概念、方法和定义 ……………………………………… 48
2.2　消失的海员案例 ……………………………………………… 51
2.3　安梯丰案例 …………………………………………………… 55
2.4　将论证型式嵌入论证图表 …………………………………… 59
2.5　混合理论 ……………………………………………………… 66
2.6　关于消失的海员案例的一个故事 …………………………… 72
2.7　关于安梯丰案例的一个故事 ………………………………… 75
2.8　解释与论证的图表结构 ……………………………………… 77
2.9　向前与向后的关系 …………………………………………… 80
2.10　结　论 ………………………………………………………… 82

参考文献 ………………………………………………………… 87

第 3 章　评价解释的对话系统 ………………………………… 90
3.1　两个案例 ……………………………………………………… 91
3.2　解释对话的基本要素 ………………………………………… 96
3.3　解释对话系统 ………………………………………………… 101
3.4　审判中的溯因推理案例 ……………………………………… 110
3.5　混合解释系统 ………………………………………………… 118
3.6　转向检查性对话 ……………………………………………… 126
3.7　如何确定最佳解释 …………………………………………… 131
3.8　评价解释的方法 ……………………………………………… 137

3.9 进一步研究的问题 ········· 144
3.10 结　论 ················ 147
参考文献 ·················· 151

第4章 评价专家意见证据 ········ 156
4.1 基于专家意见的论证 ········· 157
4.2 模拟论证的形式系统 ········· 163
4.3 卡涅阿德斯论证系统 ········· 169
4.4 型式与批判性问题 ·········· 173
4.5 批判性问题与证明责任 ········ 175
4.6 关于型式与批判性问题的卡涅阿德斯观点 ···· 178
4.7 基于专家意见的论证的案例 ······ 179
4.8 盖蒂青年雕像案例 ·········· 183
4.9 拓展盖蒂青年雕像案例 ········ 185
4.10 结　论 ················ 187
参考文献 ·················· 190

第5章 列奥纳多·达·芬奇的画作争议 ···· 194
5.1 案例概览 ··············· 195
5.2 专家的意见 ·············· 197
5.3 适用于该案的两个理论工具 ······ 200
5.4 使用卡涅阿德斯系统评价论证 ····· 203
5.5 每个论证的论证图表 ········· 208
5.6 组装各个论证图示 ·········· 215

5.7 调查的阶段 ································· 221
5.8 评价的三个任务 ······························ 223
5.9 对证据的评价 ······························· 226
5.10 结　论 ·································· 229
参考文献 ···································· 234

第6章　从相关到因果的论证 ······················· 237
6.1 三个当前的案例 ······························ 238
6.2 关于论证型式的流行观点 ························· 241
6.3 布拉德福德·希尔标准 ·························· 248
6.4 替代性指标 ································ 249
6.5 案例比较 ································· 253
6.6 论证的论辩语境 ······························ 259
6.7 关于吸烟与肺癌之间因果关系的争论 ···················· 262
6.8 关于橄榄球与脑损害之间因果关系的争论 ·················· 265
6.9 重新表述批判性问题 ··························· 268
6.10 事后归因谬误 ······························ 271
参考文献 ···································· 274

第7章　知识与调查 ··························· 277
7.1 知识推理的两种相反观点 ························· 278
7.2 证据与知识 ································ 285
7.3 调查的程序性观点 ···························· 289
7.4 卡涅阿德斯的调查模式 ·························· 291

7.5 可废止逻辑 297
7.6 从无知中推理 301
7.7 可废止的知识、证据与缺乏证据 305
7.8 异议和回应 308
7.9 关于可废止知识的可错论观念 312
7.10 结　论 314
参考文献 316

第8章　证据与论证评价 320

8.1 概率与证据 321
8.2 CAS 中的论证评价 326
8.3 论证与证据的关系 331
8.4 重新考虑巧克力案例 333
8.5 中国吸烟案例 336
8.6 重新审视血字的研究案例 339
8.7 案例中的证据问题 342
8.8 基于知识的系统 348
8.9 论证型式与证据 351
8.10 结　论 358
参考文献 360

索　引 363
译后记 379

第 1 章　导论：论证与解释

内容提要：第 1 章界定了"证据"与"论证"这两个重要概念，以为后续章节奠定基础。书中使用了一个简单而直观的案例来激发读者兴趣，并解释了后续章节会如何建构证据与论证的概念。本章围绕着阿瑟·柯南·道尔爵士（Sir Arthur Conan Doyle）所写的夏洛克·福尔摩斯"血字的研究"一案展开，展示了福尔摩斯是如何使用证据得出结论的；这里面包含了一系列步骤，经由这些步骤，证据逐渐累积。通过这个案例，本章旨在达到以下目的：（1）说明和展示为何论证（argument）与解释（explanation）中都包含了推理（reasoning）；（2）展示在证据推理中，论证与解释是如何地交织难分；（3）提出一种论证形式（form），即所谓的"最佳解释推论"；（4）说明这种论证形式对于证据推理与论证研究的重要性。

本书通过富于说明性和启发性的案例，展示了在针对争议事项的自然语言论证中，如何将证据用于正反（pro and contra）论证；并且使用一个论证模型（model），来阐明论证与证据之间的关系。在前三章，本书提出了一系列关于证据推理与论证的关键问题。每一个问题都以清晰、简明的方式提出，以便所有读者都能理解该问题。书中以非技术化的方式，将一些论证工具（argumentation-based tools）应用于这些问题，从而铺设路径，通向后面章节所提出的解决方案——该方案使用了一些新近发展的、人工智能领域的计算机论证模型。因此，

论证评价与证据

本书首先直面一些问题，然后提出用于解决这些问题的论证工具，最后提供解决方案；沿着这个顺序，本书建构出一个用于评价论证的一般性方法；这种方法非常有用，也会变得越来越复杂。

本章 1.1 节是整本书的内容概要。1.2 节陈述了一些事实，这些事实涉及一个引发很大争议的案例：许多人认为，藏储在一座意大利教堂中的一块布，是耶稣的裹尸布。这块布上有血渍的痕迹，显现出一个貌似被钉十字架之人的轮廓。已经有不少关于这个案例的著述，检验过这块布的材料的科学家们，也给出了许多法庭科学证据。1.2 节阐述了针对该案例的一些基本的正反论证，还使用了一个论证图表（diagram）来展现本案中的证据推理结构。论证图表在人工智能领域也被称作"论证图示"（map），它是一个可视化的结构，能展现出一系列论证中的各个前提与结论，以及将它们连接在一起的推论链接（inferential links）。都灵裹尸布案例的用途，是引出对论证方法的应用。

1.3 节介绍了一种基本的推理类型——溯因推理（abductive reasoning），它也经常被称为"最佳解释推论"（inference to the best explanation，IBE）。这种推理类型在本书其余部分非常重要。本书会交替使用"溯因推理"和"最佳解释推论"这两个术语。1.4 节介绍了一个虚构的证据推理案例。在这个案例中，夏洛克·福尔摩斯出色地完成了一项侦探任务，令华生医生惊诧不已。这个案例发生于福尔摩斯与华生第一次见面之时，收录在《血字的研究》这个故事中（以下或将该案例称作"血字案"）。1.5 节展示了在"血字案"中论证与解释是如何结合到一起的。1.6 节讲述了一个关于解释的案例，该案例来自一组在科学课上共同学习达尔文进化论的学生。1.7 节讲述了另一个案例，这个案例是另一组学生对同一现象的解释。这些案例表明了：为何我们需要将论证、解释和证据结合在一起，纳入一个统一的结构之中。

1.8 节表明，"血字案"中的论证也可以被描述为，显示了福尔摩斯在某种程度上使用了一系列的解释，从而自结论反向地推至前提。1.9 节继续讨论该案例，但是是以第三种方式描述它：按照这种方式，证据推理的过程包含了一个重要的部分，即一个论证攻击了另一个论证。1.10 节给了读者一些指引，针对如何将所介绍的方法、概念和工具适用于其他许多案例，以及它们在后续章节中引出的问题。这一部分总结了用于分析这些案例的方法所具有的十个特点。

1.1 本书概要

夏帕（Schiappa 1995, 2002, 51）曾主张，论证评价（argument evaluation）具有核心地位，它是"论证研究的方向和目的"。他还含蓄地指出，目前该领域尚不存在评价论证的方法。本书则认为，目前已存在这样一种方法，该方法发展于人工智能领域（即计算机科学领域）；本书尝试将这种方法应用于许多案例，以此证明它的存在。本书还表明，可以通过以下方式改进这种方法：将证据概念作为其主要构成要素之一，从而对它进行拓展。

论证研究出现在几个不同的学科中（包括哲学、言语交际、逻辑学和人工智能）。这不仅催生了大量理论研究成果，而且产生了可用于展示论证结构和改进论证的软件系统。论证图示工具在近些年变得很受欢迎（Scheuer et al. 2010），它们使用可视的界面来展示前提、结论以及论证序列（sequences），从而帮助图示工具的使用者辨别和分析论证。今后的主要难题是，构建运用图示工具来评价论证的实用方法，使之可以应用于真实的案件——在这些真实的案件中，证据被用于评价论证，而论证又被用于私人决策、法律事务、科学调查和公共辩论等。本书展示了一个形式化的和计算机式的论证模型，该模型由计算机科学家（与笔者共同）开发，它可以用于评价真实的论证。本书用案例演示了这种工具何以能够被应用于公共领域的案件——在这些领域中，非专家受众需要评价由专家提出的科学证据。一个例子就是关于某幅作品是否为列奥纳多·达·芬奇真迹的争议，对此持否定意见的专家搜集到了科学证据。另一个例子是关于南太平洋气候类型和流感大暴发之间的统计学关联，该统计学关联引出了两者之间是否有因果关系的问题，比如由鸟类迁徙所导致的因果关系。

在论证研究领域，一个非常重要的、兼具理论和实践性质的问题是：厘清"论证"和"证据"概念之间的关系。本书将会展示如何使用证据做出对争议问题的正反论证，并且通过一个论证模型来厘清论证与证据之间的关系。本书提出了一系列关于证据推理和论证的关键问题，并且提供了解决方案——该解决方案是通过适用在人工智能领域新近发展的计算机论证模型而得出的。每一个问题都以清晰、简明的方式提出，这样所有的读者，不管是不是论证研究或人工智能领域的专家，都能理解问题及其解决方案。本书首先指出这些问题，然后提供解决这些问题的方案，沿着这样的路径，建构一个一般化的理论框架，这个框架会显示如何将证据推理与论证结合在一起。

概言之，本书使用新近的论证方法，指出问题，提供解决方案，建构显示证据推理与论证相结合的一般理论框架。书中包含了许多读者参与式的案例分析，用来展示如何应用论证理论中的各种方法和概念。这些方法和概念在计算机论证系统中被形式化，从而发展得更加复杂。在这些方法和概念工具中，比较典型的有：论证图表（也称作"论证图示"），解释图表，结合论证与解释的方法，论证型式（schemes），以及形式化的计算机对话模型等。例如，论证型式已被应用于诸如论辩式学习（arguing to learn）等协作性论证（collaborative argumentation）之中（Nussbaum 2008；Nussbaum and Edwards 2011；Macagno and Konstantinidou 2013）。本书展示了计算机系统不仅能够用于模拟论证，还能够用于模拟解释，以及用于模拟系统性的调查程序——在调查程序中，证据被提出来支撑一系列论证，该论证旨在证明某个最终主张。本书使用论证图示工具来制作论证图表，论证图表有助于可视化地表达和总结论证。这些论证图示工具现在被应用于组织教学互动（Andriessen and Schwarz 2009）。论证图示工具旨在帮助使用者将论证的前提和结论在一个绘图结构中进行可视化呈现，并且展示出前后链接的论证序列是如何支撑最终结论的。实证研究表明，论证图示是一个有用的学习和教学方法（Dwyer et al. 2013）。本书表明，为了应用这些工具和方法，需要重新理解"知识"与"解释"的概念——这样的概念应当适用于多种环境，例如法律论证和科学教育。本书考察了论证理论的主要方法和工具，它们目前看来有望成为应用于不同领域（包括自然语言论证和在诸如法律与科学等专业领域的论证）的最有用的方法和工具。

本书应用了形式对话模型（formal models of dialogue），这种模型将一个论证视为两个以上主体之间的互动；该模型还能呈现出一个论证所处的不同对话环境。论证互动（argumentative interactions）在使用计算机的协作学习中发挥着重要作用，这一点已得到广泛认可（Baker 2003, 47; Nussbaum 2011）。另外两个对于理解教学来说极为重要的概念是解释和知识——假如教育是知识从老师向学生的传输，而且一个老师所做的大部分事情通常最好被描述为解释而非论证的话。本书通过一系列使用论证方法进行分析的案例，可信地说明了：只有使用形式对话模型来呈现，才能恰当地理解论证和解释。另外，本书聚焦于论证中的一个尤为重要的方面，即所谓最佳解释推论（也称为"溯因推理"）。本书说明了，需要将论证和解释统合在一个混合式对话结构中，才能得出最佳解释推论。

众所周知，在对重要议题的公共讨论和在法庭上对证据的审查中，专家意见证据的应用与日俱增，以至于，现在任何对证据推理的研究都确实需要考虑到这一趋势。因为这个原因，本书的许多篇幅会关注支持和反对专家意见的论证，将其置于这样一个框架中进行分析：一方面，在专家与知识共同体的关系中界定专业知识；另一方面，在"基于专家意见的论证"（argument from expert opinion）与听众（专业知识被作为展示证据的论证而呈现给听众）之间的关系中界定专业知识。通过运用案例研究和人工智能领域的计算机工具，本书检视了一系列使用专家意见证据的案例，论述了可以将它作为一个论辩程序来分析，该程序包括开始阶段、论证阶段和结束阶段。通过运用这些工具，最后一章提出了一个用于科学探究的证据推理理论，这种科学探究经由一系列论证，将证据推理与论证连接起来：通常从问题形成阶段，到发现阶段，再到基于证明标准提出知识主张的阶段。

本书的主题之一就是，在评价基于专家意见证言的证据推理时，需要将这种论证建立在以下假设上：一个专家在一个特定的领域或专业范围内拥有知识。根据这种观点，使专家成为"专家"的，是对知识的拥有。本书中之所以进行大量的案例研究，是为了指明这样一个问题：证据推理可以借助论证理论的资源来塑造，尤其是借助论证型式、论证图示工具、形式对话模型，以及在应用于重大问题案件时结合使用这些工具。

为了引导读者进入后续章节的内容，第 1 章解释了以下两个问题：（1）论证理论，作为一种独特的证据推理路径，基本上是如何展开的；（2）一些标准的论证工具，怎样才能运用到证据推理上。这一章通过分析两个简明、真实的案例，来解答这两个问题。第 1 章还提出了对一些关键术语、概念的定义和解释。在后文的证据推理案例中所应用的论证理论，会使用这些术语和概念。通过分析这两个案例，第 1 章还向读者介绍了所提出的研究领域中的一些主要问题。

第 2 章包含了对两起谋杀案的案例研究。这些案例研究中所使用的证据推理，建立在最佳解释推论之上，而且展示了如何使用论证图表工具、论证型式、基于故事的解释脚本（explanatory story-based scripts）来建构正反论证。根据这种路径，一个智能主体通过使用溯因推理，从另一个智能主体的事实与承诺中做出推论，来重构该智能主体的动机。这一章拓展了沃尔顿和谢弗（Walton and Schafer 2006）的理论，他们的理论提供了一个论证框架，可据此正向地从动机推论行为，或反向地从行为推论动机。这一章针对论证图表和解释图表的应用，提供了一种可以解决在使用最佳解释推论时的循环性问题的方法。帕尔多和艾伦（Pardo and Allen 2008, 233）注意到了循环性的问题，即一个假设解释了某些证据，而这些证据又有助于证成该假设。本书提供了一个基础，可以据此解决在这些案例中结合论证与解释的技术性问题，这些问题将在第 3 章中解决。

最佳解释推论是一种将论证与解释结合在一起的论证形式，它会引出三个问题。第一个问题是：以什么方式来界定"解释"的概念，才能使这个概念对论证研究有所助益。第二个问题是：如何建构一套标准，可以在具体的商谈语境中，用来确定某个东西是否可被作为一项论证或解释。第三个问题是：如何评价各种解释，从而能够恰当地说，某个解释优于另一个解释。

第1章和第2章说明了为何普通的证据推理案件建立在溯因推理（或最佳解释推论）之上。我们可以看到，为何最佳解释推论能够被作为一种论证来评价，即可以恰当地对其提出与溯因式论证型式相称的批判性问题。最佳解释推论的应用方式是，它提出一种解释，该解释旨在阐释一个给定案件中的事实。在这一点上，我们会遇到三个在论证、人工智能和哲学领域具有高度一般性和重要性的问题：（1）一个解释指的是什么；（2）如何使用客观的标准，来决定一个解释是否成功（或良好）；（3）如何判断是否某个解释优于另一个解释。第3章将会回答这些问题。

本书所研究的许多案例，涉及由专家提出的科学证据，在其中，专家的意见需要被一些自身并非专家的人们使用。第4章采取了一种论证路径，建构出一种方法，来评价这些"基于专家意见的论证"。这种方法使用了与基于专家意见的论证相适应的论证型式，以及与之相适应的一套批判性问题。这一章展示了如何将这种型式应用于三种形式化的计算机论证模型中，这些模型提供了用于分析和评价基于专家意见的论证案例的工具。第4章针对如何应用论证工具分析和评价基于专家意见的论证的关键性问题，提出了解决方法。这些问题包括：（1）在特定的基于专家意见的论证语境中，如何使用这些工具来建构一个论证图表，从而展示各个正反论证；（2）如何评价这个论证图表中出现的论证和关键性问题；（3）如何使用一个形式化的计算机模型中的结构，来决定某个专家给出的意见是否可接受。

第5章使用了一种形式化的计算机论证系统，来模拟一个案例中的论证。在这个案例中，针对是否可将一幅无署名的年轻女士肖像画归于列奥纳多·达·芬奇，艺术专家们存在争议。鉴定专家和艺术史专家对此进行了科学调查。一开始，主流的专家意见存在正面冲突，但是随着技术调查的展开以及新的鉴定证据的引入，这幅画作属于列奥纳多[1]这一假设被更多人接受。第 5 章分析了这个案例中的紧密论证结构，使用了一系列论证图表来呈现大量证据的结构。我们将会看到，对画作归属的争议，表现为艺术史和鉴定证据专家们之间的一系列争议。

第 6 章具体分析了"从相关到因果的论证"。现有的论证理论研究文献在分析"原因"这一概念的时候，是将其作为一组条件，这些条件个别地看来，对于事件的发生都是必要的，总体地看来，则对于事件的发生是充分的（Walton et al. 2008, Chap. 5）。因果推论依赖于所谓的"场域"（field）。场域指的是一组因素，它们出现在具体个案中。但是在这些个案中又存在不确定性、知识缺乏性甚至不一致性等情况，因为个案的情境非常复杂，而且对个案的调查状态可能会变化。场域依赖性意味着，在这些案例中分析从相关到因果的论证，是将其作为可废止的论证形式，它会受到批判性质疑和遇到相反论证。

第 6 章的内容主要是在三个演示性案例中分析从相关到因果的论证。书中将表明，从相关到因果的论证最初是科学论证。在科学调查中，试验者等主体通过这种论证型式收集证据和得出结论。后来，这种论证型式被科学家和其他人共同使用，可用于所有目的。第 6 章会表明，从相关到因果的论证本质上是合理的，而且确实是一种普遍的启发式推理形式。缺少这种推理，我们就无法开展科学研究、形成公共政策，尤其是无法进行临床诊断和做出医学决策。但第 6 章也会表明，这种论证形式的可靠性非常善变，有时还会让使用者犯事后归因谬误（post hoc fallacy）。

前述章节所解决的问题，引出了一个潜在的、具有重要理论普遍性的问题：证据推理何以产生知识？第 7 章会拓展"卡涅阿德斯论证系统"（CAS），从而建构一个关于调查的程序性观点，在其中，证据被整理、编排，以支持或驳斥关于知识的主张。这一章通过使用这种

---

[1] 马丁·肯普（Martin Kemp）在私人邮件中告诉我，最好不要称"达·芬奇"，因为这在当时不是一个独立的姓氏。

程序而表明，需要借助一种基于证据的调查理论来拓展论证框架。这种理论将证据收集视作一系列行为，这些行为从属于协作小组的调查活动，在调查活动中各主体评价哪些是已知的、哪些是未知的。

本书的一个核心问题是厘清论证与证据概念之间的关系，该问题在第5章和第6章就已凸显。在这两章中，证据的概念在科学推理案例中非常显著，例如关于达·芬奇画作的案例，以及一系列评价从相关到因果的科学论证的案例。卡涅阿德斯论证系统界定了论证的概念，但直到第7章才拓展了这一概念，以便提供一些关于如何塑造调查中的证据概念的指引。在一般层面上厘清证据如何与论证相关联的问题，是第8章将解决的任务。这是一个具有高度抽象性的问题，但即便如此，正如本书所显示的，它在论证研究领域中也是一个核心的实践性问题。

本书围绕着许多互动性案例展开论述，以便读者们能够在这些案例中直观地理解和构建论证。通过研究这些案例中的证据，本书将"解释中的证据推理"与"论证中的证据推理"联系起来。本书使用可视化的论证工具来展现这些案例中论证与解释的结构，从而说明了论证理论中的四个基本概念，能够在一个全面而融贯的论证理论中彼此契合。这四个基本概念是：论证、解释、证据和知识。

1.2 都灵裹尸布

所谓都灵裹尸布，是一块保藏在意大利都灵施洗者圣约翰大教堂里的很长的亚麻布。许多人认为，这是拿撒勒人耶稣下葬时的裹尸布。它显现出一名男性的脸部以及整个身体前侧的清晰轮廓，好像他是在受到酷刑后被下葬的。在脸部和身体轮廓上的一些痕迹，与耶稣受刑时留下的伤口形状吻合。对这个轮廓拍照后得到的底片，呈现出更加清晰和令人印象深刻的图像。因此许多人深信，这就是耶稣留下的印痕。脸部的轮廓本身就给人留下深刻印象，它看起来非常像目前流行的耶稣脸部形象。裹尸布上呈现的脸部轮廓，还能看出胡须和头发的痕迹。留下这个轮廓的男性，看起来很强壮、高大。这个轮廓本身可

论证评价与证据

以被归类为：呈现了一个可视的论证（visual argument）（Birdsell and Groarke 1996），即所谓的多模式论证（multimodal argument）。但是我们暂且不分析这一方面。

这里所说的裹尸布是一块矩形的布料，长度超过 4 英尺，宽度超过 3 英尺。在这块布上有一些看起来像血迹的红褐色痕迹，似乎显示了在这块布上印出轮廓的身体上的伤口。在一个手腕上，似乎显示了由于戳刺而造成的圆形伤口。身体轮廓上的其他痕迹，看起来是由躯干和腿上的伤口留下的。为该轮廓的真实性辩护的人们认为，裹尸布上的这些痕迹，就是在受酷刑后可能会产生的血迹。

这块裹尸布可被证明出现于 14 世纪的意大利都灵。在此之前，没有历史记录证明它的下落，甚至它的存在。尽管也有其他一些关于某块被认为是耶稣裹尸布的报告，但是没有确凿的证据表明这些报告指向的就是收藏在都灵的这块裹尸布。

都灵裹尸布上显现的轮廓，真的是耶稣留下的吗？这个问题引起了激烈的争论。一些专家认为，这块裹尸布是一件中世纪时期的赝品；然而另一些人则为其真实性辩护。为此，1980 年科学家们进行了一项科学检验，对这块布做了放射性碳元素时间检测。当时，这座天主教堂终于同意拿出一小块裹尸布样本，供科学检验使用。一组牛津大学的放射性碳元素检测专家报告说，这块裹尸布的年代是在 1260 年至 1390 年之间。由亚利桑那大学和瑞士联邦理工学院的两个放射性碳元素检测专家小组分别开展的检测，进一步印证了上述时间定位。这一证据表明，这块裹尸布是中世纪的赝品。这一时间定位，也与这块裹尸布为人所知、有据可查的首次出现时间相吻合。但是，另一些人反驳说：用于检测试验的样本，是在中世纪时期缝上去的一块修补碎片。

上述都灵裹尸布案例所引发的争论，导致了针对该主题的进一步科学调查、大量的著述和论证。但是为了给读者提供一个有趣的案例，而且让该案例有助于引出一些对于论证来说非常典型的基本工具、方法和路径，我们就仅以前述段落中述及的论证内容为限开展个案研究。这是一个足够真实的（尽管是不完整的）案例，它可以让读者大致了

第1章 导论：论证与解释 ▲

解如何使用论证图表来展示任何语境中的论证之结构。任何使用自然语言的对话语境，都会包含含混不清、模棱两可之处，以及易混淆或不清晰从而令人难以厘清的推理，它很难呈现出一个分析性的逻辑推理过程。因此，总是需要对以下问题做出决定：如何模拟在特定对话语境中的论证。在有些情况下，最好的方法就是认定需要考虑的各种不同解释的可能性。尽管上述案例被简化了，但是足以实现我们的目标。

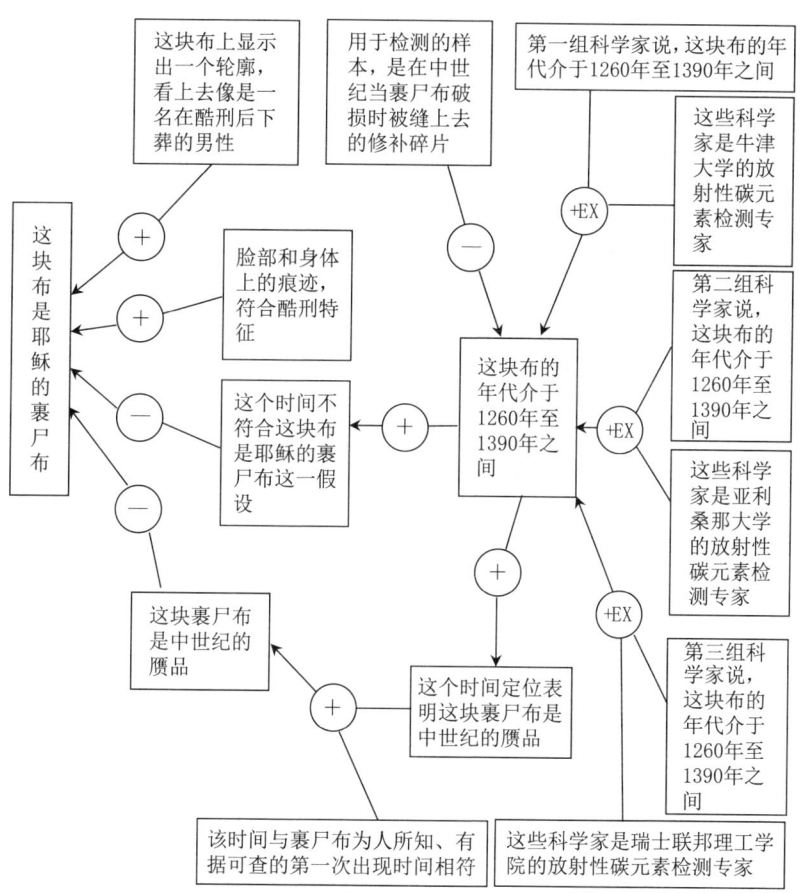

图 1.1　都灵裹尸布案例中的论证图表

论证评价与证据

在图 1.1 的论证图表中，最终的争议性主张列在图表最左侧的文本框内。文本框内的命题是：这块布是耶稣的裹尸布。这个文本框右边罗列的所有论据，都按照箭头的顺序指向这个最终的命题。圆圈代表了论证，圆圈内的符号是一些关于论证性质的信息。

观察整个论证图表，我们会发现它可以被分解成三部分。在上侧位置，有两个正面论证（在圆圈内用"+"表示），支持最终的结论。在中间位置，有一系列复杂的论证过程，里面包含了一个反面论证（在圆圈内用"–"表示），它攻击最终的结论。在下侧位置，还有一个反面论证，它与中间位置的论证有联系，也攻击了最终的结论。下面我们逐一检验这些论证，观察它们是如何展开的。

上侧位置的第一个正面论证，是基于以下假设：这块布显示出一个形象，看起来像是一名受酷刑后下葬的男性。这个假设报告了一个观察结论，即在观察者看来某个视觉形象像什么。第二个正面论证是基于以下假设：脸部和身体上的痕迹，与酷刑特征一致。这一假设也是建立在一个观察结论上，即这块布上的形象在观察者看来像什么；观察者进而主张这个形象中的男性脸部和身体上的痕迹，符合酷刑特征。此处我们无需区分这两种类型的论证，而只需指出它们都是支持最终结论的正面论证。我们可以注意到，它们自身都不是很有力的论证，因为缺乏进一步的证据。而其余的两个论证提出了进一步的证据，不过这两个论证都与最终结论中的主张相悖。

中间位置的论证是建立在三个"基于专家意见的论证"基础上的。这些基于专家意见的论证，列在图表最右侧的一列文本框内。这三个论证都以"+EX"符号标记，这个符号代表"基于专家意见的论证"这种论证形式。这种论证可以采取启发式（heuristic）的简单形式，即主张：既然一位专家断言了某个特定的命题，这个命题就可以暂且被接受下来——即使这种接受应当被视作暂时性的，因为它受制于本案今后可能出现的新证据。所谓启发式，是一种推论工具，当需要在不确定情境中做出决策时，人们可以借助这种工具快速地跳跃到一个暂时性的结论上。启发式在使用认知资源方面非常"快速和节省"（Gigerenzer et al. 1999）。关于启发式的一个例子是：在目前没有其他更好的解决问题的途径时，采用试错法（trial and error）。

启发式通常适用于快速变化的情境，在这样的情境中，对类似情形的习惯反应可能是正确的行为，然而没有时间详细思索。例如，在高速公路上开车时快速决定刹车。启发式的问题在于，所得出的结论最终是可错的。如果人们能够重新反思或者有足够时间收集、处理证据，可能会看到错误（Walton 2010）。根据启发式推论而接受一个结论，是暂时性的。

这一限制条件（即接受的暂时性）意味着，这种论证本质上是可废止性质的。所谓可废止的论证，指的是该论证提供了一些证据，以支持对某个结论的接受，但是当案件中出现新的证据时，这种接受状态可能会被撤回。在上面的案例中，三个基于专家意见的论证看起来都很有力，它们都没有提供使用放射性碳元素方法检测这块布的科学家的姓名，但是三支科学家队伍都被假定，属于富有声望的大学里的放射性碳元素研究群体成员。如果有必要，我们可以追溯到他们，确定他们是谁，以及他们在自己研究领域的资格条件等。他们是彼此独立地开展放射性碳元素检测的，因此这三个论证加在一起，构成了非常重要的证据，支持这块布的年代介于 1260 年至 1390 年之间这一主张。在接受这一结论后，它会通过一个正面论证而导出下一个结论，即这个时间不符合这块布是耶稣的裹尸布这一假设。此处我们看到的，是两个论证构成的链条，其中第一个论证得出的结论，被重新用作第二个论证的前提。接下来，我们又看到，第二个论证得出的结论，被重新用作第三个论证的前提；第三个论证是一个反面论证，攻击了这块布是耶稣的裹尸布这一最终结论。简言之，这个大的论证将三个小的论证连接在一起。当连接在一起时，它们构成了一个驳斥最终结论的有力的反面论证。

接下来我们观察图 1.1 下侧位置的论证。这个论证也使用了前述基于专家意见的论证所得出的结论，即这块布的年代介于 1260 年至 1390 年之间。但这个论证是以不同的方式使用它的。该论证将这个先前的结论作为前提，支持以下结论：这个时间定位表明这块裹尸布是中世纪的赝品。后面这个结论又作为前提，与另一个前提（列在论证图表底部）一起，构成了一个正面论证，导出这块裹尸布是中世纪的赝品这一结论。这一论证并非很有力。这两个前提结合在一起，仅仅表明（suggest）了这块裹尸布是中世纪的赝品这个假设。然而，即使如此，这两个前提（其中一个前提最终得到了三个基于专家意见的论证的支持）给出了足够的证据表明："这块裹尸布是中世纪的赝品"这个结论看起来是一个能从前提推论出来的合理假设。

还有最后一个需要考虑的论证，即在上侧中间位置的那个论证，它建立在以下前提上：用于检测的样本，是在中世纪当裹尸布破损时被缝上去的修补碎片。这看起来是一个很有力的论证，反驳了"这块布的年代介于1260年至1390年之间"这个主张。因为，后一个主张仅仅基于专家意见证据，若专家们只是检测了可能在中世纪缝上去的一块补丁，则这些放射性碳元素检测都不能证明这块布不是来自比中世纪更早的某个时期。这块布来自耶稣受刑的历史时期，仍然是可能的。因此，这个反面论证提出了非常严肃的挑战。如果我们接受了它的前提，它就废止了对"这块布的年代介于1260年至1390年之间"这个结论的合理接受；而这个结论是一个必要的联结，通过它我们才能完成从专家意见证据出发，穿过这个论证图表的中间位置，抵达最终结论的论证。然而，根据上文描述的关于这个案件的信息，不存在进一步的证据来证明这个前提。倘若能提出一些证据证明它，例如一些检测过这块布上的修补碎片的专家给出的证言，那么它会成为一个非常有力的相反论证，可能会废止前述论证脉络。

此处我们需要注意以下几个术语：

单一论证（single argument）指的是仅包含一个前提的论证。

联合论证（linked argument）指的是这个论证包含了两个或更多前提，在最简单的仅包含两个前提的情况下，这两个前提结合起来共同支持结论。例如，在图1.1右侧的每一个基于专家意见的论证，都是联合论证。

聚合论证（convergent argument）指的是这个论证包含了两个或更多前提，在最简单的仅包含两个前提的情况下，每一个前提自身就可以支持结论，独立于另一个前提。例如，请看一下图表中上侧左边的两个正面论证。一个论证是基于这块布上显示了貌似在受刑后下葬之人的形象这一前提；另一个论证是基于脸部和身体的痕迹与酷刑特征相符这一前提。每一个论证自身就可以提出一定证据，支持最终的结论，形成正面论证。

连续论证（serial argument）指的是在最简单的情况下，将两个更简单的论证连接在一起，从而使第一个论证的结论被用作第二个论证的前提。连续论证可以变得越来越复杂，即第二个论证的结论再被用作第三个论证的前提，以此类推。以更简洁的方式下定义，所谓的连续论证指的是将多个论证连接在一起。例如，图 1.1 中部的论证。

发散论证（divergent argument）指的是从同一个前提中得出两个结论的论证。例如，我们观察图 1.1 中间位置会发现，"这块布的年代介于 1260 年至 1390 年之间"这个前提，被用于两个不同的正面论证，导出了两个不同的结论。

1.3 溯因推理

溯因推理（abductive reasoning）是一个有争议的概念，它被赋予了多种不同的含义。有时人们将溯因推理与演绎推理、归纳推理进行比较，认为它是一种可废止的推理，但其可废止性质与归纳推理不同，后者主要用于概率和统计。"Abductive"这个词包含了两个词根："*ab*"和"*ducere*"，意思分别是"从"（from）和"致使"（to lead）。通常情况下，我们所熟悉的逻辑推论形式是，从一组前提向前推出某个结论。相比较而言，溯因推论是从一个给定的结论出发，反向地寻找可能构成该结论之依据的前提。这种含义在计算机科学的知识库系统（knowledge-based system，又称"专家系统"——译者注）里，是被人们熟知的。例如，在一个专家系统（expert system）中，使用者可能希望询问系统：这个系统使用了其知识库中的哪些前提，来得出它的结论？一个知识库系统不仅有能力从其知识库中的前提出发，得出某个被问询的结论，它还有能力回溯，展示它知识库中的一些命题——正是从这些命题中产生了前述推理路径。这种反向性质的推论，有时被称为"追踪解释"（trace explanation）。这将我们引向了溯因推理的另一种含义。

皮尔斯（Peirce 1965，375）将溯因推理描述成这样一种过程："我们发现了一些非常奇怪的情形，如果将这些情形作为某个一般性规则的具体事例，它们就是可以解释的。于是，我们就采纳了这个假设。"其中"采纳"和"假设"的说法，表明了溯因推理具有试验性质。如前文所述，你可以接受一个经溯因推理得出的结论，作为暂时性的承诺，尽管它在以后可能会被撤销。所谓"一般性规则"，指的是一个关于在我们熟悉的情境中会期待事情通常如何进行的概括（generalization）。以下这个例子（Peirce 1965，375）演示了在古生物学中使用的科学溯因推理：

> 发现了化石，化石的残留部分看起来像鱼，但是发现化石的地方在深远的内陆。为了解释这一现象，我们假设大海曾经覆盖过这片陆地。这是另一个解释。

13　　我们都知道，鱼通常生活在水中。当然这个一般性的规则可能存在某些例外。但是鱼可以在没有水的内陆地区生存这一观念，是非常令人困惑的，对此需要给出解释。一个可信的假设就是此处以前必定是一片水域。如果对在内陆地区发现了鱼化石这一事实不存在其他的解释，这个假设就似乎可以被默认为最佳的解释。

请注意，在上文引述的皮尔斯对溯因推理的描述中，以及在他提供的化石例子中，皮尔斯使用了"解释"一词。在更新一点的文献中，溯因推论经常被等同于最佳解释推论。例如，哈曼（Harman 1965，88-89）写道，最佳解释推论"大致对应于其他人所谓的溯因"。这个宣称本身也表明了，针对如何看待溯因推理这个问题，存在不同的意见。哈曼（Harman 1965, 89）举出的作为溯因推理之范例的一类案例是：一个侦探将一些犯罪现场证据、关于动机和其他内部心态的证据放在一起，然后得出结论说，这起谋杀案是男管家实施的。在这一章，我们会将溯因推理等同于最佳解释推论。本章会提倡一种独特的方法，以模拟在这类刑事案件中所进行的解释。

论证的概念，将会被描述成一个定向图表的样式。这种图表通常呈现出一个树状结构，其中要被证明或反驳的最终命题，就像是树的根部（列在图表最左侧）。各个前提和结论，组成了包含推理的论证链条，这些前提和结论被表示成一些包含命题的文本框。命题或者说陈述，是一些断言性的句子，它们是真实的或虚假的，被接受的或被拒绝的，或者具有某种诸如此类的、可做比较的价值分类。论证的另一个特点是，正像本章所论述的那样，它们具有各种形式（forms）。它们可以符合演绎形式的论证、归纳形式的论证，或者符合可废止的论证型式（schemes）——这种型式在性质上不是归纳式的，而且根据标准的概率概念，也不属于归纳范畴。解释的概念，也会被界定为包含了推理。但是这里的推理是用于不同的目的——不是为了证明或证伪某个争议主张，而是为了将对某事物的理解传达给对话中的询问者。

1.4 血字的研究

福尔摩斯探案故事的作者阿瑟·柯南·道尔爵士（1859—1930），既是一位医生，也是一位罪案故事作家。当他还是爱丁堡大学医学专业的一名学生时，他注意到皇家医院的外科医生乔瑟夫·贝尔教授（Dr. Joseph Bell）具有超乎寻常的观察和诊断能力。他看到，贝尔能够从病人的身体和行为特征中做出准确、细致的推论，而这些推论常常被别人忽视。大卫·舒姆（Schum 1994, 478-480）已经比较过福尔摩斯所做的关于如何在刑事调查中应用这类推理的描述，和皮尔斯称作溯因推理的那种假设形成过程。在福尔摩斯探案故事中，道尔赋予他的虚构人物福尔摩斯一种从观察到假设的反向推理能力。这种推理能力，与一种更为常用的能力，即从条件出发正向推出结论的能力，形成了对比（Schum 1994, 479-480）。舒姆（Schum 1994, 480）引用过的一个例子是福尔摩斯和华生第一次相遇的情景——其他人也引用过这个例子（Hintikka and Hintikka 1982, 61）。华生很震惊，因为福尔摩斯竟然能准确地猜想到华生最近到过阿富汗。

在《血字的研究》这篇故事里，福尔摩斯解释了他所谓的"演绎法"。他根据这种方法，在具体案件中做出一系列的观察，将证据摆出来，然后将演绎规则适用于案中的问题，从而得出谁实施了犯罪的结论。华生在阿富汗的一次军事行动中受伤后，从阿富汗返回，然后他与福尔摩斯见面，商量共同租住贝克街第221B号公寓的事情。华生认为，福尔摩斯只是碰巧猜对了而已。但福尔摩斯回答："我当时一看就知道你是从阿富汗回来的"（Doyle 1932, 20）。福尔摩斯解释说，由于长久以来的习惯，"一系列的思索飞也似的掠过我的脑际，因此我在得出结论时，竟未觉察得出结论所经过的步骤"。接下来，福尔摩斯重建了在这个事例中他的推理所经过的一系列步骤（Doyle 1932, 20-21）：

> 这位先生具有医务工作者的风度，但又有一副军人气概。那么，显然他是个军医。他是刚从热带回来的，因为他脸色黝黑，但这不是他原来的肤色，因为他手腕处的皮肤白皙。他面容憔悴，这就清楚地说明他是久病初愈而又历尽了艰苦。他左臂受损，现在动起来还有些僵硬不便。试问，一个英国的军医在热带地方历尽艰苦，并且臂部负过伤，这能是在什么地方呢？显然是在阿富汗。

这一系列论证，始于一个联合论证，包含了两个前提和一个结论：

前　提：这位先生具有医务工作者的风度。
前　提：他有一副军人气概。
结　论：他是个军医。

第1章 导论：论证与解释

接下来的论证部分，包含了两个前提和一个结论，然后又从该结论推出了另一个结论：

前　　　提：他脸色黝黑。
前　　　提：他手腕处的皮肤白皙。
第一个结论：这不是他原来的肤色。
第二个结论：他刚从热带回来。

从两个前提到第一个结论的推论，是一个联合论证。从第一个结论到第二个结论的推论，看起来像一个省略三段论（enthymeme），它是基于一个暗含的前提，即"具有这种非天然肤色的人，一定是刚从热带回来"。

在上述推理中，接下来的论证包含了单一的前提和结论：

前　提：他面容憔悴。
结　论：他久病初愈且历尽艰苦。

从这个结论，以及前述他是个军医这个结论，可以得出一个暗含的结论，即华生参加过军事行动。接下来的论证也是一个单一论证：

前　提：他左臂动起来有些僵硬不便。
结　论：他左臂受损。

从前述他是个军医的结论，以及他左臂受损（injured）这个当前的结论，可以做出一个新的结论，即他左臂负过伤（wounded）。

最后，福尔摩斯提出了以下问题："一个英国的军医在热带地方历尽艰苦，并且臂部负过伤，这能是在什么地方呢？"这个问题引出了上述论证的最终结论："他去过阿富汗"。

论证评价与证据

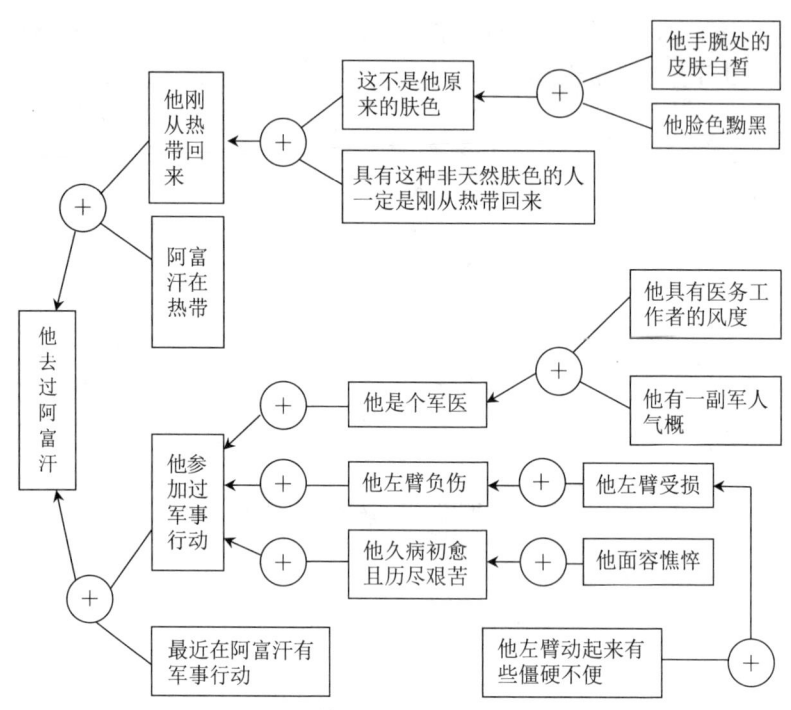

图 1.2 血字的研究案例：福尔摩斯的推理

福尔摩斯的一系列推理表示在图 1.2 中。最终的结论列在最左侧。在上述推理路径中，福尔摩斯还引入了两个基于常识的假定。一个假定是：最近在阿富汗有英国军队参与的军事行动。另一个假定是：阿富汗在热带。在柯南·道尔讲述的这个故事中，这两个假定都是没有争议的。不过，在今天看来，第二个假定是有疑问的，因为现在我们知道阿富汗是一个北半球国家，没有处在热带地区。但在这一点上我们无需与道尔争论。很可能，根据当时的常识性观念，与英国的阴冷气候相比，阿富汗被认为具有"热带型"气候，这种气候会把皮肤晒得黝黑。

需要考虑的问题是，福尔摩斯是如何在头脑中将所有这些论证和假设归拢在一起，从而得出最终结论的。为了理解这个过程，我们需要将福尔摩斯得出的各个结论放到一起，而且将未言明的两个假设添加进去。

我们浏览图 1.2 会发现，整个论证可以分解成两个主要的论证：一个论证涉及福尔摩斯对华生肤色变化的观察，以及他所得出的华生刚从热带回来的这个结论；另一个论证涉及华生明显的战争伤情，以及福尔摩斯基于对此的观察，推断出华生参加过最近的阿富汗军事行动。这两个推理脉络，导出了令人吃惊的（至少是令华生吃惊的）结论，即华生刚从阿富汗回来。

1.5 血字的研究中的溯因推理

我们还可以使用另一种可信的假设，来识别福尔摩斯所用的推理过程（他将许多个命题组合在一起，得出"华生去过阿富汗"这个最终结论）。这个假设就是：福尔摩斯使用了溯因推理。

按照这种假设，福尔摩斯为上述那些命题——他根据自己的观察或推论而认为这些命题与事实相符——选择了一个最佳的解释。如果最近除了阿富汗的那场军事行动，不存在其他华生可能作为军医参加的军事行动，那么福尔摩斯所选定的这个对这些命题的解释，就是唯一可信的解释。

首先，请注意，福尔摩斯的推理建立在对事实的观察之上——他在与华生会面的时候做出了这些观察。以下六个事实命题罗列在图 1.2 右侧位置：

1. 他手腕处的皮肤白皙。
2. 他脸色黝黑。
3. 他具有医务工作者的风度。
4. 他有一副军人气概。
5. 他面容憔悴。
6. 他左臂动起来有些僵硬不便。

这六个命题呈现给我们一系列事实，它们被福尔摩斯对华生的观察所支持。然后，福尔摩斯从这些命题做出了推论。从这个意义上来说，这个案例中的推理结构，与医学诊断和科学发现中那类基于观察的推理，是非常类似的。

其次，请注意，从这些事实中得出的推论，可以看作是在解释这些事实。对他手腕白皙而脸色黝黑的观察，提出了一个反常现象，对此需要给出解释。他刚刚从阿富汗回来这个假设，能够解释这些事实。对他有医生风度和军人气概的观察，可以被他是一名军医这个假设所解释。对他左臂动起来僵硬不便的观察，可以被解释为左臂有损伤，而后者又可以被解释为，他在军事行动中负过伤。对他面容憔悴的观察，可以解释为他久病初愈且历尽艰苦。

这种模拟论证结构的不同方式表明，在图表中表示论证的大部分符号，都适合放在溯因推理或最佳解释推论（IBE）的型式中运用。有学者认为（Josephson and Josephson 1994），溯因推理等同于最佳解释推论。根据这种描述（Josephson and Josephson 1994，14），最佳解释推论具有以下形式（其中 H 代表一个假设）：

- D 是一组数据。
- H 解释了 D。
- 没有其他假设能够像 H 那样好地解释 D。
- 因此 H 很可能为真。

图 1.3 显示了华生案例中的证据结构，可以使用最佳解释推论来塑造。"+BE" 符号代表了一个使用最佳解释推论的正面论证。

在本书的有些案例中，我们会将隐含的（即未言明的）前提列到论证图表中。但是在另一些案例中，出于简约性和阐述方便性的原因，我们会在论证图表中省略隐含的前提。在图 1.3 中，有两个前提可以不必明确列出：(1) "阿富汗在热带"这个陈述；(2) "最近在阿富汗有军事行动"这个陈述。选择是否列出这些隐含前提，取决于我们想多么深入地建构某个论证图表，以及这个论证图表的目的是什么和读者是谁。

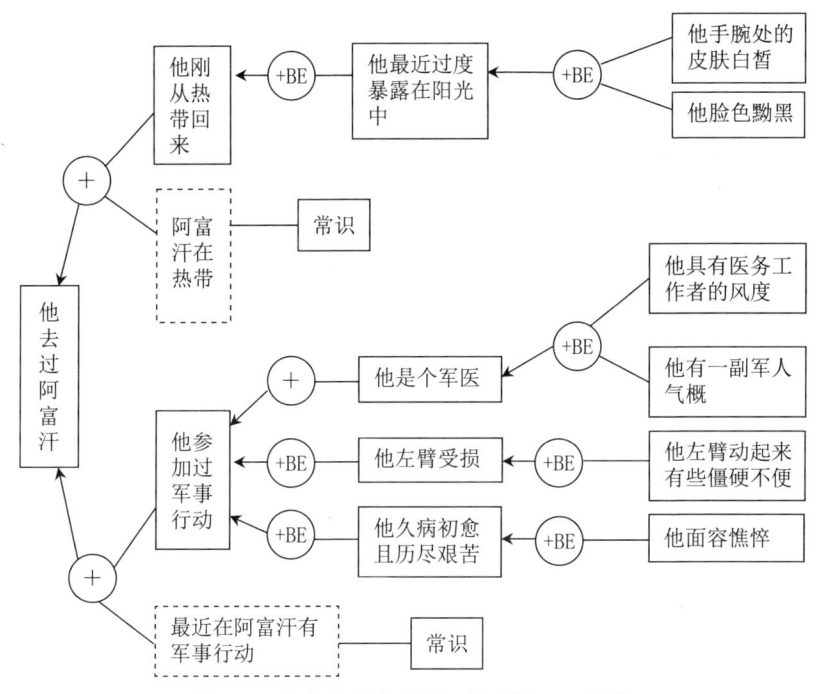

图 1.3 血字的研究案例：推理的 IBE 结构

在图 1.3 右侧位置，竖着罗列了该案例中的六个观察到的事实。这六个命题分成了四个小部分，在它们左侧是从这四个小部分推论出的最佳解释。对于手腕白皙、脸色黝黑的观察结论，做出的解释是他最近过度暴露在阳光中。根据最佳解释推论的型式，这一命题就是所推出的结论。具体而言，这个推论可以分成两部分：（1）华生脸色黝黑和手腕白皙这两个证据，可以被"他最近过度暴露在阳光中"这个假设所解释；（2）没有其他的假设，能够像这个假设这般好地解释这两个证据。

接下来，从前述结论出发，使用最佳解释推论的论证型式，得出了第二个结论，即"他刚从热带回来"。换言之，既然对"他最近过度暴露在阳光中"需要做出解释，那么"他刚从热带回来"这个解释就可以被推出来。在今天，存在其他的替代性解释，例如过度暴露在日光灯下，但在阿瑟·柯南·道尔的时代，日光灯这种工具尚不存在。

　　他有医生风度和军人气概这两个观察性事实，被"他是个军医"这个假设所解释。他左臂动起来有些僵硬不便这个事实，被"他左臂受损"这个假设所解释。他面容憔悴这个事实，被"他久病初愈且历尽艰苦"这个假设所解释。这两个假设又被"他参加过军事行动"这个假设所解释。图1.3中显示的大部分推论，都被塑造成最佳解释推论的个例，但有三个推论除外。从"他是个军医"到"他参加过军事行动"这个结论，看起来不符合最佳解释推论的论证型式，因此在图1.3中，此处被作为一般的论证，而不是最佳解释推论。另外两处论证是在图表最左侧，它们也没有被视为最佳解释推论这种特殊的论证型式。它们都是基于一个常识性的假设。图表显示出，前述命题最终导向两个主要的结论：他刚从热带回来、他参加过军事行动。这两个结论，与两个关于阿富汗的常识性假设一起，导出了最终的结论，即"他去过阿富汗"。

　　为了看清福尔摩斯是如何得出其结论的，我们需要再次回顾他提出的一个问题："一个英国的军医在热带地方历尽艰苦，并且臂部负过伤，这能是在什么地方呢？"此处提到了四个要素：热带、英国军医、历尽艰苦、臂部负伤。这四个要素对应于图1.3里中部偏下的三个文本框，以及左上方的一个文本框。这些观察引出了本案例的一个有意思的特征：在图表的水平方向上，有三个横向的脉络使用了两个最佳解释推论步骤进行溯因推理。

　　福尔摩斯推断华生这个案例，还有其他值得讨论的方面。这个案例还属于另一种特殊的论证类型，现有文献称之为"证据累积论证"（evidence-accumulating argument）或"累积性论证"（cumulative argument）。随着逐渐引入各个观察性证据，就产生了累积效应，将证据组合在一起。但这不是一个简单、直接的过程，即支持最终结论（"他去过阿富汗"）的证据随着每一个观察性证据的引入而不断增强。这个过程中包含了一系列复杂的论证，先是从证据得出中间性的结论，然后进一步导出最终结论。图 1.3 中的证据分成了两部分，一部分归集到左上方的论证（以符号"+"表示）里，另一部分归集到左下方的论证（也以符号"+"表示）里，这些证据是累积性的。在柯南·道尔写的故事中，先是引入了上面第一个论证，然后第二个论证提供了更多的证据补强它。

1.6　科学教育中关于解释的案例

我们可以从上一节的内容看出，当在具体的案件中使用最佳解释推论进行证据推理时，论证与解释以复杂的方式结合、交织在一起。如何详细阐述两者间的这种复杂关联？该问题留待第 3 章解决。但是在此处，有必要通过一些简单的科学教育中的案例，向读者大概地描述这种关联。

桑多瓦尔和赖泽（Sandoval and Reiser 2004）组织了一些模拟课堂学习的实验，来研究学生的调查实践。在实验中，学生使用一种叫作"解释构造器"（Explanation Constructor）的软件工具，这种软件工具可以帮助他们构建和评价各种解释。他们第一轮实验是在芝加哥的一所中学开展的。在实验前，他们先通过一场讲座向学生们讲解达尔文的进化论观点。

实验的目的是，使学生注意到各种变量和考虑到各种效应，并且绘制出它们的关系模式，从而帮助学生理解数据。在实验中，研究者向学生提出了各种问题；学生们分成多个小组来寻找问题的答案，每个小组有三人或四人。学生们要努力提出解释，并且决定哪些数据可以作为支持其主张的相关证据使用。研究者分析学生们的决定，观察他们是否使用了解释构造器工具，以及他们是如何得出决定的。当学生提出了新的问题从而形成了一个调查脉络的时候，或者给出了一个新的解释的时候，研究者就记录重要的节点。

使用解释构造器这个软件工具，是为了让学生更容易地援引数据以支持某个解释，因为这个工具可以让潜在的证据以直观、可视的方式呈现在屏幕上。使用这种工具，学生们能够在有效的论证中构建推

论证评价与证据

论，使用数据来支持或攻击某个已被提出的解释。桑多瓦尔和赖泽用四个标准来评价这些解释（Sandoval and Reiser 2004, 362）：

- 对解释的全面性和清晰性的评价，是通过将每个解释重构为一个由系列前因后果联系起来的故事而完成的。同时根据这种因果关联被阐述得有多么清晰对解释进行评价。
- 如果一个解释能够关联到一些数据，例如尺寸、气象条件等，来支持解释中的某些部分，那么该解释会被评价为更强。
- 如果一个解释考虑到了替代性的解释，而且说明了为何应当拒绝它们而选择自己，那么该解释会被评价为更好。
- 因为一个解释会因缺乏数据而削弱，所以任何某个解释若不能记录其局限性，就会被评价为更弱。

桑多瓦尔和赖泽认为，他们的工作回应了科学教育者们长久以来的呼吁，即把论辩作为教学中的一个核心实践。他们在其课堂实验中发现了两个条件，这两个条件能够支持他们希望倡导的那种通过论辩的协作调查方法。这两个条件分别是：为协作学习而进行小组化设定，使用一个软件环境为论辩提供支持。

伯兰和赖泽（Berland and Reiser 2008, 28）的研究表明了在教学语境中解释和论证的实践是如何互补的——即使在那些强调要区分这两种实践的学习环境中也是如此。他们指出了在建构科学解释和为这些解释辩护时的三个目标：第一，使用科学证据和概念，来理解所研究的现象；第二，阐述这种理解；第三，通过提出科学知识库中的证据，说服别人接受某个解释。第三个目标在学生们已经通过解释阐述了他们对现象的理解之后，需要用说服方法让别人认可其科学准确性时，显得尤为明确（Berland and Reiser 2008, 30）。伯兰和赖泽发现，只有借助一个用于评价各种正反主张和为它们辩护的论辩程序才能实现这些目标。因此根据他们的观点，解释和论证在实践中是相互交织在一起的，而且都需要使用证据来互相支持。

伯兰和赖泽（Berland and Reiser 2008, 39）提出了下面的例子，认

第 1 章 导论：论证与解释

为这是学生们反馈的一种典型情形，即通过解释而将推理、证据和主张交织在一起。这个例子是由一组学生反馈的，这些学生被要求使用科学知识库中的数据，回答以下问题：为什么大部分加拉帕戈斯群岛的雀类在 1970 年代中期死亡，但是有一些逃过了这场灾难？试验者为这些学生提供了一个数据库，里面包含了关于雀类习性与其生存之间关系的知识。

> 降雨量明显减少，这导致植物生长得不如以前好；地上芽、马齿苋和仙人掌的种子比较软，因此鸟类争夺吃这类植物。这类植物变得非常稀少。不过，还有另一种叫作"刺蒺藜"的植物，它的种子更硬、更长；所以最好的生存机会就是适应吃刺蒺藜，能够吃它的种子而不会饿死。

这个例子对于第 3 章将阐述的解释模式来说，非常的典型。根据这种模型，当提出解释的一方，向要求解释的一方，传递了某种理解之后，就成功地完成了解释。这种模型体现了斯克里文（Scriven 2002，49）的论述："从文义和逻辑上来看，所谓解释就是填补理解中的缝隙的过程。而要完成这一点，我们就必须带着对某些事物的些许理解出发。"理解的传递是通过以下方式完成的：解释者帮助接收解释者，以他们共享的普遍知识为基础，来填补一系列事件和行为中的缝隙。这种关于理解的观念，又是基于人工智能研究中所使用的"脚本"概念（Schank 1986）。

所谓"脚本"（script），指的是一系列相连接的事件或行为，双方凭着他们关于事物在熟悉情境中通常被期待发生之方式的共同知识，而对此有所理解。在著名的餐馆脚本中（Schank 1986），一个人进入一家餐馆，坐到一张桌子前，捡起一个菜单，点了汤，汤被端上桌后喝完，账单被拿上来后付了款，然后站起来离开餐馆。假设这个人中间偏离了脚本，他出人意料地从椅子上站起来，然后脱下了裤子。这是一个反常的行为，对此需要给出解释。但是假设我们被告知，他将热汤洒到了腿上。现在我们就能理解所发生的事情了，或者至少当这个序列中的某些缝隙被进一步填补后，我们就能理解了。

在上述关于雀类存活的解释案例中，如何将事件的序列可视化地呈现为一个脚本，请参见图1.4。事件的序列在一定程度上是（但不完全是）因果性质的，它代表了自然的事件序列，我们都能凭借我们共同的知识理解，它表明了每一个事件如何以某种我们可理解的方式，在该案例条件下导致了某个结果。我们可以理解，随着降雨量减少，植物生长得不好，因为根据我们的常识性理解，植物需要水才能生长。我们也很容易理解，一些植物的种子比其他植物的种子更软，鸟类通常更容易吃较软的种子而不是较硬的种子。我们还能理解，因为鸟类集中于吃较软的种子，但是现在这些种子不如以前那么多了，所以鸟类争夺较软的种子。我们当然都能理解，如果鸟类在降雨量减少的条件下继续吃较软的种子，种子会变得更少，于是一些鸟类可能死于食物匮乏。我们也能理解，这种趋势可能存在一个例外——如果一些鸟能够适应吃更硬的刺蒺藜种子的话。

这种事件推演（event calculus）是一种逻辑语言，代表了关于行为和事件的推理，这些行为和事件处于随时间而变化的流动序列（fluent sequences）之中；这个概念是由科瓦尔斯基和谢戈特（Kowalski and Sergot 1986）提出的，其中包含了对故事（即脚本）的考虑。所谓"流动"（fluent），在人工智能中指的是随时间变动的条件。例如，述语"在上面（方块，桌子，t_1）"在t_1时间点上（此时方块在桌子上）有效；但在稍后的t_2时间点上（此时方块被从桌子上拿走了）就无效了。事件推演通常被用于塑造流动序列，在其中行为和事件被联系到一个脚本里。

审查图1.4中对一系列事件的可视化呈现，我们很容易理解它如何解释了为何有些鸟死了而另一些鸟存活了下来。因此也很容易理解，为何这种解释是连贯的，而且与各种科学事实相符。从科学教育——其目的是寻找一个好的解释，能够用于向学生讲授科学方法的运行——的角度来看，这种解释具有许多优点。但我们还需要看到它的一些缺点。

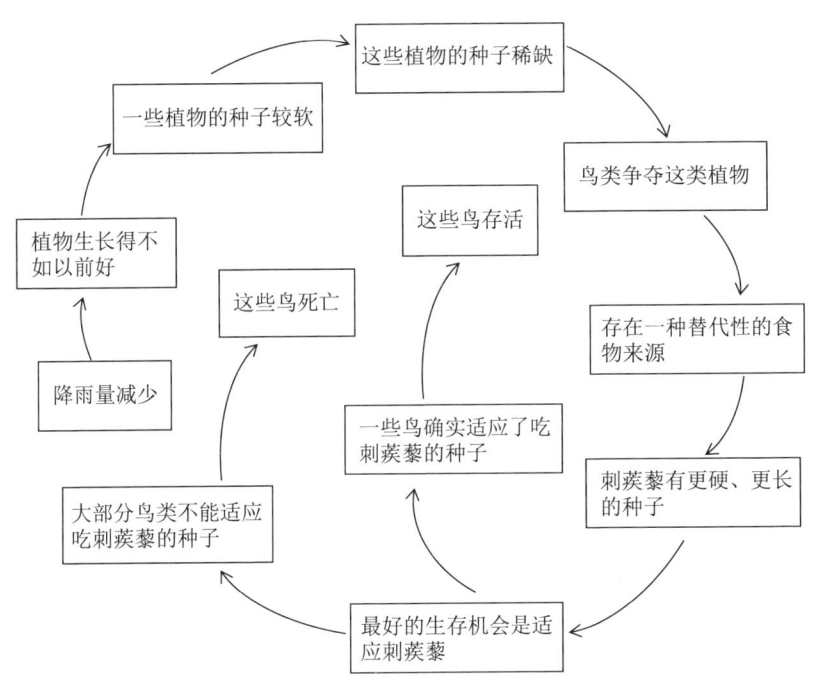

图1.4 科学教育案例：第一份学生解释的脚本模型

1.7 论证、证据与解释的结合

我们可以判断，上面那份关于加拉帕戈斯群岛上雀类存活的解释，本身是连贯的，并且与科学数据一致。但是这份解释也存在一个失败之处，即学生没有说清楚，它的哪些部分是基于科学证据，哪些部分代表了他们自己做出的推论。学生给出的第二份解释（Berland and Reiser 2008, 40）与第一份解释不同，在第二份解释中，学生们不仅解释发生了什么，而且提出了支持性的证据和推理。

我们相信，某些雀类存活下来的原因是，它们食用那种能在缺水环境下生存的植物，即刺蒺藜。关于仙人掌、马齿苋和地上芽植物的数据图表都显示，从1973年雨季到1977年雨季，它们的数量显著地降至 0。但是刺蒺藜不同。刺蒺藜虽也大量减少了，但是不至于完全消失。它在 1977 年旱季的大旱气候之后存活了下来。关于四种存活下来的雀类的研究显示，它们都能吃刺蒺藜。这就意味着，干旱不会影响刺蒺藜，因此就不会影响到食用它的地表雀类。根据我们找到的信息，我们的假设是正确的。它们说明在 1977 年旱灾时，刺蒺藜是最能生存的植物，这种干旱不会影响到食用刺蒺藜的雀类。

伯兰和赖泽（Berland and Reiser 2008, 40）认为，第二份解释提出了一个连贯且可信的解释，说明了为何许多雀类消失而有些雀类存活下来了。

但是为什么会认定第二份解释优于第一份解释？第一份解释的一个失败之处是，学生未能说清楚它的哪些部分是基于科学证据。第二份解释更好，因为学生不仅解释了发生了什么，而且提出了有证据支持的论证，这些论证转而支持了他们所给出的解释中的构成部分。只要你浏览一下第二份解释，与第一份解释做一个比较，你就能发现，第二份解释要强很多。因为科学证据穿插其中，而且通过论证与解释中的组成部分连在一起，如果缺少了这些证据该解释就会被质疑。

伯兰和赖泽的研究所引出的问题，是关于如何判断某个解释优于另一个解释，以及关于如何给出一些客观理由来说明为什么某个解释可以被理性地认为优于其他解释。这是第 3 章将会解决的问题。基本上，这个问题就是要找到某种方式，来塑造某个给定案例中的证据与解释——它们被提出来是为了解释该案例中的明显异常事件——之间的关系。我们将会看到，这个问题基本上是关于如何构筑解释中各证据之间的论证路径。为解决此问题，本书将引入一种结合论证与解释的混合理论。为模拟那些论证与解释相结合的案例，本书所使用的主要操作工具是，将具体案例中的证据推理呈现为一个图表结构。这种方法早已广泛应用于人工智能领域的论证研究中。

舒姆（Schum 1994）用一种技术上较为复杂的方式表明了何以能

够用一个树状结构来模拟证据推理，这个树状结构可以使用一个论证图表从而变得可视化。本书后续章节会说明，这种路径已经成为用于分析和评价论证中证据推理的基本方法。本章已简略地介绍了这种方法。本章的介绍较为显浅，几乎不包含专业性假定、技术性术语或其他仅限于专业领域内的特征。先介绍这些内容就足够了，我们可以继续向前推进，随着它适用于更复杂的案例再提出其他特征。

  本章使用图表化的方法，来呈现论证、解释以及它们之间的关系。论证图表（或称"论证图示"）是一种早已被广泛采用的方法，借此可在论辩中可视化地呈现一个论证的结构。本章所例示的这种论证图表，通常采取一个树状结构的形式，其中在树根处有一个单一命题，表示最终的主张。其他的命题，包括前提和从前提中推出来的一些结论，通过这个树状结构推导和聚合到根命题上。本章用于帮助在可视化图表中呈现论证的另一个工具是，适用某种特定的论证型式（或称"论证形式"）来连接前提和结论。例如，在图 1.1 中，圆形论证节点（"+EX"）代表了基于专家意见的论证型式。

  我们可以使用笔和纸，手工绘制一个论证图表。但现在已经有许多软件绘图工具，它们可以帮助使用者绘制各种图表，这些工具也可以用来呈现一项论证或一项解释的结构。例如 Gliffy 软件、Lucidchart 软件、yEd 软件等。[2] 还有一些计算机支持的论证可视化工具，是专门被设计用于呈现论证结构的。这些工具已经成为广泛应用的论证方法，用于阐述、分析、概括和评价论证。据称，现在有超过六十种这类软件系统，它们被设计出来专门用于实现论证的可视化（Scheuer et al. 2010）。其中，Rationale 软件[3] 可按多种用途构建论证图示。比如，可以使用它帮助学生学习批判性思维的技能，或者使用它系统性地建构用于说服的论据，从而为辩论做准备工作。使用该软件工具绘

---

[2] Gliffy：www.gliffy.com；Lucidchart：https://www.lucidchart.com；yEd：http://www.yworks.com/en/products_yed_about.html.

[3] Rationale：http://rationale.austhink.com/.

制出来的图示，呈现为这样一个结构：需要证明的结论列在页面顶端，支持该结论的论证序列列在下面。另一种工具是 Agora 软件。[4] 它使用具有演绎有效性的形式，作为其论证型式。相比较而言，Rationale 软件还使用了一些可废止的论证型式，例如基于专家意见的论证、基于证言的论证。霍夫曼（Hoffman 2011）解释了这些软件工具何以能帮助促进协作性学习。

第 3 章将会在更高的一般性层面上，说明为何在证据推理中，论证与解释交织在一起。

1.8 反向的溯因推理

对溯因推理的描述，经常是在比较正向推理（forward reasoning）与反向推理（backward reasoning）的语境中进行的。我们在逻辑上通常习惯于将一个论证看作从一套前提到一个结论的正向推进序列，溯因推理则一般被描述成一个反向推进序列，即从一个结论出发，进而选定一个或多个条件作为该结论的基础。正向推理通常也被解释为，使用一套前提来证明结论——这些前提通过一系列推理而正向链接；相比之下，反向推理被解释为，从一个事件或现象到另一个事件或现象的一系列解释。实际上，柯南·道尔（Conan Doyle 1932, 138）在《血字的研究》中，让福尔摩斯描述了他著名的证据推理方法，这种方法有一个反向的思维活动。

在解决这类问题时，最主要的事情就是能够反向推理。这是一种很有用的本领，而且也是很容易的，不过，人们在实践中却不常应用它。在日常生活中，正向推理的方法用处大些，因此人们也就容易忽略反向推理。如果说有五十个人能够做出综合性的推理的话，那么，只有一个人能够做出分析性的推理……让我试试看我是否能够把它说得更明确一些。大多数人都是这样的：如

---

〔4〕Agora：http://agora.gatech.edu/.

第 1 章　导论：论证与解释

果你把一系列的事件对他们说明，他们就能把可能的结果告诉你。他们能够在他们的脑子里把这一系列事件组合起来，而且从中得出结论说，某个事情可能会发生。然而，只有极少数的人，如果你告诉了他们某个结果，他们就能从自己的内在意识中，推断出导致这种结果的各个步骤是什么。这就是在我说到反向推理或者分析性推理时，我所指的那种能力。

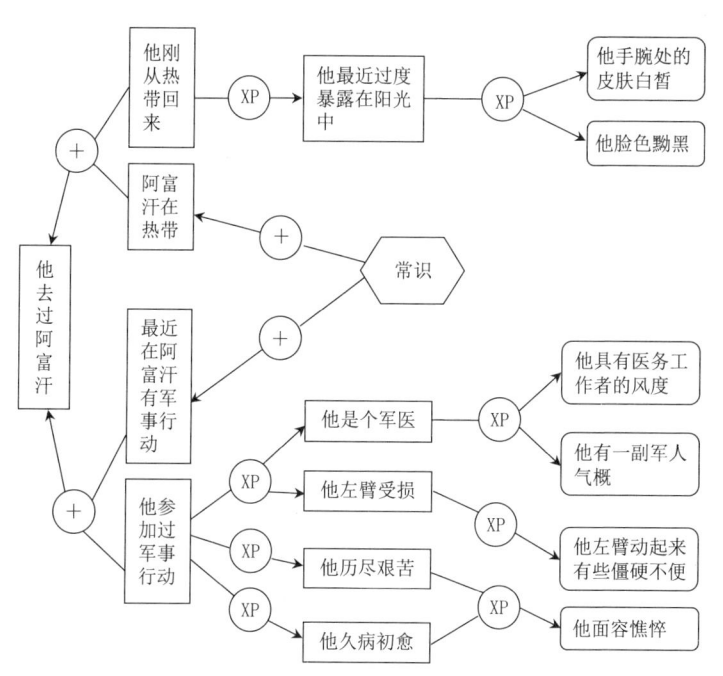

图 1.5　血字的研究案例：推理的反向 IBE 结构

我们可以将福尔摩斯推断华生身份时使用的溯因推理塑造成一个反向的解释序列，从而与图 1.2、图 1.3 中呈现的正面论证序列形成对比。参见图 1.5。这种塑造溯因推理的方式，将溯因推理呈现为这样一种结构：它将论证与解释相结合，运行方向不是从福尔摩斯对事实的诸多观察，到由这些观察（通过最佳解释推论）推断出的命题，而是

33

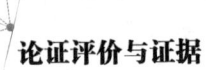

反了过来。

在本案中，福尔摩斯观察到的、需要解释的基础事实，用弧形拐角文本框表示。从对这些事实的解释中以及从常识中推论出的命题，用直角文本框表示。圆形节点中的"XP"符号，表示一个解释。圆形节点中的"+"符号，表示一个正面论证。

按照这种证据推理模式，福尔摩斯对华生手腕白皙和脸色黝黑的肤色观察，可以被解释为：华生被太阳暴晒。太阳暴晒又可以被解释为华生曾待在热带。与阿富汗在热带这个基于常识的命题一起，这个解释序列导出了华生刚从阿富汗回来这个结论。

图1.5中的另一个论证，也可以被表示为一系列反向的溯因推理。福尔摩斯关于华生有医生风度和军人气概的观察，可以被以下假设所解释：他是一名军医。他手臂僵硬不便可以解释为有损伤。他面容憔悴可以解释为历尽了艰苦和久病初愈。这些发现又转而被以下假设所解释：华生参加过军事行动。这个假设与阿富汗有军事行动这个基于常识的前提一起，被用于论证华生刚从阿富汗回来。

上面这两个论证被呈现为主要基于解释，但有时也基于论证的反向推理。我们审视这两个论证会发现，它们可以按照下述方式整合在一起：第一个论证（即图表中的上半部分）提供了一些理由，让我们接受华生刚从阿富汗回来这个结论，但是它自身仅仅是一个较弱的、非决定性的支持结论的论证；当第二个论证（即图表中的下半部分）被提出之后，看上去就补强了第一个论证；他们结合在一起就很强了。这种论证形式有时被称作"累积性论证"，它指的是这样一系列论证：当在一个证据推理序列中加入了一个新的论证，从而补强先前论证时，就出现了一个证据积累的过程。在上述案例中，第一个论证支持了华生从阿富汗回来这个结论，但随后出现了一个单独的论证脉络，也能支持相同的结论。在此案例中，当福尔摩斯做出新的观察时，证据相继地累加在一起。首先他观察到了华生手腕肤色较白和脸部肤色较黑，然后他观察到华生看上去有医生风度和军人气概。新的观察肯定了先前观察的证据价值。接着福尔摩斯观察到，华生手臂僵硬，动作不自然。这一观察提供了更多的证据，推进了福尔摩斯的推理方向，导向华生去过阿富汗这个最终结论。在这个证据序列中，最后一步是福尔摩斯观察到华生面容憔悴，这个证据与先前的证据结合在一起，更进一步强化了福尔摩斯假设的可信性。这种逐步展开的、不断加强福尔摩斯最终结论之可信性的过程，在现有文献中通常被称作"累积性论证链条"。

1.9　削弱与反驳

波洛克（Pollock 1995）区分了两种不同的辩驳（refutation）方式。他将第一种称作"反驳性废止"（rebutting defeater）或称作"反驳"（rebutter）；将第二种称作"削弱性废止"（undercutting defeater）或称作"削弱"（undercutter）（Pollock 1995, 40）。一个反驳提出了用于否定一项主张的理由；一个削弱通过攻击一项主张与其支撑性理由之间的推论联系，而提出关于该项主张是否有效的怀疑。波洛克使用了红色灯光的例子，来说明他的这种区分（Pollock 1995, 41）。

> 例如，假设某物 X 看起来是红色的。但是我知道 X 是被红色的灯光照射着，我也知道红色的灯光能够使本来不是红色的物体看上去是红色的。知道这些，就废止了前述"X 是红色"的表面理由（prima facie reason）；但这些并非认为"X 不是红色"的理由。因为，红色的物体在红色的光照中也呈现为红色。这是一个削弱性废止。（着重号为波洛克所加）

如果我看到一个红色的物体，那么"我所看到的东西是红色的"这个主张，似乎就成为一个明显的事实，它不需要额外的论证来支持它。有人可能会说：在这种情况下，我有正当理由宣称我知道这个物体是红色的，而且没有人能够告诉我它不是红色的。然而波洛克在他的上述论述中表明，我关于看到了一个红色物体的主张，在这种情况下是基于一个可废止的论证。这种论证，如下面所显示的，可以被称作"基于感知的论证"（argument from perception）。

论证评价与证据

　　大前提：如果某个具有感知能力的主体 α，获得了形象 Ω（即某个可感知的物体 Ω 的形象），那么就能可废止性地推断出，主体 α 所感知到的物体，可以归类为 Ω。

　　小前提：具有感知能力的主体 α，获得了形象 Ω。

　　结　论：此物可以归类为 Ω。

　　这个规则看起来非常适用于波洛克所举的例子。如果我看到了一个在我看来是红色的物体，那么这就是它是红色的证据；因此我可以做出推论说，该物体是红色的。但是，请假设，像波洛克所说的那样，我发现这个物体被红色的灯光照射着。这个新的证据所起的作用，用波洛克的术语来描述，是"削弱"，而非"反驳"。因为，就像他指出的那样，红色的物体在红色的灯光中看起来也是红色的。很重要的一点就是认识到：这个新的证据并没有反驳"这个物体是红色的"这个主张，因为就我所知它可能是红色的。新的证据只是削弱了关于该物体为红色的论证，削弱的方式是：提出了对论证的质疑，弱化了它对该物体为红色这个结论的支持。

　　如此一来，我们可以找到另一种方式，来塑造血字的研究案例中的溯因推理，它提出了一种不同的模式来表示第二个论证如何与第一个论证相互作用。这种塑造两个论证之相互影响的方式，呈现在图 1.6 中。其中，包含 "-" 的圆圈是一个削弱。它削弱了在它上面的正面论证。波洛克的基于感知的论证，看起来是一种非常有用的潜在论证型式，可以帮助我们处理许多不同种类的证据推理，例如从证人证言这种证据中产生结论的证据推理。它看起来还有许多其他的意义，能帮助我们界定一种可废止性质的"知识"概念，这种知识概念可以用于评价从经验观察中导出某个假设的科学推理。但问题在于，出于某些原因，波洛克以非常限定性的方式，界定了他的论证型式版本，这使得该型式仅能在有限的情况下使用。正如普拉肯等人（Prakken et al. 2003, 38）所指出的，波洛克的"可废止的基于知识的推理"概念，要么是以经典的演绎逻辑推论规则为基础，要么是以归纳规则为基础——而这里的归纳规则又要求使用在统计学中应用的那种数字概率。所以，将波洛克的论证型式扩展至我们感兴趣的那类论证（这种论证是基于外观性质的证据），就会有一些问题。关于这一点，我们可以看下文的两个例子。

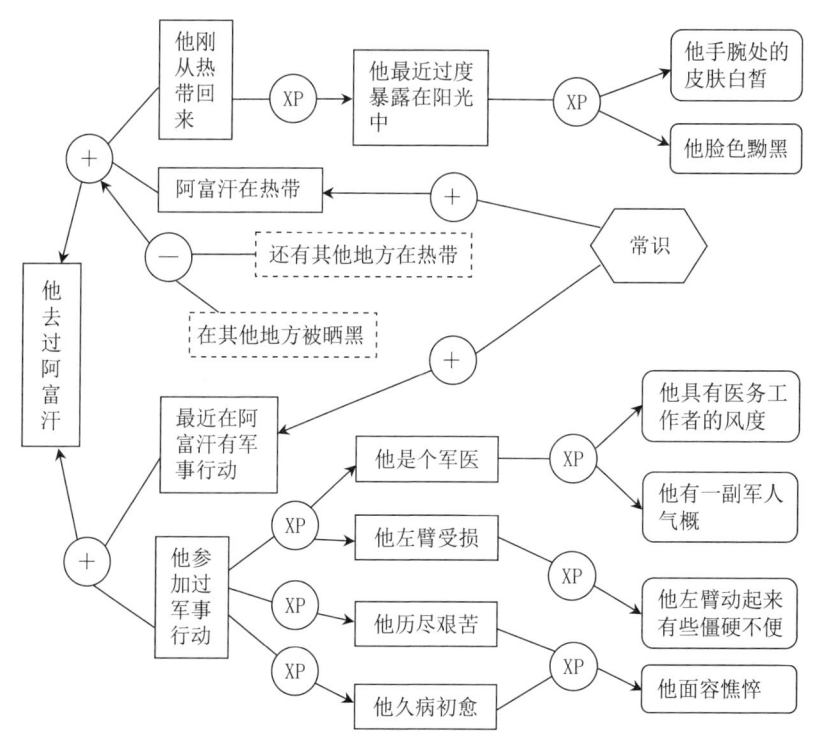

图 1.6 血字的研究案例：作为反向削弱的论证

首先，需要注意的是，图 1.6 顶部的论证较为虚弱。顶部论证的问题在于，尽管它通过表明"华生只有最近到过热带才会被那样暴晒"而缩小了可能性，但是有许多地方在热带，华生在这些地方都会被暴晒。这一推理路线留下了一个开放的漏洞。在图 1.6 中，这个论证路径中的漏洞，通过插入两个隐含的前提而显露出来。这两个前提包含在虚线文本框中，它们分别是：还有其他地方在热带，他可能在这些地方中的某一处被晒黑。这两个前提结合起来，形成了一个论证，图1.6将这个论证作为一项削弱。一项削弱指的是这样一种形式的论证：它攻击了另一个论证，但不是通过攻击它的前提或结论，而是通过攻击推论链接，即将前提和结论联系起来的论证本身。

然后，正如图1.6中显示的，底部的论证攻击了上面的削弱。攻击的方式是：它提供了一系列论证，反对华生可能在除了阿富汗之外的其他热带地方晒黑这个削弱性论证。这个新的论证，自身也是一个可废止的论证，所以它不能结论性地排除华生可能在其他热带地方晒黑这个假设。但是它确实给出了一个合理而有力的论证，反击了图中在它之上的那个削弱性论证。简言之，若以这种方式呈现，这两个论证之间的关系表明：第二个论证抵消了第一个论证中的削弱性论证。

以下这个例子是由普拉肯（Prakken 2003，858）提出的，用来联结波洛克的基于感知的论证型式与在关于法律证据的推理中使用的普通论证类型。我们可以用下述方式表述这个例子（Walton 2006，5）。

　　大前提：如果某物看起来像一份宣誓书，那么它就是一份宣誓书。
　　小前提：这个东西看起来像一份宣誓书。
　　结　论：这个东西是一份宣誓书。

如果一份文件装在一个盛放庭审证据的文件夹内，在这种情况下我们可以合理地假设，这份文件实际上是一份宣誓书，或者至少可以暂且被接受为一份宣誓书，但要受到进一步的检验。很显然，这种论证是可废止的。因为，如果经过进一步的检查，发现这份文件看起来像一个精心伪造的赝品，而不是一份真正的宣誓书，那么，它是一份宣誓书这个结论就需要被撤回。最初的那个论证（得出结论说这份文件可以被认作宣誓书），并非完全无价值。它没有被反驳（使用波洛克的术语），而是被新的发现所抵消了。

第 1 章　导论：论证与解释

然而，这个例子显示出了一些不同于波洛克所举的红色灯光例子的要素。在这个例子中，某个东西被归类为宣誓书，是因为它乍看来有一个文件的外观；该文件没有被仔细检查，而只是被放在一个文件夹中且呈递为法庭证据，并且假定了该文件的真实性。但是，一份文件若要成为合格的宣誓书，必须满足一些法律要求，例如，该文件必须以特定形式书写、必须包含签名、签名必须在右侧，等等。

基于这些原因，我们在波洛克版本的基于感知的论证基础上，概括出一种有所不同的型式，它可以适用于证据推理——例如在法庭审判和法庭科学调查中使用的那种证据推理，因为在法庭审判和法庭科学调查中需要收集和评价证据（Walton 2006）。这种版本的论证型式被称作"基于外观的论证"（argument from appearance）（Walton 2006, 6）。如下所示。

　　大前提：如果形象 Ω 表明了一个物体 O，而物体 O 可以归入言语范畴 C，那么该物体应当归入言语范畴 C。
　　小前提：这个形象表明了一个物体 O，物体 O 可以归入言语范畴 C。
　　结　论：这个物体 O 应当归入言语范畴 C。

第二个例子，我们可以回到都灵裹尸布案例。请回顾图 1.1，在其中有两个论证属于基于外观的论证型式。一个论证是建立在以下前提上的：这块布上显示出一个轮廓，看上去像是一名在酷刑后下葬的男性。这个陈述可能是真实的，能准确地反映任何人看这块布时感知到的形象。

另一个论证建立在以下前提之上：脸部和身体上的痕迹，符合酷刑特征。尽管这个论证看上去也符合基于外观的论证型式，但我们可以更好地将它视作一种溯因论证，这种论证被习惯于称作"基于痕迹的论证"（argument from sign）。例如，假设一位猎人看到了雪地上动物的足印，他说这些痕迹显示了一只熊从这里经过。由此我们可废止地推断出：一只熊经过了这里。当然，这个推理也可能同时被归入基于专家意见的论证，假如我们将猎人视作关于某类动物足迹的专家的话。不过我们暂不考虑后一种归类。这个例子看上去像一个非常好的最佳解释推论的例子，因为给定了雪地上留下的痕迹之外观，那么对于这些痕迹如何形成的最佳解释可能就是：一只熊经过了这里，然后在雪地上留下了足印。

我们回到建立在"这块布上显示出一个轮廓，看上去像是一名在酷刑后下葬的男性"这个前提上的论证。这个论证符合基于外观的论证型式，但它也表明了这种论证型式的一些危险性，因为外观可能具有误导性，在用作论证之前提以得出关于外观中的形象究竟代表什么的推论时，某些外观会比另一些外观更可靠。尽管布上的形象看起来非常像酷刑后下葬的男性，而且用照相底片呈现时，布上显现的男性头部形象强烈地向信奉者表明，他正在看到基督的头像，但这些外观可能是误导性的。这块布之所以看起来是那样，可能是因为这块布的制作者设计了布上的印记，使之呈现出一个信奉者想象的受刑后的耶稣的形象。

1.10 结 论

本章所举的三个案例表明，基于外观的论证与最佳解释推论有紧密联系，而且它应当被视为一种可废止的论证形式，要受到批判性的质询。以下两个批判性问题（CQ），适用于基于外观的论证型式。

(CQ1) 具有物体 O（物体 O 看似可以归入 C）之外观的形象 Ω，是否会因某些原因而具有误导性？

(CQ2) 尽管看起来 O 可以归入 C，但是否存在一些理由表明，可能更应当将 O 归入其他的范畴？

这些例子说明，我们需要非常注意如何表述基于外观的论证型式，以及如何将它适用于在证据推理中使用的真实论证。最后，关于在图

第1章　导论：论证与解释

1.6的证据推理链条中削弱的作用，有必要展开一些更一般性的讨论。

　　福尔摩斯提问问题的方式表明，他可能使用了排除的过程。福尔摩斯问道："一个英国的军医在热带地方历尽艰苦，并且臂部负过伤，这能是在什么地方呢?"沿着这个思路，我们可以假定：结合常识考虑，华生可能以军医身份参加的，除了阿富汗的那场军事行动之外，最近没有其他的军事行动了。如果没有其他的军事行动，那么福尔摩斯可以用排除法得出结论：华生只可能是从阿富汗回来的。但是没有证据支持这个假设，因此其他假设应当被考虑。

　　上文将福尔摩斯的证据推理展示为结合了论证的反向解释序列，并且提出两种方式，说明其中第二个论证如何与第一个论证关联。第一种方式认为，第二个论证被提出之后，补强了第一个论证，它们构成了累积性论证；第二种方式考虑了削弱的概念，认为第二个论证抵消了第一个论证中的削弱性论证。这两种方式都是可行的。但我们可以注意到，第二种方式更好地呼应了一种被称作"抽象论证框架"（abstract argumentation framework）的形式结构（Dung 1995）。所谓论证框架，是一个图示化的结构，它由两部分构成：（1）一套要素，表示为图示中的节点；（2）一套关系，表示为图示中连接各个节点的箭头。节点表示论证，箭头表示所谓的攻击关系，通过它各个论证之间相互攻击。如果要找一个例子的话，我们可以看削弱论证攻击另一个论证的情形。因为削弱论证攻击了另一个论证，这个论证现在被视为"出局"（即不被接受）。但是，假如这个削弱论证又被另一个削弱论证攻击了，那么第一个削弱论证又被视为"出局"。因此我们可以得出结论说，最初的论证现在"入局"（被接受）了。卡涅阿德斯论证系统（CAS）的一个发展是，提出可以按这种方式将例外（exceptions）塑造成削弱。

　　然而，请注意，论证攻击仅仅是在我们已讨论的案例中需要处理的论证的一个方面。正如这些案例显示的，论证的特点是：在任何给定的案例中，需要提出正面的论证和反面的论证，从而对待解决的争议事项施加影响。正反两边都需要被考虑，而且两边论证的力量和弱

点都需要纳入考量。

本章主要讨论了两个案例，借此表明证据推理具有一种图示结构。我们可以使用一个论证图表来视觉化地呈现该结构。论证图表上展示的论证序列，表现出以下十个特征：

- 最终的前提建立在观察、证人证言、专家证言，或者任何其他被采纳为证据的假定事实之上。
- 推论是从被接受或可接受的前提中推出来的。
- 有的时候，但不是所有时候，这些推论能够契合某些论证型式。
- 存在一个需要被证明或证伪的最终命题。
- 这个最终命题应当得到论证中的推理的支持，而且要达到某个证明标准，即使该标准可能未被明确阐述。
- 在某些情形中，论证与解释结合在一起。
- 最佳解释推论是一种在证据推理中非常重要的论证类型。
- 基于感知的论证是一种在证据推理中非常重要的论证类型。
- 基于专家意见的论证是一种在证据推理中非常重要的论证类型。
- 区分削弱和反驳这两种攻击论证的方式，在证据推理中非常重要。

这十个主要的证据推理特征，在后面的章节中显得非常重要。后面的章节会通过更复杂的案例来探讨一些问题——每次先提出一个问题，随之提供解决方案。所有这些章节，按照顺序汇总在一起，聚焦于以下核心问题：重新表述论证、解释、知识、证据这四个基本概念之间的关系。

参考文献

Andriessen, J., and B. Schwarz. 2009. Argumentative design. In *Argumentation and education*, ed. N. Muller Mirza and A. Perret-Clermont, 145–174. Dordrecht:

第 1 章 导论：论证与解释

Springer.

Baker, M. 2003. Computer-mediated argumentative interactions for the co-elaboration of scientific notions. In *Arguing to learn*, ed. J. Andriessen, M. Baker, and D. Suthers, 47–78. Dordrecht: Kluwer.

Berland, L. K. , and B. J. Reiser. 2008. Making sense of argumentation and explanation. *Science Education* 93 (1): 26–55.

Birdsell, D. S. , and L. Groarke. 1996. Toward a theory of visual argument. *Argumentation and Advocacy* 33 (1): 1–10.

Doyle, A. C. 1932. *The complete Sherlock Holmes: The memorial edition.* Garden City: Doubleday, Doran & Co.

Dung, P. M. 1995. On the acceptability of arguments and its fundamental role in nonmonotonic reasoning, logic programming and n-person games. *Artificial Intelligence* 77 (2): 321–357.

Dwyer, C. P. , M. J. Hogan, and I. Stewart. 2013. An examination of the effects of argument mapping on students' memory and comprehension performance. *Thinking Skills and Creativity* 8: 11–24.

Gigerenzer, G. , P. M. Todd, and ABC Research Group. 1999. *Simple heuristics that make us smart.* Oxford: Oxford University Press.

Harman, G. 1965. The inference to the best explanation. *Philosophical Review* 74: 88–95.

Hintikka, J. , and M. B. Hintikka. 1982. Sherlock Holmes confronts modern logic: Towards a theory of information seeking through questioning. In *Argumentation: Approaches to theory formation*, ed. E. M. Barth and J. L. Martens, 55–76. Amsterdam: Benjamins.

Hoffman, M. 2011. Cognitive effects of argument visualization tools. In *Proceedings of the 9th international conference of the Ontario Society for the Study of Argumentation*, 1–12. Windsor: OSSA.

Josephson, J. R. , and S. G. Josephson. 1994. *Abductive inference: Computation, philosophy, technology.* New York: Cambridge University Press.

Kowalski, R. , and M. Sergot. 1986. A logic-based calculus of events. *New Generation Computing* 4 (1): 67–95.

Macagno, F., and A. Konstantinidou. 2013. What students' arguments can tell us: using argumentation schemes in science education. *Argumentation* 27 (3): 225–243.

Nussbaum, E. M. 2008. Collaborative discourse, argumentation, and learning: Preface and literature review. *Contemporary Educational Psychology* 33 (3): 345–359.

Nussbaum, E. M. 2011. Argumentation, dialogue theory, and probability modeling: Alternative frameworks for argumentation research in education. *Educational Psychologist* 46 (2): 84–106.

Nussbaum, E. M., and O. V. Edwards. 2011. Critical questions and argument strategems: A framework for enhancing and analyzing students' reasoning practices. *Journal of the Learning Sciences* 20 (3): 443–488.

Pardo, M. S., and R. J. Allen. 2008. Juridical proof and the best explanation. *Law and Philosophy* 27 (3): 223–268.

Peirce, C. S. 1965. Collected papers of Charles Sanders Peirce. In *Elements of logic*, vol. 2, ed. C. Hartshorne and P. Weiss. Cambridge, MA: Harvard University Press.

Pollock, J. L. 1995. *Cognitive carpentry*. Cambridge, MA: The MIT Press.

Prakken, H. 2003. Logical dialectics: The missing link between deductivism and pragma-dialectics. In *Proceedings of the fifth conference of the International Society for the Study of Argumentation*, ed. Frans H. van Eemeren et al., 857–860. Amsterdam: SicSat.

Prakken, H., C. Reed, and D. Walton. 2003. Argumentation schemes and generalisations. In *Reasoning about evidence*, 32–41. Proceedings of the 9th international conference on artificial intelligence and law. Edinburgh/New York: ACM Press.

Sandoval, W., and B. J. Reiser. 2004. Explanation-driven inquiry: Integrating conceptual and epistemic scaffolds for scientific inquiry. *Science Education* 88 (1): 345–372.

Schank, R. C. 1986. *Explanation patterns: Understanding mechanically and creatively*. Hillsdale: Erlbaum.

Scheuer, O., F. Loll, N. Pinkwart, and B. M. McLaren. 2010. Computer-supported argumentation: A review of the state of the art. *Computer-Supported Collaborative Learning* 5 (1): 43-102.

Schiappa, E. 1995. *Warranting assent: Case studies in argument evaluation*. Albany: SUNY Press.

Schiappa, E. 2002. Sophisticated modernism and the continuing importance of argument evaluation. In *Arguing communication and culture: Selected papers from the 12th NCA/AFA conference on argumentation*, ed. G. T. Goodnight, 51-58. Washington, D. C: National Communication Association.

Schum, D. A. 1994. *Evidential foundations of probabilistic reasoning*. New York: Wiley.

Scriven, M. 2002. The limits of explication. *Argumentation* 16 (1): 47-57.

Walton, D. 2006. *Character evidence: An abductive theory*. Dordrecht: Springer.

Walton, D. 2010. Why fallacies appear to be better arguments than they are. *Informal Logic* 30 (2): 159-184.

Walton, D. , and B. Schafer. 2006. Arthur, George and the mystery of the missing motive: Towards a theory of evidentiary reasoning about motives. *International Commentary on Evidence* 4 (2): 1-47.

Walton, D. , C. Reed, and F. Macagno. 2008. *Argumentation schemes*. Cambridge: Cambridge University Press.

第 2 章 最佳解释推论

内容提要：第 2 章要研究的问题是，如何使用第 1 章提出的工具，模拟刑事审判中最常见的证据推理类型。本章分析了对两起谋杀案件的个案研究，在这两个案件中，证据推理建立在最佳解释推论的基础上，而且使用了动机证据。本章使用了论证图表工具、论证型式、基于故事的解释脚本，来塑造在这两个案件中基于最佳解释推论的证据结构。这两个案例都来自教科书，这些教科书旨在教学生掌握正反论证的基础知识——这些正反论证发生在非常典型的刑事审判之证据推理中。本章是一个开端，开始尝试解决以下技术性问题：如何在这类案例中将论证与解释结合起来？本章指出了通往第 3 章的路径，在第 3 章我们会建构一个评价解释的方法。

本章研究了以下问题：如何模拟在刑事审判中最常见的（而且显然也是最简单的）那种证据推理？本章的内容可直接适用于一个侦探或法庭调查员所使用的那种证据推理，它也可以间接适用于从一组事实（例如观察、实验发现等）到一个假设的众多科学推理。本章还表明，在刑事案件中非常典型的情况是，争议事实取决于两个相互竞争的故事；因此为了评价关于动机的主张，有必要进入更深层次的分析——在这个层次上，解释嵌在论证中。

本章 2.1 节向读者介绍了一些基本的概念，了解这些基本概念才能理解本章后续内容。这一节界定了论证、推理、溯因推理、解释等基本概念在用于本章内容时的含义。在2.1节中讲述了一个由威格莫尔（Wigmore 1931）提出的标准教科书案例。借助这个案例是为了让读者了解：溯因推理是如何作为一种提供和评价证据的方法，而应用于典型刑事案件中的。2.1节里给出了一个威格莫尔图示法的小例子，威格莫尔（Wigmore 1931）用这种图示来呈现一个刑事案件中的部分证据；这一节也显示了如何用一个现代的论证图表呈现威格莫尔的论证。2.2节讲述了一个较长的案例，这个案例也是威格莫尔在其《证据法教科书》（*A Student's Textbook of the Law of Evidence*）中提出的。这一节使用了一个论证图表来分析这个案例中的证据推理，该论证图表是一种包含了解释与证据的混合类型。2.3节讲述了一个非常相似的案例，该案例来自一本公元前5世纪的诡辩术手册，作者是安梯丰（Antiphon）。这个案例被用于教授正反论证的方法，从而在庭审上可以代表任一方做出论证。2.3节用一个类似的图表分析了该案例的论证结构。这两个案例都是非常明显的刑事审判中的最佳解释推论案例。对这两个案例的研究，将会在后文用于分析以下问题：在最佳解释推论中，论证何以能够与解释相结合。

2.4节通过另一个案例演示了如何使用"从动机到行为"的论证，而且论述了以下观点：这个推理的反向形式，即"从行为到动机"的论证，是建立在最佳解释推论之上的。2.6节绘制了一个故事图表，用以可视化地呈现一组陈述，这组陈述是消失的海员案例中的解释之基础。2.7节在安梯丰案例中完成同一任务。2.8节讨论了以下问题：如何使故事与论证契合在一起。这一节使用了前述两个案例以及它们的论证图表作为讨论的基础。2.9节表明，论证与解释通过正向与反向的推理过程而联系在一起，这在关于动机的证据论证中非常典型。这种联系表明了一种在诸如消失的海员案例和安梯丰案例中的那类论证图表中，结合论证与解释的非常好的方法。2.10节提出了适用于2.4节中的两种推理类型的论证型式，而且还提出了一种适用于溯因推理的标准论证型式——这种论证型式将溯因推理塑造成了最佳解释推论。

2.1 基本概念、方法和定义

为了说明溯因推理在刑事案件中的典型适用情况，我们首先可以来看一个威格莫尔所著教科书中的案例（Wigmore 1940, 420）。这个案例也表明，威格莫尔通常将刑事法律案件中的证据案例设计成最佳解释推论（IBE）的案例。

> 在一个抢劫事件发生之前，a 没有钱，但在此之后他有了一大笔钱。这个事实被提出，用以表明：他通过抢劫而获得了一大笔钱。对此还存在其他几种可能的解释——他获得了一笔遗产、有人向他偿还了一笔债务、他赢得了一场赌注，等等。然而，被寻求的那个解释浮现出来，与其他几种解释一样，达到了相当的可信程度，因此该证据被接受了。

这个案例很清楚地表明，这种类型的论证非常普遍地存在于刑事法律案件的证据推理之中。在这种情况下，证据推理从三个（还可能更多）竞争性的事实解释之中做选择，然后得出结论，即被认定为最佳选择的那个解释。因此，根据前面提出的定义，它契合所谓的溯因推理类型。

如前文所述，一个论证的概念是借助一个直观的图形结构来界定的，在这个图中，各个前提和结论形成了多个节点。根据这种界定，我们可以很容易地将一个论证呈现为一个论证图示或论证图表。威格莫尔是很早就倡导使用这种论证图示来表示法律案件中证据推理的人之一。确实，有证据表明，他可以算作使用这种技术塑造论证的一个先驱，甚至是发明者；当然，这类主张很难证明或证伪。威格莫尔将建构一个这种论证图表的过程称作"图示化"（charting），或制作证据图示。

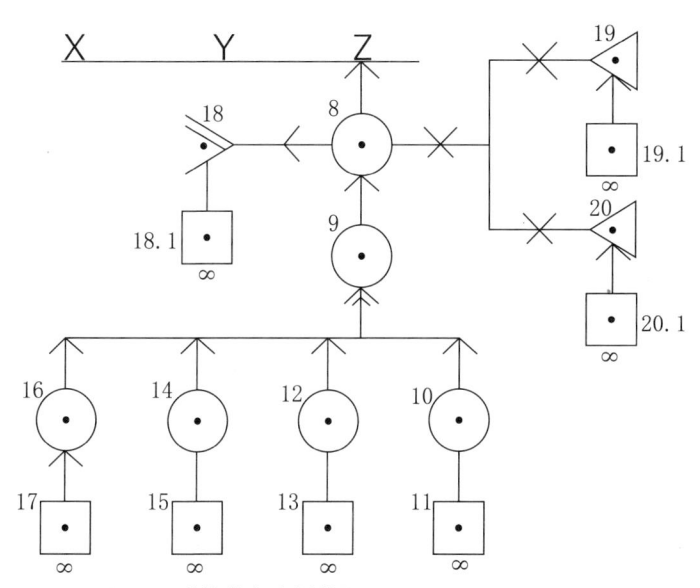

图 2.1 威格莫尔案例的图示（Wigmore 1931, 56）

图 2.1 是威格莫尔绘制的一个图示中的一小部分。威格莫尔用这个图示来呈现一个案件（*Commonwealth v. Umilian*）中的证据推理（Wigmore 1931, 62）。根据威格莫尔的讲述（Wigmore 1931, 63），这个案件的案情如下：1899 年，本案中的两名男士一起在一个农场工作，其中一位男士失踪了。三个月后，在一个废弃的井中发现了失踪男士的尸体，尸体没有头部。发现时，尸体装在一个麻布袋中。藏尸的井离他们一起工作的畜栏有 500 英尺远。过了一段时间，在畜栏的地下室里发现了死者的头盖骨。与死者在一起工作的另一名男士被指控而成为本案被告人，因为他有充足的机会实施谋杀，而没有其他人有机会在不被发现的情况下实施谋杀。后来经调查发现，被告人对被害人有深深的敌意，曾经威胁过几次被害人（Wigmore 1931, 64）。

威格莫尔绘制了一个非常详尽的图示来分析本案中的全部证据，这个图示实际上是一个关于本案之证据推理的论证图表。但是对于我们而言，这个完整的图示太实质化、太复杂。我们的目的是，重新改造威格莫尔的图示，做成一个现代的论证图表，适用于刑事调查目的。考虑到我们的讨论兴趣，我们仅挑选出威格莫尔讲述的这个案例中的一小部分证据，借以展示图示方法的作用。威格莫尔的图示法非常精细，包含了许多种专门设计的符号（Goodwin 2000）。但我们所截取的这一小部分，至少可以给读者提供一些对该图示法的大致印象。

Z 是本案中需要证明的最终待证事实之一，即"被告人杀了被害人"这个陈述。圆圈代表证据性事实（evidentiary facts）。例如，数字 8 号的圆圈代表以下命题：被告人有报复性谋杀的动机。圆圈内的点表示，相信该圆圈所代表的命题在事实上成立。箭头代表推论，例如，从 8 号圆圈到 Z 的箭头表示从动机到结论 Z 的推论。威格莫尔还在他的图示中表现出了解释，但是他将解释视作对抗性论证，它攻击、削弱或者"通过解释消除"（explain away）了某个特定的论证。在威格莫尔的图示中，一个开放的角形就代表这类解释。例如，8 号圆圈左边的 18 号角形表示，"被告人实际上的确与这位女士结婚了这个事实，倾向于通过解释消除了报复性动机，即该动机很可能不再继续存在了"（Wigmore 1931, 56-57）。方形代表证言类证据。无穷符号"∞"代表一个在法庭上由法官感知的事实（53）。附加在直线上的"×"符号意味着，绘图者评估后认为，这条线所代表的推论具有证明价值（34）。威格莫尔所述的案例中的这部分论证，用现代风格表示，参见图 2.2。

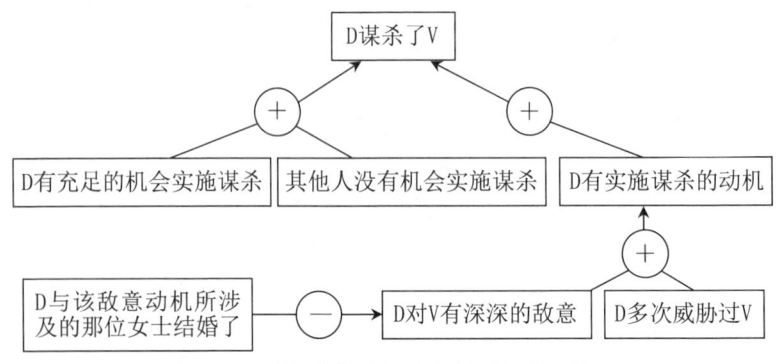

图 2.2 威格莫尔案例的现代风格论证图表

图 2.2 中呈现的现代式论证图表，与图 2.1 中呈现的威格莫尔图示，结构性要素基本类似。各个节点以命题的形式表示各个证据。箭头表示从某个节点到其他节点的推论。各个推论连接到一起形成一个序列，构成了一个所谓的定向图（directed graph）结构（2.8 节会界定何谓定向图），在图中箭头的序列朝向且终结于一个最终的主张（即结论），这个主张正是需要证明或证伪的目标。这个现代式论证图表更容易读懂和便于解释，因为它不要求我们记住精细的符号。在图 2.2 的例子中，正面论证用一个包含加号的圆圈节点表示，反面论证用一个包含减号的圆圈节点表示。

在第 1 章中，所有论证图表所推出的最终结论列在左侧，导向该结论的论证脉络自右往左流动。这种习惯将主要在第 3 章之后使用。而在本章和第 3 章中，以及在那些论证与解释相结合的案例中，论证图表的样式通常为：最终的结论置于顶端，所有导向该结论的从属性论证，从下往上行进。这符合威格莫尔的用法。

2.2 消失的海员案例

在威格莫尔的《证据法教科书》中，他提出了一个从证据视角来看很有意思的案例概要（Wigmore 1935, 311）。

> 一位海员 S，正在"南希·李"号轮船上服役，该船正从赫尔驶向悉尼。S 经常无礼地对待和不服从船上的大副 M。S 和 M 之前在另一艘船的一次航行中有过过节。在本次航行中，M 曾因 S 的不服从行为而两次或三次踢倒了他。1 月 14 日，S 负责掌舵，M 负责值班监守。在此期间其他人在卷拢上桅帆。当下一位值班者走过来的时候，只有 S 一人在掌舵。接下来的一天时间里无法找到 M。在航程剩余的 60 天里，M 再也没有被看到过，尽管轮船被彻底搜寻过。S 被指控谋杀了 M，有许多不利于他的证据，但是没有证据针对其他人。M 也可能自己跳船了，或者不小心落水了。但是没有证据倾向于表明这种事实。——"犯罪事实"，即 M

之死是由犯罪造成的，有充足的证据支持；当然，可能会有一些法庭做出否定的裁决。

威格莫尔在描述这个案例的时候，一开始就提出了几个关键性的证据事实。船员S经常无礼地对待和不服从大副M，而且S与M有过节。过节是之前在另一艘船上的某次航行中产生的。在本次航行中，由于S不服从，M曾两次或三次踢倒他。上面这段文字的开头部分提出的这些和其他一些事实，似乎是能导出某种主张的证据。在文字中间部分，这个主张变得逐渐清晰。此处，威格莫尔指出，S被指控谋杀了M。但在此之前，威格莫尔指出了一些反常情形，它们要求被给予解释。在接下来的一天时间里，M未被找到，而且尽管轮船被彻底搜寻过了，M也再未被看到过。这类航行中的某个轮船船员在某一天消失了，而且没有任何明显的理由，这是极不正常的。考虑到威格莫尔在一开始描述这个案件时给出的证据事实，一个解释自动地浮现在读者面前，读者马上就会怀疑到：是否可能是S谋杀了或伤害了M，然后将他扔进了海里。

在威格莫尔的案例描述结尾处，他提出了四种解释，但有理由排除其中的三种解释。第一种解释是，M可能自己跳船走了。第二种解释是，M可能坠船落水了。第三种和第四种解释，都可归入犯罪事实，一个是S可能谋杀了M，另一个是船上的其他某个人可能谋杀了M。但是，威格莫尔指出，没有任何证据证明其中的三种解释。基于此，威格莫尔在这段文字的末尾处评论道，有充足的证据证明M之死是由犯罪造成的，尽管可能会有一些法庭不这样认为。

本案中的推理可以通过一个图示结构而可视化地呈现，这个结构将该推理呈现为IBE的一个个例。图2.3中的图表顶部展现了本案中的解释部分，而图表底部展现了本案的证据结构。非常有意思的一个问题是，这两部分是如何结合在一起的？

第 2 章 最佳解释推论

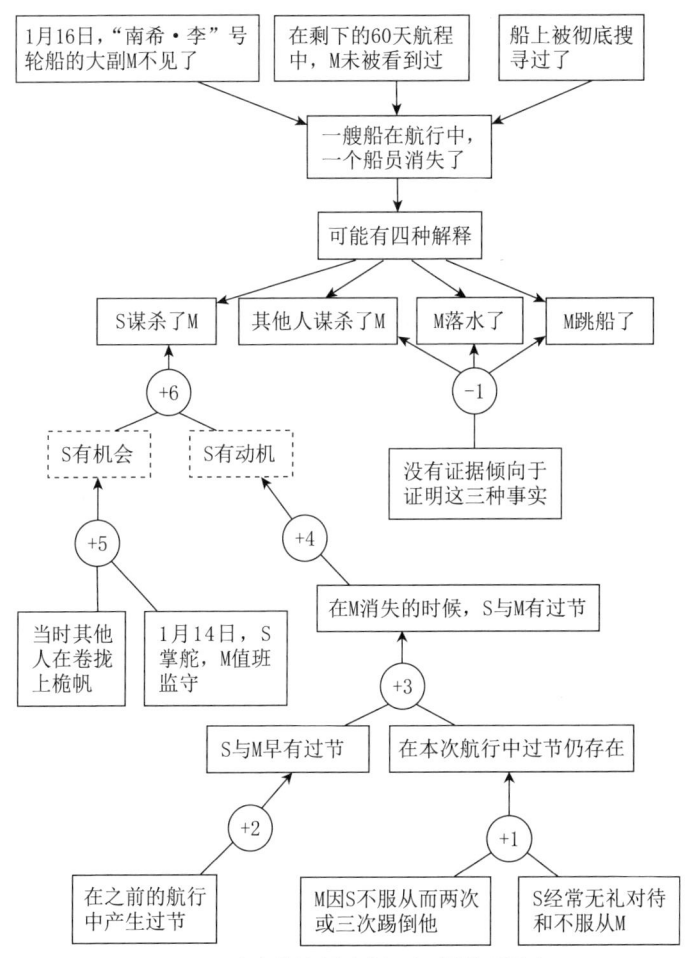

图 2.3 消失的海员案例：证据推理图表

在顶部的一个文本框内，表示出了需要被解释的反常情形，即以下陈述：一艘船在航行中，一个船员消失了。根据威格莫尔对案件的描述，有三个事实支持这一陈述。这三个事实表示在这个陈述上面的三个文本框内。连接这四个陈述的箭头，可以被视作代表了论证，但是我们也可以不这样看待它们。在这一部分下面，列出了四种可能的

53

解释。M 可能被谋杀了，他可能坠船落水了，或者他可能跳船离开了。图表的这一部分，在性质上属于解释，因此这里的箭头被视作表明了该结构中的一系列解释推理。这种分析建立在以下理论之上：推理既可以发生在论证中，也可以发生在解释中；但是使用推理的目的，在两者中有差别（Walton 1990b）。

　　这个图表的底部展示了论证。我们很容易就能看出，它是一个典型的论证图示，包含了一系列前提和结论。这些前提和结论被各个论证联结（argument links）连到一起，这些联结流向一个最终的结论，即"S 谋杀了 M"这个陈述。这个陈述下面所列的论证序列，是在支撑这个最终结论。"S 有机会"和"S 有动机"这两个陈述，表示在虚线文本框内，说明它们是隐含的前提。威格莫尔在描述案例的时候，没有明确地陈述它们，但是我们需要将它们插入这个论证图表，从而使论证链条完整。在这两个陈述之下，展示了各个论证。

　　各个论证表示在圆圈之内，它们构成了图示结构中的节点。每一个论证都有一个标签。为便于讨论，每一个正面或反面的论证都被编号。例如，我们可以看到，在图 2.3 中间偏右下侧的位置，正面论证"+4"具有以下前提：在 M 消失的时候，S 与 M 有过节。图表中只有一个反面论证"−1"，但是它适用于四个解释性假设中的三个。整体地观察图 2.3，我们可以看到有一个主要特征：图表上面的一部分具有解释功能，包含了需要被解释的事实，列举了各种能够解释该事实的假设。在这个具体的案例中，罗列了四种解释。其中三种被否定，因为没有任何证据能够支持它们中的任一种。但是第四个解释有大量证据支持，这些证据展示在"S 谋杀了 M"这个文本框下面的推理路径中。在传统的展示刑事司法与法庭调查之证据应用的方法中，经常使用"动机、机会和手段"这种表述，来代表三类导出说服性结论的证据。但是这三类证据不足以证明一项谋杀罪指控，还不能满足刑事法律中的"排除合理怀疑"证明标准。为了满足证明标准，除了动机、机会和手段外，通常还需要证明被告人实际上实施了被指控的行为。尽管威格莫尔所描述的消失的船员案例中的所有证据，可能无法在审判中充分地证明 S 谋杀了 M，但这个案例确实提出了一些非常有力的证据，正如威格莫尔的评论所指出的：M 之死是由犯罪造成的，这在本案中有充足的证据支持，尽管可能会有一些法庭拒绝根据这些证据定罪。

这个案例引出的问题是：当我们按照图 2.3 的方式来构建一个案例的证据结构的时候，论证与解释之间的结合是如何实现的？在贝克斯（Bex 2011）所研究的那种更常见的案例中，各个证据支持着各个命题，这些证据是以论证的形式出现的，而这些命题是解释序列中的组成部分。但是上面这个案例有所不同。它将论证与解释结合在一起的方式表明，整个推理结构是最佳解释推论的一个个例。M 的消失，无法被可信地解释成以下假设：其他某个在船上的人，悄悄地接近 S 所在的甲板位置，用某种方式干掉了 M，然后将他扔进了海里。将其他可能的解释排除后，就只剩下了一个解释，即 S 将 M 扔进了海里从而谋杀了他，或者 S 先将 M 制服然后将他扔进海里。这个解释具有高度可信性，因为图 2.3 中的证据推理链条表明，S 具有实施谋杀的动机。不仅有许多证据支持 S 有动机这个结论，而且没有证明指控其他人，即缺少证据表明任何其他人有谋杀 M 的动机。以这种方式观察，本案中的证据可以很好地使用最佳解释推论模式来建构。但还有一个问题是：应当尝试指出最佳解释推论的论证型式是否适用于图 2.3 中整个图表所展现的推理结构，或者是否适用于某些更具体的地方（例如图表底部的某个论证节点）。

2.3 安梯丰案例

很有意思的一点是，我们从《证据法教科书》上摘录的消失的海员案例，与一个著名的古代案例有相似的展示结构。这个古代案例被用于向学徒讲授法庭论辩技巧。这个案例也在其他著作中被使用过（Walton et al. 2014），它是一系列论证案例中的一个；古希腊修辞学家、怀疑论哲学家安梯丰使用这些案例作为工具，展示了论证方法的不同部分。他的论证方法的一个显著特点是，分别站在争端双方的立场上审视证据。

安梯丰是生活在公元前 5 世纪的哲学家，他写了一些文本，旨在用于讲授法庭上的正方论证方法。在这个案例中，基本的事实如下（Diels and Kranz 1952, 87 B1: 2.1.2）：被害人被杀了；人们知道被告人与被害人有仇；与被害人同行的一名奴隶，在因本次袭击受伤而死亡之前，曾作证说袭击他们的人就是被告人。安梯丰讲述的这个案例的前半部分，排除了几种关于何人实施了谋杀的替代性解释（以下段落引自 Diels and Kranz 1952, 87 B1: 2.1.4）。

> 难以让人相信是职业罪犯杀了这个人，因为没有人会放弃一个明显的、已得到的好处——他正是为了这样的好处才杀人的。但是本案中的被害人仍然穿着披风。也不可能是某个喝醉了的人杀了被害人，因为那样的话杀人者会被同席宾客指认出。被害人也不可能是因为与人争吵而被杀，因为人们不会在死寂的晚上到荒僻之处争吵。这也不是某个人意图杀别人却错杀了被害人的情形，因为那样的话他的随从不会也被杀死。

安梯丰继续描述这个案例，从正面论述了一个假设："还有什么人比这种人更可能袭击了被害人呢，即某个已在被害人手中受到很大损害，而且预期仍会受到更大损害的人？"（2.1.5）安梯丰提出了另外三个论证（Diels and Kranz 87 B1: 2.1.5, 6–7），作为支撑性的证据（以下引自 Walton et al. 2014, 91）。

> 既然被告人是被害人的宿敌，而且他曾提起几个诉讼状告被害人但都败诉了；既然他被死者提起的几个诉讼伤害过，在这些诉讼中他都因败诉而损失了许多财产；既然他对此怀有怨恨，因此，"很自然他会暗算他，很自然他会通过杀死那个人而保护自己免受损害"。

起诉者总结了对被告人的指控，告诉陪审员们他们不能释放被告人，因为从证人证言以及从本案情形中引出的证据都证明了被告人的罪行。我们可以使用最佳解释推论的论证型式来塑造本案中的推理，将其建构成一个与图 2.3 中展示的消失的海员案例相仿的论证图示。在安梯

第 2 章 最佳解释推论

丰案例中，有五个需要考虑的解释。其中四个通过反面论证而被否决了。不过，安梯丰案例中的论证与消失的海员案例中的论证，有一点不同。在安梯丰案例中，首先提出了被否定的四个解释，然后才提出正面的论证序列来支撑被视为最佳解释的那个解释。尽管如此，在这两个案例中适用的最佳解释推论之相似性，可以从图 2.4 中看到。

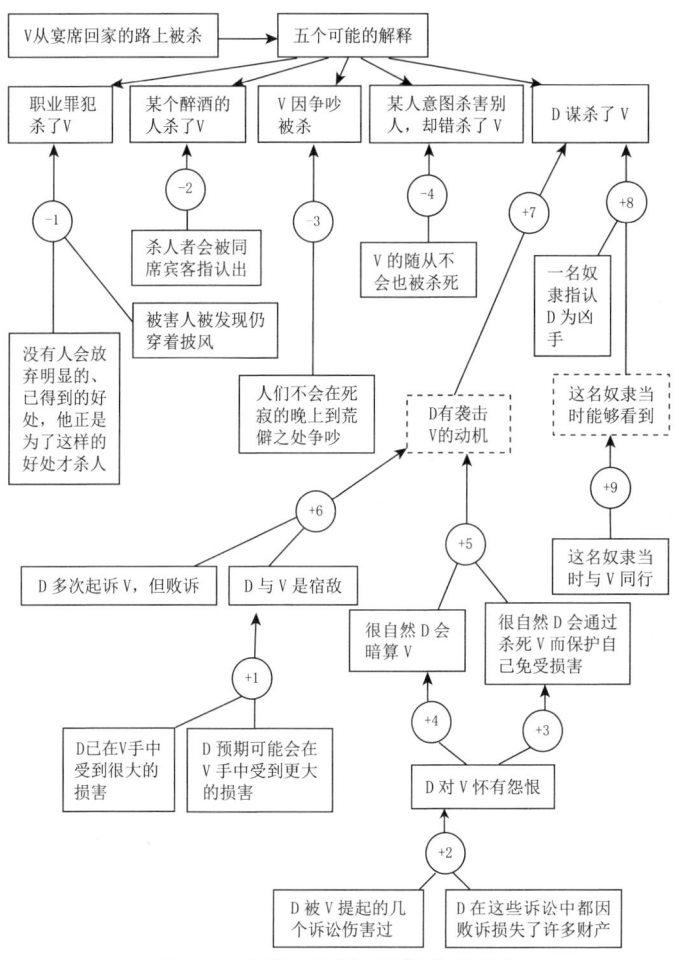

图 2.4　安梯丰案例：证据推理图表

论证评价与证据

　　这个案件中的论证，始于以下引发异常、产生解释需求的现象，即发现被害人（V）死于从一场宴会回来的路上。在上文引述的段落里，安梯丰描述的案例最开始的部分，由四个对犯罪事实的解释组成：（1）职业罪犯杀了 V；（2）某个醉酒的人杀了 V；（3）V 因争吵被杀；（4）某人意图杀害别人，却错杀了 V。这四个可能的解释都被拒绝了，支持拒绝这些解释的论证，表示为"−1"到"−4"的四个反面论证。它们被横向并列在图 2.4 的上半部分。但是还有第五个解释。

　　该论证图表的后半部分是支持所选定的假设（即"D 谋杀了 V"这个陈述）的论证序列。在这一点上，图 2.4 与图 2.3 的论证结构之相似性，是非常明显的。在论证图表的顶端是一系列可能的解释；在所选定的解释之下，一个论证序列自下往上流动。两个图表的另一个相似性是，两个案例中的论证序列都依赖于动机证据。在隐含性前提"D 有袭击 V 的动机"（列在论证图表内的虚线文本框中）之下，一列支持该前提的证据呈现为六个正面论证，它们连接到一起。

　　在沃尔顿等人所著的另一本著作中（Walton et al. 2014, 92），展示安梯丰案例之推理结构的论证图表，在某些方面与图 2.4 中呈现的论证部分（即右侧的导向"D 谋杀了 V"这个命题的论证序列）很相似。但是两个图表也有不同之处。另一个图表将证据展示在图表底部，在一条水平线之下；将从动机到行为（即被告人袭击了被害人）的论证列在图表顶部，在这条水平线之上。图 2.4 的显著不同在于，它将解释结构以及多个解释选择作为图表的一部分。因此这种图表就能更全面地塑造案例中的证据结构，展现论证与解释如何结合在一起。该图表的目的在于，提供一个基础，来更好地显示 IBE 是如何应用在本案中的。所以，尽管这两个图表有共同点，但它们是为不同目的而设。

　　在消失的海员案例与安梯丰案例之间，有一个有趣的差异。在消失的海员案例中，拒绝其他替代性解释的理由仅仅是缺乏相关证据。而在安梯丰案例中，分别给出了不同的论证，作为拒绝四个替代性解释的理由。因此，从为 IBE 的应用提供演示案例的角度来看，安梯丰案例要更好一些。这两个案例间的一个显著相似之处是，它们都使用动机证据来支持谋杀罪指控。在这两个案例中，有很大的论证脉络支撑被告人有特定动机这个主张。这个特点对于演示动机类证据的证据结构而言非常有意义，尤其是当从事实到动机的论证具有一个论证型式而且代表了一种在刑事案件中运用 IBE 的代表性事例的时候。

2.4　将论证型式嵌入论证图表

图 2.3 和图 2.4 是标准的论证图表，展示了消失的海员案例与安梯丰案例中的论证，但是它们有些特征超出了标准的论证图表。其中一个特征是，它们试图结合论证与解释，即在图表的顶部添加了一个解释部分；另一个特征是，它们有一些节点，用以连接任何一个具体的论证中的前提与结论。这些特征可以使我们以有趣的方式拓展分析。这一点如何实现，是本节的主题。

每一种论证型式都附带着一套批判性问题，这些问题使得任何一个符合这种型式的论证，都可以被质询或批评。型式代表了一些基本的方式，具有某种型式的论证，可以被以相应的方式提问。这些批判性问题是一套工具，用以帮助提问者在讨论中提出某些想法，即如何通过识别论证中的弱点或疑点，从而更深入地探究别人呈现给他的论证。然而，论证可以用不同的方式攻击或反驳，这些批判性问题不代表所有可能的攻击某个论证的方式。有几种不同的方法来表现一个型式，其中有两种值得在此提及。第一种方法是，有可能将批判性问题表示成额外的假设，这些假设可以被附加到一个型式中的普通前提上。这个特点非常有价值，因为它意味着，这些批判性问题可以在一个标准的论证图表中呈现出来。第二种方法是，每一种型式除了可以用更复杂的方式（即包含更多的前提）来表现，也可以用一种更简化的方式来表现，即所谓的启发式（heuristic）型式（Walton 2010）。启发式型式呈现出一个从前提到结论的更快捷的转换过程，在这个过程中推理者没有将更多的前提或复杂性纳入考量，从而有所迟延。

在现有文献中，已被指出的一种型式是基于证人证言的论证（argument from witness testimony)。我们可以用以下启发式格式表现这种型式：证人 W 断言命题 A 是真实的；W 能够知道 A 是否真实；因此 A 可以暂且被接受为真（要受到批判性质询和进一步的调查）。如果一个论证图表里的某个特定论证符合这种型式的条件，我们就可以将这种型式插入代表论证的节点之中。将论证型式加入论证图表，会促进以下目标：使对某个论证的图表化呈现，更好地作为根据恰当标准分析和评价论证的有用工具。

我们可以找一个例子。读者可以看一下图 2.4 右上方的位置，此处"+8"节点代表了一个具体的论证。这个论证的前提是一名奴隶指认 D 为凶手这个陈述。另外一个隐含性的前提是这名奴隶当时能够看到，这个前提被添加到了图表之中。这个前提的文本框用虚线绘制，表明它是一个隐含性的前提，即在安梯丰描述这个案例的原始文本中没有被明确地表述出来。但是我们有理由将它添加进来，从而将"+8"论证变成一个更完整的形式，帮助我们更好地理解该论证。当然，我们必须意识到，这个命题仅仅是一个被添加的假定，它是被论证分析者放进来的；尽管如此，它可以帮助我们更好地评价论证。在插入该隐含前提之后，"+8"论证就符合基于证人证言的论证型式了。

在图 2.4 中表示为"+7"的论证，由一个前提和一个结论构成，它是从动机到行为的论证（argument from motive to action）的一个示例。从动机到行为的论证之论证型式，可以用一种复杂的方式来表现，以伦纳德（Leonard 2001，442）所描述的类似推论形式为基础。

条件性前提：如果主体 π 有一个做出行为 μ 的动机，那么相比于 π 没有做出 μ，π 更可能已经做出了 μ。

动机性前提：主体 π 有一个做出行为 μ 的动机。

结　　论：π 做出了 μ。

例如，我们可以在包含"+7"的节点内放置一个符号，来代表论述从一个事实到一个动机的论证型式。这种推论形式是伦纳德提出的，

第2章 最佳解释推论

包含两个前提和一个结论,我们可以将这种形式作为从动机到行为的论证型式。但是从动机到行为的论证,也可以用更简化的启发式格式来表达:π 有一个做出行为 μ 的动机,因此 π 做出了 μ。

但是现在我们遇到了一个图 2.3 中的问题。其中的"+6"被绘制成一个联合论证,它包含了两个前提:"S 有机会"和"S 有动机"。如果我们想使用从动机到行为的论证之启发式形式,来呈现"+6"节点中的论证型式,我们就必须重新将"+6"论证绘制成一个聚合论证。换言之,我们需要将它重构为两个分离的论证:一个论证是,S 有动机,因此 S 谋杀了 M;另一个论证是,S 有机会,因此 S 谋杀了 M。然后,我们还可能得出另一个论证型式,即从机会的论证(argument from opportunity),表示为:如果某人有一个机会实施某个特定行为,那么在其他条件都相同的前提下,他更可能实施了该行为。

所以关于如何呈现图 2.3 之论证图表中"+6"这个论证,我们有两种选择。一种解释选择是,可以利用从动机到行为的论证型式。到目前为止,我们看到了从一个动机到一个行为的论证,如何以这种论证型式来表达。但仍然有一个问题留给我们回答:如何在相反的方向上论证,即如何从关于行为的事实和各种情形中推论出一个动机?

我们可以使用溯因推理来证明存在某个动机,将一个案件中的多个事实作为前提,从中推论出某个动机存在的结论(Walton and Schafer 2006)。一系列推理从一个案件中的一系列情形出发,推导出一个假设,即假定存在某个动机。在爱达荷诉戴维斯这个案件(*Idaho v. Davis*, 53 P. 678 Idaho 1898)中的一部分推理,可以作为从行为到动机的论证(argument from actions to a motive)的一个示例。这个案子是关于牧羊人与牧场主在占用土地上的纠纷。公诉人提出了三个事实作为证据,证明牧场主 D 杀死了牧羊人 W。这个案件中的证据推理结构如图 2.5 所示。

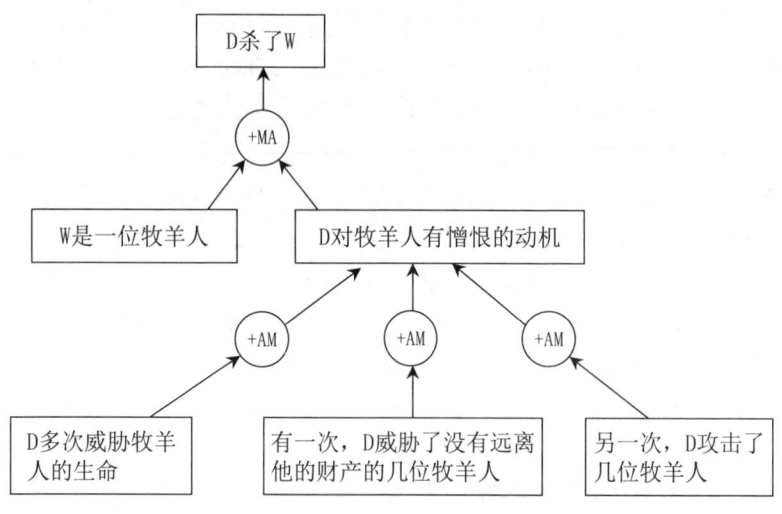

图 2.5 牧羊人案例：论证图表

我们可以注意到，这个案例也提供了一个从动机到行为的论证示例。从行为到动机的论证型式，用"AM"表示，参见图中下半部分的三个节点。上半部分的那个节点，包含了"MA"符号，表示从动机到行为的论证。里面的"+"表示正面论证。然而，这个案例还引出了一个问题：如何能更好地塑造从动机到行为、从行为到动机的论证型式？这种型式应该只包含一个前提，还是两个？通常，从动机到行为的论证看起来只要求有一个前提（即假定某个动机），但在这个案例中，它要求有两个前提。另外，图 2.5 显示，它将从行为到动机的论证塑造为三个独立的论证。但是看起来，这种论证型式最好被视为基于一组关于案件事实的数据而一次性地应用这种型式。为了回答这些问题，我们有必要引入实践推理的论证型式，从而将这两种型式置于一个更一般性的理论框架下分析。

在下面这个型式中，第一人称"我"代表一个理性主体，该主体拥有目标，以及一些（通常是不完整的）关于该目标之条件的知识，通过行为改变这些条件的能力和感知、记忆其行为结果的能力。实践

第 2 章 最佳解释推论

推理的启发式格式，即所谓的实践推论，可以表示为以下型式（Walton et al. 2008，323）：

大前提：我有一个目标 G。
小前提：做出行为 A，是一种实现 G 的手段。
结　论：因此，我应当（从实践角度来看）做出行为 A。

沃尔顿和谢弗（Walton and Schafer 2006）开发出一个计算机系统，来塑造从某个动机到某个行为的实践推理序列。形式如下：

$Com\ \pi\ [\ (GOAL\ G)\ \&\ Know\ \pi\ (bring\ about\ \mu \rightarrow bring\ about\ G)\ ] \rightarrow Com\ \pi\ (bring\ about\ \mu)$

（可读作：如果主体 π 信奉目标 G，而且 π 知道实施 μ 会导致实现 G，那么 π 信奉实施 μ。——译者注）

箭头符号"→"表示从一套前提到一个结论的可废止推论。操作符号"Com"表示主体 π 的信奉条件（即他所接受的一套前提）。如果 π 信奉某个目标（这可以从 π 的行为，包括言语行为中看出），而且 π 也信奉某些行为（即他知道这些行为会导致该目标的实现），那么作为一个理性的主体，他应当追求实施这些行为——当然，有时考虑到其他的环境方面，会有所保留。更一般地说来，π 应当实施结论中的那个行为，尽管这种实施要受到一些限制，例如他所采取的计划的限制、无法被完全知悉的环境条件的限制，以及时间变化的限制。

沃尔顿和谢弗的系统背后的基本观念是，从动机到行为的论证，可以被塑造成从目标到行为的实践推理中的一种。根据这种想法，一个动机可以被界定为一种目标，这个目标又转而代表了一个理性主体的一种信奉条件。所谓理性的主体，基本上就是一个实践推理主体。根据这种观念，也可以提出一种从行为到目标的反向实践推理序列。沃尔顿和谢弗塑造了典型的从行为到目标之反向实践推理序列，他们认为满足以下条件规则，即可准许做出从行为到目标的论证。

[π (bring about μ) & *Know* π (bring about μ → bring about G)] → *Com* π (GOAL G)

（可读作：主体 π 实施了 μ，而且 π 知道实施 μ 会导致实现 G，那么主体 π 信奉目标 G。——译者注）

例如，假设我们有证据表明，主体 π 实施了 μ，而且我们也有证据表明，他知道（或合理地认为）做出行为 μ 是实现目标 G 的手段。基于这些证据，我们可以进行从行为到目标的推理，即推论出 π 信奉目标 G。

此处我们需要补充一点一般性的内容。从一个主体所陈述的或所知的目标，以及他对条件的知悉，论证他的行为，这是一种相对较为简单、直接的实践推理形式。一旦提出了证据，表明特定主体信奉某个具体目标，而且还提出证据表明该主体知道在所处环境条件下，有一种必需的或有用的具体手段可借以实现该目标，那么就能相对直接地通过实践推理推论出，该主体有理由采取行为实施该手段。这种正向的实践推理塑造起来没什么问题。然而，反向的实践推理，即从关于某个主体的行为的证据，以及关于环境条件的证据，推论出该主体的目标可能是什么，就只是一种比较重要的推测性猜想。这种意见的理由，已经在关于其他思想问题的哲学文献中被很好地讨论过。从一个主体的行为，反向推理关于其目标、动机或兴趣的假设，即将这些因素假定为该主体做出其行为的理由，一直被认为是存在问题的。基本的问题是，目标、动机和意图属于主体的内部状态，只有主体本人能够直接触及这些内部状态。因此，根据传统的哲学观点，由某个主体做出的关于另一个主体之目标和动机的任何推论，看起来都是一种推测性的跳跃。沃尔顿和谢弗提出的解决该问题的方法是，将从主体行为到假定目标的反向实践推理作为一种溯因推理对待。

按照这种方法，溯因推理被等同于最佳解释推论（IBE）。根据约瑟夫森等人（Josephson and Josephson 1994，14）的观点，溯因推理具有以下形式——这种形式的结构正是最佳解释推论。H 是一个假设，

第 2 章　最佳解释推论

- D 是一组数据。
- H 解释了 D。
- 没有其他假设能够像 H 那样好地解释 D。
- 因此 H 很可能为真。

这种塑造溯因推理的方式的一个核心问题是，如何分析它里面所包含的"解释"的概念。此处偏好的一种对这个概念的界定是：一个解释，就是对某事件或行为的一个阐述；该事件或行为对于接收解释的人来说，难于理解；所以解释者提出一个故事（或称作"脚本"），使该事件或行为能够被接收解释者理解。第 3 章将会按照这种思路提出一种解释理论。

根据这里所倡导的溯因理论，从行为到动机的论证被塑造成一种最佳解释推论，即从提出一组数据（即事实证据）的前提出发，到提供一个对这些事实的解释。这里使用反向的实践推理，从一个主体的行为推论他的目标。这个目标等同于动机。根据沃尔顿和谢弗的理论，一个动机可以被界定为一种特别的信奉条件，它能够引导行为。根据这种理论，从行为到动机的论证是一种复杂的基于溯因实践推理的论证。

撒加德和谢莉（Thagard and Shelley 1997）提出了一种有意义的观点，认为溯因推理能够被可视化地展现，具有可视化要素，因此其结构可以用图像或图表来展示。他们（Thagard and Shelley 1997, 7）使用了这样一个例子：一个人发现她的汽车门上有一道划痕，于是她形成了一个思维意象，即一辆车开到她的车旁边，然后司机打开车门时，划到了她的车门。撒加德和谢莉在这个案例中，将解释描述成一场"思维电影"（mental movie），在这个过程中，那个人想象她的车门被划到，形成了关于导致该结果的一系列行为的思维意象。他们认为，这类案例中的解释可以被呈现为一个图像，采取可视化图表的形式表现一系列相互连接的行为和事件。撒加德和谢莉（Thagard and Shelley 1997, 8）将这种序列塑造成图像，提出假设说可以用图像展现溯因推理的可视化结构。他们还提出了在考古学中形成假设的案例，可视化地解释手工制品和骨骼遗迹中的异常现象（Thagard and Shelley 1997, 9-10）。这种以"图像-理论"塑造溯因推理的方式，将会作为本书的一个基本方法，本章 2.8 节会明确阐述。

关于如何将消失的海员案例与安梯丰案例呈现为最佳解释推论的例子，可能还存在一个更普遍的潜在问题。图 2.3 和图 2.4 中显示的整个论证链条，其基本结构很清晰，但是在什么地方，IBE 的论证节点嵌入了这两张图中的节点？或者说，当图表从顶部的解释部分流向底部的论证部分时，IBE 型式以何种方式嵌在了图表中？

2.5 混合理论

在关于刑事证据推理的人工智能与法律领域，有两种主要的路径，一种是论证路径，另一种是基于脚本的故事路径。在消失的海员案例和安梯丰案例中，论证图表的应用很好地演示了论证路径。在故事路径中，是使用叙事性的事件或行为序列，即所谓的脚本，来建构出一个关于在案件中被假定发生之事的陈述。根据尚克和阿贝尔森（Schank and Abelson 1977）提出的理论，脚本是建立在人类主体所拥有的关于事件之常态的常识之上，也是建立在他们在日常生活中所遵循的做事情的方式之上——这些方式通常是如此地被他们熟知，以至于他们不需要思索它们。现有文献中的一个经典例子是：一个人推开门，进入一家餐馆，走到一张桌子旁坐下，捡起一个菜单，点了汤，汤被端上桌后他喝了汤，然后起身走到收银台，从口袋里拿出一些钱，给了收银台旁边的人，拉开门，离开餐馆。这一系列的行为对于我们来说是可以理解的。

但是假设这个人在中间某个地方偏离了脚本。他本来正常的坐在那里吃东西，但突然出人意料地从椅子上站起来，然后脱下了裤子。这是一个反常的行为，它让我们觉得奇怪，需要给出解释。假设现在有人向我们解释，他将汤洒到了腿上，而且汤很烫。此时这个解释是很成功的，因为我们可以理解所发生的事情。我们都知道，将热汤洒

第 2 章　最佳解释推论

到腿上是一件令人不快的事情，甚至会引发疼痛或危险。所以我们就可以理解新的脚本，解释所发生的事情了。

解释的失败源于脚本中的缺口（gap），或者某个令人惊讶的对脚本的背离（deviation）。一个脚本代表了我们所熟悉的通常行为类型。一个缺口或者一个背离，对于正在接收脚本的听众而言，构成了一个反常现象，因为他们无法理解这个缺口或背离。在上面这个餐馆案例中，所发生的事件构成了异常现象，需要被解释，因为观众观察到了该事件，但不知道汤洒到了那个人腿上而且非常烫。

为了理解论证路径与基于脚本的故事路径之间的差异，我们需要明白：一个论证与一个解释在本质上是有差别的。提出一个论证的目的是提供一些证据来证明或支持某个命题，该命题虽然被主张了，但它受到了听众的质疑。给出一个解释的目的，是帮助不理解某事的听众理解它，该解释是建立在本案中的常识或其他事实性知识的基础上的。论证的目的是使听众接受他们所质疑或未决的某事；而解释的目的是让听众理解他们已经接受为事实的某事。

在这个意义上，理解（understanding）不应等同于关于"某人已经理解了某事"的信心（confidence），因为这种"感觉良好"的信心经常是误导性的，而且经常与偏见有关。此处所说的理解是重构性和交流性的。它是基于以下框架：两个或多个主体共同进行推理，他们共享了一些关于事物在日常情境中通常如何进行的常识。

为了恰当地判断某个特定的语境应被看作表达了一个论证还是一个解释，有一种有用的检验方法。需要被证明/解释的命题，是一个已被接受的事实，还是一个被质疑的事物？如果它是一个已被接受的事实，它就不需要被证明，而只需要被解释。如果它是一个被质疑的事物，它不需要被解释，而只需要被证明（即得到证据的支持），或者被证伪。如果某个语境的目的符合后一种需要，那么这个语境应当被归类为论证。但是有一个难题，即在某些案例中，讨论问题的自然语言可能是模糊的、模棱两可的，或者缺少充分的信息供我们判断它属于论证还是解释。但是在大多数案例中，这种情形不构成一个实践问题，我们只要意识到该问题的存在即可。

一个异常现象需要被解释，对此所做的回应，最好被看作一种修补程序，用于帮助听众达成对某事的理解——此事本来因为某种原因而成为听众眼中的异常或难理解之事。一个故事是一套陈述，某个主体在对话中提供这个故事以回答另一个主体提出的问题。一个故事可能是一套将某些陈述与其他陈述相连接的陈述，通过连接主体的目标与行为的推论关系。一个故事不必然是内部一致的，但是当不一致之处被发现的时候，便可以就此提出质疑，接下来该故事可能需要被修补或放弃。

基于脚本的故事和解释的概念，已经被适用于刑事法中的证据推理中。彭宁顿和黑斯蒂（Pennington and Hastie 1993）提供了很多较长的刑事司法案例，在这些案例中，以故事的形式可信地重构事件或行为序列，为案件中的假定发生之事提供了竞争性的解释。一个可信的故事，描述了一种我们都熟知的一般行为或事件类型。一个故事可能比另一个故事更可信。因此，对于犯罪之前、之时、之后所发生之事的多个故事，可以根据它们的可信性以及它们所解释的证据数量与质量，来进行相互比较。控方有一个故事，辩方有另一个故事，这两个故事相互冲突，对案件事实提供了相互竞争的解释。

为了解决这个问题，瓦赫纳尔等人（Wagenaar et al. 1993）发明了一种特殊的故事，用以呈现所谓锚定叙事（anchored narrative）类型的法律推理。贝克斯（Bex 2011）提出了一种关于论证、故事与刑事证据的混合式推理框架。这种形式化的框架显示，可以通过提出论证来评价故事的可信性——论证会将故事建立在证据的基础上，这些证据可能支持也可能攻击故事。

在刑事案件中运用故事的一个重要特点是，故事可以被其他证据（例如环境证据、言词证据）所检验。通过相关的影响故事的证据来检验一个故事的过程，被瓦赫纳尔等称为"锚定"（Wagenaar et al. 1993，39）。很重要的是意识到这一点：一个可信的故事，可能没有被证据很好地支持；而一个不太可信的故事，可能被更多的证据支持着。当证人在法庭上提出了一个故事，作为他关于案中所发生之事的陈述时，这个故事还可以被以交叉询问的方式质疑，这种方式会将故事分解。锚定叙事的概念，比脚本的概念更复杂，因为它还涉及证成陈述中的某些被质疑或无把握的部分。在最佳解释推论的情形中，论证与解释是交织在一起的。因此，当在刑事案件中使用 IBE 的时候，例如在消失的海员案例和安梯丰案例中，需要考虑的问题是：在本案的证据推理中，IBE 是如何将论证与解释统合在一起的。

从形式上将论证与解释统合在一起的混合理论，可见于贝克斯的著作（Bex 2011）。在这种模式中，故事里事件、行为和证据之间的关系，是通过因果规则（causal rules）连接的。这种模式也允许在同一个案件的多个冲突故事之间做比较（Bex 2013）。贝克斯所界定的故事（Bex 2011, 59），指的是一个具体的、连贯的、按时间顺序组织的状态或事件序列。一个故事为了具有连贯性（Bex 2011, 76），必需满足以下三个要求：（1）它必须契合故事型式，即一系列符合常识性理解、有因果关联的事件和状态；（2）它必须内部可信；（3）它必须内部一致，建立在因果理论上。所谓因果理论，是指一系列有限的命题，这些命题代表了假定的事件，这些事件通过因果推论规则互相关联在一起；其中的推论都符合 DMP 推论规则（defeasible modus ponens，即可废止的肯定前件式）。所谓故事型式，可以从形式上界定为一组命题和一套经典逻辑的推论规则，伴之以一个可废止的肯定前件式（modus ponens）规则——条件运算符"⇒"表示可废止的概括。既然论证型式可以被呈现为可废止的演绎推理规则，那么这种结构在原则上有可能利用论证型式。这个理论中还有一个证据的部分，它允许在案件中使用事实证据来支持或攻击一个故事的可信性和连贯性。

形式混合理论 [formal hybrid theory，表示为 HT = (ET, CT)]，是对因果-溯因理论（causal-abductive theory，表示为 CT）和证据论证理论（evidential argumentation theory，表示为 ET）的结合。形式混合的方法使用了 ET 和 CT 来建构混合式论证-解释图示，展示证据如何支持或攻击与论证相结合的故事。混合理论也可以塑造溯因式的因果推理。在该理论的溯因部分，CT = (H, T, F)。T 是一套因果规则；H

是假设，在 T 中的规则之前件部分发生；F 是待解释者，即需要被解释的命题或故事。贝克斯的溯因推论理论的基本观点是，如果我们在 T 中有一个规则"某原因→某结果"，而且我们观察到了"某结果"，我们就可以推断出"某原因"是对"某结果"的一个假设性解释。这样一种解释可能是一个单一的命题，也可能是一个因果关联的、由多个因果规则构成的故事。待解释者由假设和因果理论得出。

在混合理论的论证部分，ET = (R, K)。R 是一套关于证据的规则；K = $K_E \cup K_A$，是一个知识库，其中 K_E 是一套协调一致的证据，K_A 是一套常识性假定，它建立在关于在日常情境中事件通常被期待如何发生的普遍知识之上。ET 的逻辑类似于 ASPIC+（Prakken 2010）的逻辑，后者整合了基于规则的论证（rule-based argumentation）与结构性论证（structured arguments）。证据性论证可以按照以下方式建构：从 K 中获得证据或假定，从 R 中获得知识，将它们作为前提，连续使用可废止的肯定前件式，从而产生树状的论证图示。

在最佳解释推论中，会产生多种解释，这些解释可以根据某种标准来评价——该标准反映了各个解释与证据契合的程度以及本身可信的程度。基于证据的论证可以被用于显示某个解释是否与证据相契合。论证还可以被用于推断某个解释的可信性，因为因果规则的有效性和适应性可以成为一个论辩程序的对象。关于解释之可信性的论证，是基于可信的推理，后者的做出又使用了关于在日常情境中世界通常如何运行的常识性知识。

第 1 章里使用最佳解释推论的证据推理案例显示：为了建构这种形式化的模型，而且将其适用于真实的自然语言对话案例，有必要说明论证与解释何以能够结合。例如，对图 1.4 加拉帕戈斯群岛雀类案例中解释的分析，说明学生们关于为何大部分雀类死亡而一小部分存活下来的解释，是基于一些支持该解释的论证，这些论证又基于一些由科学研究提供的证据。混合理论可以适用于这一任务，因为它提供了一个系统的评估解释的方法，而且完全与论证兼容。因此，需要拓展论证评价的计算机系统，从而能够处理那些结合了论证与解释的最佳解释推论案例。本书所要做的是在这个问题上采取一种半形式化的路径，即以一种简化的方式采用混合理论的一半框架，然后将它与其他形式化的系统相结合——这些系统也需要被拓展，以建构一个在真实案件中评价论证与证据的一般化方法。

第 1 章里的案例说明了尽管一个论证图表可能需要高度复杂化，才能通过建构对具体论证的深入分析，来呈现各个隐含的前提和结论，但是最好一开始先绘制一个简明的论证图表，呈现和归纳论证序列中的主要步骤。例如，因为简明和阐述方便的原因，六个隐含的前提在六个 IBE 论证中被省略了。同样的方法也体现在基于脚本的模式中，即图 1.4 加拉帕戈斯群岛雀类案例中的学生解释。这个图表中的箭头，并不都代表从一个事件或行为到另一个事件或行为的因果推论。例如，第一个推论步骤是从"降雨量减少"到"植物生长得不如以前好"，这是一个因果步骤。但是下一个步骤得出了"一些植物的种子较软"这一陈述。植物生长得不如以前好，并不导致植物的种子变软。毋宁说，我们可以看到，这两个陈述之间有一个结合关系，这是故事的一部分。基于我们的目的，我们想要用一个脚本来呈现故事，从而直观地塑造故事中诸多事件与行为之间的结合是如何组合在一起的。基于这个目的，我们使用了一个半形式化的表现方式，即用一个图表展示故事中的一个步骤如何通向下一个步骤，以及一个树状结构如何能表现先前步骤序列的各种结果（如图 1.4 所示）。基于这种方法的目的，一个故事被界定为：（1）是一套有限的命题序列，这些命题代表了互相连接的假设事件；（2）其中从一个命题到另一个命题的每一个步骤（在解释图表中用箭头表示），代表了从一个事件或行为到另一个事件或行为的自然过渡，这里所谓过渡的"自然"性质，源于参与者们（包括论证中的主体以及被期待理解论证的听众）的共同知识。使论证序列组合在一起的，并不总是或完全是一套因果推论规则，或者其他的逻辑推论规则（例如 DMP）；也还包括听众与故事讲述者之间关于事物在日常情境中通常被期待如何发生的共同知识（Walton and Macagno 2005）。例如，他们可能都理解：用一把上膛的枪指着某人而且扣动扳机,是一种杀死那个人的方式;这种行为非常危险、严肃,会导致那个人受伤或死亡。在一个经典的脚本例子中,听众可以被期待理解:(在正常情况下,虽然有例外)如果你在一个餐厅点了一个汉堡,你应为此付钱,否则会引发一些反应。这些不仅是因果规则,而且是我们可以期待正常人(例如陪审员们)知悉的行为或事件的序列。

在目前的研究阶段,基于共同知识而塑造推理的人工智能系统,尚未产生可以直接适用于塑造故事的系统,但是有一些进行中的研究项目,有时呈现出这种应用前景。最著名的一个系统可称作 Cyc,是一个由 Cycorp 项目开发的系统。[1]

Cyc 系统的目的是,通过可以在机器上使用的形式,来编纂数百万条知识,这些知识构成了人类的常识。例如,"每棵树都是植物"和"植物都会死亡"这两个命题被纳入它的知识库中。知识库中包含了超过百万个命题、规则和常识性观念。Cyc 的逻辑是基于谓词演算,它能执行演绎推论,例如肯定前件式、否定后件式(*modus tollens*)和定量推论(quantificational inferences)。Cyc 有一个知识库,这使它能够基于各种分类而推导出结论。例如,从前面这两个命题,Cyc 能够推出"树都会死亡"这个结论。Cyc 有一个推论工具,即一个计算机程序,该程序能够结合其知识库中的各个条目来产生结论,该结论又会被纳入其知识库中。Cyc 也可以使用这个推论工具回答以下问题,即某事是否已存在于其知识库中。

2.6 关于消失的海员案例的一个故事

让我们回到图 2.3,看一下应当在该论证图表的什么地方呈现最佳解释推论的论证型式。在图 2.3 中,四个事实被列在图表顶部,图表展示了支持和反驳这四个竞争性事实解释的证据。最佳解释推论作为一种论证形式,是非常复杂的。它包含了四个部分:第一,有一个描述某些假定的事实情境的部分;第二,有一个通过提出竞争性假设

---

〔1〕 http://www.cyc.com/why-cyc.

来解释事实的意图；第三，有一个判定这些解释中哪个为最佳的任务；第四，得出推论即选定某个解释，它代表了从前三个部分推出的结论。

如果回顾图2.3，尝试将最佳解释推论的型式放置在图表中，我们会发现这种型式无法契合该图表中的任何一个具体的节点。它适用于这个图表之整体。原因在于，上面描述的最佳解释推论的四个部分，整体性地契合图2.3中论证图表的各个部分。在图表顶部描述了案件中的事实。有一个通过提出四个竞争性假设来解释这些事实的意图。有一个判定这四个解释中何者为最佳的任务——在这个案例中是通过在每个假设下罗列证据的方式来完成该任务的。正如"-1"节点下表明的，没有证据倾向于表明其他三个解释得到了支持。因此"S谋杀了M"这个假设就被选定了。选定这个假设是因为，在它之下的论证图表通过一组证据支持了它，这些证据结合在一起，形成了一个支撑性的论证推理链条。

在这个案件中，选定一个假设、舍弃另外三个假设的原理是：所选定的假设被一组证据支持着，这组证据以恰当的方式结合在一起，形成一个论证序列，而另外三个假设得不到证据的支持。因此在这个案件中，决定选择哪个假设是一个较为直截了当的任务。一个假设优于其他假设的理由，基本上就在于该假设是唯一被证据支持的一个。在这个案例中，确定某个假设是否比另一个假设更好的标准，就在于有证据支持还是缺乏证据支持。

还有另一种观察消失的海员案例中最佳解释推论结构的方式，也就是说存在另一种遴选假设的标准。在一定程度上，使对所选定之假设的论证变得有说服力的，不仅是该论证的结构，即由一组证据结合成一个论证链条。另一个因素是，这组证据组合成一个前后连贯的故事。作为一个实验，我们来重构这个案例的论证序列中显示的对所发生之事的描述，将其重构为一个连贯的故事，通过该故事呈现案中发生之事。描述该故事的方式可见于图2.6。

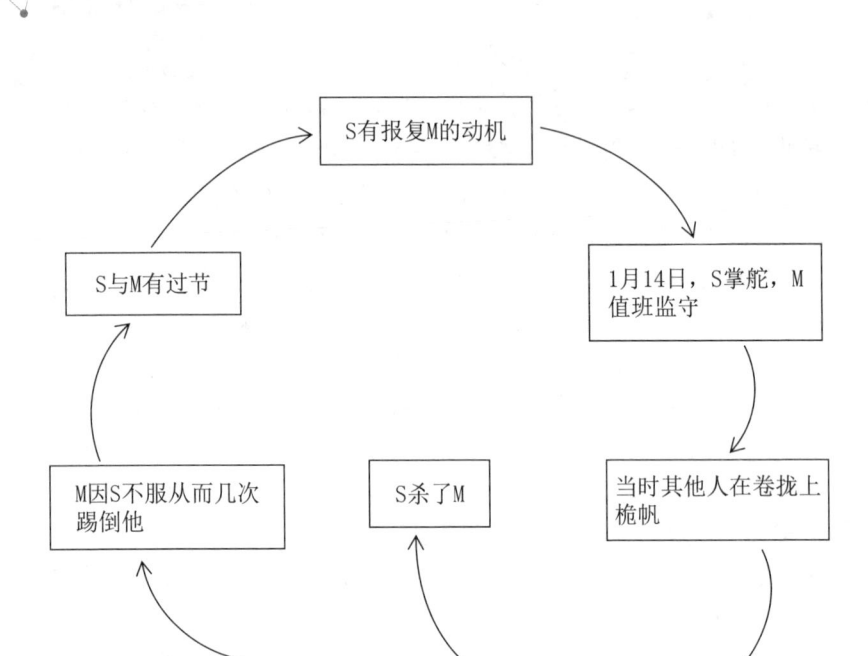

图 2.6 消失的海员案例：故事图表

在故事序列中，箭头并不总是代表所描述的事件之间的因果关系，或者它仅仅是两个事件之间的暂时性关联。在许多案例中，这可能是一个很好的在故事图表中解释某个箭头的方式。根据贝克斯的理论（Bex 2011，1），故事中各事件之间的关系被表示为因果规则，即从一个原因到一个结果做出的推论；这就是贝克斯用来指出证据推理特征的那种论证推理（argumentative reasoning）。但是图 2.6 展示了一种不同的塑造消失的海员案例中的故事的方式。

这个故事代表了一系列行为或事件，它们被连接在一起；连接的方式对于我们来说是完全可以理解的，因为我们对于事情在日常语境中被期待发生的通常方式持有共同知识。每一个箭头都代表了我们所理解的从一个事件到另一个事件的转换。如果我们观察图 2.6 中的图表，这个事件序列在我们看来是说得通的。S 无礼地对待和不服从 M，因此 M 几次踢倒 S。我们能够理解这个转换，因为被踢倒可能是在轮船上无礼和不服从行为的一个通常结果。S 被 M 如此对待，所产生的结果就是 S 对 M 怀恨在心，这也很好理解。我们再一次将此视为可能发生于该情境中的通常事件序列。我们可以看到，在剩下的事件链条中，每一个步骤从前一个步骤被推出，都是遵循了一种我们可以理解的模式。当所有的步骤都被列出了，就像图 2.6 所展示的那样，整个故事就说得通了。我们中的大部分人没有乘坐轮船的经历，更不用说是"南希·李"号轮船上的这种经历；但我们仍然知道足够的关于海上航行生活的信息，这使我们很容易理解上述事件序列并将其作为对案件中假定发生之事的解释。这种塑造故事的方式，相比于贝克斯的混合理论，不那么形式化，而且更加宽泛。但第 3 章将会展示如何结合这两种方式。

2.7　关于安梯丰案例的一个故事

接下来让我们使用一个图表故事，可视化地塑造安梯丰案例中的故事的一部分。在安梯丰案例中，五个竞争性的解释被并排列在图 2.4 的顶部。与消失的海员案例类似，被选定为最佳解释的那个假设，被展示为一个论证链条，在这个链条之中作为证据的行为支撑着该假设。然而与消失的海员案例相比，在安梯丰案例中，每一个假设都有一些相关的证据。沿着我们分析消失的海员案例的方法，让我们试着观察支持所选定的假设的论证链条是否可以被塑造成一个连贯的故事。两个案例在一个重要的方面上是相似的。在每一个案例中，都有一个人对另一个人怀有敌意，这种敌意是前者杀死后者之动机的基础。事件序列被呈现在图 2.7 的故事脚本中。到目前为止这两个案例中论证图表与故事型式之间的关系，看起来大致相似。然而，有一个需要被考虑的差别。

论证评价与证据

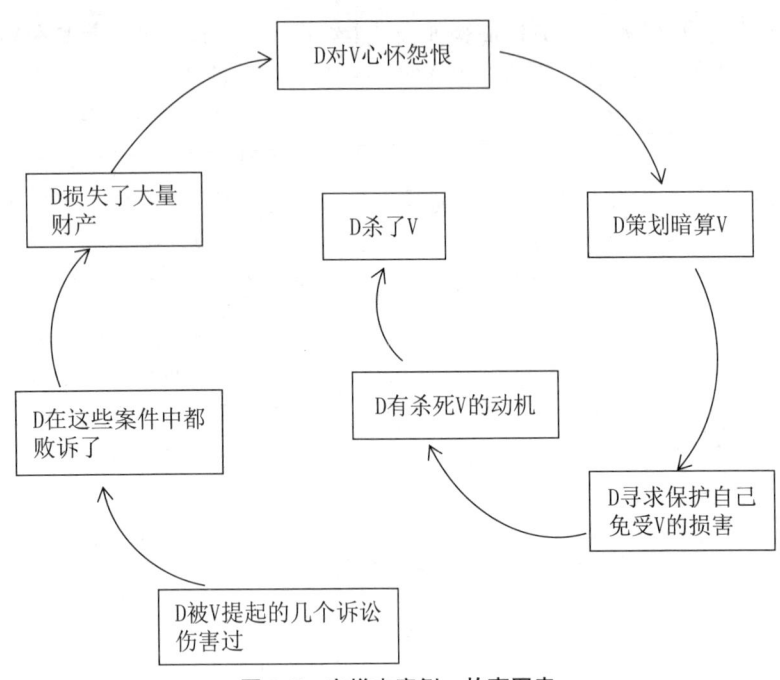

```
         D对V心怀怨恨
        ↗           ↘
D损失了大量        D策划暗算V
  财产    D杀了V      ↓
   ↑        ↑         
D在这些案件中都  D有杀死V的动机  D寻求保护自己
  败诉了        ↑        免受V的损害
   ↑                      
D被V提起的几个诉讼
     伤害过
```

图2.7 安梯丰案例：故事图表

在安梯丰案例中，有四个反面论证（"-1"至"-4"）被提出，作为攻击四个被否决的假设的证据。这四个反面论证中的每一个，也都可以被重构为一个故事。第一个论证陈述了两个命题：（1）没有人会放弃明显的、已得到的好处，他正是为了这样的好处才杀人；（2）被害人被发现仍穿着披风。它提出了这两个命题作为论证的前提，反驳职业罪犯杀死了V这个假设。这个反面论证也可以被呈现为一个故事吗？看起来它可以。我们都能理解，职业罪犯是出于获利的动机而犯罪，而一件披风值不少钱。如果我们将自己置于发生该事件的那个世界之中，那么针对在这种情境中应当期待发生什么事情，我们会有足够的共同知识，我们能够理解并可以期待职业罪犯拿走披风。因此这个故事尽管很短，但的确能够给我们提供某些理由，对于职业罪犯杀了V这个假设有所保留。职业罪犯杀了V这个解释，无法构成一个连贯一致的故事。

让我们继续考虑第二个反面论证。此处的解释是，某个醉酒的人杀死了 V。但该解释被以下反面论证攻击了：杀人者会被同席宾客指认出。按照事情情况来说，这也不是一个非常可信的故事。但是通过填充一些隐含的假设，可能它会变得更可信一些。根据本案的事实，被害人是在从宴席回家的路上被杀的；在宴席上，宾客们可能喝了酒。此处的主张看起来如下：既然事件是在一个偏僻的地方发生的，杀人者可能是某个参加宴席之人。如果是这样的话，通过将杀人者与同为宴席宾客的被害人相关联，杀人者很可能会被指认出。但是这个故事是非常可疑的。这种关联是什么，我们对此不是很清楚。这个故事看起来确实提供了一些对为何要拒绝"某个喝醉的宴席嘉宾杀了 V"这个假设的解释，但是它看起来不是一个非常强有力的反面论证，因为这个解释不像它的应然状态那样好。

对于反面论证"-3"和"-4"中提出的解释，我们可以做类似的评论。在此处，我们也可以将论证重构为解释，但是作为解释它们是虚弱和可疑的——相比之下那个针对所选定的假设的解释要连贯得多。如果这是一个对安梯丰案例中的论证的合理分析，我们就可以看出：尽管这个案例与消失的海员案例有许多重要的相似之处，但它在深度上超过了消失的海员案例，而且在一个特定的方面与之不同。它不是挑出一个非常强有力的解释，拒绝那些没有被任何故事支持的竞争性解释；而是挑选出一个最强有力的解释，同时拒绝多个都附带有故事的解释。然而，与被选定的解释相比，这些竞争性解释都不够完整、不够精细和不够可信。

2.8 解释与论证的图表结构

图 2.3 和图 2.4 中例示的论证图表技术，显示了一种特定的塑造论证的方式，这与撒加德和谢莉（Thagard and Shelly 1997）塑造溯因推理的方式类似。这种方式使用论证图表来塑造论证，论证图表中包含了论证节点和陈述节点，它们相互连接。在数学领域的图表理论中，

一个定向图（directed graph）是一个由一套线形（弧线、直线、箭头等）连接的一套节点（顶点、原点等）组成的结构。一个非定向图可以被简单地界定为一个无序的图，表示为 G = (N, A)；其中 N 表示一套节点，A 表示一套箭头。一个定向图就可以被界定为一套有序的节点和箭头。请注意，定向图可以包含图2.8中所显示的这种循环。

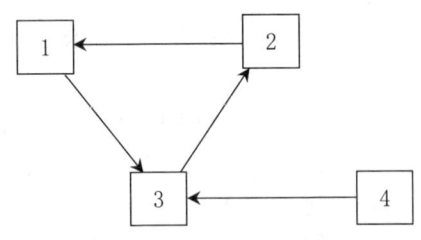

图2.8　定向图中的循环

在图2.8中，以下节点组成的序列，呈现为一个循环：1, 3, 2, 1。二分图（bipartite graph）是指这样一种图，在其中的节点可以被分成独立的两套，即 N_1 和 N_2，图中的每个箭头所关联的两个顶点都分别属于 N_1 和 N_2 这两个集合。一个二分图还可以被界定为：其中包含的循环圈不为奇数的图。图2.5是以 CAS 的风格绘制的，用以展示论证；它们采取了二分图的形式，其中包含了两套独立的节点。矩形的节点表示命题（前提或结论），圆圈形的节点表示论证。论证图表中的前提和结论，被表示在矩形节点（即文本框）内。表示论证的节点分成了两类，即正面论证和反面论证，分别用节点内的加号和减号表示。论证型式的名称，也可以被插入到一个论证节点内。这种论证图示界定了在一个具体对话阶段中的论证结构。在第4章，将会说明如何评价这种类型的论证图示。

解释也是用定向图来塑造的，就如图2.6和图2.7那样，但具体方式与论证有差别。这两个图所演示的例子是线状图（linear graph），而用分支图（branching graph）来代表解释也是很常见的。在图2.6和图2.7中，文本框内的陈述，代表描述行为或事件的命题。这些行为或事件被写在文本框中，连接成一个图示，连接的顺序反映了论证提出者与听众所期待的这类事件序列通常发生的自然方式。任何一个看起来与之不同的序列，例如显示了一个该序列中的不一致之处或一个缺失的连接，而且未被解释，都会让听众觉得反常。因为这个原因，这样一种反常的序列，会自然地产生一项解释需求。这种代表一个解释的事件或行为序列，组成了一个整体性的脉络；它越是连贯一致，而且符合关于优良解释中的似真推理（plausible reasoning）的八个标准（参见下文），就越是可信。解释被攻击或被支持的方式，也与论证不同。但一个解释当然也可以被批评性地检查或质询，尤其是当该解释中的某个部分不可信，或者该解释中存在需要填补的缺口（否则就不能描述自然的事件序列）的时候。另一方面，解释也与论证相似，因为它可以被证据攻击或支持，这些证据是独立于、外在于解释的。证据源于被听众接受而当作事实的命题。混合式的图表可以被用于塑造案件，在其中论证被用于支持或攻击解释。

到目前为止我们所讨论过的案例中的这种论证与解释，都是非常典型地基于似真推理。例如，我们可以回顾一下我们所考虑的第一个IBE案例，即威格莫尔所提供的小案例（Wigmore 1940, 420）。威格莫尔解释如何得出结论时认为，被选定的解释从其他解释中脱颖而出，达到了一个特定的可信性程度。沃尔顿等人的著作（Walton et al. 2014）列出了似真推理的十一个特征，其中的八个特征与评价某个解释是否比另一个解释更可信这个任务有关，它们是基于解释中所包含的推理。

1. 似真推理以常识为基础。
2. 似真推理是可废止的。
3. 似真推理以事情在日常情境中通常发生的方式为基础。
4. 似真推理可以用于填补不完整论证中的隐含性前提。
5. 似真推理通常以可感知的外观为基础。
6. 稳定性是似真推理的一个重要特征。

7. 似真推理可以被检验，从而被确证或驳倒。
8. 在对话中探究似真推理是一种检验它的方式。

这些特征可以被应用在本章所展示的塑造解释（将其作为故事）的方式上。第二个特征使得以下情况是可能的：一个被认为可信的解释，可以被加入该解释中的论证所支持或攻击。第五个特征表明，在许多案例中似真推理与证人证言紧密相关。

正如我们所看到的，在许多重要的方面，论证与解释是非常不同的，它们作为证据推理的不同部分，应当被区别对待。在用于塑造论证的图表结构与用于表示解释的脚本之间，有明显的对比。在使用论证图示工具分析和评价一个具体的论证的时候，我们应当非常谨慎地严格遵守当前案件的对话语境之用语。正如我们所看到的，在一些案例中，未被对话语境明确陈述的隐含性前提，需要被添加进来。每一个被添加到论证图表中的隐含性前提或结论，都需要被以下述方式认真地证成：基于听众和论证提出者之间的共同知识，从对话语境中援引证据，显示从该证据到所选定的命题之间的推论。建构一个论证图表来解释和分析某个特定的论证，需要有一个非常仔细的程序，在其中每一个从一套前提到一个结论的推论，要么能够被呈现为某个推论规则（如 DMP）或某个论证型式，要么必须清楚地表达一个可以根据对话语境和恰当的推论规则而正当地得出的推论。论证可以受到反面论证的攻击，也可以得到补强性论证或证据（例如证言）的支持。

2.9 向前与向后的关系

从关于论证领域的实践视角出发，不管是在法律论证之内还是之外，关键的一个问题是：可以使用什么方法来塑造最佳解释推论？这种方法看上去要求将论证与解释合并在一起，因为最佳解释推论毕竟不是一个纯粹的普通论证形式，而是也涉及解释的概念。问题是，如何在某种处理溯因推理的实践工作方法中，将这两个概念结合在一起（Pardo and Allen 2008）。

威格莫尔的图表中的工具，确实能够将论证与解释的概念结合起来。审视威格莫尔所用的案例，可以看到他显然知道最佳解释推论的用途，而且他认为这种证据论证具有根本的重要性。但是威格莫尔出于其绘制证据图表的目的，将解释看作一种特殊的方式，即一种反向攻击论证的方式——它"通过解释而消除"了论证。这种路径不符合我们此处的目的，有两个原因：首先，我们采取了一个更深入发展的解释概念，根据这种概念，论证与解释的使用方式是不同的。其次，威格莫尔的图表要比当前在人工智能和论证研究中使用的论证图表工具麻烦许多。尽管威格莫尔的图表也可以用于将法律中的证据论证图示化，但是现在有更好的工具。考虑到目前在论证研究和在包含图表元素的自动化论证辅助工具中使用论证图表的方式，威格莫尔结合论证与解释的方法并不是非常的有用。

我们的目的是通过分析论证与解释如何彼此相关联，从而启发我们如何在基于脚本的论证图表和解释图表中协调论证与解释。为了实现这个目的，让我们再次回到图 2.5 中显示的牧羊人案例。这个论证图表的最终结论是"D 杀了 W"这个命题。支持这个命题的，是一个从动机到行为的论证；这个论证包含了两个前提，其中一个前提又被三个从行为到动机的论证所支撑。这个流向顶部最终命题的序列，可以很自然地被理解为一个展示了支撑最终结论的证据的论证。但是如果我们反向地观察这个论证，也就是说按照从顶部到底部的顺序，那么它还可以看作是提出了一个对为何 D 杀了 W 的解释。它提供解释的方式是，陈述了 D 有对牧羊人的敌视动机，而且补充说 W 正是一个牧羊人。然后它又提出了一些证据，支持 D 对牧羊人有敌视动机这个主张。这个图表的下半部分确实是一个论证而不是一个解释，但它对于支持解释很有用。

该图表的上半部分，如果被反向观察的话，可以被视为一个解释。为什么它既可以正向也可以反向地运行，从而具有这两种形式？原因在于，一个动机既可以被用于证明或作为证据支撑一个关于主体之行为的命题，也可以被用于解释为何主体做出了一个特定的行为。

对于图 2.3 中消失的海员案例、图 2.4 中安梯丰案例的论证图表，我们也可以进行类似的观察。在图 2.3 中，左下侧的图表部分是一个论证，支撑 S 谋杀了 M 这个命题。但如果反向观察这一部分，它可以被视为提供了两个解释：一个解释是关于 S 如何杀了 M，该解释指出了 S 有实施谋杀的机会；另一个解释是关于为什么 S 谋杀了 M，该解释指出了 S 有谋杀的动机。在图 2.6 所显示的故事图表中，这两个解释结合在一起，将动机和机会结合起来，形成一个有序的、暂时的序列，通向 S 谋杀了 M 这个主张。

类似的，在图 2.4 的安梯丰案例中，罗列在 D 谋杀了 V 这个命题之下的论证序列，通过将一个动机归属给 D，而解释了为什么 D 可能实施了这个行为。这个动机的确切性质以及导致该动机的事件，被展示在下面剩余的论证部分，也体现在图 2.7 的故事图表中。按照反向的方式观察，图 2.4 右下侧的论证图表部分发挥了一个解释功能，类似于图 2.7 中的解释图表。

在日常的使用自然语言的对话论证中，使用实践推理时经常会遇到这种反向与正向的关系（Walton 1990b）。我们在日常的思考过程中，决定该做什么的时候，经常会将推理建立在某个被清晰表达、合理持有的目标上，然后寻找能够有助于实现该目标的手段。如果已经找到了某个手段，一个理性的主体就能继续实施一个行为或者一系列的行为，来贯彻这个手段。这种正向推理的例子，是实践推理的一个个例，这个实践推理被用于证成以下结论：应当实施某个具体的行为。但是这种实践推理也可以被反向地适用，即我们可以通过观察一个人在给定条件下的行为，来指出这个人的目标或动机是什么。在这种情况下，推理的方向是：将行为作为证据，由此得出关于实施该行为的主体信奉何种目标的结论。

2.10 结　论

本章的案例研究所提出的问题之解决方案，就在于如何在这些案例中，遵循沃尔顿和谢弗（Walton and Schafer 2006）所提出的证据结构,来协调实践推理的正向与反向运行。在两个主要案例中,论证的序列正向地流向"被告人实施了谋杀"这个最终结论;解释的序列反向而行,即从被告人被指控实施的行为(谋杀了被害人),流向对某个动机的归属。动机和行为互相结合,与故事的其他部分一起,形成一个对为什么实施谋杀的似真解释。这些案例说明,对溯因推理赋以论证的型式是非常有益的,这样可以将它塑造成一个推理的形式,而且还是一个论证的形式。

为了管理本章所讨论的最佳解释推论案例,我们需要一个适合于溯因推理的论证型式,伴之以一套相匹配的批判性问题。由约瑟夫森等人(Josephson and Josephson 1994, 14)提出的型式(参见 2.4 节),具有以下形式:H 这个变量代表了一个假设;D 这个变量代表了一组给定的数据或(假定的)事实。如果 D 是一组数据,假设 H 解释了 D,而且没有其他的假设能够像 H 那样好地解释 D,那么 H 就似乎是真的。约瑟夫森等人没有特别地使用一个论证模式,因此没有主张说他们所指出的最佳解释推论形式是一种论证型式。然而,他们用以评价最佳解释推论之具体应用的工具,被表述成一套问题(Josephson and Josephson 1994, 14)。

1. 在何种程度上 H 胜过其他的替代性解释?
2. 不考虑其他替代性解释,H 自身有多好?
3. 这些数据有多可靠?
4. 有多大的信心说,所有似真的解释都被考虑到了?
5. 存在一些实践性的考量因素(包括错误的成本)吗?
6. 得出结论而不是进一步搜集证据的需求有多么急迫?

根据约瑟夫森等人的观点,使用这种型式推断出结论,也就是选定一个对这些数据的最佳解释。

还有另一种更新的阐述(Walton et al. 2008, 329-330),明确将最佳解释推论呈现为一个论证型式,伴之以一套相匹配的批判性问题。实际上,有两种此类型式被提出过。反向的型式类似于约瑟夫森等人对溯因推理的分析。在这种型式中,"阐述"(account)一词可以被等同于"解释"(explanation)这个术语。在沃尔顿的著作中(Walton 2005),一个"解释"被界定为:对某些相互连接的事件或行为的"阐述",它有助于通过一个交流过程而将一方的理解传递给另一方。一个"阐述"也等同于所谓的"故事"(story)。"故事"这个概念又被称作"脚本"(script),"脚本"的概念是我们从人工智能研究领域中借鉴而来的(Bex 2011)。人工智能和法律领域的文献表明,在解释和在论证中使用的故事,可以被证据检验,例如环境证据、言词证据等。

反向的论证型式:

前提1:D是案件中的一组数据,或者一组假定的事实。

前提2:一组陈述 $\{A_1, A_2, \cdots\cdots, A_n\}$ 中的每一个陈述都可以成功地解释 D。

前提3:A_i 是能够最成功地解释 D 的那个陈述。

结　论:因此 A_i 是本案中最似真的假设。

但是还有一个正向的型式,它所使用的图示结构最被论证理论研究者熟知,这也是第1章和本章中的论证图表最常用的一种基本结构。

正向的论证型式:

前提1:D是案件中的一组数据,或者一组假定的事实。

前提2:有一组论证图表 $\{G_1, G_2, \cdots\cdots, G_n\}$,在每一个论证图表中,D都代表一个论证的前提,它与一些似真的条件以及其他的陈述(这些陈述是缺省推理中的缺失部分)一起,导出各图表的结论 $C_1, C_2, \cdots\cdots, C_n$。

前提3:最似真的(强有力的)一个论证记作 G_i。

结　论:因此 C_i 是本案中最似真的结论。

正向的论证型式理解起来更困难一些,我们将在第3章更详细地说明图表中为何能够将论证与解释结合在一起。沃尔顿等人的著作（Walton et al. 2008，330）中还给出了一个批判性问题的列表。这些问题与第一种论证型式相匹配，但是稍作调整就可以匹配第二种型式。

IBE 的批判性问题：

问题 1：不考虑目前对话中已有的其他替代性解释，A_i 作为对 D 的解释，其自身在多大程度上令人满意？

问题 2：A_i 这个解释在多大程度上优于目前对话中已有的其他替代性解释？

问题 3：目前的对话进展到什么程度了？如果这个对话是一个调查，那么在本案中调查的详尽程度如何？

问题 4：继续开展对话，而不是在此处就得出结论，是一个更好的选择吗？

请注意，沃尔顿、雷德（Reed）和马卡纽（Macagno）所提出的型式，是以两个工具为基础的，它们分别是：对论证图表的应用，和对形式化的对话模式的应用。第 3 章将会冒险采用一种结合了这两种工具的解释理论，展示为何论证与解释能够通过一个混合图表结构（其中结合了论证与解释）来塑造。

图 2.6 中显示的故事，是基于证据性事实而对发生了何事的一个成功的解释，因为它组成了一个可信的故事，以容易理解的方式解释了本案中很可能发生的事情。它提供了一个解释，以支持 S 谋杀了 M 这个假设。它能够很好地支持最终的主张，因此它是对案中所出现的事实的最佳解释。因此，我们现在能够看到和理解，溯因推理的案例如何通过一个基于 IBE 型式的论证，正向地流向最后的结论，即所选定的假设似然为真。

对这一结构的图解，参见图 2.9。IBE 论证的前提，证据性地基于对各个解释的比较性评价，这些假设又是基于各个竞争性的脚本（一个案件中可能存在许多个脚本）。这些脚本是从本案的证据数据中收集的。在检验相继出现的各个故事的过程中，新的命题可能被添加到 D

中，或者有的命题被从 D 中删除。如果出现平局，即有多个故事同等可信，IBE 就无法得出。

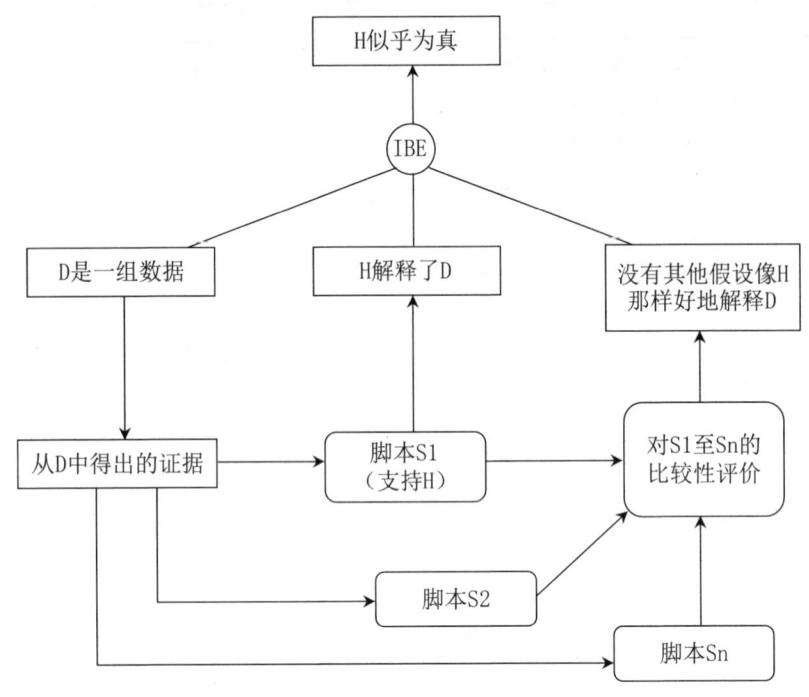

图 2.9　IBE 对论证与解释的结合

在消失的海员案例和安梯丰案例中，竞争性的解释要么不存在，要么是可疑的或不完整的。被选定的那个解释，明显是最全面和易被理解的。在这些案件中，相对于案例陈述中给出的证据而言，所选定的解释显然是最似真的和最能得到支持的。在这些案例中没有给出任何信息，说明每个被提出的解释是否能在批判性质询和检验中立得住。所选定的解释明显能更全面地涵盖相关事件和填补缺口。这些案件的选定故事和竞争性故事之间，不存在太多的争论。对于本章使用这些案例的目的而言，这个特点并非一个缺点。因为它们的相对简易性，可以使读者不至于迷失在由于完整描述一个刑事案例而引出的大量证据细节里。

在标准的文献中，IBE 被描述成一种不同于论证的推理形式。本章提出的一个主要观点是，IBE 最好被视作一种论证的类型。但是当以这种方式看待时，IBE 结构中的一个非常微妙的部分就显现出来了，它结合了论证与解释。尽管在不同的学科中有不同的界定溯因推理的路径，本书采取的是这样一种路径：首先，溯因推理可以被界定为最佳解释推论；其次，溯因推理得出的推论，不仅代表一种论证型式，而且还代表一种在其中包容了解释的论证。乍看来，这种界定路径使 IBE 变得更复杂，但是这种复杂性有所助益，因为它通向了一种更加符合实践和现实的 IBE 模式，会显示出 IBE 的力量存在于其基于人类对以下问题的理解和常识中：在日常情境中事物通常应该被期待以何种方式发生。由于这种路径将 IBE 与人们头脑中关于常规行为方式（或者说所熟悉的行为序列）的想法联系在一起，它在帮助人工智能建构自动化主体（autonomous agents），从而在使用基于目标的智能实践推理方面有很大的应用潜力。第 1 章从几个较为简单的案件着手，其中的溯因推理被用作一种证据推理形式，它能够在单一的主体视角下发生。但第 3 章会继续推进，考虑多主体的最佳解释推论情形，其中的 IBE 被视作一种论证形式，它需要根据多主体解释场景中的交流言语行为来评价。

为了更深入地观察在证据推理之最佳解释推论的情形中，论证与解释应当被如何结合起来，我们有必要提出一个对解释之概念的分析。这种分析必须提供一个解释模型，该模型能够满足第 1 章和本章所研究的那些 IBE 案例的要求；而且还要提出一种评价解释的方法，用以帮助判断是否某个解释优于另一个解释。

参考文献

Bex, F. J. 2011. *Arguments, stories and criminal evidence: A formal hybrid theory*. Dordrecht: Springer.

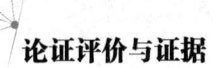

Bex, F. J. 2013. Abductive argumentation with stories. Workshop on formal aspects of evidential inference (International Conference on AI and Law, 2013, Rome). http://www.florisbex.com/ papers/BexStoriesValues.pdf. Accessed 22 Feb 2013 at this site.

Diels, H. , and W. Kranz. 1952. *Die Fragmente der Vorsokratiker*. Berlin: Weidmannsche Verlags buchhandlung.

Goodwin, J. 2000. Wigmore's chart method. *Informal Logic* 20 (3): 223-243.

Josephson, J. R. , and S. G. Josephson. 1994. *Abductive inference: Computation, philosophy, technology*. New York: Cambridge University Press.

Leonard, D. P. 2001. Character and motive in evidence law. *Loyola of Los Angeles Law Review* 34 (2): 439-536.

Pardo, M. S. , and R. J. Allen. 2008. Juridical proof and the best explanation. *Law and Philosophy* 27 (3): 223-268.

Pennington, N. , and R. Hastie. 1993. The story model for juror decision making. In *Inside the juror: The psychology of juror decision making*, ed. R. Hastie, 192-221. Cambridge: Cambridge University Press.

Prakken, H. 2010. An abstract framework for argumentation with structured arguments. *Argument & Computation* 1 (2): 93-124.

Schank, R. C. , and R. P. Abelson. 1977. *Scripts, plans, goals and understanding*. Hillsdale: Erlbaum.

Thagard, P. , and C. Shelley. 1997. Abductive reasoning: Logic, visual thinking, and coherence. In *Logic and Scientific Methods*, ed. M. -L. Dalla Chiara et al. , 413-427. Dordrecht: Kluwer, http://cogsci. uwaterloo. ca/Articles/Pages/%7FAbductive.html.

Wagenaar, W. A. , P. J. van Koppen, and H. F. M. Crombag. 1993. *Anchored narratives: The psychology of criminal evidence*. Hemel Hempstead: Harvester Wheatsheaf.

Walton, D. 1990a. *Practical reasoning: Goal-driven, knowledge-based, action-guiding argumentation*. Savage: Rowman & Littlefield.

Walton, D. 1990b. What is reasoning? What is an argument? *Journal of Philosophy* 87 (8): 399-419.

第 2 章 最佳解释推论

Walton, D. 2005. *Abductive reasoning*. Tuscaloosa: The University of Alabama Press.

Walton, D. 2010. Why fallacies appear to be better arguments than they are. *Informal Logic* 30 (2): 159-184.

Walton, D., and F. Macagno. 2005. Common knowledge in legal reasoning about evidence. *International Commentary on Evidence* 3 (1): 1-42.

Walton, D., and B. Schafer. 2006. Arthur, George and the mystery of the missing motive: Towards a theory of evidentiary reasoning about motives. *International Commentary on Evidence* 4 (2): 1-47.

Walton, D., C. Reed, and F. Macagno. 2008. *Argumentation schemes*. Cambridge: Cambridge University Press.

Walton, D., C. W. Tindale, and T. F. Gordon. 2014. Applying recent argumentation methods to some ancient examples of plausible reasoning. *Argumentation* 28 (1): 85-119.

Wigmore, J. H. 1931. *The principles of judicial proof*. Boston: Little, Brown and Company.

Wigmore, J. H. 1935. *A student's textbook of the law of evidence*. Chicago: The Foundation Press.

Wigmore, J. H. 1940. *A treatise on the Anglo-American system of evidence in trial at common law*, vol. 1, 3rd ed. Boston: Little, Brown and Company.

第 3 章 评价解释的对话系统

内容提要：第 3 章通过建构一个对话系统而提出一种关于解释的理论。在这个对话系统中存在一些言语行为规则，这些规则限定了允许哪些种类的行为，例如提出一个论证、请求给出解释、给出一个解释等。言语行为的前提条件和后置条件规则，决定了什么时候可以做出一个特定的言语行为，作为对话中的一个行动，以及随之需要做出一个或一些什么样的行动。本章所提出的对话结构包含三个阶段：开始阶段、解释阶段和结束阶段。本章会展示一个解释性对话如何能够转向论证研究中的其他类型的对话，例如说服性对话和审议性对话。这种转换能够从论证转向解释，以及再转回来。对于如何评价解释的问题，本章通过拓展一种混合式系统（Bex, *Arguments, Stories and Criminal Evidence: A Formal Bybrid Theory*, Springer, Dordrecht, 2011）来解决。这种系统结合了解释与论证，从而得出一种检验故事的方法，即所谓的检查性对话。在这种对话类型中，一个解释可以通过论证来探究和检验。所产生的结果就是一种评价解释的方法。

论证不同于解释。一般认为，论证是用于证明一个争议性主张；而解释是用于将某种理解传递给听众，或者某个遇到了反常情境（即人们对之感到迷惑和难以理解的情境）的人。借助这种差别，我们就能将"提出一个论证"和"提出一个解释"区分为两种明显不同的言语行为（speech acts）。这两种言语行为需要被纳入同一个框架，在其中两个理性的主体出于某种交流目的而与对方交流。我们需要一个形式化的对话模型。

由沃尔顿和克拉贝（Walton and Krabbe 1995）发展出来的一种论证之对话模型，已被证明是非常有价值的，可以作为工具用于解决许多论证研究、人工智能和多智能体系统（multi-agent systems）领域的问题。实际上人们已经建构出许多形式对话系统（Bench-Capon 2003；Prakken 2005，2006），通过应用这些系统（Verheij 2003），我们更好地理解了这类系统的一般性要求，以及如何去建构这样一种系统。雷德（Reed 2006）提出了一个对话系统规范，借此任何人都可以通过具体列明论证的要素以及这些要素之间的结合方式，从而建构出一个形式化的论证对话系统（Reed 2006，26）。这种对话系统规范提供了一个非常方便的方法，可用于建立一个形式对话系统，这种系统被广泛应用于塑造计算机中的论证，而且现在在其他许多领域也有应用（Wells and Reed 2012）。本章将会论述，对雷德的对话系统规范稍加修改之后，也可以将其用于解释的对话系统，它为在基于案例的解释系统中使用的解释之概念，提供了一种逻辑的和哲学的基础（Leake 1992；Schank et al. 1994）。

计算机中的解释之对话模型，是基于一些问答对话序列的案例。在这些案例中，一个主体尝试向另一主体解释某个机器是如何运行的（Cawsey 1992；Moore 1995）。对话的过程包含了使用者的反馈，这使得解释的过程能够消除误解。沃尔顿（Walton 2007a）建构了一个更抽象的解释之对话理论原型。根据这种理论，不管是寻求解释还是给出解释，都包含了一些具体的行动种类（言语行为），它们在对话中有相应的前提条件和后置条件。我们将会看到，贝克斯所建构的混合模式（Bex 2011）变得尤为重要，因为它结合了论证与解释。本章的论述将会以这些模型为基础，使用它们来提出评价解释的实践方法。

3.1 两个案例

本节从讨论两个关于解释的案例着手。这两个案例中所涉及的解

论证评价与证据

释,可以归类为日常解释,即我们在日常的对话交流中会遇到和使用的那种解释。这两个案例可以告诉读者,我们提出某个关于解释的理论,旨在实现的目标是什么。

第一个案例发生在科学课堂上,是一位科学课程教师对其学生听众做出的解释(Unsworth 2001,589)。这个解释假定了学生应当已知以下事实:煤是一种广泛使用的燃料资源;煤是黑色的,而且非常坚硬;煤是在土地里发现的。它还假定了,学生可能不熟知煤在地球上形成的过程。老师对学生做出的解释如下:"煤是残留的植物体在被埋藏了数百万年后形成的。这些植物体先是变成泥炭块(peat),然后泥炭块变成了褐煤(brown coal),最后褐煤变成了黑煤(black coal)。"这个解释非常简洁,它仅仅展示了一个简短的事件序列,该事件序列采取了脚本的形式。但是除了已经明确陈述的要素之外,它还依赖于一些隐含的要素。它假定了学生们知道煤是什么、植物体是什么,以及泥炭块是什么。它还假定了学生们知道在土地中一种物质可能转化为另一种物质。对于学生来说,导致理解障碍的反常现象是:他们知道植物体是软的和褐色的,而煤是硬的和黑色的。一种硬的、黑色的物质,何以能产生自某种软的、褐色的物质?这种反常之处引出了解释需求。在展示了泥炭块所发挥的中间性联系作用之后,就帮助学生理解了转换的过程,从而消除了反常之处。如果反常之处未被消除,学生们提出了更多的问题,那么教师很可能会告诉他们更多关于该过程的信息——假定关于该主题这位教师具有比学生更多的科学知识。

读者们可以回顾一下 1.6 节中关于加拉帕戈斯群岛雀类的案例。在这个案例中,一个可以理解的事件序列被作为脚本而可视化地呈现出来。这种基于脚本的解释图表工具,利用了我们关于植物需要水才能生长等问题的常识,从而展示出对"为何某些鸟死亡、某些鸟存活"的解释之结构。1.6 节中的图 1.4 说明,这样一种解释图表展示了一个我们都能理解的、自然的事件序列,当图示化地建构出这个自然序列后,它就提供了一个塑造解释的结构性框架。

现在我们来看第二个案例。有人提出了以下问题:为何暖气片通

第 3 章 评价解释的对话系统

常被安放在房间里窗户的下面,而窗户通常是热量散失的一个主要渠道。解释者假定他和提问者之间共享了一些常识,其中涉及许多无需在解释中明确陈述的隐含性假定。例如,解释者假定,提问者已经知道,当热空气与冷空气在一个封闭的空间交汇时,热空气会上升,冷空气会下降。提问者提出的问题,指出了一个反常现象:如果窗户是主要的热量散失之处,那么将暖气片放在窗户下会极大地浪费热气燃料。那么为什么通常会这样放置呢?为了理解这个反常现象,你还应该认识到:通常情况下,房屋内的布置会避免浪费燃料这样的做法。解释者给出了以下解释:窗户是房间中最冷的部位,因此房屋内的空气接触窗户的时候变冷,冷空气会下降到地面;然而,这些冷空气会被暖气片加热,然后又上升。接下来的过程,就形成了一个空气对流,使空气持续地在房间内循环。这一循环的事件序列,呈现为一个脚本或故事。参见图 3.1。

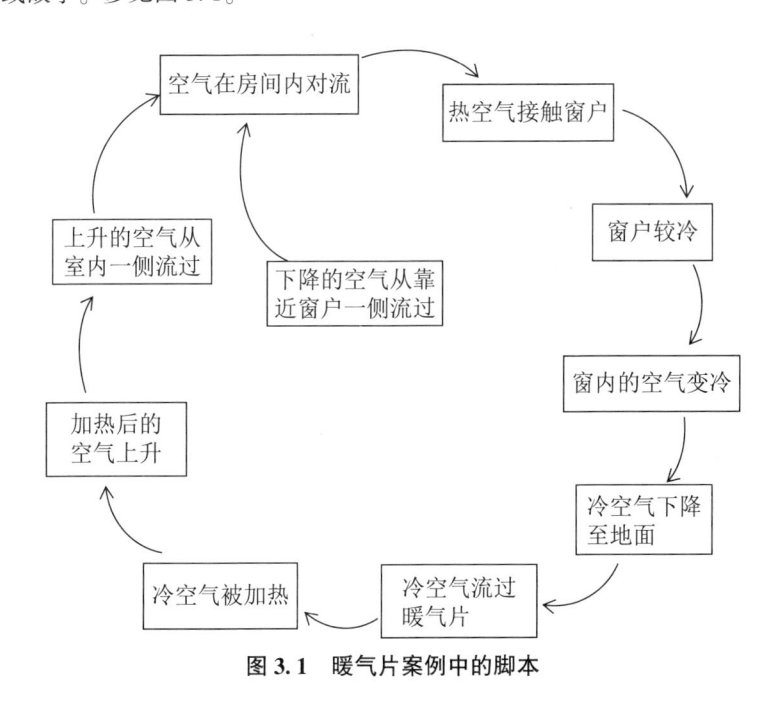

图 3.1 暖气片案例中的脚本

论证评价与证据

现在假设暖气片被移到房间内远离窗户的内墙边。在这种情况下，这面墙的位置会变得很暖和，这个位置与窗户所在的位置之间存在较大的温差，这会让房间内的人感觉不舒服。在这个对照性的解释脚本中，房间内侧太热而不舒适，房间外侧（即靠近窗户的一侧）太冷而不舒适。这个脚本里不存在图 3.1 所显示的空气对流。正是这种对照提供了解释。可以看到，解释者提出了一系列陈述，显示了将暖气片放在房间窗户下通常会使空气对流，从而让房间内的热空气与冷空气循环、交汇，保持整个房间的温度适中，让室内居住者更舒适。这个解释发挥作用的方式是，将这个脚本与另一个脚本（即将暖气片放在远离窗户的墙边）做对比。此处我们没有绘制对照性脚本的解释图表，因为这个图表非常简单，其中仅显示房间内有一个较热的区域和一个较冷的区域，但没有一个足以打破这种不均衡的空气循环。

将暖气片放在窗户边会浪费热气，这个情境提出了一个表示反常之处的问题，因为窗户是一个导致热量散失的地方。该情境看起来难以理解，因为节省能源是人类行为习惯中的一个重要目标。既然不必要地浪费热气是一件坏事情，因此暖气片的通常放置方式会明显浪费热气就是一个令人困惑的现象。上述解释消除了困惑，它给出了一个关于房间内的热气循环的阐述，表明热量散失并非像提问者一开始想的那样是最为重要的目标，将暖气片放在房间别处会导致更差的结果。

本章的目标是建构一个关于解释的对话系统（dialectical system），其首要目的是适用于日常的案例，如上述两个案例。这个系统包含以下要素：

- 开始行动（Opening Move）：当一方提出了一个解释需求的时候，该行动就会启动解释程序。
- 言语行为规则：这些规则界定了在对话中允许做出的各种言语行为（即行动类型）。
- 前提（Pre）和后置（Post）条件规则：这些规则分别界定了(a) 给出一个言语行为，作为对话中的行动应当符合的条件；

(b) 随后应当做出哪个或哪些行动。
- 成功标准：它决定了什么时候一个解释是成功的，例如，什么时候可以认为已经实现了对理解的传递。
- 结束行动（Closing Move）：它发生于以下两种情形中，即所提出的解释成功了或者无法给出任何解释因此应终结对话。前者发生于当对话过程通过了一个检验阶段（如果要求检验的话），从而说明成功的标准被满足了的时候。

正如上述成功标准所指出的，当从给出解释的一方到寻求解释的一方完成了对理解的传递时，就实现了一个成功的解释。向某人提出一个论证的目的，是给这个人提供一个接受某个主张的理由。他本来是质疑该主张的，这个主张本来是一个处于商议之中的或争论之中的命题。给出一个解释的目的，是帮助某人理解某事；他本来对此缺乏理解，并且通过询问而表达了他的不理解。一个成功的解释应当将询问者尚未理解的东西与已经理解的东西联系起来，从而让其变得理解前者。然而，这种对解释之目标的陈述，是一种规范性的观念。在实际的案例中，一方可能会误导另一方，给后者提供一个他明知是错误的解释，或者让后者接受某个不充分的解释。另外，接收解释的一方可能说他理解了，或者认为自己理解了，但是他的理解是错误的。在我们的模型中，假定双方都会遵循合作式对话的规则；但是正如我们会看到的，在真实的解释案例中可能会违反这种格赖斯假定（Gricean assumption），因此真实的案例需要被检验是否成功。

但是这种界定解释概念的方式，引出了几个较为棘手的问题：如何确定什么时候发生了理解的传递？所谓的理解指的是什么？后一个问题看起来很难回答，它可以被换一种方式提问："我们如何能够理解某事？"还有一个问题是，如何检验某个理解是否成功？

对于本章的讨论范围，有一些重要的限制。一个限制是，我们没有足够的篇幅，将这个系统应用于一类广泛发展的、在日常对话语境中发生的真实解释案例，考赛、摩尔和利克等人的著作中（Cawsey

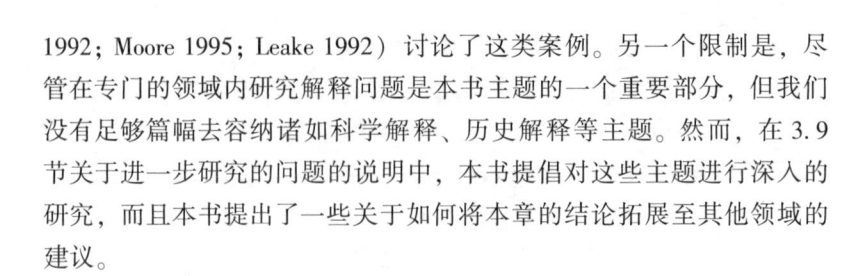

1992；Moore 1995；Leake 1992）讨论了这类案例。另一个限制是，尽管在专门的领域内研究解释问题是本书主题的一个重要部分，但我们没有足够篇幅去容纳诸如科学解释、历史解释等主题。然而，在3.9节关于进一步研究的问题的说明中，本书提倡对这些主题进行深入的研究，而且本书提出了一些关于如何将本章的结论拓展至其他领域的建议。

3.2 解释对话的基本要素

文·莱特（Von Wright 1971）描述了传递对行为或事件之理解的解释概念。在这种意义上，所谓"理解"（understanding），不应该被认为是仅仅指代某人自信地认为已经理解了某事。从那时以来，"理解"这个概念成为人工智能领域中基于案例的解释中的一个要素（Schank 1986；Schank and Abelson 1977；Schank and Riesback 1981；Schank et al. 1994）。这些基于案例的解释模型是对话性的，因为它们涉及在两个主体之间传递理解，这两个主体可以互相交流。它们还涉及重构性意义上的"理解"，即对话中的一个主体可以使用对日常熟知的情境的理解，来填补另一方的理解中的空隙。在这种意义上，理解应当被认为具有一种对话性的含义；这种理解的概念可以在这样一种框架内塑造，即两个共同推理的主体，共享了一些关于事物在通常的情境中如何发生的常识性知识。为了掌握这种对话意义上的理解概念，我们可以观察那些用于表现论证中各个方面的形式对话模型（Reed 2006）。

为了观察如何在一个形式化的、受规则约束的对话结构中塑造对理解的传递，我们需要使用汉布林关于对话参与者的承诺库（commitment store）的概念，沃尔顿和克拉贝（Walton and Krabbe 1995）曾对此分析过。当对话中的一个主体做出一个行动的时候，相关的陈述就会被添加到他的承诺库中，或者有一些陈述被从承诺库中删除。例如，如果一方断言了一个陈述A，那么陈述A就被添加到他的承诺列表之中。一个承诺库，基本上就是一套陈述（还包含隐含性的承诺），但是可以从这些陈述中做出推论。如果一个主体对一个陈述做出了承诺，那么对话中的另一方通常可以正当地假定，他也必须对其他相关的陈述做出承诺。当然，另一方也可以询问他。但是在许多情况下，另一方能够根据他所说出的内容而假定他会间接地承诺某些陈述。例如，假设某个人走进了一家披萨店，点了一份披萨。通常可以假定，他承诺了在离开披萨店前会支付这份披萨的钱。另外，当撤回某个人的某个承诺的时候，通常要求做出稳定性调适（stability adjustment），也就是说，其他暗含了这个承诺的陈述也需要被撤回，以保持一致性（Walton and Krabbe 1995, 144-149）。在一个严格的说服性对话（rigorous persuasion dialogue, RPD）中，行动和反应受到规则的严格约束，因此在每一个行动中，所允许的事情被精确地限缩到少数几个选项上。例如，有时只允许提出能用"是-否"来回答的问题，所允许的回答方式只有"是"和"否"。在一个自由的说服性对话（permissive persuasion dialogue, PPD）中，关于在每一个环节上允许做出哪些行动，参与者有更多的选择；而且在某个行动中，他有更多的言说自由（Walton and Krabbe 1995, 126）。另外，对一个先前的行动做出回应时，也受到更少的约束。例如，一个主体可能被允许在同一个行动中提出一个论证和提出一个问题。在任何一种对话中，一套承诺不必然是和谐一致的，但是当一个主体的一套承诺被另一个主体证明为逻辑上不一致，那么前者需要移除不一致的承诺，而且可能也会撤回其他相关的承诺。

在形式对话系统中约束承诺之运行的规则（Wells and Reed 2012），为本章提供了基础，可以用于发展出一种表示在一场解释性对话中理解之传递的方式。在刚开始一场解释性对话时，每一方都被假定有一个知识库，这个知识库有点类似于论证性对话中的承诺库。每一个知识库都是一套陈述，包含了具体的陈述与一般性的陈述——这些一般性的陈述可以作为得出推论的规则，因为我们可以将这些陈述适用到其他陈述上。参与者们还必须分享一些共同知识库，其中包含了关于将被解释的事件的一般性和具体性的共同知识。这个共同知识库中包

论证评价与证据

含了常识性的过程性知识（procedural knowledge），可以使语言的使用者理解事情在通常情境中一般如何发生，这让他能够填补在特定对话语境中未明确陈述的那些缺失性要素。

正如2.5节所显示的，较早的人工智能研究（Schank and Abelson 1977）已经开始编纂这些被人们共同知悉的通常情形中的事情发生方式，研究者使用了所谓的脚本的概念。这个故事是基于以下假设：一大部分常识性推理是基于在一个对话语境中未被明确陈述的假定，这些假定可以被添加进来，以填补缺口，从而使推理的链条变得更明确。一个标准的范例是餐馆案例，该案例的一个版本参见2.5节。现在我们考虑这个案例的另一种（较为枯燥的）版本。该版本包含了一套明确的陈述，具有以下七个陈述：（1）约翰进入一家餐馆；（2）服务员让约翰坐下；（3）服务员给约翰一份菜单；（4）约翰点了一份龙虾；（5）龙虾被端上来；（6）约翰留下费用；（7）约翰离开了餐馆。在这套陈述中，隐含性的陈述可以被明确列出，即通过做出似真推论而填补一些缺口。我们可以可废止地推断出龙虾被列在菜单上。当然有一种可能性，即龙虾是一个特殊的菜品，没有被列在菜单上，但服务员告诉约翰有这道菜。但是从（3）和（4）这两个陈述中，我们可以通过推论得出"龙虾被列在菜单上"这个隐含性陈述。通常，餐馆的顾客都是从他们拿到的菜单上得到有哪些东西可吃的信息。我们还可以可废止地推断出，约翰吃了龙虾。这个推断是合理的。我们可以通过补充隐含性陈述而填补此处的缺口，该隐含性陈述是建立在关于当一个人进入餐馆通常要做什么这个问题的隐含性假定之上。

我们还可以用一种更灵活的方式，来表示代表共同知识的熟悉惯例（familiar routines），即使用被称作"记忆组织包"（memory organization packages, MOPs）的较小的模块（Schank 1986）。这些模块也代表了通常的事件序列，但是它们要比脚本更小，而且在需要的时候它们可以以一种适合于情境的方式组合。例如，关于太空发射的MOP，包含了发射、太空行走和返回（Leake 1992, 73），它们组成了一系列事件的"包裹"。MOPs被用于基于案例的推理（case-based reasoning,

第3章 评价解释的对话系统

CBR），这是一种在人工智能领域使用的富有实效的解释方法。CBR 是这样一种程序，即根据解决过往的相似问题的方法而解决新的问题。当一位技工在修理一辆汽车时，借助回忆修理另外一辆汽车的情形，那么这位技工就是在使用 CBR。脚本和 MOPs 可以被用于建构和详细讲述一个故事，即一系列相互连接、有序组合、包含了可以被填补的缺口的事件或行为序列。在这种情况下，所给出的解释不仅应当填补缺口（即让隐含性的部分变得明确），而且解释中的某些部分还应当被证成（即提出论证来支持这些部分）。此处我们所处理的不仅是解释，还包括如何用论证支持解释。

每一个参与者对前面所讨论过的反常之处的理解，会随着对话过程的展开而变化或发展。在一个解释性对话开始的时候，双方共享了一个共同知识库，其中包含了后续的请求和给出解释将会使用到的 MOPs。进展到寻求解释和提供解释的对话阶段时，MOPs 会被从一开始就存在的知识库中取出。当参与者需要使用的时候，就会提出相关的 MOPs；当这些 MOPs 没有用途的时候，就会被删除。因此，MOPs 发挥作用的方式，与承诺库在一场论证对话中发挥作用的方式基本类似。

在对话开始时，MOPs 代表了在双方都熟知的通常情境中事物被期待发生的方式。在对话的后期，某个主体提出了一份关于发生了何事的阐述——这是一个实际上可对可错的故事。另一方可能会发现这个陈述中的某处令人疑惑，看起来不太正常或不太正确，因此请求对所观察到的异常之处做出解释。随着对话的进展，一些陈述会被插入每一方的知识库，或从知识库中删除，因为每一方都在对话中做出了行动。引发解释需求的，是一方未能理解另一方所提出的陈述中的某个部分。然后，另一方就被期待仔细阐释其陈述，从而满足对方提出的理解需求。

CBR 解释系统已经被人们应用了，它大体上符合我们已经概述过的对话系统。例如，ACCEPTER（Leake 1992）是一个计算机系统，可用于对故事的理解、对反常之处的察觉和对解释的评价。解释的方向是填补由反常之处所显示的知识空缺。ACCEPTER 有两个具体的特征：（1）解释是建立在不确定的推论之上的，这些推论又是根据似真推理得出的；（2）语境（包括解释者的信念和目标）对于解释评价非常关键。由 ACCEPTER 所处理过的故事的例子包括：一匹赛马的死亡，某篮球明星的死亡，挑战者号航天飞机的爆炸，因变速器故障而召回奥迪车辆，关于一匹跛足的赛马赢得了比赛的虚构故事，以及一个关于从错误的闸口起飞的航班的陈述（Leake 1992, 38）。尽管 ACCEPTER 符合下文将建构的解释对话系统中的某些部分，但不能完全契合该系统。在建构该系统过程中出现的某些问题，将会引出一些可能无法与 ACCEPTER 相符的具体特征。

　　本章的目的不是建构出一个可以代表任何具体解释类别的形式对话模型，也不是建构一个像 ACCEPTER 那样可以在计算机上应用的解释系统。本章的目的是建构一个一般化的模板或格式，即适用于解释的对话系统规范。雷德（Reed 2006）已经具体阐述过这种对话系统规范的一般要求。如下文所述，一场对话就是一套行动。在最简单的情况下，存在两个对话主体，他们轮流做出行动。该系统应当设定，在每个主体做出任何一个行动的时候，可以采取哪些言语方式（即言语行为）。其中所包含的前提条件（pre-conditions）是指要合法地做出某个言语行为之前应当满足的条件。规范中还应当设定一些条件，来界定对任何一种给定的行动，可以做出何种回应（即接下来的行动）。这些条件被称作后置条件（post-conditions）。我们可以完全根据雷德的观点（Reed 2006, 26）来建构一个对话系统，即具体设定每一个可能的言语行为的前提条件和后置条件。但同时还要设定另外两个要素：一个要素是约束着参与者的承诺库的一套规则；另一个要素是列出对话的结束状态："通过列出那些他们的言语行为所依赖的或建立的对话义务、承诺库条目以及结构性条件，前提和后置条件可以被完全具体化"。雷德的规范旨在适用于形式化的论证对话系统。我们的问题是，可否采用将与之相似的条件，应用于解释对话系统。

　　我们将所有类型的对话，都塑造成具有三个阶段：开始阶段、论证阶段和结束阶段。此处所提出的解释对话模型，也具有三个相应的阶段，即开始阶段、解释阶段和结束阶段。一场解释性质的对话，其目的是将一个主体的理解传递给另一个主体。在开始阶段，参与者同意参与到一个特定类别的对话之中，而且遵循该对话的规则和惯例——他们理解和接受这些规则与惯例。例如，在这个阶段他们应当清楚，他们正参与到一个解释性的对话中，而不是其他种类的对话（例如论证性的对话，或者某种仅仅是交换信息的对话）。在解释阶段，一个主体提出了一个解释请求，然后另一方对该请求做出回应。在这些行动之后，双方会做出一些其他种类的行动，这些行动通常被认为会导向结束阶段。在结束阶段，解释将被判断是否成功了。

在沃尔顿（Walton 2007a, b）所建构的解释对话系统（CE）中，结束阶段包含两个规则。第一个规则的内容是：如果接收解释者回答说"我不理解"，以此回应解释者先前给出的一份解释，那么该对话可以继续进行。第二个规则的内容是：如果接收解释者回答说"我理解了"，以此回应某个被提出的理解，那么对话即在此行动处终结。这种设定结束规则的方式，是基于以下假定：判定一场对话是否被成功完成的标准，是接收者对提出者的解释是否满意。这个标准存在的问题是，接收解释的一方可能被蒙蔽或者犯错误。即使他说他现在理解了之前不理解的事情，这也可能不真实。即使他在心理上觉得有所理解了，真实的情况却可能是他没有真正理解所提出的解释。因此我们需要一个更好的检验解释是否成功的标准，不能仅仅满足于接收解释者的接受状态和自我感觉。下一节所建构的新的解释对话系统，包含了一个不同的标准。

3.3 解释对话系统

为了让两个主体开启一场解释对话，需要满足四个要求。前两个要求比较一般性，后两个要求比较具体化，要求引入其他一些概念。第一个要求是，对话中的两个主体共享了对某些事情的理解，尤其是他们分享和接受了一些关于在他们熟悉的领域内事情通常如何发生的共同知识。第二个要求是，一个主体（即所谓的解释者）被假定对某事持有理解，而另一个主体（即所谓的接收解释者）对之缺乏理解。在我们前面介绍的那个老师给学生解释煤如何形成的例子中，我们假定了老师对煤形成的过程拥有科学知识，而学生们对此尚无知识。这个例子也表明，其情境并非如此简单。例如，我们假定了在教室中有不止一个学生，但是为了让基本概念结构尽可能简单一些，对话系统规范假定在对话中只有两个参与者，分别代表解释者和接收解释者这两个角色。但是我们应当认识到，在真实的解释案例中，对话中的一方主体实际上所代表的可能是一个很大的团体。

第三个要求是，必须存在一份两个主体都能进入（have access to）的阐述。在前述暖气片案例中，解释者提出了一份相互结合阐述，表明将暖气片放在房间窗户下面通常会导致空气对流，使房间内的冷热空气交汇，让房间内的温度保持适中，房间内的人会感觉更舒适。在一个解释对话中，阐述通常是由解释者向接收者做出的，但是在任何案例中，他们都能进入该阐述。一份阐述（account）是一套陈述（statements），其中包括了从一些陈述到另一些陈述的推论。但是还需要强调的是，可能还包括一些隐含性陈述，它们是从明确的陈述中推论出来的。在暖气片案例中，解释者假定了接收者已经知道了以下事实：当热空气和冷空气在封闭的空间相遇时，热空气会上升，冷空气会下降。正像在第一个案例中那样，提供解释的一方期待接收解释的一方已经知道了许多关于他们共同熟悉的情境的知识。在对话系统中，阐述是建立在脚本、MOPs或故事之上的。

对一场解释对话之开始阶段的第四个要求是，接收解释者必须察觉到一份阐述之中的反常之处，即某个与该阐述不相适应的地方。所谓反常之处，就是接收解释的一方所不理解的某个阐述中的地方，即使对该阐述中的其他地方他都理解。例如，他可能察觉到某个不一致之处，或者阐述中的某个陈述显得不可信。在暖气片案例中，接收解释者提出的问题指出了一个反常之处，如果窗户是最大的热量散失之处，那么将暖气片放在房间窗户下面就看起来会浪费燃料。那么为什么通常还会这样设置呢？为了理解该反常之处，你应当意识到以下常识，即建筑实践一般会尽量避免导致浪费燃料的行为。如果将暖气片放在窗下确实会浪费燃料的话，那么这种通常的房间布置格局就是一个反常之处。

解释阶段开始于接收者做出了一种具体的言语行为。有许多不同种类的解释问题，要求不同种类的解释。但是此处拟构建一种简单、基本的对话系统规范，以此为基础可以建构更加专业化和复杂化的系统。在这种简单、基本的对话系统中，只有一种解释言语行为。该行为具有以下形式："解释-反常-x"（ExplanAnom$x$）。其中的 x 表示某一方给出的阐述中的一个反常之处。言语行为"解释-反常-x"向解释者提出了一个请求，让其提供关于反常处 x 的理解。假定 A1 是 x 的一个具体实例，那么当接收解释的一方做出了言语行为"解释-反常-A1"时，就开启了解释对话。当解释者尝试解释反常之处时，该对话就进入下一个行动。在第三个行动中，接收方可以接受这个解释，也可以不接受它。但是也允许有其他的反应方式。接收方可能仍然不理解他需要理解的东西，所以他可以进一步提出关于该解释中令他困惑的某个部分的问题。

穆兰等人（Moulin et al. 2002, 174-176）的研究表明，在人工智能领域普遍存在着三类解释，即追踪解释（trace explanations）、策略解释（strategic explanations）和深层解释（deep explanations）。我们先从追踪解释着手。在专家系统中，该系统通过以下方式产生一个解释，以回应使用者提出的"如何"和"为何"的问题：产生一个执行追踪（execution trace），即一系列从知识库中的陈述导向被询问的陈述的推论。策略解释是通过显露该系统用以完成任务的问题解决策略，而将一个行为放在语境中（place an action in context）。深层解释要求有两个分离的知识库，以及从系统的知识库向使用者的知识库的传递，从而填补使用者知识库中的缺口。系统需要知道使用者已经知道哪些东西，然后才能填补缺口。第三类解释最符合对话模型。

一份阐述中的推论链条（chain of inferences），也被称为"推理序列"（sequence of reasoning）。在上述三类解释中，最简单的是追踪解释。我们使用这类解释来例示阐述。在一个追踪解释中，假定陈述 A 被质询，然后该陈述被追踪的方式为：反向链接到知识库中的一套事实（陈述）和（推论的）规则。A 是通过推论链条从这些事实中得出的，而这个过程被视作反向的链接。从相反的方向来看，这样一个论证链条就是一个解释。这种解释契合了覆盖性的法律模型，只要链条中的推论仅包括演绎和归纳类型。但是还存在其他种类的解释。在其他的情况下，一份阐述可以采取脚本的形式，即该阐述中有一些缺口，因为不可能将该阐述中的所有连接处都明确地陈述出来。这些缺口需要被填补，即做出一些源于常识的假定，这些常识被说者和听者共享。

一项言语行为，就是由对话程序中的某个主体做出的一个行动。一种言语行为，是一个主体向另一个主体提出关于解释某个反常之处的请求。对于每一种行动，都有相应的前提条件规则（设定了一个主体要做出该行动需要满足的条件）和后置条件规则（规定了另一方对该行动可以做出哪些回应）。通常，参与者遵循以下顺序：接受方做出第一个行动，即请求一个解释；然后解释者有机会给出解释，作为对该请求的回应。在解释者给出解释后，接受方可以简单地予以接受，回答说"我理解了"；但他也可以回答说自己不理解，然后继续就此提出问题。在这个点上，该对话转向一种不同类型的对话，我们在下文的结束阶段部分将予以讨论。

以下是解释中的基本言语行为：

  断言（Assertion）：在一个断言中，允许给出一个陈述，例如 A，B，C……，也允许给出一个具有真值功能（truth-functional）的词汇要素。[1]

  事实问题（Factual Question）：提出问题"A?"，表示询问"是否

---

〔1〕断言仅仅包括陈述（即命题），但不包括承诺、命令等。

A 是真的?"

请求解释（Explanation Request）：做出一个言语行为"解释-反常-x"，表示向解释者提出了一个请求，让其提供对于反常现象 x 的理解。

尝试解释（Explanation Attempt）：对先前的解释请求做出一个回应，意图将某种理解传递给接收方。

无力解释（Inability to Explain Response）："我无法解释它"，这句话承认了解释者此时无法给出一个解释来回应前述请求。

肯定性回应（Positive Response）：声称听者理解了某个解释的回应。

否定性回应（Negative Response）：声称听者未理解某个解释的回应。

以下是这些言语行为的前提条件：

请求解释的前提条件：为了能够做出"解释-反常-x"这个言语行为，变量 x 所对应的陈述，必须构成一个反常之处。

尝试解释的前提条件：对方的前一个行动，必须是一个请求解释的行为。

无力解释的前提条件：对方的前一个行动，必须是一个请求解释的行为。

肯定性回应的前提条件：对方的前一个行动，必须是一个尝试解释的行为。

否定性回应的前提条件：对方的前一个行动，必须是一个尝试解释的行为。

以下是这些言语行为的后置条件：

请求解释的后置条件：一个请求解释的行为引起的后一个行动，应当是对方的一个解释回应。

尝试解释的后置条件：一个解释回应行为引起的后一个行动，应

当是对方的某种回答，即"我理解"（肯定性回应）或"我不理解"（否定性回应）。

　　肯定性回应的后置条件（见下文）。
　　否定性回应的后置条件（见下文）。

最后两个后置条件规则尚未被界定，因为要考虑结束阶段的问题。有两种方式来界定什么时候应当进入结束阶段。根据第一种观点，当解释者已经提出了一个解释，而且接收者对此表示满意的时候，就进入了结束阶段。解释对话系统（dialogue system for explanation，CE）（Walton 2007a，b）根据以下两个规则，来确定一个尝试解释的行为是否成功了。

　　CESR1. 如果解释者在做出某个尝试解释的行为之后，接收者回答说"我理解"，那么解释者的行为就可被判断为成功了。
　　CESR2. 如果解释者在做出某个尝试解释的行为之后，接收者回答说"我不理解"，那么解释者的行为就可被判断为未成功。

这两个关于是否成功的规则，被 CE 用于确定一场解释对话的结束阶段。此处假定了当对话中的解释常识被断定为成功或不成功之后，对话就进入了结束阶段。

这种设定结束阶段之规则的方式存在问题。在许多重要的案例中，仅仅根据接收方说他是否理解了所提出的解释，不足以结束对话。这种"自我感觉"式的解释通常会涉及偏见的问题（Trout 2002，223-228）。根据另一种观点，只有在以下情况才能结束对话：所提出的解释被检验过，而且可以认定是否通过了所要求的检验。只有在此时才能说，一个解释真正成功了或未成功。但是这里所谓的检验指的是什么？在科学领域，理想的状态是，要收集所有的相关数据，通过实验而结论性地检验某个解释。但是在实践领域，包括对那些我们在日常生活中经常做出的许多足以达到目的的解释，我们不可能有足够的资源去收集所有的相关数据。在许多情况下，基于实践目标，收集更多

第3章 评价解释的对话系统

的数据来进一步检验某个解释，会导致很高的成本；或者这样做没有什么用，因为目前的需求和环境会设定很多限制条件。根据这种观点，通过以下方式检验某个假设，足以为是否暂时性地接受它提供依据：基于已经知道的信息，而批评性地探究该解释中的缺口以及可疑的部分。检查性对话（examination dialogue）可以契合上述两种检验方法，它可以通过提出论证中的批判性问题而展开，也可以通过收集和检验更多的数据（例如进行实验验证）而展开。

上述两种观点的适应性，很大程度上取决于语境，即当前的解释要达到什么样的目的。如果是处在一个科学调查的语境中，通过进一步收集数据而进行检验，可能是最好的结束标准。如果是处在一个日常对话交流的语境中，进行试验检验或者展开一个详细的科学解释，可能就是不恰当的。这样的行动甚至会阻碍理解的传递。因此，对这个问题，我们不应当采取一个"放之四海而皆准"的路径。

我们此处的目的是，采取一个最一般化的路径，来建构一个简单的系统，然后可以以此为起点，发展出其他更复杂的解释对话模型。基于这个目的，我们在上述两种观点之间采取一个折中观点。这种观点倾向于将解释视作可废止推理（defeasible reasoning）的基础，会导向一个基于已知事实的似真解释；但是它仍然保持开放性，即随着提出更多的数据来填补阐述，或者用外部证据来支持阐述，该解释可能会被纠正或改良。根据这种观点，在一个解释被给出之后，接收方可以通过提出探究其弱点的批判性问题，或者通过进一步验证数据，来检验该解释；如果该解释令人满意地回应了所有的问题，那么它就通过了检验程序；如果一个解释不能通过这种检验程序，它就是不成功的。

图 3.2　解释中的典型对话序列

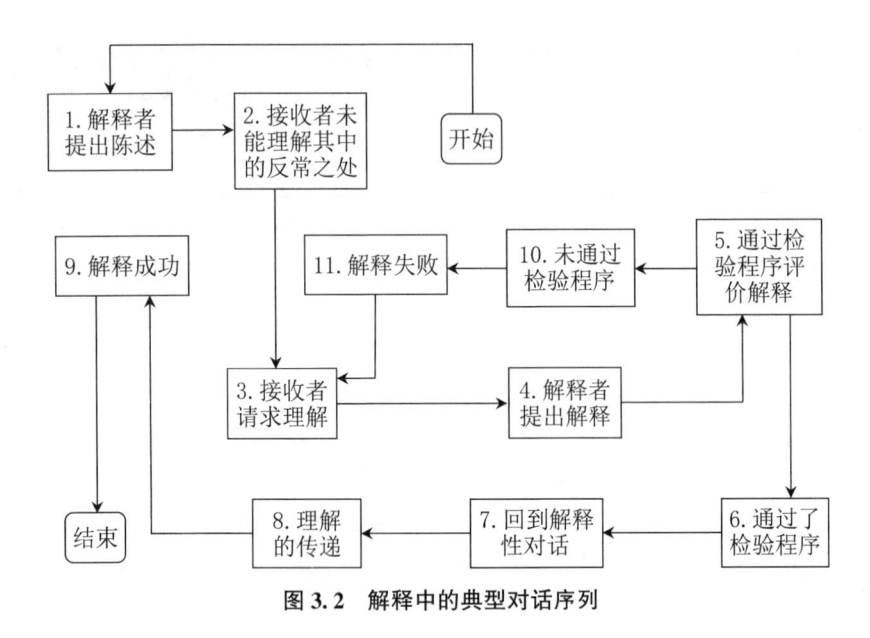

结束规则旨在解决失败循环的难题，请参见图 3.2 典型的解释序列中，由 {3，4，5，10，11，3} 构成的循环圈。一场解释对话要想成功，就必须将解释者的某种理解传递给接收解释的一方。但是成功实现了理解之传递的证据是什么？评价解释的需求，以及应当在何种程度上检验一个解释，因语境而异。如果是在科学课程的教学中，所谓的反常之处可能只是学生对某处的不理解，老师可以仅仅给出一个简洁的解释，就足以令学生满意。如果是在开展科学研究的语境中，所谓的反常之处可能是一个非常恶劣的问题，对此的解释可能非常冗长、复杂，而且会涉及实验检验。因此，结束规则必须允许这些实践性差异。

结束规则应当符合导向结束阶段的 14 个步骤的序列（将在 3.5 节设置）。如果双方都对所提出的解释感到满意，就可以在此时终结对话，可能没有必要再进入更深的层面对话。然而，如果有任何一方不满意，他就可以提出更多的问题，从而延展对话。如果接收方感到不

第 3 章 评价解释的对话系统

满意,他可以提出更多的问题,而且可能需要进入步骤5。解释应当顺着这一方向进行,而且在理想的状态下要进行到该解释被接收方理解为止。但是这一步也可能不会发生,因为在实践中需要考虑时间和成本,从而设置一些限制。然而,只有当反常被清除,接受方理解了他所询问之处的时候,一个解释才算是成功了。如果解释者不认为接收方真正地取得了理解,那么就像步骤5所显示的,可能需要再转换到检验程序中。

这种处理解释行为的方式,表明了以下结束规则:

结束规则1:如果双方都满意,对话即可结束。

结束规则2:如果接收者不满意,他应当提出进一步的问题,使对话持续至(a)他自己满意为止;或者(b)出于实践理由而必须结束他的询问的时候。

结束规则3:如果解释者不满意,那么接收者对解释的理解要进入一个检验程序。

结束规则4:当出现以下情形之一时,该检验程序结束:

(a)解释者满意了;或者(b)他的询问出于实践理由而必须被结束。

结束规则5:当检验环节结束时,继续转回原来的解释对话过程。

结束规则6:当出现以下情形之一时,解释对话结束:

(a)实现了对理解的传递;或者(b)出于实践理由而必须结束。

现在我们回到斯克里文的假设,即一个解释是否成功需要被检验。

图3.2描述了一场解释对话通常是如何进行的,其中被提出的解释要被评价是否成功。这个序列始于对话之开始阶段中的两个条件。第一个是解释者提出了一份阐述,即一套假定的事实或陈述,它们被一些推论结合在一起(图3.2中的步骤1)。第二个是接收者发现了该阐述中的某个反常之处,即某个他不理解的地方(步骤2)。然后就开启了解释阶段的行动(步骤3),接收者提出了问题,请求对反常之处提供理解。解释者提出了一个解释,尝试提供所请求的理解(步骤4)。

然后就转向了一个中间环节（步骤5），在此处解释者对解释的理解要被检验，解释者提出一系列探究性的问题，旨在考察此时接收者是否理解了阐述。如果通过了检验（步骤6），就可以认为所要求的理解已经达成，对话应当从检验程序转回到主解释对话中（步骤7）。如果理解的传递已经实现了（步骤8），该解释就可以被评价为已成功（步骤9）。

如果没有通过在检验环节中实施的检验会怎么样（步骤10）？这说明解释没有成功（步骤11）。接下来该做什么？对话应当在此结束吗？图3.2给出的解决方案是，对话仍可以继续。接收方可以根据先前的检查性对话情况，尽力重新表述问题，更好地指出他所不理解的地方（步骤3）。然后解释者可以提出一个不同的解释，改进后的解释能更好地响应接收者的需求（步骤4）。这个解释改进的循环（图3.2中的 {3, 4, 5, 10, 11, 3}）可以发生很多次，双方共同推进得出越来越好的解释，直至取得足够的成功，实现对理解的传递。如果检查性对话一直无法成功，那么双方就会被困在这个循环圈之内。在这种情况下，每次转回到解释性对话时，解释性对话都是失败的。双方如何打破这种失败的循环？下一节将会给出回答。

3.4 审判中的溯因推理案例

贝克斯（Bex 2011, 141–160）将司法证明的过程塑造成一个对话"游戏"，在其中每一方（辩方和控方）都建构出一个故事，表示他们主张的所发生的事情。在庭审论辩阶段，故事需要被证据支持；在审判过程中，每一方都会通过提出论证来攻击对方的故事。根据贝克斯的理论，这个"游戏"中的"玩家"使用交流语言，轮流做出言语行为，从而建构一个混合式理论（hybrid theory）。代表"对话协议"的规则，决定了每一方在什么时候可被允许做出某种具体的行动，以及另一方需要做出何种行动来回应，从而保持对话的延续。在某一个时间点上，如果某个解释被认为是目前最好的解释，那么提出该解释的一方就被认为是暂时的"游戏赢家"（Bex 2011, 147）。在两个相互竞

第3章　评价解释的对话系统

争的解释之间比较，如果其中一个比另一个涵盖了更多的证据，同时与之冲突的证据比与另一个解释冲突的证据更少，那么应当判定该解释优于另一个解释（Bex 2011, 148）。用于判断何时一个解释优于另一个解释的标准，提供了回答以下问题的衡量因素："当前的故事在何种程度上盖过了替代性的故事？"（Bex 2011, 149）贝克斯提出了一些法律案例，来解释这种混合式理论如何应用于真实案例。

贝克斯和沃尔顿合写的一篇文章（Bex and Walton 2012）拓展了混合式理论。文中使用了一个民事案例和两个刑事案例，来展示通过比较案件双方的故事，从而做出证据推理。对于本书的写作目的而言，这些案例所具有的最重要的特征是，它们使用了最佳解释推论，作为权衡审判中的故事的核心论证形式。为了评价这些案例中的论证，这种模型援引了证明标准规则与证明责任规则。在这里，我们使用这篇文章中的两个案例，来展示混合式理论是如何结合论证与解释的，同时也借此表明：可以建构出一种形式化的对话模型，将提出基于证据之论证的言语行为，与寻求解释性问题的言语行为结合在一起。

在安德森诉格里芬案件中（*Anderson v. Griffin*，397 F. 3d 515）(Bex and Walton 2012, 120-121)，一辆牵引式卡车行驶在州际高速公路上的时候，它的传动轴断裂了，从而使制动连接断开。公路上的碎片被激起，击中了后面的一辆敞篷小型载货卡车。两辆卡车碰撞在一起。小卡车后面驶来的一辆小汽车又撞在这两辆卡车上，使汽车内的两人受伤。原告（汽车内的两名伤者）起诉了那辆牵引式卡车的经销商，因为其对这辆卡车有维护之责。原告和被告都提出了一个故事，来支持他们各自的案件。根据原告提出的故事（Bex and Walton 2012, 120），在三个星期之前，拥有这辆卡车的公司曾注意到传动轴处变松，要求经销商将其拧紧。但是经销商未能将其中一个连接处拧紧，因此才导致了传动轴断裂。这个故事得到了经销商的记录的支持。根据被告提出的故事，卡车悬挂的锁链激起的碎片，可能是碰撞的原因。

图3.3展示了这两个故事之间有竞争关系，而且支持或攻击这两个故事的论证是建立在本案的证据基础上。关于图中节点的用法，请

论证评价与证据

参见图1.5。这两个故事分别提供了为何传动轴会断裂的解释。我们用圆拐角的文本框表示这两个故事，用开放式箭头连接它们。这个图表的绘制方式与图1.5相仿。第一个故事列在图表的顶部，第二个故事列在中间和右侧。第二个故事与第一个故事共享了某些部分。论证被表示在方形拐角的节点（文本框）内，用封闭的实箭头连接至另一个节点或线段上。实箭头代表了证据性（论证性）的联系。圆圈节点表示论证。在有的地方，论证是支持故事中的某个要素；但在其他地方，论证是支持故事中一个要素与另一个要素之间的连接关系。例如，包含了"卡车经销商记录中的证据"的那个文本框，支持了"卡车经销商没有修好传动轴"这个陈述，而这个陈述是列在图表顶部的那个故事的组成部分。有时论证是支持故事中一个要素与另一个要素之间的连接关系，例如，来自原告方专家的意见证据，支持了"卡车经销商没有修好传动轴"与"传动轴断裂"这两个陈述之间的故事关联。请注意，在刚才所举的例子中，只有将隐含性的前提列明之后，这些论证才能契合论证型式。例如，基于原告方专家意见证据的论证，支持了图3.3顶部故事的一部分，但必须添加以下隐含的前提：原告的证人是一个特定知识领域的专家，该知识领域正是涉及卡车传动轴维修的知识领域。图表偏下侧的论证，支持或攻击了图表中的故事。这些论证既可能支持也可能攻击故事。可以用其他的论证型式塑造这些论证，例如所谓的从类推的论证（argument from analogy）(Brewer 1996)。

原告的故事就是开放式箭头所连接的三个位于顶部的文本框。根据这个故事，传动轴断裂是因为卡车经销商没有恰当地修好它。被告方的故事是开放式箭头所连接的另外几个文本框。该故事声称，传动轴断裂是因为被公路上的碎片撞击。此处我们可以看到故事与论证之间的关系，这些论证建立在本案事实证据的基础上，它们支持或攻击了故事。

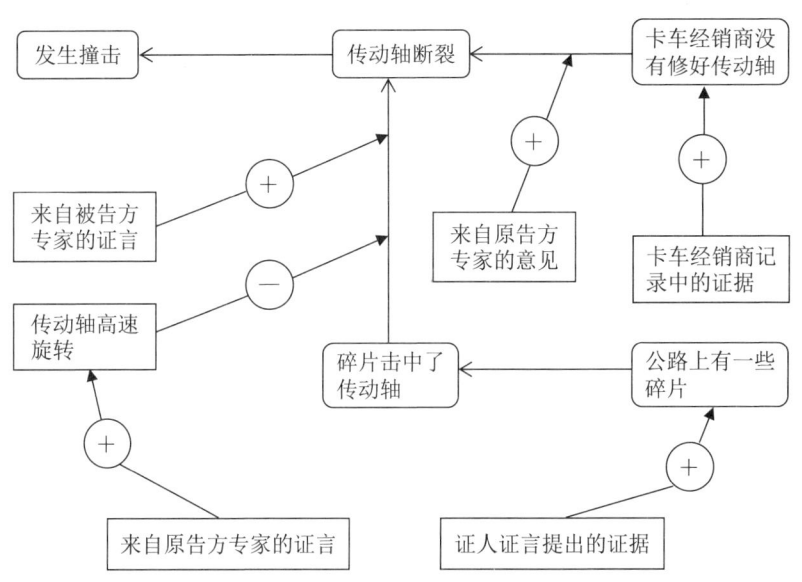

图 3.3　安德森诉格里芬案例中的故事与证据

因为这个案例是一个法律案件，因此存在决定哪些东西可以作为证据的规则，也存在确定证明责任的规则。这是一个民事案件，所适用的证明标准是优势证据标准。这个标准基本上意味着，要将一个论证与另一个论证的证据做权衡比较；如果可以断定一边的论证显著强于另一边的论证，那么较强的论证就胜出。在审判的结束阶段，作为第三方的裁判者（法官或陪审员）将会确定原告方的论证是否满足了证明责任的要求。研究这类法律案件，可以给我们提供许多启发，认识到基于证据的溯因推理是如何被评价的。基本上，在开始阶段就已设定好的整体上的证明责任（burden of proof），或者称为"说服责任"（burden of persuasion），决定了评价方式。在使用陪审团的案件中，法官需要清晰地告知陪审员们，在本案的审理中要适用何种证明标准，而且要向陪审员解释证明标准的适用方式。然后在论辩阶段，即实际的庭审程序中，提出证据的责任（the burden of producing evidence）在诉讼双方之间转换。进入到结束阶段，基于在前两个阶段中发生的

113

事情，会得出对结果的评价。

在本案中，关于提出证据的责任是如何在诉讼双方之间转移的，具体可参见贝克斯与沃尔顿的文章（Bex and Walton 2012, 122）。但是简要地概述这个过程，有助于我们理解本案中故事、论证与证据是如何在三个阶段中互相交织的。在开始阶段，提出证据的责任被转移到被告（即卡车经销商）这一边。除非他能够成功地攻击原告的解释，或者提出一个关于为何发生碰撞的更好的解释，否则陪审员会裁决原告胜诉。而实际上，被告提出了一个替代性的解释，即公路上的碎片击中了传动轴。然后提出证据责任转移到了原告一方。每一次当一方提出某些证据来支持自己的故事，或者对对方的故事提出了破坏性的问题时，提出证据的责任就会发生转移。本案中，原告又论证说：公路上的碎片以足够的力量击中传动轴，导致传动轴断裂，是非常不可能的，因为传动轴当时以高速旋转（每秒 27 转）。在审判的结束阶段，陪审团裁决原告胜诉，这显然是因为他们在评议后得出结论认为：原告的解释明显比被告的解释好。这也就意味着，在权衡比较了诉讼双方的论证之后，他们认为原告满足了优势证据标准。

第二个案例是美国诉比尔德案（*US v. Beard*，354 F. 3d 691–Court of Appeals, 7th Circuit 2004）。被告人约翰·比尔德被指控在购买毒品的过程中非法携带枪支。比尔德被定罪后，他提起了上诉。在这个案件中，警察正在监视一个停车场，有两辆车并排停在一起。案件的基本事实如下（Bex and Walton 2012, 126）：

> 比尔德从其中一辆车中走了出来，进入另外一辆车，在里面待了几分钟，然后又返回第一辆车。随后两辆车离开了停车场。警察拦下了两辆车。在比尔德的车中，警察从后排座椅背后的一个隐蔽的小隔间里发现了毒品，从前排座椅中间的储物盒里发现了一把装有子弹的大口径短筒手枪，枪上盖了一些纸。在另一辆车中，警察发现了现金。比尔德并非其所开的车的车主。他是在八个月前从车主那里借来了这辆车。从那时开始，有人看到他经

第3章 评价解释的对话系统

常开着这辆车。但是在这段时间里,他不是唯一开这辆车的人。盖在枪上的纸看起来也不是比尔德的。这些纸不属于比尔德。

本案的一个争议事实是,这把枪是否属于比尔德所有。有两种可能的案情。一种可能是,比尔德将这把枪放在了里面;另一种可能是,在过去的八个月中开过这辆车的某个人把枪放在了里面。上面所引述的这段话表明,其他某个借用这辆车的人将一把装有子弹的枪放在储物盒里,然后用一些纸盖着这把枪,这个假设的可能性不是太高。从法庭记录中摘录的一段文字(见下文)也表明,其他的某个人将一把枪藏在汽车储物盒里然后忘掉了这个事情,看起来不太可信。在上诉程序中,比尔德的律师没有提出一个对为何车里有枪支的解释。贝克斯和沃尔顿的文章(Bex and Walton 2012, 129)引述了审判记录中的内容(由波斯纳法官所写),表明了为什么律师没有提出一个解释。

> 律师可能认为,既然由政府一方承担证明责任,而比尔德享有拒绝作证的特权(他实际上也没有作证),所以没有提供给陪审团一个针对政府方解释的替代性解释,来说明这把枪是谁的,这无关紧要。

法庭的这一理解非常值得引述。它说明,评价此类案件中的论证,需要考虑竞争性解释;如果存在某个竞争性解释的话,那么对论证的评价就取决于对该替代性解释之可信性的评价。但问题在于,本案的辩方未能提出一个关于本案事实的替代性解释,并合理地搜寻证据以支持该解释。仅仅在控方陈述的案情中刺出几个漏洞是不够的,辩方还需要提出一个竞争性的解释,且其可信程度至少足以提出针对控方解释的合理怀疑。辩方没有做到这一点,因此在上诉审程序中败诉了。

没有人假定这把枪属于车主所有——即他将一把装有子弹的枪藏在储物盒,然后将这辆车借给了比尔德。因此本案中仅有两个可能的事实解释。一个解释是比尔德将枪放在了那里,另一个解释是某个从

论证评价与证据

比尔德处借了车的人将枪放在那里。从法庭记录中摘录的以下评论比较了这两种解释［转引自贝克斯和沃尔顿的文章（Bex and Walton 2012，128-129）］：

> 既然除了比尔德之外还有其他人在比尔德占有这辆车的八个月期间使用了这辆车，那么我们可以想到或许是其他的某个使用者放置了这把枪。但这是非常不可能的。这意味着，某个从比尔德处借用了这辆车的人，将一把装有子弹的枪放在储物盒里，用纸盖住它，然后——不可思议的是，竟然忘记了它！这是可能的，但这种可能性不会大到强迫一个理性的陪审员开释比尔德。

辩方的问题在于，他们没有提供证据以支持这一替代性故事，因此控方的论证尽管有些薄弱，却足以胜诉。别人从比尔德处借了车，放了枪在那里，然后忘记这件事，这是有可能的，但是可能性不太大，而且没有进一步的细节证实该故事。

基本上，控方的论证可以被归纳如下（Bex and Walton 2012，126）：

前提1：这把枪被带到了一场毒品交易过程中。
前提2：交易毒品的人在交易过程中会带着枪，为的是在其交易中保持威慑，或者是因为他们感到需要保护自己。
结　论：可以合理地认为这把枪是比尔德的。

前提2是一个概括（generalization），它显然是基于以前的案例，这些案例告诉了我们毒贩和吸毒者通常是如何交易的。这个概括表明，交易毒品的人在交易过程中有理由持枪，从这个中间的结论可以推出，通常他们都会在其毒品交易过程中携带枪支。这些假定表明了最后的结论，即比尔德将枪带到了毒品交易中，而且藏在汽车的储物盒中。相反的论证看起来不存在。

没有间接证据（circumstantial evidence）表明这把枪属于比尔德。毋宁说，支持控方论证的证据，是关于毒品交易中通常会发生何事的

第 3 章 评价解释的对话系统

常识。那么，陪审团为何能够据此认定，比尔德持枪参与毒品交易达到了刑事法中的排除合理怀疑标准，因此比尔德有罪？回答这一问题的最好方法，是将法庭所使用的推理塑造成一个最佳解释推论的例子（Bex and Walton 2012, 15-16）：

> 需要在关于本案事实的两个解释之间做选择。需要解释的是，这把枪为何会被放在汽车座椅边的储物盒里。对此存在三个解释。一个解释是，这把枪属于车主，他将车借给比尔德时就将枪放在了那里。这个解释被法庭排除了。我们不知法庭为何会排除，或许是因为车主没有犯罪记录，而且与毒品交易没有任何瓜葛。第二个解释是，比尔德将枪放在了汽车储物盒里，因为他想在一场毒品交易中保持威慑，或者保护自己。这看起来是一个非常可信的解释，因为在前面的审判中，比尔德被法庭认定参与了毒品交易，而且以前的案例告诉了我们一些关于毒贩如何开展交易的常识。

法庭也考虑了第三个解释，即在这八个月期间使用了这辆车的某个人，将枪放在了储物盒中（Bex and Walton 2012, 16）。这一解释存在的问题是，某人将枪放在那里，用纸盖住枪，但后来又忘记了，这非常不可信。所以，根据贝克斯和沃尔顿对本案论证的详细分析，法庭最后得出裁决是根据以下方法：评价和比较这三个解释，然后基于最佳解释推论而得出一个结论。我们可以继续追问：在证据较为薄弱的情况下，法庭何以能够得出有罪的结论，认为该结论达到了排除合理怀疑的程度？然而从一个规范性的视角来看，很清楚的一点是，法庭借以得出结论的推理之结构，可以被看作是最佳解释推论的一个例子。

在最后，需要加一点评论。我们应当注意到，其中的两个解释最好是被塑造为依赖于从常识中得出的隐含性假定的故事。比尔德将枪放在储物盒中这个故事，可以被分析成一个实践推理的论证型式事例。其中假定了比尔德有在一个危险环境中保护自己的目标，既然这个目标可以通过携带一把枪来实现，那么比尔德将枪放在了储物盒中这个猜想之可信性，就得到了支持。这一实践推理论证，是基于以下可信的概括：毒品交易者会将枪带到交易过程中，以保持威慑，从而保护自己。这个概括转而得到了关于毒品交易过程之常识知识的支持。当这些隐含性前提被陈述出来，代入论证的实践推理结构之中时，比尔德将枪放在了那里这个故事就变得非常可信。另一方面，其他某个人放了那把枪而且用纸盖住它，随后又忘记了，这个故事就不太可信。将这个故事评价为不可信的理由，随着我们将一些隐含性前提补充到论证脉络中而浮现出来。其中一个隐含性前提是，某人将一把枪遗忘在汽车中的可能性很小，因为枪支是一种非常重要的、不可能被人轻易遗忘的物品。

3.5 混合解释系统

第三个问题是，解释系统如何处理图 3.2 中所显示的失败循环问题——这种循环是解释系统中会遇到的典型对话序列。当检查性对话一直无法成功，使两个主体被陷在循环圈内的时候，这种失败就发生了。在这种情况下，每当转回到解释性对话时，该解释性对话仍然会失败。双方主体如何能够打破这种失败循环？为了找到解决这个问题的方法，我们需要考虑这个双重的对话转换（即从解释性对话转换到检查性对话然后再转回来），而且要为原来的解释性对话提供一个成功标准，该标准可以通过干预性检查对话的成功而满足。

图 3.2 中显示的失败循环问题（即 {3, 4, 5, 10, 11, 3}），发生在检查性对话环节无法成功的时候（即该序列的序号 11 处）。此处应当发生什么呢？例如，在关于煤的科学教学对话中，假设学生尽其所能检查了教师提供的解释，教师也尽其所能回答了学生的问题，但是检查性对话未能使所提出的解释通过。学生没有信服老师的解释经受住了批评性的检验，因此得出结论说老师并不真正地知道他所言之事。老师认为学生没有在其检查环节提出正确的问题，因此仍然没有理解老师的解释如何解决了被问询的反常之处。或许不断地重启检查性对

第 3 章 评价解释的对话系统

话,最终会取得成功;但是此处需要做出一些导致结束的行动,从而解决如何表述解释对话之后置条件规则的问题(3.4 节尚未完成这一任务)。

解决这个问题的途径就是更全面、详细地表述检查性对话(该检查性对话包含在一个解释性对话之中)的结束条件。斯克里文的检验所采取的标准是,接收解释者必须已证明其有能力回答新的问题,但是现在我们需要对这个检验标准进行补充。为了让检查性对话足够好,从而在转换前能够结束,双方必须都表现得足够好。接收解释的一方需要提出正确的问题,表明自己很好地理解了解释,从而批判性地探究了该解释;解释者需要足够好地回应质询,从而表明自己真正地理解所言之事。邓恩等人(Dunne et al. 2005)以及沃尔顿(Walton 2006)用设计的案例说明了这些条件何时能够被满足。然而在真实的案例中,通常有成本、环境所施加的实践性限制约束着这个过程。

我们可以将一场解释性对话的结构拆分成十四个典型的、最终导向解释性对话之结束的小阶段,从而描述这种解决路径。在阶段 4 之前,是一个单一的序列;在此之后需要做出选择,该序列分成了两个分支。一场解释性对话可以采取两种方式终结,取决于选择哪一个分支路径。

1. 解释者提出了某个阐述,即一个关于事件的连贯故事。
2. 接收方发现了该阐述中的一个反常之处,然后假定解释者理解和能够解释该处。
3. 接收方请求对反常之处做出解释,解释者尝试提出一个解释作为回应。
4. 接收方或者对该解释满意,或者对该解释不满意。任何一个选择都会导致对话的持续。
5. 如果接收方不满意,他可以针对该阐述提出进一步的问题。
6. 这个选择导致了解释性对话的持续,在其中解释者被接收方询问。

7. 如果接收方满意，解释者可以提出进一步的问题，检验接收方是否真正理解了阐述。

　　8. 这个选择导致转向一个检查性环节，在其中接收方被解释者询问。

　　9. 如果解释没有通过检验，最初的解释性对话即结束。

　　10. 如果检查性对话成功了，对话就转回到解释性对话之中。

　　11. 达成理解这一结果，现在可以回到最初的解释性对话之中予以处理。

　　12. 如果经过了检查性对话而达成的理解，足以构成最初的解释性对话所要求的那种理解的传递，该解释就成功了。

　　13. 如果所达成的理解，不足以构成最初的解释性对话所要求的那种理解的传递，该解释就未成功。

　　14. 现在最初的解释性对话结束。

　　根据这种描述解释性对话步骤的方式，解释中的双方都需要通过对话中的检验。双方都需要足够好地推进对话，才能达成双方之间理解的传递。解释者的阐述需要经受审查，而接收方做出的这种审查需要表明他理解了该阐述的内容、阐述中的隐含性要素以及这些隐含性要素如何与明确陈述的要素相契合。另外，双方需要证明他们能够通过询问和回答关于阐述中的弱点的探究性问题，而批判性地评价该阐述。解释系统包含了斯克里文的检验标准的改良版本，它将双方的表现都纳入考量。

　　对3.4节和3.5节提出的三个问题的解决，使我们有可能建构出一个关于解释的混合式对话系统，该系统能满足上文所设定的要求。到目前为止我们所提出的解释对话系统看起来很简单，在某种意义上这正是它应当的面貌。例如，假设在一个课堂学教学环境中，老师向学生提出了一个解释。如果学生能够理解所提出的解释，那么老师的尝试解释行为就取得了成功。如果学生不理解，解释就尚未成功，老师有义务以某种方式重新表述或更详细地阐述解释。另一方面，即使

第3章 评价解释的对话系统

是这个显然很简单的例子，也包含了一些对话意义。为了让这场交流变成一个合作学习的案例，学生可以通过指出他们所不理解的、该解释中的一些具体部分，而向老师做出反馈。例如，学生可以说，他不理解解释中的某个术语或概念。或者学生可以争辩说，这个解释不太符合他们对类似情境的理解——这些情境与老师所解释的事件很相似，学生们对这些情境更加熟悉。换言之，在这种情形中，继续推进对话的责任转移到了老师这一边；老师应当阐述清楚他先前的解释，采取学生更易接受和更熟悉的术语重新表述。

换言之，仅仅根据接收方是否理解了或是否声称自己理解了解释者提出的解释，来判定这个尝试解释的行为是否成功，过于简单化了。如果解释失败了，责任不总是在解释者这边。接收方应当有权要求解释者继续开展对话。在此时接收方需要做的，是做出两种行动（言语行为）来推进对话。如果接收方能够指出导致该解释未被他理解的一些具体的方面，那么将会有助于对话的开展。导致他不理解该解释的原因有很多。原因可能是接收方发现了解释中的明显不一致之处，可能是接收方发现了解释中的一些缺口，可能是解释中的某些地方不符合接收方关于事件序列的既有知识。如果双方能够聚焦于这样一些具体的困难之处，就会以恰当的方式推进对话，可能产生一个更为成功的解释，即更可信、更易于理解、细节更充实的解释。否则就会走向相反的方向。

在溯因推理的案例中，这些问题变得更加复杂，因为在这样的案例中论证与解释被交织、结合在一起。为了建构一个形式化的对话模型来表示这类案例（例如在本书前两章讨论过的那些最佳解释推论案例），对话中不仅应当包含呈现为解释形式的行动，而且应当包含呈现为论证形式的行动。这意味着，此处所提出的解释系统，应当与一个或多个标准的论证模型相结合——这些论证模型已经在研究论证的文献中被作为核心，包括说服性对话、审议性对话、谈判和其他使用论证的语境中的论证模型。正是因为这个原因，我们需要引入和适用混合式的理论。作为一种模式，这种理论最大的优点就在于，它能够在诸如前两章的那些包含溯因推理的案例中显示为何论证与解释要被结合在一起，才能互相提供支持。

尤其是，混合式系统的图示有一种形式化的对话结构，该结构允许我们将论证与解释结合在一起。混合式系统最强大的功能之一是它提供了一个形式框架来评价解释之强弱，其中最重要的标准是：能否给出一个得到证据支持的解释。一般情况下，混合式系统所设定的规则是：当你在比较两个对同一组事实的解释时，判断哪个解释更好的主要决定因素是，哪个解释建立在被证据支持的最强论证之上。这里所谓的证据包括案中的相关事实和适用于这些事实的推论规则。这些规则经常是基于常识性概括的可废止论证——这些概括描述了根据适用于本案的常识性知识，事情通常可被期待的发生方式。

一个混合式的系统不仅要求一个解释对话系统——相当于一个解释系统附带一套规则，这些规则用于确定任何一方如何提出解释要求、另一方需要如何回应。一个表示溯因推理、能一般性地允许批评者判断某个解释是否优于另一个解释的混合式系统，还应当包含一套决定以下问题的规则：接收方能够且应当如何通过对抗性的论证，来质询、批评甚至攻击他认为某个解释中不够清楚的任何一个部分，从而回应解释者提出的任何一个解释。

换言之，所需要的是这样一些规则，它们与说服性对话中要求的证明责任规则相仿，确定了哪一方负有责任，通过做出某种具体的行动来恰当地回应已经给出的解释，从而使对话持续。接收方不必简单地接受一个解释，但另一方面他也不能简单地以自己不理解为由而拒绝一个解释。更好的方案是，他负有一项义务，通过指出他未能理解的具体部分，来推进对话；或者更好地说来，他应当给出某些关于他为何不理解的理由。如果我们能够为包含了论证和解释的对话提供规则，这些规则约束着双方主体之间的这种交互行动，那么我们就会获得一种形式化的对话系统，这种系统要远远强于任何一种简单的解释对话模型——这种模型没有将对抗性论证和基于论证的批判性问题纳入考量。因此，很显然，我们需要一种混合式的系统，这种系统应当

第3章 评价解释的对话系统

足以提供一个框架和一套规则,用于通过论证来支持和攻击解释。

汉布林(Hamblin 1970, 265-276)建构了一个所谓的"附带问题的'为什么-因为'系统"(Why-Because System with Questions),用来塑造两个交流主体(分别表示为白子和黑子)之间的论证。按照习惯,白子做出第一个行动,然后黑子和白子交互做出行动——这些行动中包含了汉布林所谓的"语言表达"(locutions),但在今天被称作"言语行为"(speech acts)。所使用的语言是命题演算(propositional calculus)的语言,在每一个行动上某个主体可以通过给出陈述而提出一个主张(Hamblin 1970, 265)。每当一个主体做出某种被对话规则允许的行动的时候,陈述要么是被插入到其承诺集(commitment set)中,要么是从其承诺集中被删除。一个承诺集就是一个库,它在对话的过程中被记忆,随着每一个行动的做出而更新。

在这种对话中的一系列言语行为如下所述。变量 A、B、C 等代表陈述。断言,或者说做出一个陈述,是一种可以在这种对话中的一个行动中做出的言语行为。例如,如果黑子断言雪是白的,那么"雪是白的"这个命题就被插入黑子的承诺集中。一项断言被界定为:一种包含了一个陈述的言语行为,某个主体在对话中的一个行动中提出了这个陈述。做出一个断言的言语行为,包含了三个要素:(1)它被归属于做出断言之人;(2)它包含了一个陈述;(3)它使断言者承诺了该陈述。当一个主体断言了一个陈述的时候,这个陈述就进入了他的承诺集。以下四种言语行为,都被允许在行动中做出。另一种言语行为是提出问题。一种尤为重要的问题是所谓的"为什么"问题,在"附带问题的'为什么-因为'系统"中,这种问题基本上指的是:要求给出一个论证,来支持一个主张。

断言(Assertion):"断言 A",指的是提出陈述 A 这一言语行为。

撤回(Retraction):"无承诺 A",指的是撤回陈述 A 这个言语行为,假定该主体先前曾承诺了。

"是-否"问题(Yes-No Question):问题"A, B, C……?",表

示询问听者是否接受陈述 A，B，C……为真的言语行为。

"为什么"问题（Why-Question）："为什么 A?"指的是请求另一个主体提供一个论证，以给出接受 A 的理由。

汉布林（Hamblin 1970, 166）还考虑到，可以将一个证明责任规则添加到系统中：如果主体 a1 问主体 a2"为什么 A?"，而且 a2 曾承诺了 A；那么 a2 必须要么提出一个对 A 的论证，要么撤回其对 A 的承诺。

在自然语言对话中，提出一个"为什么"问题可能是不明确的。提出这一问题，可能是请求说话的人对其先前的主张进行证成，因此使证明责任规则开始发挥作用，但是也可能是请求给出一个解释。在"附带问题的'为什么-因为'系统"中，汉布林将"为什么"问题界定为：请求给出论证，以支持某个主张。因为在那里，汉布林所关注的不是解释。但是我们可以基于汉布林的对话框架，来建构一个解释性对话系统，即用于塑造解释的对话系统。如此一来，提出"为什么"问题的言语行为，在解释系统中就是指：一方请求另一方提供一个对某事——前者声称自己不理解此事——的解释。与上述言语行为列表类似，我们还应当针对每一种行动提供一套前提条件规则，以及一套后置条件规则。前者设定了在什么条件下，一个主体可被允许做出一个特定种类的行动；后者规定了另一个主体可被允许做出何种回应。

参与者通常遵循以下顺序。接收方做出第一个行动，请求给出解释；然后解释者得到一个回应机会，可以给出解释。如果解释者提供了一个解释，接收方可以简单地接受它，回答说"我理解"。如果他回答说自己不理解，他可以就此继续询问进一步的问题。当询问的程序穷尽之后，对话就终结。此处我们结合了这两种系统，来创造一个新的混合式系统（我们称为"为什么2"系统）。这个新系统的主要特征是，它包含了两类"为什么"问题：一类是请求提供论证，另一类是请求提供解释。

第 3 章 评价解释的对话系统

以下是新系统中的六种特别重要的言语行为，借鉴自解释系统中的基本言语行为（参见 3.3 节）。

断言（Assertion）：做出一个陈述（例如 A，B，C……），是一个被允许的言语行为；给出一个具有真值功能的词汇要素，也是被允许的。

事实问题（Factual Question）：提出问题"A?"，表示询问"A 是真的吗?"

请求论证（Argument Request）：做出一个言语行为"为什么 1 A"，表示向解释者提出了一个请求，让其提供一个支持 A 的论证。

请求解释（Explanation Request）：做出一个言语行为"为什么 2 A"，表示向解释者提出了一个请求，让其提供对于 A 的理解。

尝试解释（Explanation Attempt）：a1 对先前的解释请求做出一个回应，意图将对 A 的理解传递给 a2。

我们需要将这些结合了论证与解释的言语行为，放进一个形式化的混合式对话系统中，然后就可以用于分析结合了论证与解释的文本。

沃尔顿（Walton 2004）的溯因推理理论采取了类似的路径，即将解释的过程视作一个联合了两种或者更多种对话的程序。例如，一种典型的情况是，在一场说服性对话中，双方都提出了一些论证，以解决意见冲突；在这些论证中，许多采取了溯因推理的形式——溯因推理本身被当作论证的一个种类。随后，为了评价说服性对话中包含的论证，需要做一些比较，来确定两个竞争性解释中哪一个更优。或者可以援引另一种典型的例子。一方可能争辩说，另一方提供的某个解释本身很弱，因为它包含了一些缺口或者不一致之处。然后另一方为了捍卫其解释，会尽力填补缺口或者论述说，表面上的不一致之处实际上没有真正的矛盾。普遍的问题是，如何塑造在论证文献中指出的那些对话类型（例如说服性对话、调查性对话、审议、谈判等）中的证据情形。很显然，需要迈出的第一步是，认识到解释本身就涉及某种特别的对话，在其中解释的责任（a burden of explanation）在解释者

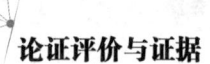

和接收者之间来回转移——例如,当接收者批评解释者所提出的解释,以及解释者有机会回应这些批评的时候。

3.6 转向检查性对话

斯克里文的以下论述(Scriven 1972, 32),提出了另外一种检验对话中的解释是否成功的标准:

> 我们如何检验一个主体对某个理论的理解?我们要提问主体关于该理解的一些问题,一些特殊种类的问题。这些问题不能仅仅是检验主体对明确表达过的信息的获取(这仅仅能够检验知识,例如知道时间、知道宇宙的年龄等),这些问题还必须检验主体回答新问题的能力。

根据上述论述,我们可以将斯克里文的检验标准表述为:判断一个解释是否成功,要根据接收解释者是否有能力回答新的问题;可以通过延续对话,向接收解释者提出探究性的问题,来判断这种能力。

如果我们采用斯克里文的解释成功检验标准,就需要修改 CE 的结束规则。接收者需要表现出真正的理解,而不仅仅是声称自己理解。但是如何判定所谓的"真正的理解"?如何使用某种方法来实施斯克里文的检验标准,从而向我们指出,什么时候取得了真正的理解,以及该解释可以被判断为已成功?此处我们提倡使用所谓的"检查性对话"(examination dialogue)。检查性对话被插入到最初的解释性对话中,使对话持续,同时检验在解释性对话中提出和接受的解释是否成功。

亚里士多德在《辩谬篇》(*On Sophistical Refutations*, Aristotle 1928, 165b4–165b6)中界定了检查性对话(对应的希腊文为"*perastikoi logoi*"),认为它由一系列问题和回答构成,这些问题和回答旨在检验回答者关于知识的主张。这样一场对话是"基于回答者所持有的意见,主张主体的知识涉及其中的人,也必然知道这些意见"。在亚里士多德

第3章 评价解释的对话系统

看来（《辩谬篇》172a33），这种对话的目的是"试图检验那些宣称拥有知识的人"。在柏拉图撰写的对话中，苏格拉底对检查技巧的应用提供了很经典的例子。律师们非常熟悉如何在审判中运用检查技巧，例如质询一位专家证人。但是我们也需要在日常生活的实践事务中运用检查技巧。例如，当你与一位医生或者其他领域的专家交流，以从他们那里获得关于未来行为的建议时，就会发生这种对话。

沃尔顿曾分析了检查性对话的结构（Walton 2006）。该分析指出，检查性对话有两个目标：提取信息和检验该信息的可靠性。第一个目标通过以下方法实现：询问问题，从回答者那里得到信息；借助一个解释性功能（exegetical function），从而获得对回答者所表达的意思的清晰阐释。检验可靠性的目标通过以下方法实现：进行批判性论证，从而判断所引出的信息是否可靠。为了实现这一目标，在检验该信息的时候，可以比对回答者的其他陈述、本案中的已知事实和其他被认为真实的信息。根据沃尔顿的论述（Walton 1996），这种对话在基于专家意见的论证中是非常突出的，无论是在法律语境中还是法律之外的语境中。在人工智能的专家系统中设定质询与回答的对话系统时，这种对话也具有核心地位。所研究的案例包括对宗教、哲学文本的解释性分析与批评，以及在法庭审判中进行的询问与交叉询问。

邓恩等人（Dunne et al. 2005）建构了一个形式化的检查性对话模型，在其中一方（称作"询问者"）从另一方（称作"回答者"）引出陈述。询问者的目的是，揭示回答者对于正在讨论的某个主题的态度。询问者可能会获得关于回答者对该主题之理解的信息，也可能会暴露回答者态度中的不一致之处。邓恩等人的系统旨在塑造这样一种过程，在其中一个主体审查另一个主体的态度，从而暴露其内在的不融洽之处。如果检查的一方表明了回答者所抱持的态度中存在不一致，那么检查的一方就成功实现了目标。如果被询问的一方回答说他否定某个命题，或者对该命题不信奉；但是随后检查的一方通过先前的回答或者通过已经在本案中被接受的证据表明，被询问的一方已经表达过对该命题的信奉，那么就发现了不一致之处。根据他们的概念

论证评价与证据

分类，检查性对话被包含在信息查询对话（information-seeking dialogue）之中，而且在有些情况下，检查性对话也被视作说服性对话（persuasion dialogue）的前奏（Dunne et al. 2005, 1560）。进一步的研究表明（Bench-Capon et al. 2008），检查性对话中的承诺，可以使用基于价值的（value-based）论证框架来塑造。

在同一个持续的论证过程中，可能存在对话的转换，即从一种对话到另一种对话的语境转换（Walton and Krabbe 1995）。请考虑这样一个案例，一位承包商与一位房主正在进行一场谈判性对话（negotiation dialogue），是关于在房屋中建造一个混凝土地下室。在这个过程中，承包商首先告知房主，该城市有关于建造地下室的混凝土厚度的规定——这是转换到了解释性对话之中。另一个标准的例子如下（Parsons and Jennings 1997）：两个人有一个共同的意图，即把一幅画挂在墙上。一个人拿着画和锤子，而且他知道另一个人可能到哪里找到一个钉子。他们开展了一个审议性对话，但是无法就谁应当做哪个任务达成一致。然后他们转换到一个谈判性对话中，一个人提议说，如果另一个人去拿钉子，他就负责挂画。在日常的交流过程中，可能存在许多诸如此类的对话转换。在某些情况下，新的对话会促使先前的对话获得成功。这种情况可以被看作将一个对话功能性地嵌入（functional embedding）另一个对话之中。在另一种情况下，一个对话中断了另一个对话，但是这样不会导致严重的问题，因为当第二个对话结束后，第一个对话很容易被恢复。然而在某些情况下，第二个对话的出现，阻碍了第一场对话的进行；或者说严重地打断了它，构成了对其进程的严重阻碍。这些情况可以被看作是不当的对话转换（illicit dialectical shifts）（Walton and Krabbe 1995）。但是，邓恩等人（Dunne et al. 2005）注意到，在检查性对话中发生的从信息查询对话向说服性对话的转换，是一种非常典型和重要的嵌入式转换。

沃尔顿的论述（Walton 2006）表明，检查性对话可以分成两个基本的种类，可以使用希腊哲学中的词汇指称这两类。格思里（Guthrie 1981, 155）也区分了这两类检查性对话。第一类是派阿斯蒂克讨论

(peirastic discussion),可以界定为"检验或探查"(testing or probing);第二类是埃克塞阿斯蒂克讨论(exetastic discussion),可以界定为"批判式检查"(examining critically)。格思里认为,这两类检查之间的区分是亚里士多德用于检验和调查的对话讨论方法的一个基本要素(Guthrie 1981, 155)。

在派阿斯蒂克类型的讨论中,目标仅仅是基于可以在对话语境中使用的证据,获得一个代表回答者所主张的内容的陈述。在这类对话中,一个主体通过解释和重构另一个主体所说的内容而尽力弄懂他所说的内容。埃克塞阿斯蒂克类型的讨论更具有论辩性质。提问者要探究回答者的阐述之中的薄弱之处,提出批判性的问题,甚至要质询该阐述中的陈述和隐含性假定。这一过程的目的是暴露不可信的陈述、内在的不一致、逻辑上的弱点以及阐述中的缺口。两类检查性对话都可以被用于检验一个解释,但是第二类是更严格的检验程序。

一场解释性对话的目的,是将一个主体的理解传递给另一个主体。这个目的界定了在这类对话中,一个尝试解释的行为要获得成功意味着什么。我们假定,当两个主体同意开展一场解释性对话的时候,他们都接受了这个目标,作为对话之开始阶段的组成部分。这说明双方都愿意实现理解的传递,而且他们会合作,共同遵循对话的规则。一场检查性对话的一般性目标,却不同于解释性对话。检查性对话的两个目标是:从回答者那里引出信息,以及检验该信息的可靠性。检查性对话要比解释性对话有更多的对抗性色彩。检查者使用一些问题来检验从回答者那里引出的信息之可靠性。为了进行这一检验,提问者可以使用的一种方法是,尽力让回答者承认某个不一致之处,或者让说明他所做的某个陈述不可靠。这些行动或许会让回答者显得愚蠢,或者会表明回答者在撒谎。因此检查性对话有时会表现出明显的侵犯性,甚至可能会表现出敌意。有些情况下,检查性对话甚至会转换成审问性对话(interrogation dialogue),这是一种导向不同目标的、更具对抗性的对话类型(Walton 2003)。

论证评价与证据

解释性对话的一个很有意思、需要研究的方面是，在有些情形中对话走错了方向，参与者表明他们的意图不佳，或者不具有合作性。这包含了如下情形：一方意图误导另一方，向后者提出了一个虚假的解释，或者让后者接受了一个不充分的解释。还包含以下情形：一方打算恶意地浪费另一方的时间与精力，因而态度善变、行为反复。在将解释模型运用于计算机系统时，也可能会发生这类问题。即使人们尽力去创造一个完善的计算机系统，但是该系统中总是会包含漏洞；从中立观察者的角度看，这些漏洞是非理性的，甚至像是恶意的。还有一些情形中，装作是解释的东西，可能实际上发挥了另一种对话的功能。

因为这些原因，检验性对话能够提供一种检验手段，用来判断是否在一场解释性对话中真正实现了理解的传递。如果接收者企图让解释者相信已经实现了理解的传递，而实际上并没有，那么解释者就可以转向一个检查性对话，通过对解释进行探查，使解释的失败暴露。另一方面，如果解释者企图误导、迷惑、搪塞甚至是胁迫接收者，而不是传递理解，那么接收方就可以批判性地探查所提供的解释，暴露其中的弱点和问题，甚至是表明它只是一个骗局。因此，现在我们所考虑的是：应当如何通过转向一个检查性对话的方式，来检验一个解释是否成功。

我们需要仔细地区分一个解释（explanation）和一个说明（clarification）——它们是两种不同的对话（Walton 2007b）。解释和说明都涉及在对话中从一个主体到另一个主体传递理解；但是解释可以是针对一个事件，或者任何一种反常之处。说明性的对话发生于当一个主体在对话中做出了某个行动（言语行动或言语行为），而另一个主体觉得其中有不清晰之处的时候。第二个主体在接下来的行动中，宣称他不理解第一个主体所说的；然后他请求第一个主体提供某种理解，以消除模糊之处。一场说明性对话的目的，是让某人觉得不清楚、模糊之处变得清晰。消除模糊性是一种对理解的传递，但是还存在其他种类的理解传递。给出一个解释是为了回应所观察到的反常之处；而给出一个说明，是为了回应一个模糊之处。另一个不同之处是，解释起源于一个阐述，通常是某个对事件的报告；而说明起源于在一场对话中先前出现的信息。施兰根（Schlangen 2004, 137）很好地指出了这一点。他论述说，说明的例子之共性在于，与通常的问题不同，它们"一般不是关于世界的状态，而是关于先前表达中的某些方面"。我们需要进一步给出一些例子，展示解释与说明的差异。这些事项将包含在下一节进一步研究的问题中。

我们可以提出一个异议。请想象这样一个例子：一位讲授科学课程的老师，他各方面都非常优秀，但是他的知识库中包含了许多错误。他的学生的知识不会比他更好，学生们接受了他的解释。我们还可以假定：当老师检查学生时，学生们很好地回答了问题，表明他们理解了老师提出的解释。考虑这个案例后，我们可以提出以下反对意见：上述解释系统在确定解释成功的标准时，过于取决于接受者的情况（explainee-relative）。这个反对意见说明了，一个解释要成为一个好的解释，除了符合上述成功条件（success conditions）之外，还应当满足真理条件（truth conditions）。解决这一问题的一个方法是，在必要的时候，从解释性对话转向埃克塞阿斯蒂克类型的检查性对话。在这种对话中，可以提出以下问题：所提出的解释中的陈述是否真实？或者说在事实上准确？一个埃克塞阿斯蒂克对话，就像一个锚定叙事一样，是论辩性的。它批判性地探查一个阐述中的薄弱之处，它要求对所做出的主张提供正当理由（即支持性的论证）。例如，在一个科学解释中，这种检验程序包含了考虑所争论的解释是否符合现有数据——这包括使用实验结果来检验解释。

3.7　如何确定最佳解释

本节提出一种方法，用于比较性地评价两个竞争性解释，以确定哪一个解释更佳。评价的方法是，基于一个对话，将每一个解释视作一个契合案件事实以及对话参与者所共享的常识的故事，来判断它有多么的可信。这套已被接受的命题（承诺），在开始阶段就被设定在知识库中，而且随着对话的进行，根据承诺规则做出修改。根据沃尔顿的论述（Walton 2011），可以使用八个标准来判断某个故事相对于另一个故事而言，是一个多好的解释。

1. 它能否很好地帮助提问者弄懂（make sense of）某事。
2. 它是否内部一致。
3. 能否解决所发现的不一致之处。
4. 它是否有事实证据支持。
5. 总体看来该阐述有多么可信。
6. 它能否全面地涵盖相关的事件和行为。
7. 它能否详尽地填补缺口。
8. 它能否经受批判性质询与检查。

在具体的案件中判断上述八个因素，要处在该案件的对话框架之内，根据对话的规则和解释系统的要求进行。

第八个因素所提出的问题，要通过在具体案件中将一个检查性对话嵌入到解释性对话之中来回答。在法庭审判环境下的法律解释中，存在询问和交叉询问规则。在科学解释中，检验的过程包含了对自然数据的紧密审查，以及通过设计和开展实验来检验一个假设。通过解决这些问题，该系统规范建构了一个解释的程序模型，在其中两个主体根据程序性的规则，轮流做出行动。这些规则设定了一种规范性的解释模型，因而任何一个真实的解释案例，都可以根据由对话中的阶段、规则和目标所设定的标准，而被评价为理性或不理性。例如，循环解释的情形可以被评价为不成功，理由是它未能以在解释系统中一个成功的解释所要求那种方式来传递理解。

但是，1.6 节和 1.7 节所描述的关于加拉帕戈斯群岛雀类的案例，说明上述八个衡量某个解释是否优良的标准需要被扩充。桑多瓦尔和赖泽的研究（Sandoval and Reiser 2004, 362）表明，在评价某个解释的时候，需要根据基于脚本的标准，例如：一个解释中的故事能够多么好地凝聚成一个连贯的事件序列。他们还提出这样一个标准：如果一个解释能够关联到一些证据,来支持该解释中的组成部分,那么这个解释应当被评价为更强。另外,伯兰和赖泽(Berland and Reiser 2008,28)指出:建构和捍卫一个科学解释的目标之一,是通过使用源于科学知识库的证据支持该解释,说服别人接受该解释。这些因素非常重要,当我们评价一个解释的价值时,应该将这些因素纳入考量。1.6节和 1.7 节中描述的两份学生解释,很好地例示了这些因素。在这个案例中,给出第一份解释的学生没有很好地使用源于科学证据的具体事实来支撑他们的解释。该解释在多大程度上得到了论证的支持,而这个论证又在多大程度上得到了本案例中学生所引用的科学证据的支持,读者可参阅图 1.4。

这些考量因素表明,应当将两个标准添加到上述八个标准的列表中。这两个标准是:该解释是否得到论证的支持——尤其是当该解释被质疑的时候(第九个标准);该论证是否得到了事实证据的支持(第十个标准)。伯兰和赖泽的研究还提出,应当添加另外两个标准。一个标准是,已经在多大程度上考虑了替代性解释,为什么应拒绝这些替代性解释,而选定当前的解释(第十一个标准)。这个标准特别重要,尤其是考虑到 IBE 的情形,因此此时得出的最终结论意味着,所选定的解释是所有备选解释中最优的一个。伯兰和赖泽所提出的另一个标准是,该解释是否载明了其自身的局限性,即考虑到它是否可能被缺失的数据所削弱(第十二个标准)。这些标准很重要,它们强调了论证与解释之间的关联,展示了为什么论证与解释都需要根据以下因素来评价:支持性的证据以及搜集证据的调查过程是否周延。

概言之,有十二个一般性的标准,它们应当被用于评价一个解释的价值:

1. 它能否很好地帮助提问者弄懂(make sense of)某事。
2. 它是否内部一致。
3. 能否解决所发现的不一致之处。

4. 它是否有事实证据支持。
5. 总体看来该阐述有多么可信。
6. 它能否全面地涵盖相关的事件和行为。
7. 它能否详尽地填补缺口。
8. 它能否经受批判性质询与检查。
9. 该解释是否得到论证的支持。
10. 该论证是否得到事实证据的支持。
11. 已经考虑了哪些替代性解释，为什么它们被拒绝。
12. 该解释是否载明了其自身的局限性，即考虑到它是否可能被缺失的数据所削弱。

当我们对照着被采纳为证据的案件事实，来评价多个解释的比较优势的时候，这些标准结合在一起，为我们提供了一个一般化的比较性评价程序。基于脚本的故事图表（script-based story diagram），被用作塑造故事以及将其与竞争性故事做比较的基础。但除此之外，混合式图表同时展示了脚本和论证，而且还展示了证据——这些证据支持着脚本中的注释和联系，而且攻击了脚本中的弱点。这是展现一个解释之结构的最佳方法。通过这种方法，我们可以获得对以下两个方面的理解：该解释能够在何种程度上凝聚成一个连贯的脚本，以及该解释在多大程度上被论证和案中证据支持或削弱。现在我们可以将已得出的结论，应用到加拉帕戈斯群岛雀类案例上，来展示如何评价其中的两个解释，从而认为一个解释优于另一个解释。第一个解释也不错，但第二个解释更好。我们可以使用图3.4中的混合式论证-解释图表（hybird argument-explanation graphs），来说明为何第二个解释更好。

第 3 章 评价解释的对话系统

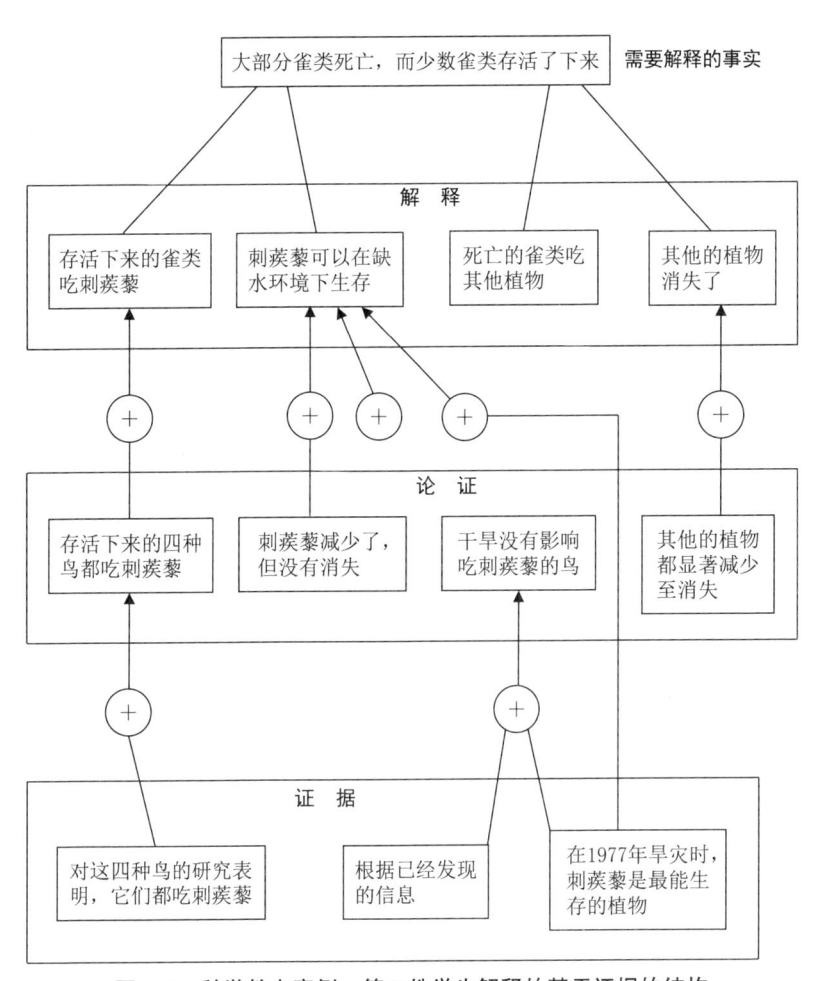

```
需要解释的事实: 大部分雀类死亡,而少数雀类存活了下来

解释:
- 存活下来的雀类吃刺蒺藜
- 刺蒺藜可以在缺水环境下生存
- 死亡的雀类吃其他植物
- 其他的植物消失了

论证:
- 存活下来的四种鸟都吃刺蒺藜
- 刺蒺藜减少了,但没有消失
- 干旱没有影响吃刺蒺藜的鸟
- 其他的植物都显著减少至消失

证据:
- 对这四种鸟的研究表明,它们都吃刺蒺藜
- 根据已经发现的信息
- 在1977年旱灾时,刺蒺藜是最能生存的植物
```

图 3.4 科学教育案例:第二份学生解释的基于证据的结构

第二份解释(参见 1.7 节)的优越之处在于,里面能够清晰地区分三类要素:主张、证据和推理。根据学生的分析,他们首先提出了一个主张,然后提出了证据来支持该主张,最后说明了主张与证据之间的逻辑关系。

图 3.4 展示了一种塑造解释的方法,这种方法强调了桑多瓦尔和

135

赖泽（Sandoval and Reiser 2004，362）所提出的检验解释是否成功的第二个标准的重要性。该标准为：如果一个解释能够关联至一些数据（例如测量值、天气条件）来支持解释中的某些部分，那么这个解释会更好。在图 3.4 所展示的分析中，解释被塑造成对比性的样式。最初的需要解释的事实是：为什么大部分雀类死亡了，而少数雀类存活了下来。这显然要求在两个事实情境之间做比较："大部分雀类死亡"和"少数雀类存活"。这个解释的目的，就是解释这一对比。

图 3.4 展示了一个成功的解释，符合桑多瓦尔和赖泽所提的第二个标准，它包含了一个经过了三个层次的推理序列。在最上面的层次，基本的解释被分成两部分，分别对应上述两个情境。左侧的解释显示了存活下来的雀类吃刺蒺藜，而刺蒺藜可以在缺水的环境下生存。这只是解释的一部分。右侧的解释陈述了没有存活下来的雀类吃其他植物，而这些植物都消失了。将这两个对比性的情境放在一起，就可以让读者理解最初的待解释事实，从而完成了解释。因为读者对此类情境拥有常识，所以他们会知道，当其他植物消失后，这些雀类就没有了食物来源，最后这些雀类消失。类似的，基于常识读者也会知道，其他雀类生存了下来，因为它们的食物来源刺蒺藜在干旱环境中仍能存活。

很有意思的一点是，请注意，这份解释的顶部，不像第一组学生给出的基于脚本的信息（参见 1.6 节和图 1.4）那么完整。根据桑多瓦尔和赖泽提出的第三个优良解释标准，第一组学生的解释更好。这个标准所说的是：如果一个解释被组装成一个由因果序列连接的故事，那么基于牢固性（firmness）和清晰性（clarity）的理由，这个解释更好。在这方面，第一组学生给出的解释更好。这个解释提出了其他的因果关系介入事件。例如，其他植物的种子更软，因此鸟类争夺吃这类植物；而刺蒺藜的种子更硬、更长，所以最有可能生存的雀类是能够适应吃刺蒺藜种子的雀类。

3.8 评价解释的方法

对故事之可信性的一个重要检验标准是，当在案件双方（即提问者和回答者）的对话之中检查该故事的时候，会发生什么。在这种对话中，回答者做出的行为或发出的话语（即语言行为），包含了他的承诺。根据这种理论，每一场对话都有一个承诺集，即许多已被参与者接受的命题，它们被放入参与者的数据库（database）之中。使用该数据库，以及对话参与者们所共享的常识，就可以通过一个检查性对话来探查故事中的薄弱关联，从而批评性地检验每一方提出的故事。如果成功地完成了这一审查过程，那么被检验的故事就会变得更可信，或者更不可信，这取决于回答问题的情况。

请回顾2.2节中讨论的那个由威格莫尔提出的消失的海员案例，以及2.3节中讨论的那个由安梯丰提出的案例。这两个案例的故事图表参见图2.6和图2.7，它们的论证图示参见图2.3和图2.4。如果我们将这两个案件的故事与这两个案件的论证相比照，会清楚地发现：它们的故事大致地而且整体上符合它们的论证序列——该论证序列从图2.3和图2.4的底部出发，通向最终的待证命题。这两个案例中，论证与故事的契合性表明，尽管论证的方法、目的不同于故事，但是论证与故事的结构具有同构性。换言之，如果一场审判中的某个参与者（例如律师、法官、证人或陪审员），想说服另外某个作为其听众的参与者，他既可以选择使用一个论证，也可以选择使用一个故事来实现其目的。例如，当一位律师在结审陈述阶段，力图总结他认为最重要的证据的时候，他可以使用一个论证图示来表明本案中的论证序列如何从可采的证据通向了最终待证事实（即他为了赢得诉讼需要证明的最终主张）。另一方面，如果证据看起来较为薄弱，可能会令人困惑，或者只是难以归纳成对陪审员有强大说服效果的样子，那么就可能需要使用故事。任何一种路径都可能取得成功，具体要看哪一种路径更适合当前的听众。故事通常更符合直觉和令人信服，可能是因为它更契合我们在日常生活中进行思考与推理的通常方式。故事具有一种启发式（heuristic）价值。与使用一个长篇的、细致的和复杂的论证序列相比，故事只需要较少的工作和计算。当然，一个故事也可能很长、很细致和很复杂，但是如果故事具有一贯性，而且其中的事件序列符合人们所熟悉的类型，那么这个故事就可以具有强大的说服力。

如果一个故事建立在一个似真推理的脉络上，在这个脉络中故事的每一步都很自然地迈向下一步，而且整个序列结合起来符合对话参与者关于在熟悉情境中事件通常发生方式的常识，那么该故事就更符合直觉和具有说服力。根据沃尔顿等人的论述（Walton et al. 2014, 27），似真推理具有以下十一个特点：

1. 似真推理是从比较可信的前提出发推出一个结论，该结论在被似真论证支持前，可信性较低。
2. 如果听众的头脑中有关于某事的例子，那么此事就被认为是可信的。
3. 似真推理建立在常识上。
4. 似真推理是可废止的。
5. 似真推理建立在事物在日常情境中的通常发生方式上。
6. 可以使用似真推理填补不完整论证中的隐含性前提。
7. 似真推理通常建立在所感知的外观上。
8. 稳定性是似真推理的一个重要特征。
9. 似真推理可以被检验，从而被证实或反驳。
10. 在对话中探查似真推理是一种检验它的方式。
11. 似真推理也存在程度的问题，可以通过检验确定该程度。但是对该程度的度量方式，不同于标准概率值以及在帕斯卡概率体系中使用的贝叶斯定理。

另一个重要的考量因素，是连接理解与解释。对解释的评价，取决于根据可理解性（comprehensibility）和证据支持而比较各个故事。似真推理将可理解性与证据支持连接起来，而且这两个因素都与其他

第3章 评价解释的对话系统

一些因素相关联。可以对多个解释进行比较性评价，确定哪个更好和哪个更差，这是基于六个标准。

1. 它们是否能够让提问者解决那个引出了解释需求的反常之处。一个好的解释，应当使提问者理解某个他本来在提出解释请求的时候不理解的事情。

2. 它们的可信性如何。一个可信的解释，应当符合在我们熟悉的情境中事件与行为通常被期待的发生方式。

3. 它们是否得到了证据的支持。存在可信的论证支持它们吗？

4. 它们的一致性如何。如果发现了某个明显的不一致之处，能予以解决或解释清楚吗？

5. 它们在涵盖相关的事件和行为方面，是否全面和详尽。是否某个解释解释了一些重要的事实，而另一个解释却不能解释这些事实？

6. 它们能否经受批判性质询和检查。是否有可信的论证攻击它们，以及它们是否强大到足以抵得过这些论证？

当然，解释最终要被放在一个对话场景中，才能被充分地评价。在对话场景中，一个主体（即解释者）提出了一个解释，另一个主体（即接收者）对该解释做出回应。如果一个解释在接收者看来是完全可理解的，他也因理解了该解释而接受了它，那么这个解释就是成功的和可接受的，对话即可结束。然而，在很多情况下，例如在教学中的合作学习中，如果接收者提出一些问题，精确地描述他所不理解的地方，那么解释会被极大地改善，接收者的理解也会显著增强。这样一种对话可以持续进行，本章的主题正是要论述：随着这类成功的对话继续进行下去，其中的解释可以变得比先前更好。本章还论述了，这种对话可能一开始是一个说服性对话，在其中双方使用了溯因推理或最佳解释推论，然后变成了一个解释性对话，在其中又通过一个检查性对话来批判性地质询解释。检查性对话为判断各个解释中哪个是最佳的提供了基础——这些解释是在原来的说服性对话中由竞争性的各方提出来的。

论证评价与证据

上述对话结构为评价论证与解释——它们交织在一起——提供了一个规范性模型。设定这种对话结构是一个很复杂的任务，它需要表述出一些管控解释与论证之言语行为的规则，而且要通过规则为每一种行动（包括言语行为）设定前提条件与后置条件。本章为开展这种探索，以及建构结合论证与解释的对话结构，奠定了基础。

这个系统整体上是非常复杂的，因此当我们尝试将它适用于使用最佳解释推论的真实案例的时候，可能在某些方面会显得笨拙。在3.4节，我们使用了两个法律案例（安德森诉格里芬案和美国诉比尔德案），来展示这种对话结构如何适用于法律场景中的真实案例。在这两个案件中，每一方都以故事的形式提出了一个解释，该解释在庭审论辩过程中受到检验和批评。正是在庭审论辩阶段中的论证序列，给出了一些证据，它们被从双方的角度编排，作为依据确定哪一方应被判定为最初的说服性对话中的赢家。为了在这种审判语境中塑造溯因推理，正像我们看到的这两个案例一样，应当在开始阶段就通过法律设定说服责任规则。说服责任在刑事案件和民事案件中是不同的。在民事案件中，开始阶段设定的说服责任通常是优势证据标准。在刑事案件中，说服责任是排除合理怀疑。由诉讼中的某一方做出的一个成功的论证，应当建立在证据上，从而使论证满足所适用的说服责任要求——法律在审判程序开始前就设定了说服责任。我们从贝克斯和沃尔顿对这两个案件中论证的分析可以看出，随着审判经过论辩阶段和结束阶段直至法官或陪审团做出裁决，提出证据的责任在诉讼双方之间来回转移。请注意，在这类对话的案例中，有两个主要角色参与到说服性对话之中，但是还有一个第三方主体，他在对话进入结束阶段后裁决哪一方胜出。既然这两个案件都是基于使用最佳解释推论的，因此评价者（法官或陪审员）应当通过确定哪一方提出了最好的（或更好的）解释而进行裁决。

如前文所述，这种法律案例非常复杂，要求对许多相互结合的论证、解释进行分析和评价。当然，我们已经有了一种分析此类案件的方法，可称为"混合式论证-解释图表"（hybrid argument-explanation graphs）。尽管这种图表确实能够追踪论证与解释的序列，但是该图表本身不能提供一种比较性地评价多个解释从而决定何者为最佳的方法。对话方法有做出这种决定的潜在价值，但是如上一段所言，它是一种复杂的方法——其发展现状显示它较为复杂和笨拙。幸运的是，我们还可以找到一种便捷的方法，这种方法已经在论证文献中被提出过，可以适用于这些案件。

一个对话剖面（profile of dialogue）可被界定为：在一场对话中，包含在一个较长的、整体的行动序列中的，一个较短的、部分的、更易处理的行动序列（Walton 1989, 3）。一个较长的序列可能是整体性的，意思是该序列从对话之开始阶段持续地延伸至结束阶段。如果所选定的部分性序列属于这种较长的序列的组成部分，它就能帮助分析所展示的部分性论证的特征。这里的观点是，对话剖面可以被用作论证研究的工具，因为它相对于一场复杂对话结构中的所有形式规则，是一个更易处理的替代性选择。如此界定的对话剖面，已经被证明可以用于分析自然语言论证中的谬误，以及其他令人费解和有疑问的现象。正如表 3.1 中的较为抽象的例子所表明的，这种使用剖面的技术也可以被适用于运用最佳解释推论的案例。在适用的时候，需要追踪提出证据责任的来回转移——这种转移是通过对话交流序列而完成的。在这样一个序列中，正如我们在第 2 章和第 3 章的案例研究中看到的，假定了在开始阶段就设定了某种整体上的证明责任或说服责任。这种责任规则可以被用于确定在接下来的对话阶段（即论辩阶段）中提出的任何论证或解释所应当满足的成功要求。随着对话的开展，证据责任在双方之间来回转移。对话中的论证与解释的评价者，在结束阶段承担了以下任务：回溯该转移过程，审查是否在每一次转移中的前提和后置行动都遵循了对话规则——这些规则约束着由一方做出的言语行为的合法性，以及由另一方在接下来的行动中给出的反应的合法性。

论证评价与证据

表 3.1　检验溯因推理的对话示例

提出者（Proponent）	回应者（Respondent）
1. 我有一个 IBE 论证。	1. 是否存在某个替代性解释？
2. 如果有的话，你应当提出来。	2. 我提出了一个替代性解释。
3. 为什么你的解释比我的更好？	3. 它与事实更相符。
4. 在何种意义上，它与事实更相符？	4. 它更好地得到了证据的支持。
5. 什么证据？	5. 这里有一些证据。
6. 但是它也包含了不一致之处。	6. 不一致之处在哪里？
7. 这两处不一致。	7. 可以解释这里的不一致。
8. 你怎么解释它？	8. 这是我的解释。
9. 即使如此，我的解释更可信。	9. 你如何能证明这一点？

在这个对话中，提出者做出他的第一个行动，提出了一个符合最佳解释推论型式的论证。它可以是任何一个这种类型的论证，例如第 1 章和第 2 章所讨论的那些论证。回应者在其第一个行动中，提出了一个与最佳解释推论型式相匹配的问题，即是否存在某个替代性解释。然后，证明责任的概念开始发生作用。提出者在其第二个行动中主张，如果回应者要辩驳他最初提出的溯因论证，那么回应者应当提出一个替代性解释。我们假设回应者在接下来的行动中提出了某个替代性解释。提出者在他的第三个行动中，再一次援引了证明责任的观念。他让回应者说明为什么该替代性解释比他的解释更好。回应者在接下来的行动中，给出了一个恰当的回答，说他的解释与事实更相符。提出者在第四个行动中又一次诉诸证明责任，问回应者凭什么说他的解释更符合事实。回应者以恰当的方式做出了回答，声称他的解释更好地被案中证据所支持。这是一个合理的回答，但提出者接下来的回答也很合理。提出者在第五个行动中仍然诉诸证明责任要求，让回应者具体指出哪些证据。我们假设回应者在第五个行动中，提出了一些证据来支持他的解释。在第六个行动中，提出者攻击了回应者的解释，声

第3章 评价解释的对话系统

称它包含了不一致之处。这个行动似乎将主动权转移到回应者一边，但是现在回应者也援引了证明责任的观念，让提出者具体指出哪里不一致。在第七个行动中，提出者举证支持了他关于不一致的主张。他具体指出了回应者的解释中有两处不一致。回应者的第七个行动做出了回答，声称所谓的不一致可以被解释。在第八个行动中，提出者所援引的观念类似于证明责任，但是在这种情形中，最好是被称作解释责任。他让回应者提出一个解释，以消除不一致之处。回应者在其第八个行动中履行了解释责任，即针对提出者在第七个行动中所主张的明显不一致之处，提出了一个解释。但是在第九个行动中，提出者又进行了反击，他争辩说他的解释更可信。然后回应者援引了证明责任，质问提出者如何能证明这一点。

这个对话从两个方面例示了应当如何评价一个符合最佳解释推论型式的论证。首先，这个对话表明，如何援引证明责任的观念，会影响到对话中的几乎全部行动，甚至是影响到整个对话。参与者使用证明责任的观念，让另一方对某个具体的行动做出回应，看起来是非常恰当的。在所有的例子中，所做出的回应看起来也都是恰当的，意思是这些行动看上去符合关于证明责任转移的合理要求。其次，所有这些行动看起来都是合理的，不管是作为被提出的言语行为，还是作为另一方对这些言语行为的回应——它们都发生于一场结合了论证与解释的对话之中。基于这个理由，表3.1中展示的对话可以被看作是一个规范性的对话剖面。

本章所提出的对话解释理论的创新性在于，它不仅将解释责任（burden of explanation）的观念引入了论证理论，而且也引入了回应解释的责任（burden of responding to an explanation）观念。所谓回应一个解释，就是通过提出基于证据的反驳论证，以支撑对该解释的质疑。这就意味着，如果回应者回答说某个解释在他看来讲不通，这当然是一种合法的回应，但是需要通过详细指出该解释不成功的具体方面，来支撑该回应。例如，假设质疑某个解释的理由是，它不连贯、不一致或不符合本案的事实情形，那么就需要提出一些证据来展示不连贯

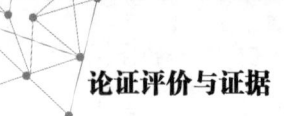

之处，指出具体的不一致的地方，或者提供一些看上去与该解释相冲突的事实证据。

3.9 进一步研究的问题

在诸多有待进一步研究的问题中，以下列举的问题尤为重要：

    1. 混合式系统如何能够帮助我们确定某个语境中的片段是一个论证还是一个解释？

    2. 我们如何能够建构一个关于解释种类的类型学，从而很好地应用在混合式系统中？

    3. 混合式系统能够多好地应用于对人类行为的解释，例如在历史学和法学中？

    4. 混合模型能够分析科学中的理解吗？能够将它适用于对科学解释的个案研究吗？能够在对假说的科学调查中使用最佳解释推论吗？

针对第一个问题，我们可以大致地认为，一个论证的目标是消除怀疑，而一个解释的目标是传递对某个阐述中的某个反常之处的理解。但是我们如何能够判断某个对话的目标契合上述哪一个目的？我们需要仔细地检验案例的语境，寻找斯诺克·亨克曼斯（Snoeck Henkemans 1997）所研究的那种语境指示器（textual indicators）。然而，这样做的关键，存在于言语行为的前提和后置条件中。一个论证与一个解释的差异，不仅体现在它们被提出的方式上，而且还体现在它们被回应的方式上。混合式系统何以有助于完成这一任务——当它被实施的方式类似于确定语境中的论证这一工作的时候？

这一调查的目的，不是要提出一个关于各种解释的分类学。此处没有足够的篇幅完成这一主题，尽管该主题是基于不同种类的解释问题（例如"如何"的问题、"为何"的问题、关于人类行为的问题等）而建构形式对话系统的一个前提条件。关于上述第二个问题，我们可以说，已经存在一些对解释之问题的分类学，但是各种分类之间缺乏共识，而且它们看上去都不是特别有助于我们建构混合式系统的目标。

第 3 章 评价解释的对话系统

导致这种多样化现象的原因，可能是这些分类源于不同的领域，例如逻辑学、计算机、语言学和心理学等，而且这些分类学使用解释的目的也不同。但是有理由认为，卡斯和利克（Kass and Leake 1987）基于他们所收集的大量反常现象和解释案例而提出的对解释类型的分类方式，为我们提供了一个不错的起点。

在卡斯和利克的分类法中（Kass and Leake 1987, 3-4），关于不同解释类型的划分，形成了一个解释类型层级。该层级的最上面分成了三类解释。

- 对有意图的行为的解释（explanations involving intentional actions），例如，解释某个人关于辍学的决定。这类解释涉及计划和目标。
- 对物质力量的解释（explanations involving material forces），例如，解释一场预料之外的、由物质力量引起的暴风雪。这类解释也包括以下例子，即对于因为装置故障或者资源缺乏而导致某个事件无法发生的解释。
- 对社会力量的解释（explanations involving social forces），例如，解释犯罪率的上升。这类解释不涉及计划和目标，而且不包括对某个机构做出的基于目标的行为的解释。它所涉及的行为，源于许多独立的主体之间的相互作用，而这些主体的行动不是协调统一的。

但是卡斯和利克注意到（Kass and Leake 1987, 3），在某些情况下会适用不止一种解释。例如，我们正在尽力解释为何政府浪费了金钱。我们可能提出了一个关于意图行为的解释，比如"他们认为自己能够通过投入金钱而解决所有问题"；或者我们可能会提出一个关于社会力量的解释，比如"不同政府分支之间的相互作用，导致了巨大的运转经费"。上述分类方法，连同卡斯和利克所收集的许多日常解释案例，是一个研究不同解释类型的很好的起点。关于有意图的行为的解释类型，将我们引向了上述第三个问题。

论证评价与证据

关于第三个问题，已经有大量的文献，包括计算机领域（尤其是在计划编制中）和哲学领域（尤其是在历史哲学中）。科灵伍德（Collingwood 1946）将历史学家所使用的模拟过程称作"再制定"（re-enactment）（Dray 1995）。德雷（Dray 1964, 11-12）描述了科灵伍德的再制定理论要素：在这些论述中，"很显然科灵伍德的理论所要求的那种思考类型，应当能够进入一个正在尽力决定做出何种行为的主体的实践审议（practical deliberations）之中。"在论证和计算机领域有一些不错的渊源，这些领域源于实践推理的论证型式（Atkinson et al. 2006）。在历史学和法学中非常普遍的那种对人类行为的解释，通常是基于目标导向的推理。一个主体通过将被假定的目标归属到另一个主体上，从而解释另一个主体的行为。目标导向的或者说手段-目的式的推理，也被称作"实践推理"，被用于人工智能的计划编制中（Bratman et al. 1988）。在一个对话框架中，基于价值的论证框架，也使用了实践推理型式（Bench-Capon 2003）。

培拉（Pera 1994）提出的关于科学的对话模式，提供了一个很简洁的拓展应用解释系统的方式，有助于回答上述第四个问题。但是任何尝试将混合式系统适用于科学解释的行为，也会使我们面对以下问题，即如何精确地界定科学解释的概念。在一个科学解释的案例中，例如通过讲述微观表面特性而将摩擦力解释为一个宏观现象，"很明显，我们现在被限制在使用物理元素和规律的解释上"（Scriven 2002, 50）。需要被以一种特殊方式理解的，是日常经验中的现象；变得被理解的，是物理元素和定律。因此，就像斯克里文所指出的，科学解释不是要变为熟悉，而是要传递一种特殊种类的理解——这正是一种特殊种类的解释所要求的。

有越来越多的文献，可以帮我们更好地理解自然科学领域中的特殊理解观念（Friedman 1974；Trout 2002；Moulin et al. 2002）。菲诺基亚罗（Finocchiaro 1980）使用了关于科学发现的案例研究，来展示为何可以将科学解释看作一个对话过程，在这个过程中随着不断提出问题和给出假设作为回答（这又要求科学检验），理解逐渐增长。解释系统为解释性对话提供了一个句法式的结构（syntactic structure），即具体规定了在对话的三个阶段中每一个行动必须采取的形式，而且为对话中的每个行动设定了前提和后置条件。但是它尚未界定出一个针对该系统的精确的语义学。一个语义学结构也是必要的，它可以详细规定理解的组成单元（units），以及它们如何被作为信息从对话中的一方传到另一方。到目前为止，这样一种结构尚未以精确的方式被提出。目前我们能够做的最好的方式是，使用现有的基于案例的推理资源，一般性地塑造如何成功地传递理解。以下情景就意味着该过程被成功地完成了：一方指出了当前脚本中的某个反常之处，然后另一方解决了该反常之处；解决的方式是，修补该脚本，使其更好地聚合，从而让提问的一方弄懂它。最后的结果是，从先前的那个（在提问者的理解中）破碎的脚本，转换成一个聚合起来的脚本。

我们可以注意到，法律中的解释有一个三方对话结构，其中包含了正方、反方以及作为裁判者的第三方，可能是法官或陪审团。第三方要听取两方所提出和质疑的那些论证，权衡评价它们的强弱。在有具体听众指向的基于价值的说服性对话模式中（Bench-Capon et al. 2007），听众是有价值排序的。听众会根据他所偏好的价值评价一个具体的论证。戈登和沃尔顿认为（Gordon and Walton 2009），听众会权衡被提交给他们的各个论证的相对强度；一个论证评价结构将某个听众与一个对话阶段连接起来，而且会针对各个命题设定证明标准。当通过加入第三方（听众）而拓展了混合式模式之后，听众会使用关于解释成功的标准，来判断所给出的解释是否令人满意。在这种三方对话的路径中，究竟如何才能够最好地塑造法律中的解释，仍然是一个有待进一步研究的问题。

3.10 结 论

本章界定了一个对话解释系统所必须的要素，展示了如何将这些要素组合起来，形成该系统的规范。本章提出的对话结构包含了三个阶段：开始阶段、解释阶段和结束阶段。

本章所遇到的一个问题是，在结束阶段可能发生失败循环问题，这个问题可以通过仔细设定结束阶段的规则而解决。另一个问题是，如何发明一种检验某个解释是否成功的方法。解决这个问题的方式是，采取一种混合式的对话系统，来结合和评价故事与论证。我们将贝克斯（Bex 2011）的混合式系统拓展应用到一个对话框架中，在这个框架里可以比较性地评价一组解释，从而决定哪一个最佳。如果有两个或多个解释旗鼓相当，该系统也可以显露每一个竞争性解释的优点和弱点，从而可以就此收集进一步的证据，继续评价竞争性的解释。

	图 3.5 是一个 UML 图示结构，它大概地解释了评价解释的对话程序是如何进行的。该序列中的第一步是由主体 a1 做出的，他做出这个言语行为，请求对方给出一个解释，或者至少是让对方尝试给出解释。在第三步中，a1 批判性地质询和攻击该解释，例如，指出该故事中的薄弱之处，表明该故事没有证据支撑，或者指出本案环境中有一些证据表明该故事不可信。在第四步中，a2 尝试回答这些批判性问题，通过提出对抗性论证，回应这些异议。在第五步，所有这些论证与解释都被收集和添加到一个混合式图表中，该图表代表了在任何一个时间点上已积聚的论证、解释与证据。前五步组成的序列形成了一个循环，往回通向第二步，在此处 a2 给出了一个解释。在这五步对话序列中的所有行动将会（非常有希望）让解释变得充实，使解释更精细、复杂，以及更可信。但是另一方面，a2 的批评者可能指出了在该解释中存在许多薄弱的过渡和缺口，从而让该解释现在变得非常可疑，甚至是看起来不可信。在该序列步骤中进行的探查性检验（发生于对话的论证阶段），甚至已经表明了该解释不可信，因为存在一个 a1 无法解释清楚的内在不一致之处。无论如何，在经过该序列循环多次之后，对话都将进入结束阶段。当对话进入结束阶段，其结果可能需要由一个第三方评价者来裁决，或者其结果可能会受到成本与时间限制的影响。如果不存在一个第三方，也可能会通过 a1 与 a2 达成一个关于何时退出对话的协议，来确定对话的结果。

第 3 章　评价解释的对话系统

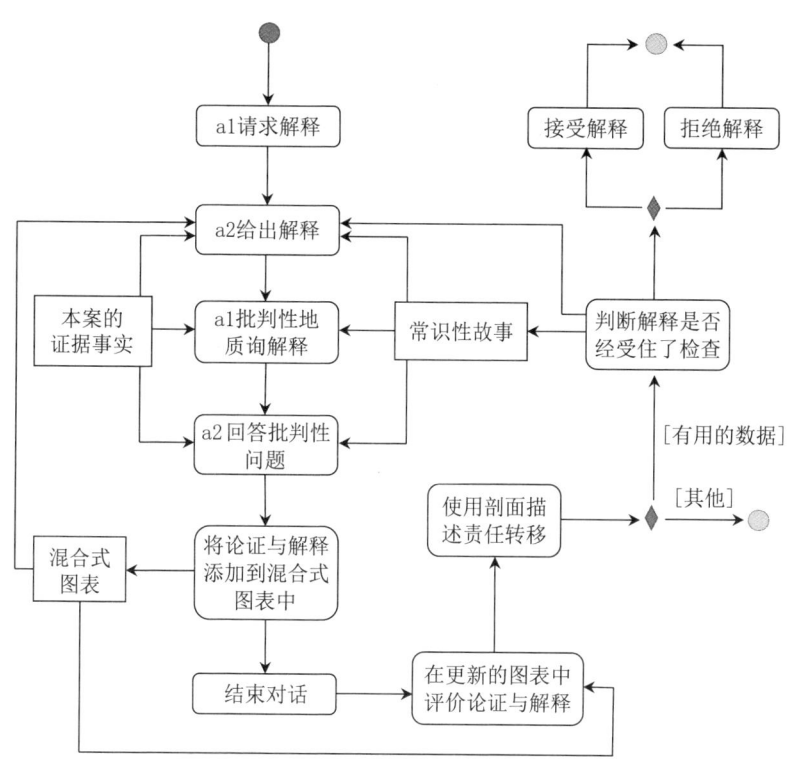

图 3.5　评价解释的对话程序

最初的序列进入结束阶段之后，该对话继续进行，进入一个评价阶段。在前面六个步骤中建构的混合式图表，被带进了这个评价阶段，而且与对话剖面工具联合（关于对话剖面工具的例子，参见表 3.1）。联合使用混合系统规则与剖面工具，是为了评价多个竞争性解释中的哪一个已更好地经受住了检验过程——检验是在整体对话程序的前五步中实施的。我们可以使用这些工具来评价对话，从而决定已提出的多个竞争性解释中的哪一个解释是最佳解释。如果只存在一个解释，另一方没有提出任何竞争性解释，那么被提出的那个解释就会"不战而胜"。评价程序的最后一步是，接受最佳的解释，同时舍弃所有的已被提出的替代性解释。

以下是关于对话解释系统中标准的事件序列的概述：

- 在一场说服性对话中，两个主体存在意见冲突。每一方都有一个故事，他们提出自己的故事作为某个最佳解释推论的一部分，以尽力说明自己的意见是关于假定发生之事的最佳解释。
- 然而每一方都争论说自己的解释更优。为了证明这一点，他们攻击对方的解释，提问批判性的问题和提出对抗性论证。
- 遵循对话规则，每一方可以提出问题，请求对方提供一个对其所做阐述的解释。对方可以回答，论述其解释更优，部分通过质询和攻击对方的解释。
- 在这个论证序列中，关于本案环境的事实证据被提出，用于支持一方自己的解释和攻击对方提出的解释。
- 在论证阶段，各种证据被提出和被评价。例如，可以对证人证言进行交叉询问，从而发现其中的弱点，表明证人所讲的故事不可信。
- 在某个时间点上，可以判断认为该论证持续至此，已给予充分的机会解决该冲突。
- 对话进入结束阶段，此时，形成了一个大混合式图表的大量论证，可以被评价，从而能确定某一方是否满足了其说服责任。

本章所建构的解释模型，是一份系统规范（system specification），它可以被用于建构具体的对话系统，进而适用于各类真实的解释案例。本章的目的是提出一个非常一般化的对话系统规范，从而它可以适应多种属于该一般类型的、形式化的解释对话模型，也可以适应多种对话语境，例如日常对话解释、科学解释、计算机等具体科学领域中的解释、历史解释、法律中的解释等。卡斯和利克（Kass and Leake 1987）建构了一个语料库（corpus），即耶鲁解释语料库（the Yale explanation corpus）。其中针对170个反常之处中的每一个，都提供了一个或多个解释，共产生了超过350个解释。本章提出的方法具有实践可用性，因此可以将这种方法应用于真实的案例,包括本书前三章中的案例。该方法应当在两个方向上继续研究和改进。第一个方向是,收集更多的真实的解释案例,以及最佳解释推论的例子,将该方法应用到这些案例上,借以使该方法更精细、复杂。第二个方向是,改善该方法的形式框架,展示其如何契合论证与解释的混合模式(Bex 2011),尤其是展示如何拓展这种混合模式,从而能够以更精细的方式适用于该方法。通过这两个方向的努力,很有希望建构出一种形式论证模型,其中包含了本章的方法作为其要素。在本书中,我们的主要关注点是,设定一种一般化的评价论证的系统方法。但是正如我们已经讨论的例子所显示的,既然最佳解释推论是一种如此重要的连接论证与证据的论证类型,所以本书的一般性目标就不得不既涉及论证,也涉及解释。

参考文献

Aristotle. 1928. *On sophistical refutations*, Loeb classical library. Cambridge, MA: Harvard University Press.

Atkinson, K., T. J. M. Bench-Capon, and P. McBurney. 2006. Computational representation of practical argument. *Synthese* 152 (2): 157-206.

Bench-Capon, T. J. M. 2003. Persuasion in practical argument using value-based argumentation frameworks. *Journal of Logic and Computation* 13 (3): 429-448.

Bench-Capon, T. J. M., S. Doutre, and P. E. Dunne. 2007. Audiences in argumentation frameworks. *Artificial Intelligence* 171 (1): 42-71.

Bench-Capon, T. J. M., S. Doutre, and P. E. Dunne. 2008. Asking the right question: Forcing commitment in examination dialogues. In *Computational models of argument: Proceedings of COMMA 2008*, ed. P. Besnard, S. Doutre, and A. Hunter, 49-60. Amsterdam: IOS Press.

Berland, L. K., and B. J. Reiser. 2008. Making sense of argumentation and explanation. *Science Education* 93 (1): 26-55.

Bex, F. J. 2011. *Arguments, stories and criminal evidence: A formal hybrid theory*. Dordrecht: Springer.

Bex, F. J., and D. Walton. 2012. Burdens and standards of proof for inference to the best explanation: Three case studies. *Law, Probability and Risk* 11 (2-3): 113-133.

Bratman, M., D. Israel, and M. Pollack. 1988. Plans and resource – bounded practical reasoning. *Computational Intelligence* 4 (3): 349-355.

Brewer, S. 1996. Exemplary reasoning: Semantics, pragmatics and the rational force of legal argument by analogy. *Harvard Law Review* 109: 923-1038.

Cawsey, A. 1992. *Explanation and interaction: The computer generation of explanatory dialogues*. Cambridge, MA: MIT Press.

Collingwood, R. G. 1946. *The idea of history*. Oxford: Clarendon.

Dray, W. 1964. *Philosophy of history*. Englewood Cliffs: Prentice-Hall.

Dray, W. 1995. *History as re-enactment: R. G. Collingwood's idea of history*. Oxford: Oxford University Press.

Dunne, P. E., S. Doutre, and T. J. M. Bench-Capon. 2005. Discovering Inconsistency through examination dialogues. In *Proceedings IJCAI-05*, 1560-1561. Edinburgh.

Finocchiaro, M. 1980. Scientific discoveries as growth of understanding: The case of Newton's gravitation. In *Scientific discovery, logic, and rationality*, ed. Thomas Nickles, 235-255. Dordrecht: Reidel.

Friedman, M. 1974. Explanation and scientific understanding. *The Journal of Philosophy* LXXI: 5-19.

Gordon, T. F., and D. Walton. 2009. Proof burdens and standards. In *Argumentation and artificial intelligence*, ed. Iyad Rahwan and Guillermo Simari, 239-260. Berlin: Springer.

Guthrie, W. K. C. 1981. *A history of Greek philosophy*. Cambridge: Cambridge University Press.

Hamblin, C. L. 1970. *Fallacies*. London: Methuen.

Kass. A., and D. Leake. 1987. *Types of explanations*, Technical report ADA183 253. U. S. Department of Commerce, Alexandria.

Leake, D. B. 1992. *Evaluating explanations: A content theory*. Hillsdale: Erlbaum.

Moore, J. D. 1995. *Participating in explanatory dialogues*. Cambridge, MA: MIT

第 3 章 评价解释的对话系统

Press.

Moulin, B., H. Irandoust, M. Belanger, and G. Desbordes. 2002. Explanation and argumentation capabilities. *Artificial Intelligence Review* 17 (3): 169-222.

Parsons, S., and N. R. Jennings. 1997. Negotiation through argumentation: A preliminary report. In *Proceedings of the second international conference on multi-agents systems*, ed. Mario Tokoro, 267-274. Menlo Park: AAAI Press.

Pera, M. 1994. *The discoveries of science*. Chicago: The University of Chicago Press.

Prakken, H. 2005. Coherence and flexibility in dialogue games for argumentation. *Journal of Logic and Computation* 15 (6): 1009-1040.

Prakken, H. 2006. Formal systems for persuasion dialogue. *The Knowledge Engineering Review* 21 (2): 163-188.

Reed, C. 2006. Representing dialogic argumentation. *Knowledge-Based Systems* 19 (1): 22-31.

Sandoval, W., and B. J. Reiser. 2004. Explanation-driven inquiry: Integrating conceptual and epistemic scaffolds for scientific inquiry. *Science Education* 88 (1): 345-372.

Schank, R. C. 1986. *Explanation patterns: Understanding mechanically and creatively*. Hillsdale: Erlbaum.

Schank, R. C., and R. P. Abelson. 1977. *Scripts, plans, goals and understanding*. Hillsdale: Erlbaum.

Schank, R. C., and C. K. Riesback. 1981. *Inside computer understanding*. Hillsdale: Erlbaum.

Schank, R. C., A. Kass, and C. K. Riesbeck. 1994. *Inside case-based explanation*. Hillsdale: Erlbaum.

Schlangen, D. 2004. Causes and strategies for requesting clarification in dialogue. In *Proceedings of the 5th SIGdial workshop on discourse and dialogue*, ed. Michael Strube and Candy Sidner, 136-143. East Stoudsburg: XXXX. Available at: http://acl.ldc.upenn.edu/hlt-naacl2004/sigdial04/pdf/schlangen.pdf.

Scriven, M. 1972. The concept of comprehension: From semantics to software. In *Language comprehension and the acquisition of knowledge*, ed. J. B. Carroll and R. O.

Freedle, 31-39. Washington: W. H. Winston & Sons.

Scriven, M. 2002. The limits of explication. *Argumentation* 16 (1): 47-57.

Snoeck Henkemans, F. 1997. *Analyzing complex argumentation: The reconstruction of multiple and coordinatively compound argumentation in a critical discussion*. Amsterdam: SICSAT.

Trout, J. D. 2002. Scientific explanation and the sense of understanding. *Philosophy of Science* 69 (2): 212-233.

Unsworth, L. 2001. Evaluating the language of different types of explanations in junior high school texts. *International Journal of Science Education* 23 (6): 585-609.

Verheij, B. 2003. DefLog: On the logical interpretation of prima facie justified assumptions. *Journal of Logic and Computation* 13 (3): 319-346.

von Wright, G. H. 1971. *Explanation and understanding*. Ithaca: Cornell University Press.

Walton, D. 1989. *Informal logic*. Cambridge: Cambridge University Press.

Walton, D. 1996. *Argumentation schemes for presumptive reasoning*. Mahwah: Lawrence Erlbaum Publishers.

Walton, D. 2003. The interrogation as a type of dialogue. *Journal of Pragmatics* 35 (12): 1771- 1802.

Walton, D. 2004. *Abductive reasoning*. Tuscaloosa: University of Alabama Press.

Walton, D. 2006. *Character evidence: An abductive theory*. Dordrecht: Springer.

Walton, D. 2007a. Dialogical models of explanation. In *Explanation-aware computing: Papers from the 2007 AAAI workshop*, Technical report WS-07-06, 1-9. Menlo Park: AAAI Press.

Walton, D. 2007b. Clarification dialogue. *Studies in Communication Sciences* 7: 165-197.

Walton, D. 2011. Teleological argumentation to and from motives. *Law, Probability and Risk* 10 (3): 203-223.

Walton, D., and E. C. W. Krabbe. 1995. *Commitment in dialogue*. Albany: State University of New York Press.

Walton, D., C. W. Tindale, and T. F. Gordon. 2014. Applying recent argumentation methods to some ancient examples of plausible reasoning. *Argumentation* 28

(1): 85-119.

Wells, S., and C. Reed. 2012. A domain specific language for describing diverse systems of dialogue. *Journal of Applied Logic* 10 (4): 309-329.

Wigmore, J. H. 1935. *A student's textbook of the law of evidence*. Chicago: The Foundation Press.

第 4 章　评价专家意见证据

内容提要：第 4 章提出了针对以下关键问题的解决方案，即如何使用论证工具，来分析和评价基于专家意见的论证。本章将会论述：(1) 如何架构基于专家意见的论证之论证型式；(2) 如何将这种型式适用于真实的基于专家意见的论证案例；(3) 如何设定与该论证型式相匹配的批判性问题；(4) 在组装该型式与这些批判性问题的时候，如何找到信任的地方；(5) 如何使用这些工具来建构论证图表，以表示特定的基于专家意见的论证案例中的正反论证；(6) 如何评价该图表中的论证与批判性问题；(7) 如何在一个形式化的计算机模型中使用该结构，以确定是否某位专家所给出的意见是可接受的。其中一个批判性问题提出了信任的问题，最重要的是确定其他的批判性问题是否与该问题相契合。本章将会研究，在形式化的计算机论证模型中，信任的问题是如何与基于专家意见的论证相关联的。

评价基于科学证据的论证，经常是由那些自身并非专家之人来完成的，他们需要从专家的科学证言中提取证据。在 1.6 节描述的加拉帕戈斯群岛雀类案例中，学生们所要完成的任务是，使用科学家提供的数据，回答为何岛上的大部分雀类在 1970 年代中期死亡这个问题。第二组学生给出的解释更加成功，因为该解释将一些科学发现用作证据，使之与对为何大部分雀类死亡、少部分雀类存活的解释相连接。在第 3 章所讨论的安德森诉格里芬案件中，针对是否因公路上的碎片

第4章 评价专家意见证据

击中传动轴而导致其断裂这个争点，裁决是建立在相互冲突的专家证言之上的。一方的专家声称，卡车经销商未能修好传动轴是导致传动轴断裂的原因；而另一方的专家认为，公路上的碎片击中了传动轴，因而使传动轴断裂。

在逻辑学教科书中，长久以来基于专家意见的论证被放置在诉诸权威的谬误（fallacy of appeal to authority）范畴之内。尽管这种强烈不信任权威的传统路径已经改变了，但是论证的路径仍然更强调批判性质询的价值。例如，假设你正听取医生的建议，他提出了某种医疗方案。论证的路径会告诉你，你应当不仅仅是尽力理解医生传递给你的信息，而且还要尽力对此提出聪明的问题，尤其是要对你有所怀疑或保留的地方进行批判性询问。这种政策被认为与一些理性的原则一致，包括有根据的和明智的自主性决策，批判性的基于证据的论证。

本章4.3节和4.4节解释了可废止推理的某些方面，这些方面对于理解基于专家意见的论证非常重要。4.5节和4.6节展示了如何使用基于专家意见的论证型式，以及与该型式相匹配的一套批判性问题，来评价专家意见证据。4.7节和4.8节解释了，可以借助一种形式化的和计算机的论证评价系统，通过将批判性问题和对抗性论证纳入考量，使用论证份量（argument weights）来帮助人们评价基于专家意见的论证。一个很好的做法是，使用真实的案例来检验任何一个论证理论。4.9节塑造了发生于真实案例中的基于专家意见的论证。该案例是关于某个价值不菲的希腊雕塑（一个青年雕像），它看起来是古代遗物，但是不是赝品有待讨论。4.10节概括了我们的发现，推出了一些结论。在完成这些论述之后，本章形成了一套工具，可用于评价一个更加复杂的真实案例中的论证——在这个案例中，关于某幅所谓列奥纳多·达·芬奇的画作是真品还是赝品，存在相互冲突的专家意见。

4.1 基于专家意见的论证

基于专家意见的论证，总是一种包含风险的推理形式。我们经常需要依赖这种论证，但我们也要意识到，我们也可能在使用它的时候

论证评价与证据

误入歧途。在传统观点看来，基于专家意见的论证是一种谬误论证形式，逻辑学教科书将其归在诉诸权威（appeal to authority）这个标题之下。但是论证领域的研究在检验了许多基于专家意见的论证案例之后，倾向于表明，许多此类论证并非谬误，而实际上是一种合理的但可废止的论证形式。曾经，在更追求实证主义的时代，人们认为基于专家意见的论证是一种主观性的证据或证言来源，它应当总是受制于关于事实的经验知识。然而，现在我们似乎更接受以下观点：我们确实需要依赖专家，例如科学家、医生、财务专家等；在实践事务中决定做什么或相信什么的时候，这种证据来源至少应当被赋予一定的权重。因此，就引出了以下问题：如何区分合理的基于专家意见的论证情形，与这类论证的谬误情形？这个问题不太容易回答。近些年我们更加清楚地认识到，解决这个问题是一个非常重要的任务，它具有许多实践意义。

沃尔顿（Walton 1997）提出的一种有助于解决该问题的方法是，制定一个针对基于专家意见的论证的论证型式，以及一套与该型式匹配的批判性问题。这种型式和批判性问题，可以以多种方式应用，来评价一个特定的基于专家意见的论证案例。该型式要求，这种论证有其特定的前提，这些前提被列为该型式中的特殊要素。如果所争论的论证未能具备这些前提中的一个或多个，或者在其他方面未能符合该型式的要求，那么就可以据此分析甚至批判该论证。所缺失的前提，可能仅仅是未被明确陈述出来，或者是属于传统观点称为省略推理法（enthymeme）的那种不完整论证。或者也可能属于另一种更成问题的情形，即专家的来源可能未被命名。这种失败实际上是在日常对话论证（例如政治论证、新闻杂志中提出的论证）中诉诸专家意见时最常见的问题之一。这种论证的一个前提可能是，是某位（或某些）专家如是说，但是所谓的专家未被指出姓名，或者这些专家所在的机构、部门没有被指出，从而无法追踪。在其他的情形中，问题更为严重，就像研究谬误的文献所表明的那样（Hamblin 1970）。有时，其中的谬误就是简单的错误，例如未能恰当地命名某个来源的错误。但是在其他时候，谬误更加严重，可能等同于策略性错误，比如利用常见的启发式欺骗论证中的对手（Walton 2010）。万·默伦和格鲁顿道斯特（van Eemeren and Grootendorst 1992）指出，谬误是对一种交流论证结构（即所谓的批判性讨论）中的规则的违背。格赖斯认为（Grice 1975），这些隐含的对话规则，要求论证交流中的参与者们应当保持合作，共同促进交流，推动论证向前发展。在这样一个合作性的交流过程中，存在一个由所有参与者假定的信任要素。

有人可能会说，问题在于何时信任专家；他们暗示说，当专家违反了我们对某人的信任时，基于专家意见的论证就变成了谬误。在分散式的计算机系统（distributed computational systems）中，信任是非常重要的。一个分散式的系统，是一个去集中化的网络，它由许多个自主的计算机构成，这些计算机彼此交流、互相交换信息（Li and Sighal 2007, 45）。信任管理系统（trust management systems）可以帮助自动化的多主体交流系统，设置一些安全政策，规定当某个未知的主体能提供合格的保证时，就可以允许该主体给出行为或信息。

海恩斯等人（Haynes et al. 2012）报告了来自一些谈话的数据。在这些谈话中，澳大利亚的一些政府官员、职员及其顾问，尽力发现和评价一些他们希望咨询的研究者。这个研究被描述成是一个发现可信的专家的研究，因为这个原因，可以很容易地认为，被发现最适于此目的的属性，对于研究在逻辑学教科书中非常典型的那种基于专家意见的论证将会具有意义。在海恩斯等人的研究中（Haynes et al. 2012, 1），在决定可信性的时候，对三个因素的评价被认为是关键性的：（1）能力（competence）——被描述成"典范性的学术声誉，再加上实用主义、对政府程序的理解、有效的合作和沟通技巧"；（2）诚实（integrity）——被描述成"独立性、真实性，以及如实地报告研究"；（3）善意（benevolence）——被描述成"恪守关于政策改革议程的承诺"。这个研究的目的是通过恰当地信赖专家——这些专家被引入进来，以提供为使讨论明智和有据而必需的事实数据——来促进关于政治政策的讨论。

因此，在很多领域中，使用关于专家的可信性标准是非常重要的。

论证评价与证据

但是本章采取了一个不同的路径，来发展和改进基于诉诸专家意见的论证。本章采取了一种论证的路径，这种路径受到了给学生讲授非形式逻辑的需要的启发。在讲授非形式逻辑的时候，需要让学生学会应用论证工具，用于识别、分析和评价某个论证。基于专家意见的论证早就包含在逻辑学教科书中，主要是在教科书的非形式谬误部分，在这部分主要是指导学生如何采取一个批判性的路径。一个批判性路径，要求当普通人面对一个依赖专家意见的论证时，能提出正确的问题。

戈德曼（Goldman 2001, 85）将我们这里所要讨论的问题，称为一个通过评价专家的证言从而"决定两个或多个竞争性的专家中的哪一个最可信"的问题。戈德曼将专家界定为权威（authority），然后又将权威的概念界定如下："当且仅当符合以下条件的时候，某人 A 是关于主题 S 的权威：与其他的几乎所有人相比，A 知道更多的 S 中的命题，或者说对于 S 中的命题有更高程度的知识"（Goldman 1999, 268）。这似乎不是一个非常有用的关于专家概念的界定方式，因为这种界定方式表明，如果你面对着两个专家，其中一个比另一个知道得更多，那么第二个专家就不能被称作一个专家。这种界定方式的一个优点是，它将专家限定在一个主题上，被主张具有专家资格的人仅仅是相对于这个主题的专家。但这种界定方式的一个问题是，它区分专家与非专家的标准是据称为专家之人所知道的命题之数量，即取决于对数量的比较。这种界定方式的另一个问题是，它看起来是根据更一般的权威范畴，来确定专家的范畴。从论证的视角来看，这是回溯性的，清晰地区分更一般的权威概念，与从属性的专家概念，是非常重要的（Walton 1997）。

在一本很有说服力而且影响很大的著作中，弗里德曼主张：专家，包括科学专家，在他们所做出的主张上，通常有可能是错误的（Freedman 2010）。弗里德曼提出了许多有充足文献支撑的案例，来支持他的观点。在这些案例中，专家的意见是错误的。他得出结论说，在主流的医学杂志中发表的研究成果，大约有三分之二最后被证明是存在错误的（Freedman 2010, 6）。在他的著作附录中（231-238），他提出了许多有意思的专家意见错误的案例。这些案例中涉及的专家意见横跨许多领域，包括物理学、经济学、运动和育儿等。弗里德曼的观点很尖锐，他说自己可以用整本书甚至好几本书的篇幅，来讲述那些专家被证明犯了错误的案例（6）。他的一般性结论很值得引述："事实是，专家的智慧经常被证明为，在最好的情况下是非常有争议和暂时性的，在最差的情况下是明显错误的"（Freedman 2010）。弗里德曼所论述的这些观点，对于论证研究有非常重要的启发意义，即基于专家意见的论证是一种可废止的推理形式。

米斯拉伊（Mizrahi 2013）认为，基于专家意见的论证本质上是虚弱的，因为即使前提是真实的，它们也只能为结论提供虚弱的支持，或者完全无法提供支持。他所主张的观点是，基于专家意见的论证型式最好表示成最简单的形式，即"专家 E 说了 A，因此 A"。为了支撑自己的观点，他引用了许多实证性的证据，说明专家的意见仅仅比偶然性判断稍微精确一些而已（Mizrahi 2013, 58），比人们可能认为的要更经常出错（63）。他甚至主张（58）："当我们以某个专家说了 P 为理由，而论述[命题] P 成立的时候，我们确实是在作谬误性的论证。"他不认为需要考虑基于专家意见的论证型式中的其他前提。

从论证的视角来看，这种路径没有提供一个解决该问题的方法。因为在论证视角下，关键之处是批判性地质询我们所面对的基于专家意见的论证，而不是根据是否信任该专家来决定是否遵循该论证。可能会有人说，从与谬误研究相关的那种论证视角来看，一般性地以某种方式批评基于专家意见的论证，是一个人的起点的一部分，如此才能提出为恰当评价论证之强弱所必需的正确的问题。然而，就像下文会表明的，信任的问题部分性地包含在这种批判性努力之中，弗里德曼关于专家意见在许多案例中出错的发现，是非常重要的。

本章的目的之一，是使用论证工具给学生讲授非形式逻辑技能。另一个目的是，证明这一工作对人工智能领域的研究者也有价值。人工智能领域的研究者们所关心的，是使用计算机论证模型来建构各种能够进行自动化推理的系统。论证研究对于计算机领域是有帮助的，

论证评价与证据

因为它提供了概念和方法，来帮助建构软件工具，用于设计、执行和分析复杂的推理形式以及多个理性主体之间的互动。最近较为成功的方面包括基于论证的证据关系模式，以及检验和评价证据的法律程序。论证图示已被证明是一种有用的工具，可用于设计更好的产品和服务，以及用于改善社会媒介中的交流质量，因为它会使审议性对话变得更有效。在很多领域中，人工智能都被极大地应用于论证，取得了显著的发展。例如，包括主体系统协商协议（agent system negotiation protocols）、法律中基于论证的证据推理模型、为多主体行为和交流设计和执行协议、在自然语言过程中运用论证与修辞理论、在人工智能的自动化推理中使用基于论证的结构等。

本章将会采取的一个路径是，使用具有以下特点的形式化计算机论证系统：（1）这种系统能够应用论证型式；（2）这种系统将会与论证图表工具一起使用；（3）这种系统会区分波洛克所说的反驳（rebutters）与削弱（undercutters）（Pollock 1995）。在这种路径之中，问题被重新表述为：普通人应当如何基于对论证的分析与检验而评价专家的证言？以及，应当如何通过区分不同的因素（对这些因素都应提出批判性问题）而探查专家的证言？根据这种路径，需要对以下两种问题做出区分：对专家意见的批判性问题（expertise critical question），和对可靠性的批判性问题（reliability critical question）。可信性（credibility）可以笼统地指代这两个因素中的任何一个，或者同时指代这两个因素。

从论证的视角来看，要解决传统的诉诸权威的论证（argumentum ad verecundiam）——字面意思为"源于谦逊的论证"（argument from modesty）——这一非形式谬误，需要仔细地检查大量的使用这类策略进行欺骗的案例。沃尔顿的著作（Walton 1997）推进了这一课题，而且指出了在最严重的谬误案例中存在的一些共同要素。研究发现，在这些案例中，相对于某个知识领域而言的普通人，很难批判性地质询一个专家，或者一份由第三方提出的专家意见，因为我们通常倾向于遵从专家。在一定程度上，这样是合理的。例如，在法律中，专家证人享有给出意见证言的特权，而且其做出推论的方式也比普通证人的推论方式更有力。然而，在其他的例子中，因为专家被作为权威，而且我们从心理学研究中获知一位权威给出的陈述通常有光环效应，所以我们会倾向于赋予专家意见过多的可信性，不愿意对之进行批评性质询。询问者对某个领域的专家给出的意见提出质疑——询问者本人并非该领域的专家——可能是很困难的，甚至会显得很不谦逊。因此，聪明的诡辩论者能够很容易却很有效地诉诸基于专家意见的论证，利用我们对于专家的遵从，使任何质疑专家的人显得放肆无力，而且缺乏理由。但是在本章，我们所论述的观点是：基于专家意见的论证应当被视为一种基本的可废止推理形式，这种推理应当总是可以受到批判性质询。

4.2 模拟论证的形式系统

论证评价的贝叶斯方法（Hahn et al. 2013）将贝叶斯定理适用于否定、合取、析取和条件概率——这些概念已经非常成功地应用于概率博弈（games of chance）和其他的统计学场景中。一个陈述被赋予一个初始概率值（介于0和1之间），然后当发现新的证据的时候，使用一个算式（即下文将会解释的贝叶斯定理）来计算出更高的或更低的概率值。一个恒真命题（tautology）陈述，其概率值被认为是1；而一个自相矛盾的陈述，其概率值被认为是0。条件概率的规则，可以使用如下否定和合取规则来界定。否定规则要求，-A（即非A）的概率值等于1减去A的概率值。合取规则要求，A & B（即A且B）的概率值等于A的概率值乘以B的概率值——前提是A与B互相独立。析取规则要求，A v B（即A或B）的概率值等于，A的概率值与B的概率值之和，减去A & B的概率值。条件概率规则要求，在给定A前提下的B的概率值［表示为Pr（B|A）］，等于A & B的概率值除以A的概率值。

我们可以从合取规则与否定规则中，得出著名的贝叶斯定理规则：

$$\Pr(A|B) = \frac{\Pr(B|A) \times \Pr(A)}{\Pr(B)}$$

论证评价与证据

根据该定理，给定 B 前提下的 A 的概率值，可以在获知给定 A 前提下的 B 的概率值，以及获知 A 和 B 的先前概率值之后，依此计算出来。例如，如果某个信息来源被认作是一位专家，那么他主张为真的陈述，就会提高结论的概率；反过来，如果该来源被认为具有偏向性，他就会降低结论的概率。

贝叶斯定理是否能够以及在何种程度上能够用于评价法律中的论证或日常对话中的论证，引起了非常激烈的争论。对此既有许多鼓吹者，也有许多怀疑论者。持怀疑态度的人们认为，给这些论证中的前提和结论赋予精确的概率值，是建立在错误的观念上，这种观念会导致谬误和悖论。

最著名的例子就是合取谬误。根据贝叶斯定理，两个陈述 A 和 B 的合取概率（即 A & B 的概率）小于 A 或 B 各自的概率。特韦尔斯基和卡内曼（Tversky and Kahneman 1982）给出了这样一个例子，要求几组被试者做出回答。琳达是一个 31 岁的、非常坦率和非常聪明的银行出纳员。她学习的专业是哲学。在作为学生的时候，她非常关注社会正义问题，而且参加过反对核武器的游行。在听取以上陈述后，被试者要回答以下两个陈述中哪一个更可能：（1）她是一名银行出纳员；（2）她是一名银行出纳员而且踊跃参与女权运动。绝大部分被试者选择（2）作为回答。研究者认为，这表明要么应试者违反了逻辑——根据标准的统计学推理之合取规则可以这样判断，要么合取规则必定存在某个错误之处。

然而贝叶斯定理有许多拥护者，他们的理由非常有力，因为贝叶斯定理已经如此广泛地应用于科学、商业等诸多领域之中。人们会认为，贝叶斯定理当然也应当适用于法律和日常推理。另一方面，目前有一些人工智能论证系统采取了与之不同的路径。这里简要介绍三个这样的系统。它们都没有使用数字化的值来量化论证中的前提与结论——至少它们目前的发展是这样的。因此这些系统目前是贝叶斯方法的竞争者。但是总是有这样一种可能性，即在未来采用了某种混合式的系统，结合了两种不同的路径。

第4章 评价专家意见证据

有一些形式化的论证系统已经在计算机中运行了,它们可以被用于塑造基于专家意见的论证,并且已经被用于评价这些论证——当这些论证被嵌入由许多证据组成的相互关联的多个论证之中的时候(Prakken 2011)。这些系统的一个重要价值是,它们将基于专家意见的论证呈现为一种本质上可废止的论证形式,而且他们形式化地塑造了一些条件,根据这些条件该论证可能被案件中的相关论证支持或废止。

其中一种是 ASPIC+系统(Prakken 2010)。它是基于栋(Dung 1995)所提出的那种抽象论证框架,该框架可以判断对论证的攻击是否成功,而且在各个论证相互冲突的时候会比较论证中的冲突。ASPIC+系统是围绕着波洛克(Pollock 1995)所提出的可废止性概念而建构的。波洛克区分了两种不同的论证废止,分别是反驳和削弱。1.6节解释过这种区分。

形式化的 ASPIC+系统是基于一套逻辑语言 L,L 由一套严格的推论规则和可废止的推论规则构成,这些规则可用于建构从知识库 K 出发的论证。K 包含了一套可以用作前提的命题,它们可以与前述推论规则相结合,从而产生论证(Modgil and Prakken 2014)。严格推论规则的一个例子是传统逻辑学中的肯定前件式(*modus ponens*),这是一种具有演绎有效性的规则。可废止推论规则的一个例子就是以下基于专家意见的论证型式:E 是 D 领域的一位专家;E 断言了命题 A;A 位于 D 领域之内;因此可以暂时接受 A,但可以受到批评性质询。论证呈现为树状图,其中包含一些节点,代表从 L 中得到的命题。从一套节点"φ1,……,φn"到一个节点 ψ 的连接线,代表从"φ1,……,φn"等前提到 ψ 这个结论的论证。ASPIC+系统(Prakken and Sartor 1997)使用抽象的论证框架(Dung 1995)来评价论证。在一个抽象的论证框架中,主张者首先提出一个他想证明的论证,然后,当反对者想做出回应时,他必须提出一个攻击性的对抗论证。在这一系统中,每一个论证都可以被其他论证攻击,而这些论证又可以被添加进来的论证攻击。典型的结果是呈现出一个图表结构,它代表了一个论证序列中的一系列攻击和反攻击,例如:a1 攻击了 a2,a2 攻击了 a3,a3

也反过来攻击了 a2，等等。如果一个论证被另外一个论证攻击了，而且后一个论证已被接受且被反驳，那么前一个论证就被驳倒了；只有前一个论证经受住了所有的攻击，它才能被接受。

逻辑系统 DefLog（Verheij 2003, 2005）已经在计算机上运行了，它有一个相匹配的论证图表工具，被称作 ArguMed。这个系统可以被用于分析和评价可废止的论证。ArguMed 可以从以下主页中免费获取：https://www.ai.rug.nl/~verheij/aaa/argumed3.htm，它可以被用于塑造基于专家意见的论证。该逻辑系统是围绕着两个连接词而建立的。一个是简单蕴涵（primitive implication），用符号"~>"表示；另一个是辩证否定（dialectical negation），用符号"X"表示。简单蕴涵仅支持一个推论规则，即被费尔海（Verheij 2003）称为"*modus non excipiens*"的规则，但一般被称作"可废止的肯定前件式"（defeasible *modus ponens*，DMP）。

  A ~> B
  A
  因此 B

DefLog 系统中的命题都是一些假定，它们既可能被肯定性地评价为成立，也可能被否定性地评价为废止。该系统可能会与演绎逻辑相冲突，因为在演绎逻辑中，命题的真假是给定的，而且我们无法挑战推论的有效性。要想挑战一个演绎有效的论证，只能攻击该论证的某个前提，或者提出一个对抗性论证，表明结论是错误的。我们无法提出波洛克意义上的削弱（undercutting）。

为了观察简单蕴涵是如何运作的，我们来考虑波洛克的红色灯光案例（Verheij 2003, 324）如何呈现在 DefLog 系统中。我们可以将条件"如果一个物体看起来是红色的，它就是红色的"作为一个简单蕴涵。波洛克所举例子中的推理（观察者看到某个物体是红色的，因此得出结论说它是红色的），在 DefLog 系统中会被塑造成以下 DMP 论证。

第 4 章 评价专家意见证据

看起来_红色
看起来_红色 ~> 是_红色
因此 是_红色

波洛克所举例子中第二阶段的推理可以塑造如下：

看起来_红色
被红色灯光照射着
看起来_红色 ~> X（看起来_红色 ~> 是_红色）
因此 X（是_红色）

第三个前提是一个嵌入的可废止的简单牵连，其中包含了一个可废止的否定。它的意思是：如果一个物体在被红色灯光照射的环境中看上去是红色的，那么不能仅仅因为它看上去是红色的，就推论它是红色的。最后的结论是，无法从前面三个前提推出这个物体是红色的。当然，它或许就是红色的，但这不是一个接受"它是红色的"这个结论的正当理由。图 4.1 展示了如何将上述红色灯光论证可视化地呈现在费尔海的 DefLog 论证图表系统中。

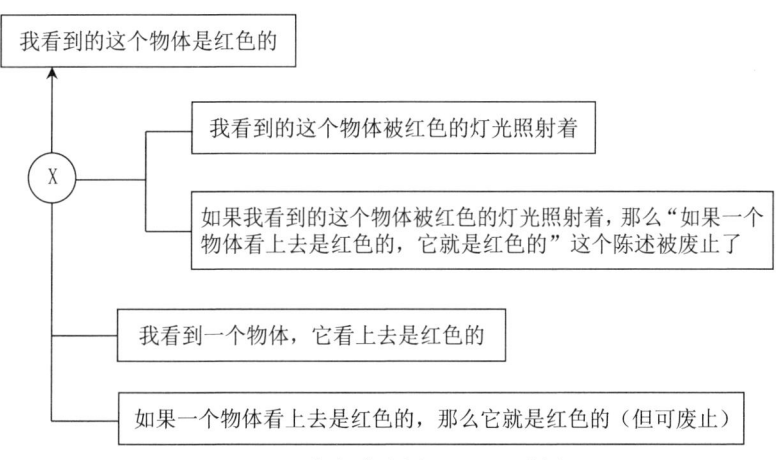

图 4.1　红色灯光案例：DefLog 版本

波洛克的例子中第一阶段的推理，展示在图4.1下半部分的论证中。这个论证有两个前提，这两个前提以联合论证（linked argument）的形式，共同支持"我看到的这个物体是红色的"这个结论。在这两个前提上方，我们可以看到一个削弱论证，这个论证也有两个前提，组成了一个联合论证形式。第二个联合论证削弱了第一个联合论证，这体现在第二个论证连接到一个包含X的节点上，该节点处于第一个论证到结论的线路上。所以，上面的论证削弱了下面的论证，这个图表可视化地展现了波洛克的例子中的两个推理阶段。

下面的图4.2借助一个简单的例子展示了一个基于专家意见的论证如何被塑造成DefLog系统中的可废止推理形式。

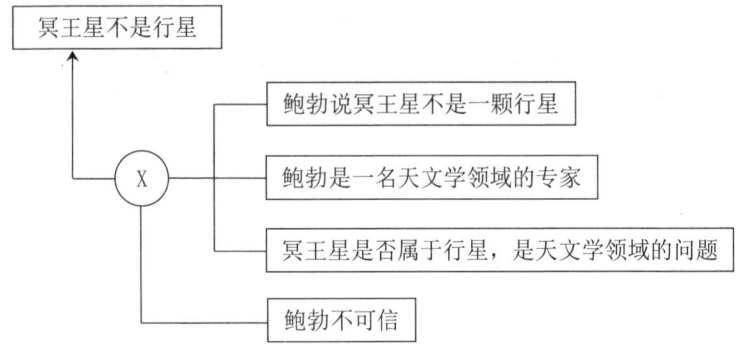

图4.2 冥王星案例：DefLog版本

图4.2中呈现的论证所基于的论证型式，将会在下文4.5节说明。尽管这种形式尚未被明确论述，但读者在此处可以很容易看出，图4.2中的例子使用了一种特定的基于专家意见的论证形式。在这个例子中，基于专家意见的论证包含了三个前提。最底部的陈述"鲍勃不可信"，对应于与基于专家意见的论证型式相匹配的批判性问题之一。我们可以说，当一个批评者提出这个陈述之后，它就削弱了基于鲍勃是天文学专家这个主张的基于专家意见的论证。理由是，如果鲍勃是不可信的，那么我们可以对以下问题提出怀疑：我们是否应当根据鲍勃的证

言而接受该论证？下文我们会在另一种系统中更详细地说明如何塑造可信性的问题。

4.3 卡涅阿德斯论证系统

卡涅阿德斯论证系统（Carneades Argumentation System，CAS）是一种形式化的计算机论证系统（https://github.com/carneades），它是以一位古希腊怀疑论哲学家的名字命名的。CAS 形式化地将论证塑造成一个论证图表，其结构由节点和箭头构成，节点代表论证中的前提或结论，箭头代表连接这些前提与结论的论证（Gordon 2010）。从形式上看，这个系统中的一个论证图表，是一个二分（bipartite）、定向（directed）、标号（labeled）图，可以表示为 < S，A，P，C >。它包含了四种要素：S 是一套陈述性的节点，A 是一套论证性的节点，P 是一组前提，C 是一组结论。矩形的节点中包含的命题代表了论证中的前提和结论，圆形的节点代表了与各种论证型式相对应的不同种类的论证。CAS 的一个显著特征是，它区分了论证图表中的正、反面论证。一个正面论证（pro argument）支持了一个结论或另一个论证，而一个反面论证（con argument）攻击了一个结论或另一论证。在任何一个 CAS 论证图表中，有一个陈述被作为主要争议事项（即需要支持或反驳的最终主张）而列在开端处。在所有的案例中，该陈述总是被作为论证树状图的根，被列在论证图表的最左侧。下文的图 4.5 就是一个 CAS 论证图表的示例。

在 CAS 中，一个论证评价结构被界定为一个集合<状态，听众，标准>。在其中，"标准"（或者说证明标准）的功能是，将一个<问题，状态，听众>形式的集合，转化成一个二进制的价值值，即真或假。这里所谓的"问题"（issue）指的是一个要在该系统中被证明或证伪的命题。"状态"（state）指的是一个论证序列所处的时间点。"听众"（audience）指的是在对话中论证所指向的人。听众决定了一个前提是否已被接受；论证型式与听众一起决定了在某个给定的前提状态（接受、未接受或拒绝）下一个论证的结论是否应当被接受。当

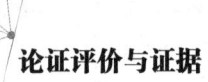

且仅当符合以下条件时，一个论证评价结构中的命题才可以被接受：在一个特定的状态下提出时，根据听众的评价，它满足了所适用的证明标准（Gordon and Walton 2009）。

在 CAS 系统中，形式化地塑造了四个标准（Gordon and Walton 2009），它们按照严格性的顺序排列，最不严格的列在顶端，最严格的列在底部。根据微弱证据（scintilla of evidence）的标准，要求至少存在一个可适用的论证。根据优势证据（preponderance of evidence）的标准，除了要满足微弱证据标准之外，分配给某个可适用的正面论证的最大份量，必须比可适用的反面论证的最大份量更大。根据清晰且令人信服的证据（clear and convincing evidence）的标准，首先，可适用的正面论证的最大份量必须超过一个临界值；其次，可适用的正面论证的最大份量与可适用的反面论证的最大份量之差，还要超过另一个临界值。根据排除合理怀疑的标准，在满足清晰且令人信服的证据标准之后，可适用的反面论证的最大份量，不得超过一个临界值。这三个临界值没有被赋予一个固定的数字化概率值。它们需要被使用者具体判断。5.4 节会以更严格的方式来塑造这四个标准。

CAS 也允许使用者对论证图表中的某个特定论证赋予数字化的份量值，该份量表示使用者认为听众接受一个论证的强烈程度。不管是证明标准还是份量赋值，都可以用于解决僵局，即针对同一个结论同时存在一个正面论证和反面论证的情况。请考虑这样一种情况：有两个基于专家意见的论证，一个是正面论证，一个是反面论证，所针对的是同一个结论（图 4.5 就展示了一个代表这类情况的论证图）。让我们假定，在这种情况中，听众接受了两个论证的所有前提，每一个论证都契合基于专家意见的论证型式，每一个论证自身都是合理的，此时我们就面临一个僵局。能否找到一些适用于 CAS 系统的工具，来打破这一僵局？在 CAS 中可以使用的有两种工具，即证明标准和论证份量。

论证份量允许听众评估，从而发现哪一个论证更强有力。例如，听众可能发现，一个专家比另一个专家更有资格，在该领域或专业范围内更有知识，或者偏向性更小。听众可以使用这些发现来评价论证，

第4章 评价专家意见证据

从而认为一个基于专家意见的论证比另一个更强。在这种情形中也可以使用证明标准。如果一个基于专家意见的论证足够强，满足了本案中所适用的证明标准（例如清晰且令人信服的证据标准），另一个论证则无法满足标准，那么很显然，满足标准的那个论证应当被接受。例如，如果一个正面论证要比另一个反面论证强很多，当它们被结合在一起的时候，那个正面论证尽管被反面论证攻击，但它仍满足了证明标准，那么应当接受那个正面论证。

一个论证的份量，表示为介于 0 与 1 之间的一个数值。请考虑图 4.3 中的这个例子。我们从底部的正面论证开始。听众接受该论证的强度为 0.5，而且听众接受了两个前提 p2 和 p4。这两个前提用深色文本框表示。到目前为止，看上去 p1 应当被接受。但是我们还要考虑上面的反面论证。在 CAS 中，适用于论证的默认证明标准被设定为优势证据标准。因此如果 a1 比 a2 强，那么 a1 就胜出。但是 a1 的唯一的前提 p3，尚未被听众接受。不过它可以被 a4 证明，而 a4 的两个前提都已被接受。然后我们就可以将 p3 改成深色。图中所显示出来的是：a1 反驳了 a2。

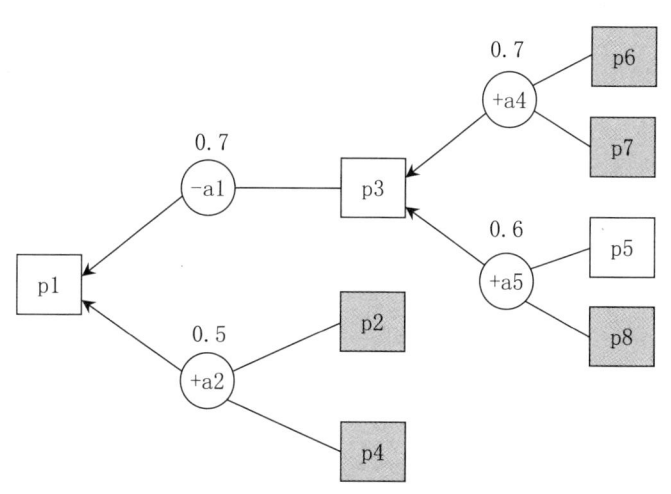

图 4.3 使用份量评价论证示例

接下来让我们看一个例示了削弱的论证，它与图 4.3 中的论证所例示的反驳形成了对照。CAS 也可以使用论证型式来塑造多种可废止的论证，例如基于专家意见的论证、从证言的论证、从因果关系的论证等。论证型式的名称包含在 CAS 论证图表的圆形节点内。如图 4.4 所示。

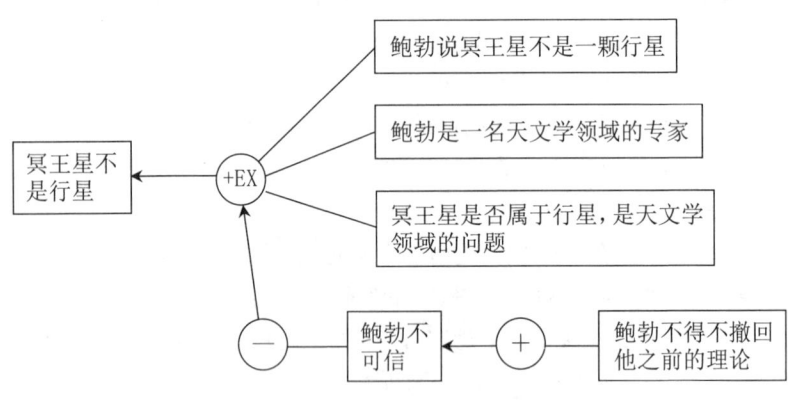

图 4.4　冥王星案例：CAS 版本

如果某个型式契合被选定塑造的论证，那么这个型式就被判断为适用于该论证，而这个论证就被认为是"有效的"（valid）（但又是可废止的）。在图 4.4 中，论证型式的名称表示在连接三个前提与最终结论的节点中。"EX"代表基于专家意见的论证；节点中的加号表示这个基于专家意见的论证被用作一个正面论证。"鲍勃不可信"这个陈述是一个反面论证中的前提，包含减号的节点表示这个反面论证，这个节点连向包含基于专家意见的论证的那个节点。CAS 将这个反面论证塑造成一个波洛克意义上的削弱。这意味着如果它能得到证据支持的话（如图 4.4 所示），它将废止原来的论证。ASPIC+、DefLog 和 CAS 这三种系统，都使用削弱和反驳来塑造可废止的论证。但是 CAS 在基于专家意见的论证案例中使用削弱和反驳的方式非常独特。下文 4.7 节将使用一个案例解释这一点。

4.4 型式与批判性问题

可以有多种不同的表述基于专家意见的论证型式的方式。对这种论证之逻辑结构的第一种表述，参见沃尔顿的著作（Walton 1989, 193）。此处 A 代表一个命题。

> E 是 D 领域内的一位专家。
> E 断言说，知道 A 为真。
> A 属于 D。
> 因此，可以认为 A 似乎为真。

与这种型式的最初版本相匹配，沃尔顿以非形式化的方式提出了六个批判性问题（Walton 1989, 194-196）。第一个问题是，这位专家给出的意见是否属于他的能力范围内。第二个问题是，被作为专家的信息来源，是不是一位真正的专家，而不是仅仅因为他的名气或名人身份而被作为信息来源。第三个问题是，应该认为这位专家具有多大的权威性。第四个问题是，是否存在其他持不同意见的专家。第五个问题是，该专家的意见是否与任何可以发现的、客观存在的证据相一致。第六个问题是，该专家给出的陈述是否被正确地解释了。

沃尔顿后来提出了一个关于基于专家意见的论证型式的更新版本（Walton et al. 2008, 310），内容如下［之前也提出过一个与该型式版本非常类似的版本（Walton 1997, 210）］。

> 大前提：信息源 E 是一位 S 领域的专家，S 领域包含了命题 A。
> 小前提：E 断言命题 A 为真（或为假）。
> 结　论：A 为真（或为假）。

这个型式版本与第一个版本的差别在于，第一个版本将 A 属于 D 列为一个独立的前提，而在第二个版本中，它是大前提的一部分。

研究者也注意到，这种型式可以被表述成一个条件式的版本，从而具有 DefLog 系统中的可废止的肯定前件式（即 DMP）结构。该条件式版本可以表述如下（Reed and Walton 2003，201）。

> 条件前提：如果信息源 E 是一位在包含命题 A 的 S 领域中的专家，且 E 断言命题 A 为真（或为假），那么 A 就为真（或为假）。
> 大前提：信息源 E 是一位 S 领域的专家，S 领域包含了命题 A。
> 小前提：E 断言命题 A 为真（或为假）。
> 结　论：A 为真（或为假）。

米斯拉伊认为（Mizrahi 2013，68），在上述扩充后的基于专家意见的论证型式版本中，条件前提"不可信"。因为它主张，"一位专家说命题 P 为真"这个事实，使得"P 为真"的可能性被显著提高。米斯拉伊之所以持这种批评意见，是因为他像戈德曼那样采取了一种传统观点，认为这种条件只能是演绎性质的（就像经典演绎逻辑中的严格实质条件那样），否则就是统计性质的归纳式条件。CAS 提出了第三种可能性，承认存在一种肯定前件式形式，它是可废止的，但又不是归纳性质的。

基于这种观点，该型式的条件式版本具有以下逻辑结构。其中，P1、P2 和 P3 是该型式中前提的元变量，C 是结论的一个元变量。

> 如果 P1、P2 和 P3，则 C
> P1、P2 和 P3
> 因此 C

非常需要强调的一点是，当这种型式被作为 DMP 推论形式的一个例子的时候，应当被看作是可废止性质的。指出这种型式是可废止性质的，背后的一个假定是：一般说来，我们不能认为一位专家所说的话是绝对可靠的。然而，尽管如此，在没有相反证据的情况下，假定这位专家所说的话是正确的通常是合理的。将一位专家所言接受为绝对正确，排除了任何质疑或怀疑的可能性，就会使论证的形式在本质上靠不住。沃尔顿的著作（Walton 1997）讨论了论证中的参与者将专家所言认作神圣不可侵犯的倾向性，指出了这种倾向是错误的从权威的论证型式；在这种论证型式中，参与论证者以不公正的方式战胜了另一位参与者。当你在一些特定条件下决定要做什么，或者要接受什么命题的时候，如果你暂时性地接受一位专家所说的话（除非你有不接受的理由，因而准备批评性地质询该专家建议），你会做得更好。沃尔顿的著作（Walton 1997）论述的一个非常重要的方面是，不要被专家的意见"吓倒"，因为专家所说的话有光环效应。与最初的型式相匹配的那些批判性问题，已经被以更精确的方式重述，从而匹配该型式的新版本。对这六个基本的批判性问题的新表述方式（Walton et al. 2008, 310），为每一个问题添加了一个名称。表述这六个基本的批判性问题的方式，参见沃尔顿的著作（Walton 1997, 223）。

专家问题：E 作为一个专家性的信息源，有多么可信？
领域问题：对于 A 所属的 F 领域，E 是该领域的专家吗？
意见问题：E 断言了什么隐含了 A 的内容？
信赖问题：E 本人是一个可信的信息源吗？
一致性问题：A 与其他专家所断言的内容一致吗？
支撑性证据问题：E 的断言是建立在证据之上吗？

有必要再一次强调：该论证是可废止性质的。我们可以从这些批判性问题如何充当评价基于专家意见的论证的工具，看出这种可废止性质。如果回应者提出了上述六个问题之一，最初的论证可能会被废止。也就是说，除非论证者能充分地回答该问题，否则即使论证的前提被接受，论证的结论也无法被接受。但是如果充分地回答了该问题，那么该论证就继续成立，直至提出了进一步的批判性问题。随着越来越多的与该型式相匹配的批判性问题被恰当地回答，基于专家意见的论证变得越来越强——即使在一开始的时候该论证很弱。

4.5　批判性问题与证明责任

我们需要意识到，这六个基本的批判性问题不是与基于专家意见的论证型式相匹配的全部问题。通过研究基于专家意见的论证以及相关的问题，而且通过在非形式逻辑课堂上教学生如何明智地处理基于专家意见的论证，这些基本的批判性问题被提炼出来，作为最适合引导学生批判性地和明智地应对基于专家意见的论证的问题。但是，每一个基本的批判性问题，都包含了一些从属性的批判性问题（Walton 1997）。

在上述专家问题下面，有三个从属性的问题（Walton 1997, 217）：

1. E 有偏见吗？
2. E 诚实吗？
3. E 谨慎吗？

对这些批判性问题进行界定和构造，就是要分析那些错误的基于专家意见的论证案例，观察这些论证是哪里出了错（Walton 1997）。当这些错误被以系统的方式分类的时候，那些旨在描述和处理它们的批判性问题，也就被界定出来了。

论证者与批评者之间的对话可能会持续进行，在这个对话中可以继续提出批判性问题。这种可能性会对在形式化的计算机论证系统中塑造某种型式（例如基于专家意见的论证）造成问题。回应者可以不断地提出这种批判性问题吗？结论的开放性，当然是可废止论证的一个典型特征。它们是非单调的（nonmonotonic），也就是说即使它们目前暂时有效，但未来新出现的信息可能会令它们失效。但是哪一方应当承担提出新证据的证明责任？仅仅提出一个问题就足以废止一个论证吗，还是要求该问题必须被证据支持才能具有这种效力？

我们还可以从观察以下过程而进一步认识到基于专家意见的论证之可废止性质：在任何具体案件中，评价一个基于专家意见的论证，都取决于由论证的主张者与回应者（或者说批评性的质询者）之间的对话构成的语境。先是由主张者提出论证，回应者的任务是批判性地质询该论证或者提出对抗性论证。在特定的案例中，评价某个基于专家意见的论证是否有效，取决于两个因素。一个因素是，给出的论证是否符合基于专家意见的论证之型式结构。即使这个因素被满足，还要继续看第二个因素，即对论证的评价还取决于在对话中所发生的事情，尤其是要权衡主张者和回应者的行动。对论证的评价取决于在对话中做出的正面的和反面的行动。也可以用另一种方式指出这一点，即借助"证明责任的转移"（shifting of the burden of proof）这个术语。当一个问题被充分地提问和回答之后，证明责任就转移到提问者一方，他或者提出进一步的问题，或者接受该论证。但是有一个一般性的问题，即应当如何规定这种证明责任的转移，和应当如何塑造基于专家意见的论证？

克里斯·雷德在亚利桑那大学访问期间，提出了一个问题：是否存在某种方式，将与一个型式相匹配的批判性问题，表示成一个论证图表中所呈现的那类陈述？我回答说我无法指出这样一种方式，因为有些批判性问题，仅仅被提出来就可以废止一个论证；而有的批判性问题，必须被证据支撑着，才能废止一个论证。这一观点引出了两种关于当回应者提出批判性问题后会发生什么的假设（Walton and Godden 2005）：（1）当提出一个批判性问题后，证明责任转移到主张者一边，他需要回答该问题。如果不能回答该问题，主张者的论证应当失效。（2）回应者必须用进一步的论证来支持其批判性问题，才能使主张者的论证失效。

从计算机系统的角度来看，一套批判性问题的完整性等问题，也是非常重要的，因为这种问题不仅对于基于专家意见的论证型式适用，而且一般性地对于所有型式都适用。但是这种问题不容易回答，因为语境也发挥作用。例如，在法庭上一位专家证人所给出的意见，与在一个非正式的环境中某位专家给出的意见，或者与在一份科学论文中给出的专家意见相比，应当有不同的质询方式。怀纳（Wyner 2012）讨论了诸如此类的问题，旨在提出对批判性问题的形式化呈现方式。在帕森斯等人的著作中（Parsons et al. 2012），建构出了基于各种信任形式的论证型式。尤其是，他们区分了两种型式：从专家意见的信任之型式，和从权威的信任之型式。这些因素有待进一步探讨。

4.6 关于型式与批判性问题的卡涅阿德斯观点

在上述两种假设（即当提出一个批判性问题后，要么证明责任转移到主张者一边，要么回应者需要用进一步的论证来支持其批判性问题）之间做选择的问题，引出了以下观念——该观念是 CAS 中的一个基础性特点：在一个具体案件中应当适用哪一个假设，取决于当前的论证型式（Walton and Gordon 2005）。更具体地说，所提出的解决方法是，对于型式中的每一个批判性问题，应当适用不同的假设。这种解决方法允许我们对于每一个论证型式，逐个地在主张者和回应者之间分配回答批判性问题的证明责任（Walton and Gordon 2011）。

基本上，这种解决方法是将批判性问题塑造成一个型式中的前提，从而扩充该型式中的前提。普通的前提就是论证的大小前提。假定（assumptions）代表了需要由主张者回答的批判性问题；例外（exceptions）代表了需要由回应者回答的批判性问题。这两类批判性问题被塑造成附加的前提（additional premises）。根据这种观点，一个前提是否成立，不仅取决于它所属的类型，而且取决于在一场对话过程中该前提正处于的对话状态。在一个案件中，随着双方轮流做出行动，论证向前推进，同时发生着责任的转移。这种责任与法律中的说服责任（burden of persuasion）有所不同，而是更接近于法律中所谓的提出证据责任（burden of producing evidence），或者证据责任（evidential burden）（Prakken and Sartor 2009）。

在 CAS 的目前版本中（https://github.com/carneades/carneades），有一个各种型式的目录（http://localhost：8080/policymodellingtool/#/schemes）。其中一种型式就是基于专家意见的论证。表示如下。

　　名　　称：基于专家意见的论证
　　严　　格：虚假
　　方　　向：正面

结　论：A
前　提：
- 信息源 E 是一名 S 领域的专家。
- A 属于 S 领域。
- E 断言 A 为真。

假　定：
- 对 A 的断言建立在证据之上。

例　外：
- E 本人作为信息源是不可靠的。
- A 与其他专家所断言的内容不一致。

前述关于信赖的批判性问题，在上面的型式中被表示成"E 本人作为信息源是不可靠的"这个陈述，而且被归类为一项例外。这就意味着，如果对话中的回应者质问是否 E 本人是可靠的信息源（即信赖问题），那么除非回应者用一些证据来支持其质疑，否则主张者的论证不会被废止。如果回应者不能提出证据，那么主张者有权回答说："当然这位专家本人是可靠的，这是有效的，除非你能提出一些相反的证据。"

相比之下，支撑性证据问题被作为一个假定。这就意味着，如果回应者要求主张者给出专家可据以支持其主张的支撑性证据，那么主张者就有义务提供一些这样的证据，否则基于专家意见的论证就会失败。我们合理地期待专家将其意见建立在证据之上，尤其是某种科学证据之上。如果对于这一假定是有疑问的，那么基于专家意见的论证就会被质疑。当我们以这种方式界定了每一个与型式相匹配的批判性问题之后，就可以使用一种标准化的在计算机系统中管理型式的方式了。

4.7　基于专家意见的论证的案例

为了观察 CAS 如何评价基于专家意见的论证，我们来考虑一个典型的小案例。A 代表一个命题，该命题处于争论之中。既有支持该命题的专家，也有反对该命题的专家。一位名叫安妮塔（Anita）的专家支持 A，另一位名叫布拉德（Brad）的专家反对 A。在图 4.5 中，命题 A 列在最左侧，这与 CAS 论证图示中的常用方式一致。

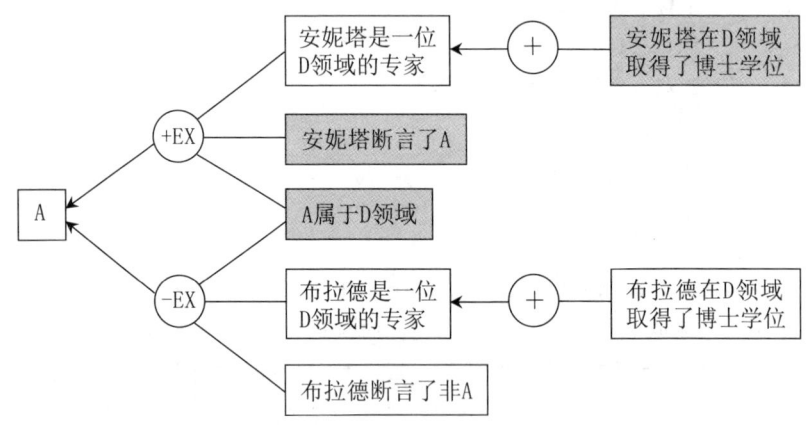

图 4.5 专家意见冲突案例：CAS 版本

多位专家产生冲突是一种典型的情形，在这种情形中，一位专家断言 A，另一位专家却断言非 A。两个论证都表示在圆形的论证节点内，这两个节点都被标示成基于专家意见的论证（EX），它们符合基于专家意见的论证型式。上半部分展示的正面论证，有两个前提已被听众接受。我们用深色的文本框去表示这两个前提。还有另一个用深色文本框表示的命题，即"安妮塔在 D 领域取得了博士学位"，这个前提也已经被听众接受。我们假设这个正面论证（用"+"表示）符合某种已被听众接受的论证型式（例如 DMP）。如果这样的话，CAS 会自动地将"安妮塔是一位 D 领域的专家"这个命题变成深色。因此，CAS 也会自动地将最终的待证命题 A 变为深色文本框。到目前为止，上半部分的正面论证足以显示，最终的命题是可接受的。

接下来，我们观察图 4.5 下半部分的反面论证。CAS 如何将这个论证纳入考量？为了回答这个问题，我们现在来看图 4.6。在图 4.6

第 4 章　评价专家意见证据

中，命题 A 被显示在深色文本框内，表明它已被上面的正面论证证明。在下半部分的论证中，"布拉德是一位 D 领域的专家"这个前提被表示在浅色文本框内，表明该前提尚未被接受。但是这个前提得到了一个论证的支持，这个论证的前提（"布拉德在 D 领域取得了博士学位"）是已经被接受的。因此 CAS 会自动地将"布拉德是一位 D 领域的专家"这个前提改成深色。然后 CAS 显示，从专家意见的反面论证中的三个前提都已被听众接受。正面论证和反面论证形成了僵局。这是一个很典型的专家意见冲突案例。

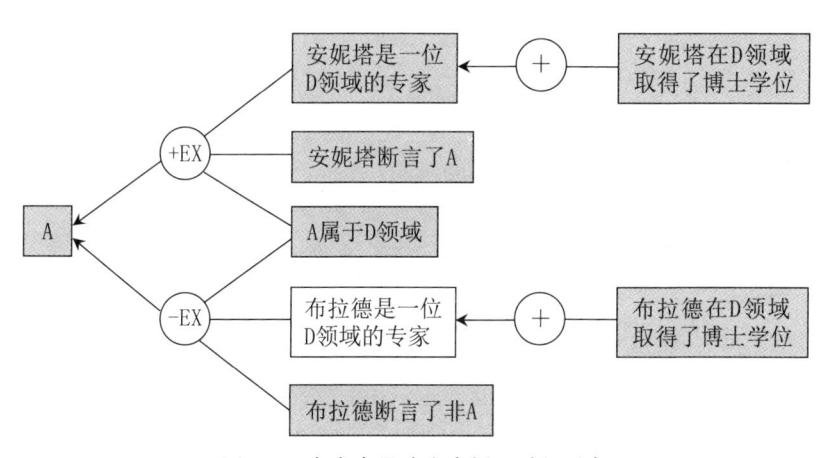

图 4.6　专家意见冲突案例：引入听众

现在反面论证与证明论证僵持难解，因此 CAS 会自动地消除命题 A 文本框上的颜色。在这个时间点上，没有哪个论证能胜出。CAS 有许多可以解决这种僵局的方式。其中一种方式是使用证明标准这个概念。另一种方式是赋予每一个论证一个数字化的份量值，标示听众接受每一个论证的强度。分别使用或者结合使用这两种方式，就可以表现出一个论证比另一个论证更强有力。在 CAS 中这两种方式可以结合使用。除此之外还有其他解决僵局的方式。可以引入一个新的论证，从而使证明责任向某个方向倾斜。

论证评价与证据

例如，我们来看一下，如何引入批判性的信赖问题来处理这类情形。在上面的型式中，信赖问题被列在"例外"之中。这意味着，仅仅提出该问题不会废止一个基于专家意见的论证。为了废止一个论证，必须提出一些证据来支持对该问题的主张。因此，可以用以下方式塑造证据的情况：将信赖问题呈现为一个反面论证。我们可以看到，图4.7底部的反面论证攻击了在其之上的从专家意见的反面论证。在这个例子中，作为例外的批判性问题被塑造成一项削弱。

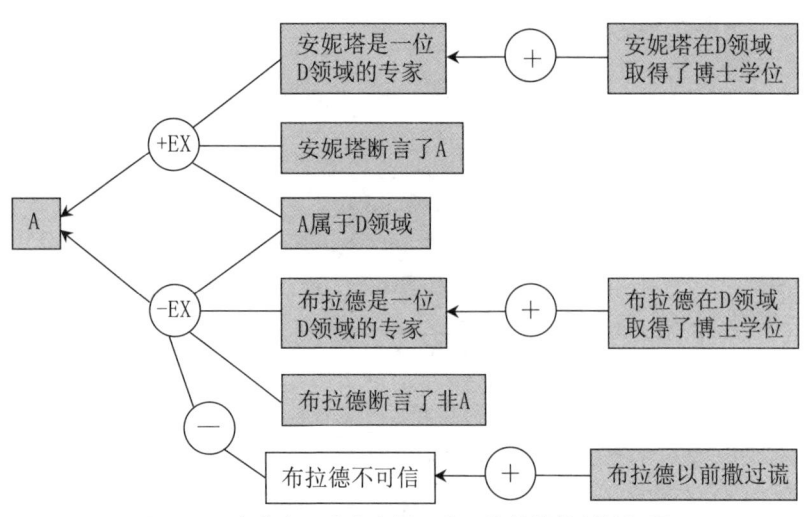

图 4.7 专家意见冲突案例：关于信赖的批判性问题

如图 4.7 所示，"布拉德不可信"这个主张被一个论证支撑着。这个论证有一个前提，即"布拉德以前撒过谎"。因为这个前提提出了一个合理的理由，支持"布拉德不可信"这个主张，所以提出这个批判性问题能够废止对应的基于专家意见的论证。因此布拉德的基于专家意见的论证在争辩中被击败，CAS 会自动地将最终的结论显示成深色。

上面这个案例非常简单，目的是向读者展示 CAS 如何塑造论证、如何使用论证图表可视化地呈现论证，以及如何使用听众的概念来评价论证。为了更好地理解这些问题，就像在论证研究领域经常会做的那样，我们有必要使用 CAS 来分析一个真实的案例。

4.8 盖蒂青年雕像案例

青年雕像（kouros）指的是一种古希腊的站立式裸体年轻人雕像。这种雕像通常左脚在前，双臂垂在两侧，目光前视。所谓"盖蒂青年雕像"（Getty kouros），指的是位于加利福尼亚州马里布的保罗·盖蒂博物馆（J. Paul Getty Museum），于 1985 年花费七百万美元买来的一座青年雕像。这座雕像最初被认为是真的，但后来有专家提出了怀疑。在博物馆中这座雕像的标签写着："希腊，约公元前 530 年，也可能是现代伪造品。"关于该雕像之出处的证据非常薄弱。博物馆是从一位瑞士收藏家那里购买了这座雕像，这位收藏家号称自己是在 1930 年从一位希腊商人那里买来。但是没有考古学证据能将该雕像追溯到希腊。这座雕像的文件记录似乎也表明这是一场骗局，因为据称是这位瑞士收藏家于 1952 年写的一封信上，有一个邮政编码，而这个邮政编码在 1972 年（实际上应当是 1987 年）前是不存在的。图 4.8 展示了两个基于专家意见的论证结构，以及从出处证据的论证。

图 4.8 还显示，有一些证据支持该雕像的真实性。这些证据源于在爱琴海北边色雷斯一带发现的一种石材。佐治亚大学的地质学教授诺尔曼·赫茨（Norman Herz）有 90%的确定性认为，该雕像的石材源于位于爱琴海北边的希腊萨索斯岛。加利福尼亚大学的地质学教授斯坦利·马戈利斯（Stanley Margolis）表明，这个雕塑的白云石表面经过了一个镁元素被滤掉的过程。他得出结论说，这一过程要经过多个世纪的时间才可能完成（Margolis 1989）。他认为，基于这些理由，这个雕像不可能是伪造品（Herz and Waelkens 1988, 311）。

我们可以使用 CAS 来塑造这些论证的结构，使用证明标准和听众概念来决定一个论证中的哪些前提已被接受、已被拒绝或尚未被决定，同时使用 4.4 节中介绍的其他工具。我们可以看一下，一个基于专家意见的论证如何攻击了另一个基于专家意见的论证。在 CAS 中，最终的结论是否应被接受，取决于将要适用的证明标准（Gordon 2010）。

138 如果适用的是优势证据标准，那么支持这座青年雕像是真品的正面论证能够胜出。如果适用一个更高的证明标准，例如清晰且令人信服的证据标准，或者排除合理怀疑的标准，那么该正面论证可能无法证明最终的结论。按照这种观点，最终的结果取决于在调查中所用的证明标准，以及各前提对于听众（这些听众将会决定是否接受各前提）而言有多大的可接受性。考虑到在此类案例中总是存在怀疑论态度（即有专家主张伪造的可能性），而且考虑到在许多类似案例中存在非常聪明的伪造者，所以在这个案例中需要满足的确定该雕像是真品的证明标准是很高的。需要满足该标准的证据主要包括三组：（1）关于该雕像的石材来源的地质学证据；（2）专家关于以下问题的判断，即该雕像所呈现的制作特征与同时期真品雕像所呈现出来的制作特征有多么紧密的契合性；（3）关于出处的证据。

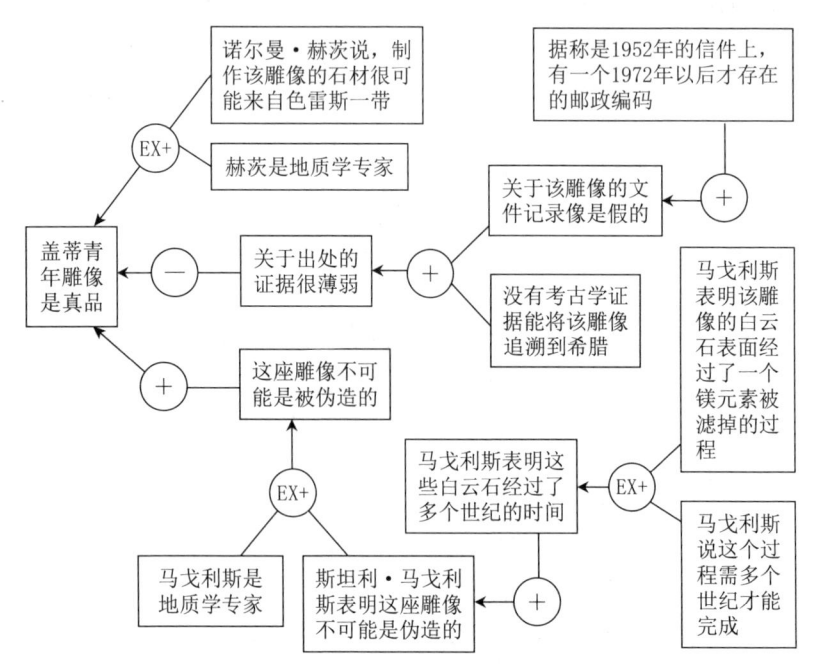

图 4.8 盖蒂青年雕像案例：前两个基于专家意见的论证

4.9 拓展盖蒂青年雕像案例

我们可以引入新的证据，来拓展盖蒂青年雕像案例。该证据是由第三位专家提出的，如图4.9所示。在1990年代，一位名叫米里亚姆·卡斯特纳（Miriam Kastner）的海洋化学家能够在实验室里人工诱发去白云石化（de-dolomitzation）反应。而且，这一结果也被马戈利斯的先前发现所确认。[1] 这一结果表明，有可能这座雕像是被伪造者以人工手法做旧了。这个新的证据质疑了马戈利斯的主张，即这个过程持续了多个世纪的时间。新的证据削弱了基于马戈利斯专家意见的论证，具体的方式是对该论证的一个前提提出了质疑。

使用CAS塑造盖蒂青年雕像案例，有助于展示一种推理类型——基于专家意见的论证型式旨在描述这种推理类型。这个案例中表现了一个基于专家意见的论证如何能够攻击或支持其他的基于专家意见的论证。但是，我们在分析这些案例的时候，不会展开讨论论证增长（accrual of arguments）的角色这个主题。我们可以看到，基于赫茨的地质学专业意见的正面论证，被基于马戈利斯的地质学专业意见的补强性正面论证所支持。第一个论证尽管是可废止的，但一开始仍具有一定程序的强度或可信性，然后第二个基于地质学证据的论证被引入，"盖蒂青年雕像是真品"这个结论就变得更加可信了。但是随后，马戈利斯所提出的那个基于专家意见的论证，被另外一个由海洋化学家提出的诉诸专家意见的论证所攻击，因此最终结论的接受度有所下降。支持或攻击最终结论（即"盖蒂青年雕像是真品"）的证据集合之强度的变化，表明在我们评价本案中证据支持的强度时，有某种论证增长机制在发挥作用。但是我们知道，很难用形式化的方法去处理这种论证增长（Prakken 2005）。

---

[1] Michael Kimmelman, "Absolutely Real? Absolutely Fake?", *New York Times*, August 4, 1991, accessed 29/8/2008.

论证评价与证据

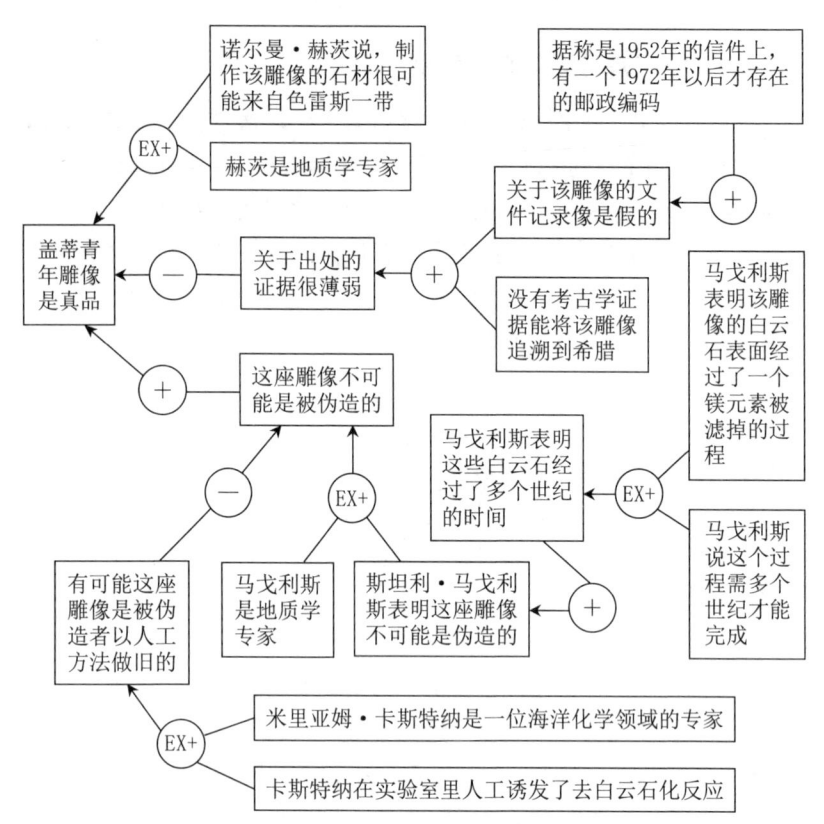

图 4.9　盖蒂青年雕像案例：第三个基于专家意见的论证

本章展示了如何使用 CAS 来评价以下这类论证：在论证当中，某个论证需要被作为新证据而重新评价，它补强或者攻击了之前被提出的论证。但是这个程序是以人工的方式推进的，需要使用者根据听众的反馈而将每个命题标示为已接受或未接受。最近的一个研究课题是，修改 CAS，使其能够自动化地完成此类评价，即输入新的证据、对论证进行修改以及相应地改变对最终结论的接受。虽然现在尚未实现自动化目标，但是我们仍然可以使用 CAS 来更新证据，就像在盖蒂青年雕像案例中所展示的如何塑造证据推理那样。

关于出处的证据是一个尤其重要的废止因素，即使其他的两个因素已经通过非常有力的支持性证据得到了证明。观察图 4.9，我们可以看到，其中的地质学证据是非常强的，因为它们是基于两名彼此独立的专家的一致性意见。但是，考虑到出处证据较为薄弱，可能难以合理地满足"盖蒂青年雕像是真品"的证明标准。另外，图 4.9 中的情形还呈现出一个冲突，因为属于第一类的那组证据，与属于第三类的那组证据有冲突。对属于第二类的那组证据缺乏考量。

如果我们考虑未在图 4.8 中塑造的进一步的证据，对证据情形的评价可能不会有太大的不同，因为对于盖蒂青年雕像与同类真品雕像之间的契合紧密性，出现了多轮意见冲突。当我们观察图 4.9 中展现的新证据的时候，可以看到地质学证据被新引入的证据（即关于卡斯特纳在实验室里人工诱发了去白云石化反应的证据）削弱了。在图 4.9 中，基于卡斯特纳的专家证言的论证，被列在论证图表的底部。这个新的论证攻击了马戈利斯的专家意见给出的论证结论，即这个雕像不可能是伪造的。

这个新的证据使前述地质学证据进一步远离了满足证明标准（即认定这座青年雕像是真品的标准）的可能性。如果有一位与马戈利斯互相独立的专家，确认了卡斯特纳的发现，那么就会使基于地质学证据的论证变强。不过，马戈利斯确认了卡斯特纳的发现这一事实，也有同样效力，因为正是马戈利斯最初断言说这个雕像不可能是伪造的。现在看来，他似乎不得不承认伪造的可能性。我们没有证据表明，他实际上已撤回了他最初的主张。但是他确认了卡斯特纳的发现，就表明有理由认为他应撤回自己先前关于该雕像不可能是伪造的主张。

4.10　结　论

夏帕（Schiappa 2002, 51）曾强烈地主张论证评价的核心地位，认为它为论证领域的研究指明了方向、目的。但是他也指出，该领域之中的学术传统，过去倾向于抑制对论证评价的研究。这个领域本身被称作"论证理论"（argumentation theory），过去该领域并不强调以下

论证评价与证据

类型的研究：通过将一个理论应用到对具体个案的分析中而检验该理论。或许，意识到论证评价的语境性质，也阻却了论证研究者直接面对如何评价论证的问题。当然，在进入论证评价的主题时，有理由让我们保持谨慎和小心，尤其是考虑到其语境性质。例如，法律中的论证需要根据特定的标准、方法和程序来评价，它们显然不同于当评价在科学研究中发生的论证时会采用的标准、方法和程序。

本章使用 CAS 评价的论证案例，明确显示了新的形式化的计算机论证模型，最终被用来解决论证评价的难题。CAS 的评价方法是基于一些论证型式、通过论证图示而可视化呈现的树状结构，决定论证中的哪些前提可接受或不可接受的听众角色。通过植入这些工具，CAS 可以自动地计算任何给定的论证之结论是否可接受。这种模型仍然有其局限性。当前正在进行的研究，旨在通过适用于新的案例和疑难案件，来提高这种模型的能力。

本章包含了以下结论：（1）从论证的观点来看，对专家深信不疑通常是错误的；（2）尽管如此，经常有必要依靠专家意见证据；（3）但是我们可以暂时性地接受从专家意见推出的结论，而这种假定是可以撤销的。本章展示了在真实的案件中，可以通过五个步骤来评价一个论证：（1）使用基于专家意见的论证型式（以及其他型式）界定论证的各个部分，包括它的前提和结论；（2）构建一个论证图表，呈现本案中的相关证据，从而评价该论证；（3）考虑与该型式相匹配的批判性问题；（4）将这些批判性问题作为型式中的附加性前提（包括假定和例外）；（5）建构一个体系来展示正反论证之间的证据关系，从而权衡支持和反对该从专家意见之论证的各个论证。我们可以看到，在形式化的计算机论证系统中应用这种程序，是完全可能的。不过我们需要重新界定批判性问题，区分该型式中的三类前提——普通前提、假定和例外。前面已经给出了几个案例，包括关于盖蒂青年雕像的真实案例，来演示如何适用这个一般性的程序。

本章展示了 CAS 如何应用这种程序。它在其论证评价系统中使用了该型式的一种可废止版本，建立在陈述的可接受性、证明责任和证明

第 4 章　评价专家意见证据

标准等概念之上（Gordon 2010，145-156）。基于这些理由，CAS 符合所谓的 ESE 模型，即科学证据认识论（epistemology of scientific evidence）（Walton and Zhang 2013）。ESE 模型已经被用于分析和评价在法律中作为证据使用的专家证言。它尤其是被用于避免或减少错误，而且与 CAS 相仿，它是基于接受，而不是基于戈德曼的真实主义观点。在真实主义的认识论（veristic epistemology）中，知识（knowledge）演绎性地包含了真理（truth）。根据这种观点，如果一个主体的知识库比另一个主体的知识库包含了更多的真实命题，那么他就更有专家资格。ESE 是一种更灵活的认识论，可以在以下语境中处理可废止的推理：在这种语境中，所谓知识就是一套某个科学领域中的科学家的承诺，而随着新证据的引入，它们有可能被撤销。它们不是一套真实的信念，也不是仅仅基于演绎或归纳推理（至少是标准的概率理论所代表的那种归纳推理）。

米斯拉伊的观点是错误的，因为他使用了关于基于专家意见的论证的单一前提版本，作为普遍的论证形式。这是错误的，更确切地说，用这种简单化的型式版本呈现基于专家意见的论证的时候，其他的批判性问题没有被纳入考量。简单化的版本具有启发式价值，因为它表明了我们经常从某人是一位专家这个单一前提，跳跃到这个人所言为真这个结论。但是这种简单化版本也明确显示了为什么会以这种方式跳跃到结论，而不考虑以下这些问题：被援引的那个人是不是一位真正的专家？他是不是对应领域内的专家？等等。正是因为轻视了这些批判性问题，或者在更糟糕的情况下完全忽视了它们或故意不予考虑，才会发生诉诸权威的谬误（ad verecundiam fallacy）。就像本章所显示的，采用单一前提的形式表达基于专家意见的论证，不考虑那些附加的前提，对于论证评价是没有益处的。这种单一前提版本，有一些初级的解释价值，可以教学生了解关于基于专家意见的论证的基本知识。但是不管怎样我们都应意识到，这种论证是有一些附加性前提的。我们可以从 CAS 中的基于专家意见的论证模型中看到这一点。

对于弗里德曼，我们可以批评他做出了循环推理，因为他在所写

论证评价与证据

的书中援引了许多专家的话,来证明"许多专家出错了"这个主张。但是,这种循环推理的形式,没有犯"用未经证实的假定来辩论"(begging the question)的谬误。因为,弗里德曼的结论是基于一些实证证据,这些证据表明专家经常犯错误。他可以用有理有据的方式,解释这些证据和从中推出结论。他关于专家推理中的错误的论证,以及他关于为什么基于专家意见的论证如此频繁地出错的发现,是在一个元层次上,在这个层次上,使用专家意见证据的人意识到推理中的错误而且改正错误,或者至少认识到推理的薄弱性,不仅很重要,而且很必要。但是弗里德曼没有得出结论说,基于专家意见的论证是没有价值的,因此应当被完全贬低。在一次采访中("Experts and Studies: Not Always Trustworthy", *Time*, June 29, 2010),他明确地说:完全舍弃专业意见"是鲁莽的和危险的",处理基于专家意见的论证之关键,是学习如何区分好的论证与差的论证。本章的目标就是找到一种系统化的方式,使用论证工具来完成这一任务。

本章例示了在一个特定的案件中使用某种可废止的论证型式(例如基于专家意见的论证形式)会遇到的一些问题。这些论证通常被用作启发式,以快捷地从一组证据得出结论,以此作为基础做出进一步的行为,或者收集更多的证据——新收集的证据可能会支持也可能会废止原来的假设。存在的一个问题是,当前阶段的 CAS 没有包含一种方法,可随着新证据的进入而更新某个假设。另一个问题是,处理真实的案例经常要涉及大量的论证,需要在一个非常大的论证图表中才能绘制出这些论证。即便存在这些问题,我们还是能够看到,CAS 以及其他正在发展之中的计算机论证系统,有足够的潜力去处理较为复杂的案件。下一章将朝着这个方向迈出重要的一步。

参考文献

Dung, P. M. 1995. On the acceptability of arguments and its fundamental role in nonmonotonic reasoning, logic programming and n-person games. *Artificial Intelligence* 77 (2): 321-357.

第 4 章 评价专家意见证据

Freedman, D. H. 2010. *Wrong: Why experts keep failing us—And how to know when not to trust them*. New York: Little Brown and Company.

Goldman, A. 1999. *Knowledge in a social world*. Oxford: Clarendon.

Goldman, A. 2001. Experts: Which ones should you trust? *Philosophy and Phenomenological Research* LXIII (1): 85-110.

Gordon, T. F. 2010. The Carneades argumentation support system. In *Dialectics, dialogue and argumentation*, ed. C. Reed and C. W. Tindale. London: College Publications.

Gordon, T. F., and D. Walton. 2009. Proof burdens and standards. In *Argumentation and artificial intelligence*, ed. Iyad Rahwan and Guillermo Simari, 239 - 260. Berlin: Springer.

Grice, H. P. 1975. Logic and conversation. In *Syntax and semantics*, vol. 3, ed. P. Cole and J. L. Morgan, 43-58. New York: Academic.

Hahn, U., A. Harris, and M. Oaksford. 2013. Rational argument, rational inference. *Argument and Computation* 4 (1): 21-35.

Hamblin, C. L. 1970. *Fallacies*. London: Methuen.

Haynes A. S., G. E. Derrick, S. Redman, W. D. Hall, J. A. Gillespie, et al. 2012. Identifying trustworthy experts: How do policymakers find and assess public health researchers worth consulting or collaborating with? *PLoS ONE* 7 (3): e32665. doi: 10. 1371/journal. pone. 0032665. Accessed 10 July 2013 at: http://www.plosone.org/article/info%3Adoi%2F10. 1371%2Fjournal. pone. 0032665.

Herz, N., and M. Waelkens. 1988. *Classical marble: Geochemistry, technology, trade*. Dordrecht: Kluwer Academic Publishers.

Li, H., and M. Sighal. 2007. Trust management in distributed systems. *Computer* 40 (2): 45-53.

Margolis, S. T. 1989. Authenticating ancient marble sculpture. *Scientific American* 260 (6): 104-114.

Mizrahi, M. 2013. Why arguments from expert opinion are weak arguments. *Informal Logic* 33 (1): 57-79.

Modgil, S., and H. Prakken. 2014. The ASPIC+framework for structured argumentation: A tutorial. *Argument and Computation* 5 (1): 31-62.

Parsons, S. , K. Atkinson, K. Haigh, K. Levitt, P. McBurney, J. Rowe, M. P. Singh, and E. Sklar. 2012. Argument schemes for reasoning about trust. In *Computational models of argument*, Frontiers in artificial intelligence and applications, vol. 245, 430-441. Amsterdam: IOS Press.

Pollock, J. L. 1995. *Cognitive carpentry*. Cambridge, MA: The MIT Press.

Prakken, H. 2005. A study of accrual of arguments, with applications to evidential reasoning. In *Proceedings of the tenth international conference on artificial intelligence and law*, Bologna, 2005, 85-94. New York: ACM Press.

Prakken, H. 2010. An abstract framework for argumentation with structured arguments. *Argument & Computation* 1 (2): 93-124.

Prakken, H. 2011. An overview of formal models of argumentation and their application in philosophy. *Studies in Logic* 4 (1): 65-86.

Prakken, H. , and G. Sartor. 1997. Argument-based extended logic programming with defeasible priorities. *Journal of Applied Non-classical Logics* 7: 25-75.

Prakken, H. , and G. Sartor. 2009. A logical analysis of burdens of proof. In *Legal evidence and proof: Statistics, stories, logic*, ed. H. Kaptein, H. Prakken, and B. Verheij, 223-253. Farnham: Ashgate.

Reed, C. , and D. Walton. 2003. Diagramming, argumentation schemes and critical questions. In *Anyone who has a view: Theoretical contributions to the study of argumentation*, ed. F. H. van Eemeren, J. A. Blair, C. A. Willard, and A. Snoeck Henkemans, 195-211. Dordrecht: Kluwer.

Schiappa, E. 2002. Sophisticated modernism and the continuing importance of argument evaluation. In *Arguing communication and culture: Selected papers from the 12th NCA/AFA conference on argumentation*, ed. G. T. Goodnight, 51-58. Washington, DC: National Communication Association.

True, M. 1987. A Kouros at the Getty Museum. *The Burlington Magazine* 129 (1006): 3-11.

Tversky, A. , and D. Kahneman. 1982. Judgments of and by representativeness. In *Judgment under uncertainty: Heuristics and biases*, ed. D. Kahneman, P. Slovic, and A. Tversky. Cambridge: Cambridge University Press.

van Eemeren, F. H. , and R. Grootendorst. 1992. *Argumentation, communication*

第 4 章 评价专家意见证据

and fallacies. Mahwah: Erlbaum.

Verheij, B. 2003. DefLog: On the logical interpretation of prima facie justified assumptions. *Journal of Logic and Computation* 13 (3): 319-346.

Verheij, B. 2005. *Virtual arguments. On the design of argument assistants for lawyers and other arguers.* The Hague: TMC Asser Press.

Walton, D. 1989. *Informal logic.* Cambridge: Cambridge University Press.

Walton, D. 1997. *Appeal to expert opinion.* University Park: Penn State Press.

Walton, D. 2010. Why fallacies appear to be better arguments than they are. *Informal Logic* 30 (2): 159-184.

Walton, D., and D. Godden. 2005. The nature and status of critical questions in argumentation schemes. In *The uses of argument: Proceedings of a conference at McMaster University 18-21 May, 2005*, ed. D. Hitchcock, 476-484, Hamilton, Ontario.

Walton, D., and T. F. Gordon. 2005. Critical questions in computational models of legal argument. In *Argumentation in artificial intelligence and law*, IAAIL workshop series, ed. P. E. Dunne and T. J. M. Bench-Capon, 103-111. Nijmegen: Wolf Legal Publishers.

Walton, D., and T. F. Gordon. 2011. Modeling critical questions as additional premises. In *Argument cultures: Proceedings of the 8th international OSSA conference*, ed. F. Zenker, 1 - 13. Windsor. Available at http://www.dougwalton.ca/papers%20in%20pdf/11OSSA.pdf.

Walton, D., and N. Zhang. 2013. The epistemology of scientific evidence. *Artificial Intelligence and Law* 21 (2): 173-219.

Walton, D., C. Reed, and F. Macagno. 2008. *Argumentation schemes.* Cambridge: Cambridge University Press.

Wyner, A. 2012. Questions, arguments, and natural language semantics. In *Proceedings of the 12th workshop on Computational Models of Natural Argumentation (CMNA 2012)*, Montpellier, France, 16-20.

第 5 章　列奥纳多·达·芬奇的画作争议

内容提要：第 5 章做了一个个案研究，来检验是否可以运用卡涅阿德斯论证系统（CAS），来塑造具体案件中的论证。在本章所讨论的这个案例中，关于是否可以将一幅肖像画归于列奥纳多·达·芬奇，艺术专家们给出了相互冲突的科学证据。有一个主张是，某幅穿着文艺复兴时装的年轻女士肖像画为列奥纳多所画。一些艺术专家对该主张提出了反对意见。随后，专家们对此开展了科学调查，艺术史专家和科学家们给出了一些证据。这些专家意见是有冲突的，但是新证据的出现将证明责任转移到持怀疑态度的一方。本章分析了该案例中的各个相互关联的论证，使用论证图示工具来展示正反两方面的证据的累积。

本章使用 CAS（Gordon 2005；Gordon and Walton 2006；Gordon 2010）来塑造关于一幅画作是否应归属于列奥纳多·达·芬奇这个问题的相互冲突的专家意见所构成的论证。在这个案例中，有一幅没有签名的肖像画（画的内容是一位穿着文艺复兴时期样式衣服的年轻女士，通常被称作《穿文艺复兴时装的少女》，有时也称为《美丽公主》或《年轻未婚妻肖像》）在 2007 年以 22 000 美元的低价售出。随后，专家们的调查提出了一些证据，表明这幅画可能是列奥纳多所画。后来开展了科学调查，艺术史专家和科学家们给出了一些证据。到 2012 年，这幅画被估值 1.6 亿美元，但是如果能证明它确实为列奥纳多的画作，那么它的价值将会超过 6 亿美元。一开始专家意见是相互冲突

第5章 列奥纳多·达·芬奇的画作争议

的,但是随着科学证据的引入,新证据将证明责任转移到持怀疑态度的一方。本章使用论证图示工具来展示各个证据,分析该案例中相互关联的论证。

在本案中,实际的争议是如何发生的,以及科学证据的收集和积累过程是什么样子的,是一个很长、很复杂的故事。有几本书和许多文章记录了关于列奥纳多画作的争议。需要说明的是,本章的分析目的不是要通过论证工具来呈现所有相关的数据资料。这样做是一个非常庞大的工程,不是本章的篇幅所能容纳的。本章的目的是,将第一部分和第二部分所呈现出来的那些数据作为一个所谓的"案例",其中某些关键的待证命题被挑选出来,作为要通过 CAS 系统塑造的论证。另一个目的是将这些命题按序排列,使它们形成一个相互连接的证据论证序列,对"是否有理由将这幅画作归于列奥纳多"这一争论产生影响。

非常重要的一点是,需注意每一个专家实际上所说的话,因为在本章中,对于每一个论证,我们都会使用 CAS 论证图示工具以及基于专家意见的论证型式来塑造。所谓论证型式(Hastings 1963;Kienpointner 1992;Grennan 1997;Walton et al. 2008),如第 1 章和第 2 章所示,指的是一些可辨识的论证之形式,这些形式通常是可废止的,但是可以用于建构证据对某个特定结论的支持或反驳。5.1 节和 5.2 节描述了本案案情。5.3 节描述了两种基于专家意见的论证型式和溯因推理,比第1、2、3 章的描述更细化。5.5 节向读者展示了 CAS 的更多技术性细节。其余各节建构了六个论证图表来展示每一个论证,而且按序检验它们,观察它们如何彼此相连,形成一个序列。5.6 节展示了一个很大的论证图表(图 5.9),连接了本案中的大量证据。5.7 节、5.8 节和 5.9 节讨论了如何使用这种图表、IBE、CAS 和在 CAS 中界定的证明责任概念来评价本案中的论证。5.10 节给出了结论。

5.1 案例概览

在本案中,专家们评价了《穿文艺复兴时装的少女》是列奥纳多·达·芬奇的画作这个主张。画的内容是一位年轻、漂亮的女士的头部和肩部侧面。她朝向画的左侧（从观众的角度看），画中清晰地显示出她的发型和穿戴。她所处的背景呈暗黄色，她的头发和皮肤颜色都很真实。她戴着一条很小的头饰带，而且用一块布网将后面的头发归拢在一起。因此，这幅肖像画呈现出来的风格，很符合在意大利文艺复兴时期画家们为贵族所画肖像画的风格。

最初，专家们否定了这幅画是列奥纳多真迹的主张，但是他们随后开展了一些调查，引出的证据既有支持该主张的，也有反对该主张的。再往后，证据越来越倾向于支持这幅画确为列奥纳多所画，不过争议仍存在。主张这是列奥纳多真迹的人们承担了很重的证明责任，因为这个事情非常重大，不管是从金钱的角度来说，还是从艺术史的角度来说。2007年，一位叫彼得·西尔弗曼（Peter Silverman）的收藏家在纽约的一家画廊中看到这幅画待售，于是花了22 000美元购得此画。这幅画是用彩色颜料画在皮革制品即牛皮纸上。在艺术专家进行了长时间的科学证据评估后，这幅画能否归属于列奥纳多，在艺术圈中仍是存疑的。首先，这幅画没有签名。尽管使用碳年代测定法检测画布材料显示，有不低于95%的可能性它属于列奥纳多所生活的年代。但是娴熟的伪造者也可能使用原始的材料来制作赝品。收藏者花费了数百万美元却购得伪造艺术品的例子不少。

有一位专家声称，对这幅画的技术鉴定表明，它的作者是个左撇子。而众所周知，列奥纳多就是一位左撇子艺术家。但是，另一位专家表达了不同意见，他注意到：列奥纳多作品的模仿者们以前也模仿过左撇子这个特征。许多艺术学者表达过对这是列奥纳多真迹的怀疑态度。他们当中有的人认为这是一个19世纪的德国人所画，还有一些人认为这是一幅现代的伪造品。

来自巴黎卢米埃科技公司（Lumiere Technology）的专家也检验了这幅画。卢米埃科技公司是一家应用先进科学技术来分析艺术品真伪的公司，其可以使用一种特殊的高清晰度数码相机，穿过画作表面进行扫描。这家公司的创立者曾经在《蒙娜丽莎》画作上试用过他们的技术。现在他们将该技术应用于《穿文艺复兴时装的少女》。他们在

第 5 章 列奥纳多·达·芬奇的画作争议

这幅画上发现了一枚不完整的指纹，该指纹与列奥纳多其他画作上发现的指纹一致。但是由于该指纹不够完整和清晰，很难说与其他指纹完全相符。从技术的角度来说，这幅肖像不是一幅"油画"，而是使用混合媒介（mixed media）的画作。

最后，有一位专家将这幅肖像与斯福尔扎家族联系起来。卢多维科·斯福尔扎（Ludovico Sforza）是列奥纳多的一位富有的资助人，而且列奥纳多于1482年至1499年间居住在米兰。这位专家的研究发现，卢多维科的私生女比安卡（Bianca）可能就是画中人。另一位专家使用成像技术发现了一些不寻常的痕迹，表明有人曾用刀子切割牛皮纸画布的左侧。他还发现同一侧的牛皮纸上有三个洞。这一证据表明，这幅画作最初可能是一本书中的一页。恰在此时，有一本记录斯福尔扎家族历史的牛皮纸质的书，被发现收藏于波兰国家图书馆（Polish National Library）。据说，这本书的有一些版本是印在牛皮纸上，而且还增加了彩图。这样的其中一本，在比安卡的婚礼上被送给了她的丈夫。在波兰国家图书馆发现的这本有手绘彩图的版本，其中靠前的一页牛皮纸缺失了。进一步的调查显示，这本书的捆扎穿洞痕迹，与那幅肖像画上的三个洞的痕迹相符。[1]

最后这个关于画上的三个洞即捆扎穿洞痕迹的发现，在很多人看来是结论性的，提供了可信的证据说明这幅画是列奥纳多的真迹。尽管科学调查提供了许多支持性的证据，但仍然存在反对性的专家意见。

5.2 专家的意见

当西尔弗曼疑惑这幅画的作者是否为列奥纳多时，他联系了牛津大学艺术史专业的一位荣休教授马丁·肯普（Martin Kemp），他也是一位列奥纳多专家。肯普曾在伦敦的剑桥大学和科尔陶德艺术研究中

---

[1] 有一个被称作"杰作之谜"（Mystery of a Masterpiece）的项目，讲述了关于本案例的故事。相关记录可浏览以下网页：www.pbs.org/wgbh/nova/tech/mystery-masterpiece.html。

心（Courtauld Institute）接受过自然科学和艺术史训练。他于1993年至1998年间在英国沃尔夫森研究院（British Academy Wolfson Research）担任教授。肯普仔细地研究了这幅肖像画，检验了作者的画笔形成的颜料痕迹。他得出结论说，这幅画有可能是列奥纳多画的。其他专家有不同意见。莱斯特大学的艺术史教授大卫·艾斯克迪昂（David Eskerdjian）认为，这幅画与列奥纳多其他作品的水准不相符。

西尔弗曼将这幅画带到了巴黎的一个实验室，请一位叫作帕斯卡尔·科特（Pascal Cotte）的专家进行检验。科特是卢米埃科技公司的创始人，正是他发明了用一种特殊的高清晰度相机透过画作的表面进行观察的方式。他所发明的技术能够在不接触和损坏书画类艺术品的情况下，使其深层的颜料、痕迹等可见，从而做出深入的观察和分析。他将这幅画上的修改痕迹特征，与一幅没有争议被认为是列奥纳多作品的素描图做了比较。他发现，这两幅画上的作者修改痕迹极为相似。

西尔弗曼的朋友、艺术专家贾马尔科·卡普佐（Giammarco Cappuzo）指出，为了证明这幅画是列奥纳多真迹，必须向怀疑论者们证明这幅画不是19世纪的赝品。还有人提出了以下问题：这幅画是否有可能是在列奥纳多工作室中工作的某个艺术家所作？艺术史专家和列奥纳多研究专家克里斯蒂娜·格多（Cristina Geddo）检验了这幅画。她注意到，勾勒这个肖像脸部底纹的笔痕方向比较特别，表明作者用左手作画。列奥纳多就是一位著名的左撇子。格多说列奥纳多的所有助手都是使用右手的。这一发现表明，要么这幅画是列奥纳多所画，要么它是某个尽力模仿列奥纳多的左撇子画法的伪造者所画。

帕斯卡尔·科特发现，在这幅画左上角有一个模糊的指纹。我们知道列奥纳多用他的手拿画，而且我们在他其他的画作上发现了他的指纹。一位叫作彼得·保罗·比罗（Peter Paul Biro）的艺术品科学检验专家认为，这枚不完整的指纹，与在一幅确定无疑属于列奥纳多的画作《圣叶理诺在野外》上发现的指纹相类似。但是这种相似性不足以非常令人信服地证明《穿文艺复兴时装的少女》属于列奥纳多的作品。几位指纹证据专家发现，这枚残缺不全的指纹由于不够细致，难

第5章 列奥纳多·达·芬奇的画作争议

以支持上述相符的结论。瑞士洛桑的犯罪学与刑事法研究所（Institute of Criminology and Criminal Law）分析了这些指纹。指纹鉴定专家克里斯托夫·尚波特（Christoph Champaud）教授将这些指纹放在网页上，让学生和同事分析。他的观点是，没有充分的证据说明这枚指纹与列奥纳多的其他指纹吻合。这枚指纹的特征，也可以与许多不是列奥纳多的指纹相符合，因此它的证据价值很低。

肯普咨询了牛津拉斯金艺术学院（Ruskin School of Fine Art）的绘画老师和教授莎拉·西蒙伯尔特（Sarah Simblet），关于这幅肖像画的艺术技巧。西蒙伯尔特说，这幅画是由一位非常优异的作者画出来的，作者非常了解头盖骨结构、脸部的骨头形状和人眼睛周围的弧线。这些特征都表明，列奥纳多可能正是此画的作者。众所周知，列奥纳多解剖过尸体，而且非常详细地研究了骨头、肌腱和肌肉。她还表明，这幅画显示了一种不同寻常的、试验性的画法，即在牛皮纸上使用混合颜料。这种不同寻常和实验性的绘画技巧，被认为指向了列奥纳多，因为人们知道他尝试过这类不同寻常的方法。在这幅画中运用的高超绘画技巧，与列奥纳多所使用的实验性绘画技巧是一致的，但是这个证据被认为不足以证明这幅画是其画的。当调查到这个节点的时候，大卫·艾斯克迪昂评论说："现在两种意见各执一词，难分高下。"其他人也像大卫一样犹疑不定，无法对这幅画是列奥纳多所画这个假设做出判断。

后来，马丁·肯普到处打听，力图确定画中人的身份。最后他将选项限定为比安卡，即卢多维科·斯福尔扎的私生女。有历史证据显示，当时她可能正处于与画中人物形象相符的年龄。但是在此之前似乎并无关于这个人的记录，或者说她没有被列在家族人物列表中。因此这幅肖像画的历史仍然存疑。

恰在此时，帕斯卡尔·科特发现了另一个调查线索。即他发现，在牛皮纸的边缘有三个洞的痕迹，说明这三个洞可能源于捆扎成书时的穿洞。另外，之前人们还注意到，在牛皮纸边缘有刀子切割的痕迹。这种刀割痕迹可以解释为，有人从一本书上割下了这张牛皮纸。这些发现能够解释为什么没有关于这幅画的说明，以及为什么它没有被列到列奥纳多的作品名单中。这个调查线索引出了以下问题：为什么比安卡的肖像会被放在一本书中。肯普和科特论述说，这幅肖像所属的书，是用来庆祝比安卡·斯福尔扎的婚礼的（Kemp and Cotte 2010）。然而，在这个时候，还没有证据表明有这样一本书。因此他们的假设还未能得到证据的支撑，以满足证明责任要求，说服艺术界相信这幅画为列奥纳多所画。

在证据收集的最后阶段，人们发现了一本有500年历史的书。这本书的名字叫《斯福尔扎卷册》（Sforzada），被收藏在波兰国家图书馆，是印在牛皮纸上的。历史学家们达成了共识，认为这本书是为了纪念比安卡·斯福尔扎的婚礼。帕斯卡尔·科特使用了特殊的摄影器材，详细地扫描和观察了这本书。他发现，缺失的那一页可能在书的靠前位置，而且这幅画边缘的三个洞与这本书的捆扎方式相符。他发现，这本书上有五个捆扎洞。但是波兰的档案保管员说，这是因为这本书在几个世纪前被重新捆扎的时候，在原有的三个洞的基础上增加了两个洞，为了使捆扎更结实。科特发现书上的三个洞与画上的三个穿洞痕迹非常相符（或者说，在很高的程度上接近）。

5.3 适用于该案的两个理论工具

本节将描述两种理论工具，我们从论证理论中提炼出这两种工具，用于分析当前的具体案例。第一种工具是论证型式（argumentation scheme）。我们所使用的论证型式是可废止的论证形式，我们可以通过附属于它的那些批判性问题，来评价在给定案例中的此类论证。这些批判性问题探查了论证中的薄弱之处（Walton and Gordon 2011）。

基于专家意见的论证型式的最基础版本（Walton et al. 2008, 310），可以表述如下（读者可以回到4.4节查看）：

> 大前提：信息源 E 是一位 S 领域的专家，S 领域包含了命题 A。
> 小前提：E 断言命题 A 为真（或为假）。
> 结　论：A 为真（或为假）。

第 5 章 列奥纳多·达·芬奇的画作争议

为了评价一个基于专家意见的论证，应当询问以下六个基本的批判性问题（读者可参见 4.4 节）：

专家问题：E 作为一个专家性的信息源，有多少可信？
领域问题：对于 A 所属的 F 领域，E 是该领域的专家吗？
意见问题：E 断言了什么隐含了 A 的内容？
信赖问题：E 本人是一个可信的信息源吗？
一致性问题：A 与其他专家所断言的内容一致吗？
支撑性证据问题：E 的断言是建立在证据之上吗？

如果一位回应者提出了六个批判性问题中的某一个，那么除非该问题被恰当回答，否则最初的论证会失败。

这个案例和其他涉及科学调查的例子，通常会基于一种被称作"溯因推理"或"最佳解释推论"的论证形式。一个溯因推理（Josephson and Josephson 1994, 14）遵循以下形式：变量 H 代表一个假设，变量 D 代表一组给定的数据或者说（假定的）事实；如果 H 解释了 D，而且没有其他假设能够像 H 那样好的解释 D，那么 H 很可能为真。关于这种溯因推理论证型式的具体内容，读者可参见 2.4 节。对于任何一个具体案例中的这种溯因推理，可以通过提出六个批判性问题来评价它（Josephson and Josephson 1994, 14）（参见 2.10 节）：

1. 在何种程度上 H 胜过其他的替代性解释？
2. 不考虑其他替代性解释，H 自身有多好？
3. 这些数据有多可靠？
4. 有多大的信心说，所有似真的解释都被考虑到了？
5. 存在一些实践性的考量因素（包括错误的成本）吗？
6. 得出结论而不是进一步搜集证据的需求，有多么急迫？

通过这种型式推出的结论，被选定为对给定数据的最佳解释。但是，溯因推理被认为具有可废止性质，也就是说它所得出的结论随着新证据的引入有可能需要被撤回（Walton 2004）。

　　第二种工具是将案例中的多个论证容纳为一体的调查框架（Hamblin 1971）。在论证理论中，这种框架被称作"对话类型"（type of dialogue），因为它被看作是一系列交流过程，在这个过程中一方提出其论证，另一方批判性地质询论证。我们已经讨论过几种对话类型，包括说服性对话、谈判性对话、审议性对话和信息查询对话（Walton and Krabbe 1995）。为本章案例中的论证提供栖居框架的具体对话类型，被称作"探究性（inquiry）对话"。

　　在一场探究性对话的开始阶段，需要具体地给出一个特定的陈述，然后整个探究过程的目标就是证明或证伪这个陈述。但是在一场"发现性（discovery）对话"中，一开始不设定这样一个作为整个对话之证明或证伪对象的陈述。发现性对话的目标是尽力发现某个事物，或者说一个可以解释案中事实的假设。直到对话已经找到了这个假设，然后才可能将该假设设定为需被证明或证伪的对象。因此在探究性对话和发现性对话中，证明责任有差别。在探究性对话中，开始阶段即设定了证明责任。证明责任约束着整个论证过程中的论证行为。进入结束阶段后，证明责任还决定着是否应终结论证，以及论证是否成功了、是否达到了对话的目标。

　　在发现性对话中，开始阶段所设定的是一组需要被解释的事实。随着证据逐渐被引入，一些假设会随之形成，而且有些假设会被认为优于其他的假设。到了一定阶段，人们会锁定一个最佳的解释，即最能得到证据支持、最不可能被冲突性证据推翻的那个假设。在发现性对话的开始阶段，会识别某个反常之处或未得以解释的事件，然后会转向论证阶段，评价一些相互竞争的假设。支持某个假设的证据，需要与支持竞争性假设（或一组竞争性假设）的证据权衡比较（Josephson and Josephson 1994）。在一场成功的发现性对话中，最后会提出充分的证据，证明一个假设应当被认为优于其他所有假设。在探究性对话中，证明标准应当被设定在一个非常高的水平上，即对假设的证明要求很高。在任何一个给定的调查节点 S_i 上（因为证据的引入可能是一个持续不断的过程），只有当提出了足够的证据，让质询的一方感到满意，消除了他的合理怀疑，才能使论证被接受，达到"已证明"的要求。

我们适用探究性对话的模式，来观察在《穿文艺复兴时装的少女》案例中开展的调查所引出的证据。图 5.1 中的论证序列简要地描述了调查的过程。如图 5.1 所示，调查的过程始于形成了一个核心的争议性主张，这个主张就是要通过证据来证明或证伪的对象。

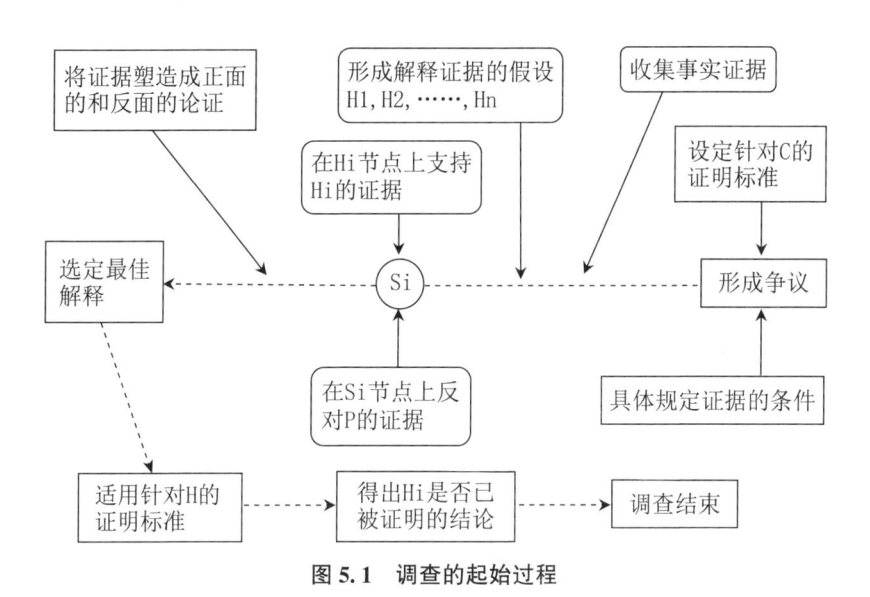

图 5.1 调查的起始过程

5.4 使用卡涅阿德斯系统评价论证

使用批判性问题来评价包含了科学意见证据的案例，存在的一个问题是：我们不再能够使用一个论证图表来概括、分析或评价案例中的基本证据，并且将它的结构展示为一个推理序列。原因在于，在一个标准的论证图表中的文本框内显示的信息，需要的是一个陈述，即一个或真或假的命题。分析问题的结构是更加困难的，即使这些问题在日常和法律论证（例如检验证人）中都是非常重要的工具。使用批判性问题，确实能够将我们从推理的领域转到论证的领域；在论证的领域中，各个主张被提出以及通过对方提出批判性问题而受到质疑。

4.3节说明了我们可以在CAS系统中将批判性问题塑造成附加性前提。这些附加性前提对应于一个论证型式中的批判性问题。CAS是一种数学化的、计算机模式的系统，它界定了论证的数学特性，用它们来识别、分析和可视化地呈现真实的论证。CAS通过适用各种论证型式，而且根据证明标准（例如优势证据标准），来分析和评价论证的可接受性，在CAS中，与一个论证相匹配的批判性问题，被重述为各种假定或例外（Walton and Gordon 2005；Gordon and Walton 2009）。所谓"假定"，指的是一开始就被假设为是可接受的条件，除非针对该条件会引发争议；所谓"例外"，是那些一开始被假设为不可接受的条件，但是如果它们被发现是可接受的，就可能削弱一个论证。普通的前提也被假设为是可接受的，但是若被质疑就必须通过进一步的论证来支撑。证据是否充分，取决于证明标准，而适用哪个证明标准又取决于所处的对话类型。在结束阶段，正如图5.1底部所示，需要适用证明标准来决定所探究的命题是否已得到证明。

CAS已经发展出了四种版本。第一个版本（2006—2008）在编程语言系统中实施过。第二个版本在2011年实施过，这是一种桌面式版本，有一个被称作"卡涅阿德斯编辑"的可视化界面。第三个版本（Gordon 2011）是一种网页式的卡涅阿德斯系统，这个版本是在被称作IMPACT和MARKOS的项目（2010—2015）中发展出来的。第四种新的版本尚处于设计之中，还未被实施过。在本书中，针对使用CAS结构来分析的那些论证案例，我们会使用而且也仅仅会使用一种简单的呈现论证图表的方式。我们不会使用这个系统的一些特别之处，例如可以用于评价一个论证的论证份量（argument weights）概念，因为我们想尽量简化，使读者不需要经过专门训练就能很容易理解关于如何在这一系统中评价论证的基本观念，而不需要陷入错综复杂的论述之中。

在CAS中，一个论证被塑造成一个定向图表，图表中包含了文本框和论证节点，它们由一些带箭头的线段连接（Freeman 1991）。在这

第 5 章 列奥纳多·达·芬奇的画作争议

种论证图表中，文本框内所写的是论证的各个前提和结论，这些文本框构成了树状图的"叶子"（Scheuer et al. 2010）。一个文本框里的前提，可以被接受，可以被拒绝，也可能处于既未被接受又未被拒绝的状态。如果它已经被接受，文本框就变成绿色；如果它已经被拒绝，文本框就变成红色；如果既未被接受又未被拒绝，文本框就仍保持白色。连接各个文本框的箭头代表了论证的过程。论证本身通过一些节点来呈现。聚合论证表示为两个相互分离的论证，都支持同一个结论。联合论证表示为两个或多个前提分别都指向同一个代表论证的节点。论证的类型，或者说论证的型式，由节点内的符号表示。需要证明的最终命题，列在树状图的"根部"。我们可以看一下图 5.2，这个图是前述第二个 CAS 版本，即借助可视化的计算机界面来呈现论证图表。

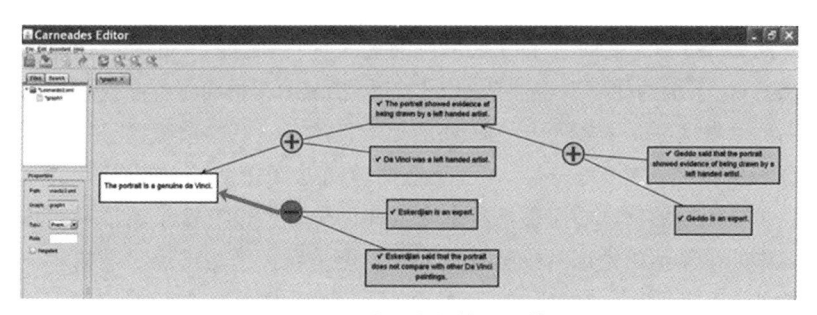

图 5.2　CAS 论证案例的界面截图 *

在图 5.2 中，需要证明的最终结论是"这幅画是列奥纳多的真迹"，它被列在最左侧，用一个白色文本框表示，说明该命题虽然被陈述出来，但还没有被接受。在右边，我们可以看到三个论证，它们支持或者攻击了最终的结论。位于上边的论证是正面论证，这可以从节点内的符号"+"看出。下边的论证是反面论证，可以从符号"-"看出。位于右上侧的第三个论证，也是一个正面论证，它支持着第一个

---

* 图 5.2 中，深灰色与加粗线段，在原著中表现为红色；浅灰色与常规线段，在原著中表现为绿色。——译者注

论证评价与证据

论证中的第一个前提。

上面这三个论证中的前提，包含了六个命题。这六个命题所在的文本框都显示为绿色，而且里面还有一个勾选符号"√"。之所以要添加一个勾选符号，是考虑到色盲用户之便。这些显示方式说明所有六个前提都已经被接受。但是，如上所述，结论所在的文本框显示为白色，说明该结论尚未被接受。原因在于，对于这些命题所适用的证明标准（插入最左侧的列表中）是"排除合理怀疑"。即使上边的论证支持了最终的结论，而且右边的论证支持了上边论证的第一个前提，这里的支持可能也不足以将最终的结论证明至排除合理怀疑的程度。而且下边的反面论证提出了对于最终结论之可信性的质疑。因此，上面的界面中最终结论文本框没有显示成绿色，即已接受的状态。

各个前提是由听众来接受或拒绝的（Tindale 1990；Bench-Capon et al. 2007），这就假定了听众角色的优先性（Bench-Capon and Sartor 2003）。系统的使用者将信息输入论证树状图中，指明哪些前提（树状图的"叶子"）被接受了，哪些前提被拒绝了，哪些前提既未被接受也未被拒绝。然后，CAS 会自动地调整树状图上所有"叶子"的颜色，显示新的信息如何影响了一个具体的论证，以及这个论证又是如何影响了其他的论证。按照这种方式，接受或拒绝是可以沿着树状图的枝干和叶子而传递的（参见图 5.11），因此任何一个新的论证都可能导致最终的结论被接受或被拒绝（Gordon 2010）。

本章我们的主要目的不是评价列奥纳多画作案例中的论证序列，而是分析本案的证据所构成的论证序列结构。但是在完成这个目标后，如果采取进一步的行动，观察本案中的所有证据如何结合在一起形成更大的结构，或者确定是否可能有对本案中的论证的其他替代性解释，那么就可以通过 CAS 中的论证序列来评价案例中的论证了。我们的分析过程是，首先将很长的论证序列分解成一些更容易操作的、微观的组成部分来分析；而后再转向宏观的分析，将每一个小部分中的论证连接在一起，呈现支持本案最终结论的所有证据集合。

各个论证可以被连接在一起，因此一个论证会影响另一个论证，

第 5 章　列奥纳多·达·芬奇的画作争议

不管是支持还是削弱。在 CAS 中存在多种攻击论证的方式。第一种方式是，提出一个对抗性论证，表明原来的论证的某个前提站不住脚。第二种方式是，提出一个对抗性论证，表明原来的论证的结论站不住脚。第三种方式是，削弱原来的论证，指出它没有完成对结论的证明。在论证图表中，当一个论证攻击另一个论证的时候，就会出现这种结构。具体表示为从一个论证节点到另一个论证节点的箭头。在这方面，CAS 论证图表与我们在逻辑学中常用的传统论证图表是不同的。CAS 的另一个重要特征是，根据论证图表中呈现的支持或反对某个命题的证据，该前提是否应被接受，取决于所适用的证明责任。在 CAS 中，证明责任被界定为取决于证明标准。按照严格性由弱到强的顺序排列，有四种证明标准（Gordon and Walton 2009）。具体参见 4.3 节。我们可以将这四个标准具体表述如下：

- 微弱证据标准
  ——至少存在一个可适用的论证。
- 优势证据标准
  ——首先，已经满足微弱证据标准；
  ——其次，分配给某个可适用的正面论证的最大份量，必须比可适用的反面论证的最大份量更大。
- 清晰且令人信服的证据标准
  ——首先，已经满足优势证据标准；
  ——其次，可适用的正面论证的最大份量，必须超过一个临界值 α；
  ——最后，可适用的正面论证的最大份量，与可适用的反面论证的最大份量之差，还要超过某个临界值 β。
- 排除合理怀疑标准
  ——首先，已经满足清晰且令人信服的证据标准；
  ——其次，可适用的反面论证的最大份量，不能超过某个临界值 γ。

请注意，按照这种方式界定证明标准，临界值 γ 保持了开放性，没有被赋予一个固定的数值。

证明责任由两个要素构成：一个要素是所适用的证明标准；另一个要素是对证明责任的分配，即在对话的某个特定时间点上（因为证明责任在不断地来回转移），该由哪一方承担证明责任。如前文所述，在 CAS 中对话双方轮流提出论证，以及通过批判性问题或对抗性论证而回应所提出的论证。从形式上，我们可以将一场对话表示成三阶式集合 < O, A, C >。其中，O 代表开始阶段，A 代表论证阶段，C 代表结束阶段（Gordon and Walton 2009, 649）。沃尔顿和克拉贝所描述的那些对话规则（Walton and Krabbe 1995），界定了在这三个阶段中允许双方做出什么样的行动。在开始阶段，最初的情境给出了需要解决的争议，然后对话持续进行，直至结束阶段。

在一场探究性对话中，需要证明或证伪的最终命题，在开始阶段即被表述出来。然后针对每一个命题都要分配证明责任，以及相应的证明标准——例如，优势证据标准（Gordon and Walton 2009）。优势证据标准意味着，一个命题要想被证明，则支持它的正面论证必须比攻击它的反面论证更强。证明责任的分配要根据双方主体所参与的论证之类型来进行（Gordon et al. 2007）。在一场探究性对话中，为了证明一幅出处有争议的画作可以归属于列奥纳多，证明责任可能要设定得非常高。比如，我们可能适用排除合理怀疑的证明责任。有几个理由说明适用这种证明责任是恰当的。一个理由是艺术界（即听众）可能对这个主张持高度怀疑的立场。另一个理由是任何一幅被归属于列奥纳多的画作，都会具有非常大的经济价值。还有一个理由是众所周知伪造者可能会竭尽全力使赝品与真品混淆难辨。

5.5 每个论证的论证图表

本节将较长的论证序列拆分成一些较小的次级论证，而且分别绘制论证图表来展示这些次级论证的结构。第一个论证图表参见图 5.3，它展示了两个专家之间的意见冲突，这两位专家是马丁·肯普和大卫·艾斯克迪昂。按照标准的论证图示绘制方式（Buckingham Shum et al. 1997），作为论证之前提或结论的命题被列在文本框内，这些文本框构成了树

第 5 章 列奥纳多·达·芬奇的画作争议

状图的"叶子"。论证被表示为一些连接前提与结论的节点。某个具体的论证所属的论证型式,用节点内的符号表示。

图 5.3 中显示,肯普在详细检验了这幅画之后,认为这幅画有可能是列奥纳多画的。艾斯克迪昂对此有异议,他认为这幅画与列奥纳多作品的水平不相当。在图 5.3 中,最终的争议命题,即"这幅年轻女士肖像画是列奥纳多真迹"这个主张,列在树状图最左侧的"树根"位置。双方的相互冲突的论证,列在该命题右侧。

在基于专家意见的论证节点(即包含"+EX"符号的节点)下面,有一个反面论证(其论证节点内包含"−"符号)。这个反面论证代表了一个针对基于专家意见的论证的批判性问题,即质询所援引的专家意见是否与其他专家的意见一致。这个批判性问题属于例外条件,这意味着:只有当提出证据说明原来的基于专家意见的论证与其他的专家意见不一致,原来的基于专家意见的论证才会被废止。

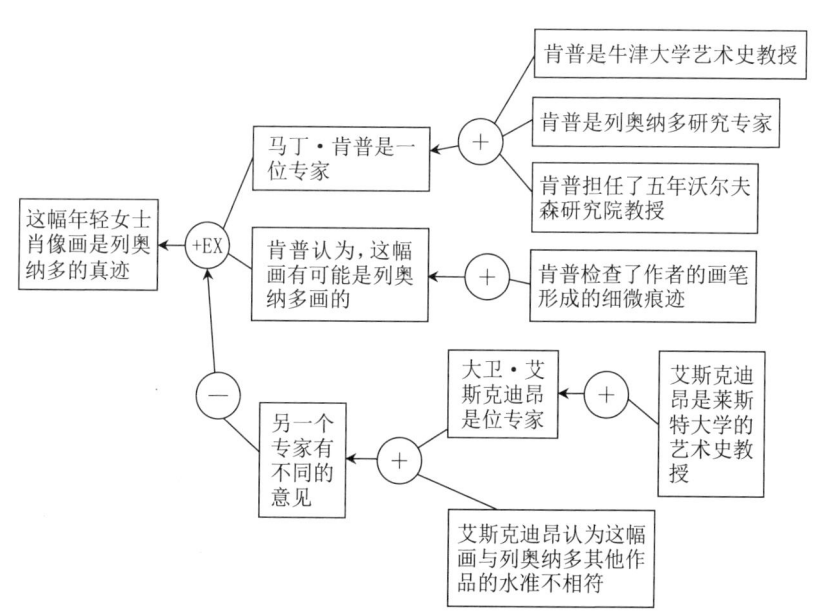

图 5.3 肖像画案例:第一个论证图示

论证评价与证据

我们从图 5.3 中可以看到，在这个案例中，另一个与肯普持异议的专家给出了他的意见。这位专家提出了一个对抗性的论证，说明这幅画的艺术水准与列奥纳多其他画作不相符。这个对抗性论证属于所谓的"削弱"（undercutter）。第二个论证有证据支撑，因此它废止了第一个论证，这就意味着，此时这组论证是非结论性的，因为一个专家的说法与另一个专家的说法相冲突。

在接下来的论证中，有新的证据被引入，参见图 5.4。第三位专家克里斯蒂娜·格多，是一位艺术史学家和研究列奥纳多及其助手的专家，她提出了一个将此画归于列奥纳多的论证。她发现肖像脸部的笔触方向比较特别，表明作者用左手作画。而众所周知列奥纳多是左撇子，他的助手都不是左撇子。这个论证提出了一些证据，来支持最终的结论，即这幅画是列奥纳多的真迹。但是这个论证不是结论性的，因为它为以下可能性留下了空间，即某个伪造者模仿了列奥纳多的左撇子风格。这幅画是一位 19 世纪的伪造者所画，这仍然是可能的，因为我们知道有一种伪造手法就是使用原来的画纸材料，例如在文艺复兴时期使用的那种牛皮纸。

图 5.5 的论证图示所呈现的进一步的论证，涉及指纹证据。再一次，这部分论证提出了一些支持最终结论的证据，但是仍无法达到证明责任的要求，不能确证最终的结论。我们再一次遇到了专家意见冲突的情形，与图 5.3 中的情形相似。在这种情形中，最初的专家论证被一个反面论证攻击，这个反面论证提出证据说明其他专家与最初的专家有不同意见。图 5.5 中的论证图示援引了艺术品科学检验师保罗·比罗的专家意见，作为一个正面论证，支持以下结论：在这幅画上发现的一枚指纹是列奥纳多的。但是这一部分的论证，仅为这幅画是列奥纳多的真迹这一主张提供了少量证据支持。在很大程度上，这个论证的份量被相冲突的专家意见抵消了。这些专家意见提供了证据，说明这枚残缺不全的指纹不够好，即使能对最终的结论有所支持，但是支持的力度不大。

第 5 章　列奥纳多·达·芬奇的画作争议

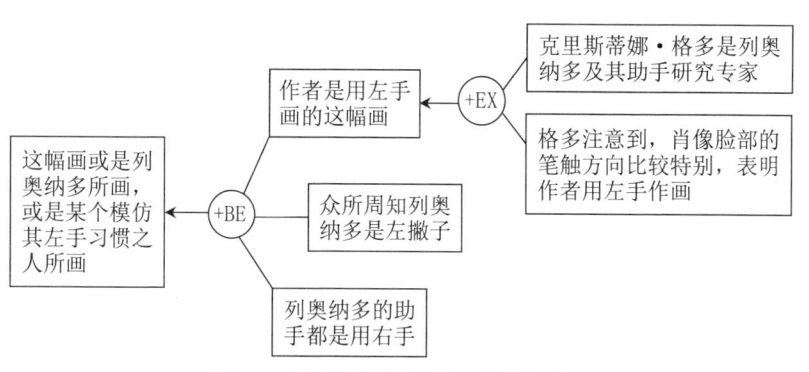

图 5.4　肖像画案例：第二个论证图示

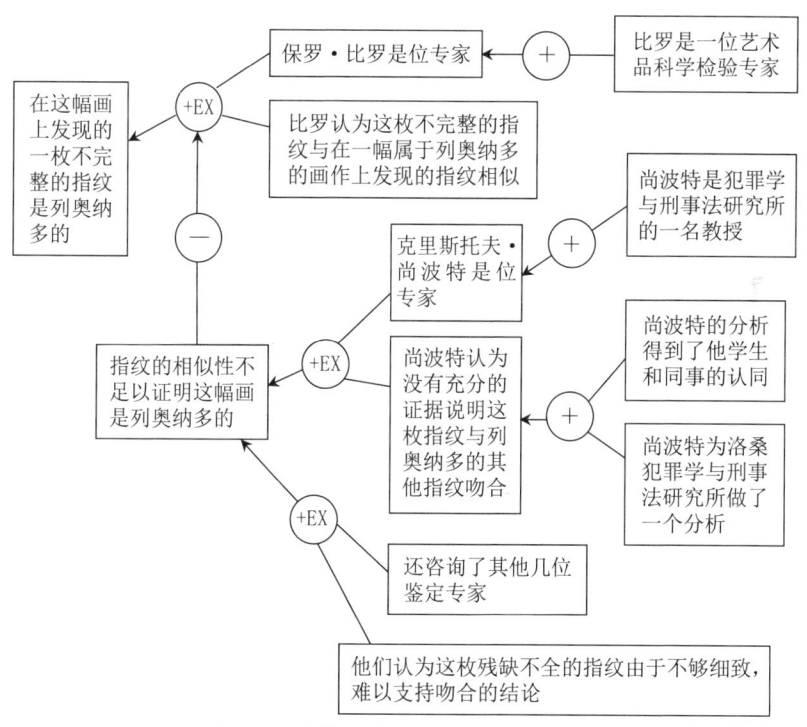

图 5.5　肖像画案例：第三个论证图示

159　我们接下来绘制一个图示，代表莎拉·西蒙伯尔特给出的专家意见证据的结构。参见图 5.6。"莎拉·西蒙伯尔特是位专家"这个前提，被三个基于专家意见的论证共用。

这一部分论证展示了三个基于专家意见的论证，它们都出自同一位专家——莎拉·西蒙伯尔特。看起来，它们构成了一组很强的论证。

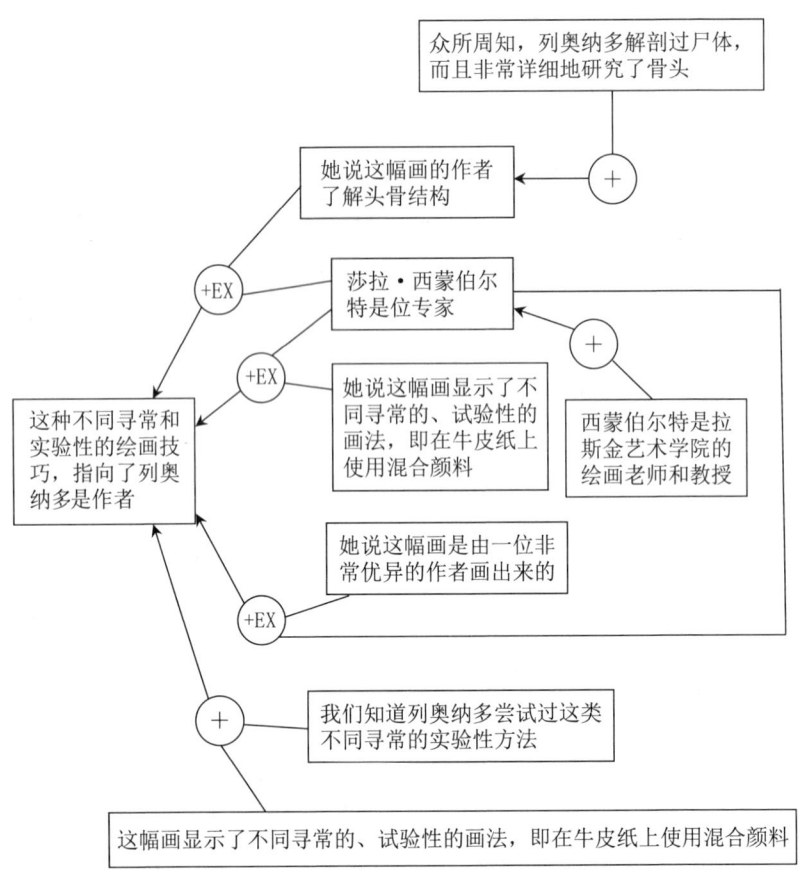

```
                          ┌──────────────────────┐
                          │ 众所周知，列奥纳多解剖过尸体， │
                          │ 而且非常详细地研究了骨头   │
                          └──────────┬───────────┘
                                     │
                ┌───────────────┐   ↓
                │ 她说这幅画的作者 │←─(+)
                │ 了解头骨结构   │
                └───────┬───────┘
                        │
                      (+EX)
                        │
                ┌───────┴───────┐          ┌──────────────┐
                │ 莎拉·西蒙伯尔  │←─(+)────│              │
                │ 特是位专家    │          │              │
                └───────────────┘          │              │
                      (+EX)                │ 西蒙伯尔特是拉 │
                ┌───────────────┐          │ 斯金艺术学院的 │
                │ 她说这幅画显示了不 │        │ 绘画老师和教授 │
                │ 同寻常的、试验性的 │        │              │
                │ 画法，即在牛皮纸上 │        └──────────────┘
                │ 使用混合颜料     │
                └───────────────┘
                      (+EX)
                ┌───────────────┐
                │ 她说这幅画是由一位非 │
                │ 常优异的作者画出来的 │
                └───────────────┘
                        │
                       (+)
                ┌───────────────────────────┐
                │ 我们知道列奥纳多尝试过这类 │
                │ 不同寻常的实验性方法       │
                └───────────────────────────┘

 ┌─────────────────────────────────────────────────────┐
 │ 这幅画显示了不同寻常的、试验性的画法，即在牛皮纸上使用混合颜料 │
 └─────────────────────────────────────────────────────┘
```

图 5.6　肖像画案例：第四个论证图示

第 5 章 列奥纳多·达·芬奇的画作争议

在论证的下一个阶段，科特开启了一个新的调查方向，使用了假设性的推理——此时尚未在图书馆中发现那本书。画纸上有三个洞的痕迹，说明这三个洞很可能是由于捆扎成书造成的。

另一个被观察到的信息是，在画纸的边缘有刀子切割的痕迹，这个痕迹恰好处在三个洞的痕迹之处。人们可以将这个刀割痕迹解释为，这幅画是从一本书上切割下来的。图 5.7 中显示，这里使用了三个最佳解释推论之论证型式。这个论证阶段是猜测性的，它使用了最佳解释推论来说明这些观察何以能解释为何没有对比安卡肖像的说明，以及为何这幅画没有被归在列奥纳多的画作清单中。

到目前为止，上述猜测仅仅是一个假设，还没有找到关于存在这样一本书的证据。这些猜测所形成的证据，没有强到可凭自身证明最终的结论。图 5.8 将我们带到最后的论证阶段，因为它涉及发现了本来包含这幅画的书，以及关于捆扎洞和画纸上的穿洞痕迹相符的证据。

在图 5.8 的右下方，我们可以看到科特的专家证言，他发现书上的三个捆扎洞与画上的三个穿洞痕迹非常相符。这是一个非常强的基于专家意见的论证，它不仅依赖于科特的专家资格，而且依赖于使用了一种特殊的拍摄器材——能非常精确地拍摄到纸张细微处。在图 5.8 的上边，有一个补强性的论证，即历史学家们认为这本书是为纪念比安卡·斯福尔扎的婚礼而写。在这个情境中，我们已经有了一个正面的基于专家意见的论证，然后又有了另一个基于专家意见的论证，这个论证支持了与原来的论证不同的另一个前提。不过，图 5.8 中的论证整体上很强的主要原因是，画纸上的痕迹与书的捆扎洞非常相符。科特发现这种符合性是如此的紧密，以至于存在巧合的可能性极小。

论证评价与证据

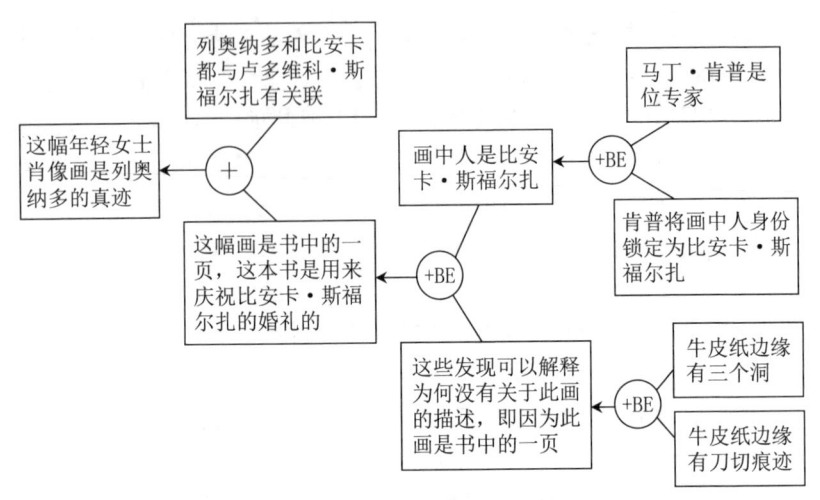

图 5.7 肖像画案例：第五个论证图示

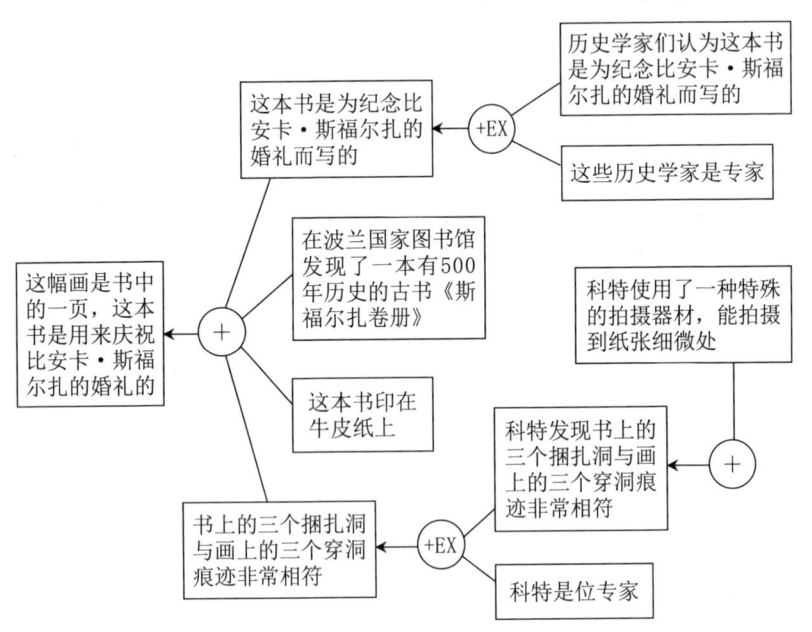

图 5.8 肖像画案例：第六个论证图示

5.6 组装各个论证图示

我们接下来的任务是,按照顺序观察前述各个论证图示,思考它们彼此之间的关联,从而形成一个本案论证序列的完整图示。观察图5.3,我们可以看到这是一个典型的专家意见冲突案例。肯普表达了他的观点,认为这幅画是列奥纳多的真迹。根据基于专家意见的论证型式,考虑到肯普是一位专家,这里已经提供了一些证据来支持结论。但是此处又存在一个对抗性论证,而且也是基于专家意见。艾斯克迪昂也是一位专家,他对此持不同意见。两位都具有专家资格,而且艾斯克迪昂也给出了一些证据来支持论证,即在他看来这幅画的水准与列奥纳多其他作品的水准不相配。提出这个证据就使他的论证足够强,强到可以成为一项削弱,废止了原来由肯普提出的基于专家意见的论证。至此,我们可以总结现有的证据情况如下:肯普提出了一项基于专家意见的论证,以证明最终的待证结论,但是这个论证未能证明结论,因为这个论证被另一个对抗性的基于专家意见的论证所削弱了。

接下来我们处理第三个论证,即图5.5中的论证。这也是一个专家冲突的情形——在此处是指纹专家。由一位检验专家提出的科学证据支持了以下主张,即在这幅画上发现的一枚指纹可以归属于列奥纳多。但是这一基于专家意见的论证被其他专家的证言削弱了,其他专家主张这枚指纹由于细节太不清晰,难以支持吻合的结论。这个对抗性论证很强,因为它建立在好几位接受咨询的鉴定专家所提供的证言之上,而且其中一位专家的发现还得到了其学生、同事的认同。因此,这里有证据支持反面的基于专家意见的论证,该论证废止了最初由比罗提出的基于专家意见的论证。这一组论证也是专家冲突的情形,陷入了僵局而无法行进得更远。因此,这组论证不会被我们作为需要着重评价的部分,也不作为最后的大图示的组成部分。

接下来我们处理图5.4中的论证图示。这个图示展示了由克里斯蒂娜·格多提出的基于专家意见的论证,她说明了画这幅画的艺术家是用左手创作。正如前文所分析的，这一论证本身不能证明这幅画是列奥纳多画的，但是它确实有一定的份量，因为它有助于排除以下竞争性解释，即这幅画可能是列奥纳多的某位助手所画。我们也可以将这个论证添加到更大的论证序列中，具体方式是通过提出一个对抗性论证，即这幅画可能是某位模仿列奥纳多左撇子风格的伪造者所画，然后再反过来攻击这个对抗性论证。这样做的话，我们就需要在最后的论证图示中先添加对抗性论证，然后再反驳该对抗性论证。这是我们为何不考虑将这一组论证作为最后的大图示组成部分的原因。另一个原因是，当我们考虑了最后一个小图示即图 5.8 之后，从能否提供额外证据支持最终结论的角度来看，这个图示就相对不太重要了。考虑到这些原因，我们在总结各个相互连接的图示以形成大图示的时候，就不考虑图 5.4 中的论证了。但是如果有必要，我们还可以稍后再追加它。

接下来我们转向图 5.7。这个图表中显示的论证，支持了在图 5.3 中肯普提出的基于专家意见的论证。在图 5.3 中，肯普没有提出充分的证据支持他关于此画为列奥纳多真迹的主张。但是现在图 5.7 中的论证支撑了前面的论证，因为提供了以下证据：比安卡·斯福尔扎可能就是画中人，而列奥纳多和比安卡·斯福尔扎都与卢多维科·斯福尔扎有关联。这些论证极大地缩小了调查的范围。另外，肯普和科特还提出证据说明，这幅肖像画可能是从一本书中剪下来的。这可以解释为何在关于列奥纳多作品的文献中没有关于此画的说明。因此它可以作为证据，反驳以下论证：没有关于此画的说明，就意味着此画为赝品。这个新的论证改变了调查的重点，但是到目前为止仍是纯粹假设性质的，难以构成对最终结论的证明。它是一个基于最佳解释推论的猜想，但是当我们如此看待它的时候，可以将它评价为一个很强的溯因论证，借此向前推进调查，以获取实物证据（physical evidence），以及检验了实物证据后形成的专家意见。

现在我们转向图 5.8 中的论证图示，看一下前面分析过的四个论证图示是否与其相符。首先需要注意的是，在图 5.7 中的用于支持最

第 5 章 列奥纳多·达·芬奇的画作争议 ▲

终结论"这幅年轻女士肖像画是列奥纳多的真迹"的前提之一为:"这幅画是书中的一页,这本书是用来庆祝比安卡·斯福尔扎的婚礼的"。这个前提在图 5.8 中被列为最终结论。所以现在我们可以看到,图 5.8 中的论证图示与图 5.7 中的论证图示相符,我们可以将这两个图示组合成一个更大的图示。前面分析过图 5.7 与图 5.3 中的图示相契合,因为前者支持了后者中肯普提出的基于专家意见的论证。所以我们可以看到图 5.3、图 5.7、图 5.8 之间的联系。

可以说,图 5.8 中展示的论证图示具有决定作用,因为它提出了实物证据,该证据由科特所使用的技术手段支撑——科特使用了技术手段分析这幅肖像画,以及画上三个洞的痕迹与书上捆扎洞的匹配性。科特发现两者完全匹配,这是非常有说服力的证据。这些发现被展示在图 5.8 中的图示底部,它们沿着树状图通向"根命题":"这幅画是书中的一页,这本书是用来庆祝比安卡·斯福尔扎的婚礼的"。如前所述,这个很强的论证与图 5.7 中的树状图相符,因为它支持了里面的一个前提。按照这种方式,现在由第五个和第六个图示共同组成的论证部分,是非常强的。当这两个论证图表与第一个论证图表结合在一起的时候,会形成一个非常强的论证,支持了这幅画是列奥纳多的真迹这一最终结论。概括而言,我们可以形成一个更大的论证图示,包含图 5.3、图 5.7、图 5.8 中的图示,展示整个论证序列何以支持最终的结论。

现在我们再回到图 5.4,这里包含了由克里斯蒂娜·格多提出的专家意见。克里斯蒂娜·格多是研究列奥纳多及其助手的专家。她提出论证说,这幅画的笔触表明作者在使用左手绘画,而且列奥纳多所有的助手都是用右手绘画的。这个论证可以提供一定的证据支撑最终的结论,但是它向以下可能性开放:任何某个惯用左手之人,都可能画了这幅画。因此它本身无法证明最终的结论,即列奥纳多画了这幅画。但是这个论证仍然是相关的,而且在这个案例的整体语境中确实具有一些份量。理由是它排除了以下替代性解释,即这幅画可能是列奥纳多的某个助手所画——因为已知这些助手都是只用右手绘画。因

论证评价与证据

此在图 5.4 中得出的结论是选择式的，它仅仅表述了以下内容：这幅画或者是列奥纳多所画，或者是某个模仿其左手习惯之人所画。即使在提出了图 5.8 中的证据与论证之后，图 5.4 中的论证仍然是相关的。因为即使能证明这幅肖像画是从一本婚礼纪念性质的书籍中剪下来的，以下可能性仍有余地：这幅画是列奥纳多的某位助手所画。

不太适合直接将图 5.4 中的论证图示连到最后的大图示中。但是我们可以将图 5.4 中的论证连到由图 5.3、图 5.7 和图 5.8 构成的论证图示中。也就是说，首先提出一个对抗性论证，声称这幅画可能是某个模仿列奥纳多左撇子风格的伪造者所画。然后再攻击这个对抗性论证，指出在已经证明这幅画源于某本与列奥纳多有关的婚礼纪念性书籍之后（如图 5.8 所示），因此这幅画不太可能是某个模仿左撇子的人所画。理由在于，当我们看到了这些图示中的证据之后，假设认为比安卡的肖像是别人所画，那作者应该是列奥纳多的某个助手。而图 5.4 中的论证图示所显示的证据，有助于排除这种可能性。

当我们通过分析图 5.3 至图 5.8 的组合关系，从而理解了如何组成一个大图示来支持最终的关于这幅画是列奥纳多真迹的结论，就可以看到应当如何评价该案例中的证据之整体。只有在得到图 5.8 中非常强有力的论证（证明了这幅画本来是一本婚礼纪念性书籍中的一页）的支持之后，肯普所提出的主要论证才能压过其他专家提出的相反论证。

图 5.9 展示了上述各个图示的组合，它展现了支持最终结论的整个论证序列。

第 5 章　列奥纳多·达·芬奇的画作争议

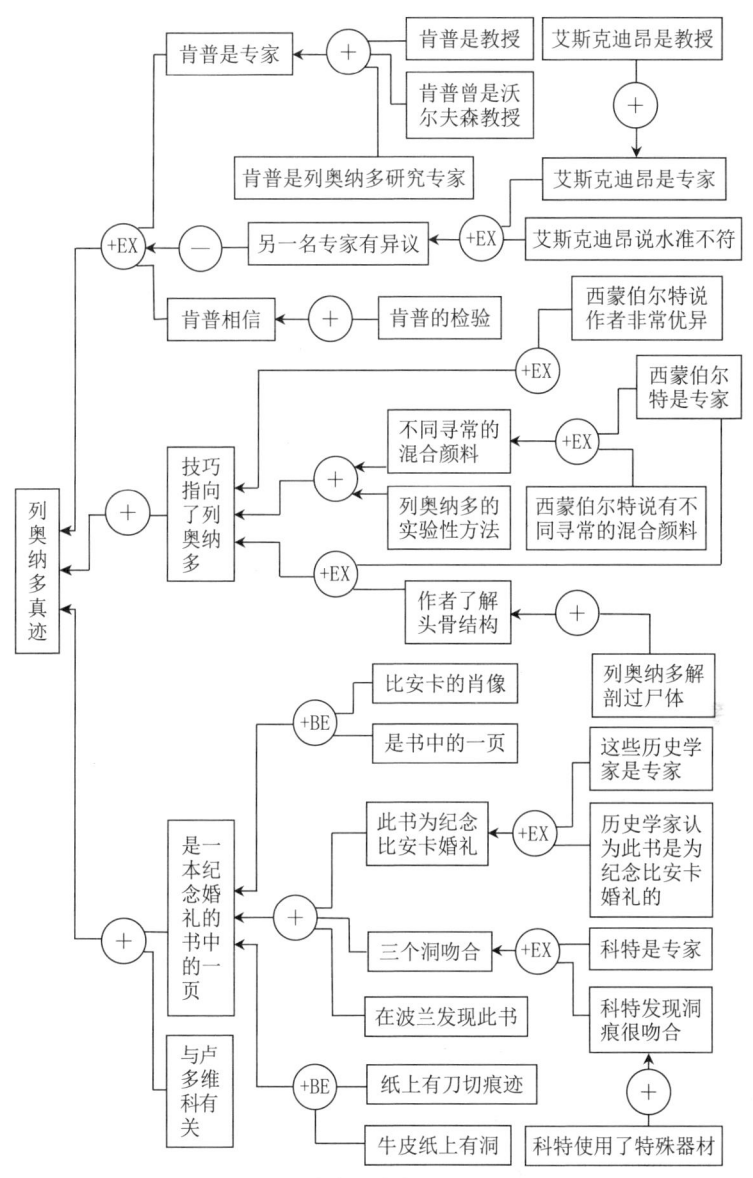

图 5.9　肖像画案例：图示汇总

论证评价与证据

图 5.9 中的论证图示，接近于完整地呈现本章开头所提出的本案中的证据。它的一个不完整之处是，没有将图 5.4 中展示的论证（即克里斯蒂娜·格多提出的基于专家意见的论证）纳入考量。如果我们要使图 5.9 变得完整，需要将图 5.4 中的论证插进图 5.9 中，作为一个支持最终结论的附加性论证，即有助于排除这幅画是列奥纳多的某个助手所画这种可能性。具体说来，先要添加一个针对最终结论（即这幅画是列奥纳多的真迹）的对抗性论证，争辩说这幅画可能是列奥纳多的某个助手所画，然后再用格多的专家意见来反驳这个对抗性论证。我们没有将这一部分论证表示在图 5.9 中，因为这样会将这个图示变得过于繁杂，而且这一部分论证的份量也不是很大。

我们在不考虑图 5.4 和 5.5 中的论证的情况下，使用图 5.9 能够代表这个案例中的完整论证序列吗？回忆一下：我们在大图示中省略了图 5.4 中的论证，原因是它容许以下对抗性论证，即这幅画是某个模仿列奥纳多左撇子风格的伪造者所画；我们省略了图 5.5 中的论证，原因是这里的指纹论证被其他专家的证言削弱了——这些专家主张说，由于这枚指纹的细节太不清晰，难以支持吻合的结论。

普拉肯和萨托尔提出的关于证明责任的形式模型（Prakken and Sartor 2009），是一种抽象的论证形式理论。因此我们可以使用这种理论来解释为何要在图 5.9 和图 5.11 的图示中排除图 5.4 和图 5.5 所显示的论证。普拉肯和萨托尔的证明责任逻辑模型（Prakken and Sartor 2009, 228），是建立在普拉肯建构的 ASPIC+ 系统之上的，后者又是基于栋建构的抽象论证框架（Dung 1995）。排除这两处论证的理论根据存在于塑造证明责任的方式之中。根据这种形式模型，提出方首先给出一个他打算证明的论证，然后反对方可以通过提出一个对抗性论证从而废止前面的论证。这里所包含的一个观念是，任何一个论证都有可能被其他的论证废止，正如 1.10 节所分析的。如果对抗性论证废止了原来的论证，那么原来的论证就被排除在考虑范围之外，相应的论证序列在此处终止。如果出现了这种僵局，我们就认为最初的论证无法为证明最终结论提供证据。

第5章 列奥纳多·达·芬奇的画作争议

最近的人工智能研究（van Gijzel and H. Prakken 2011）已经表明，CAS 的结构可以转换为 ASPIC+结构。这两种模型看起来正在汇聚成一种共同的论证概念，如此一来它们可以协同配合使用。

5.7 调查的阶段

我们如果再次仔细观察在图 5.9 这个大图示中证据是如何累积和被评价的，会发现整个论证可以分成三个阶段。在第一个阶段，存在五个基于专家意见的论证（即图表上半部分的五个以"EX"表示的论证）。在第二个阶段，有两个从最佳解释推论的论证（即图表下半部分的两个以"BE"表示的论证）。在这个阶段，所知道的信息是：在画纸边缘有刀割痕迹，还有三个穿洞的痕迹。这些信息表明这幅画可能是从一本书上取下来的。但这仅仅是一个似真的假设。不过这个假设可以解释为何在关于列奥纳多的文献中没有关于此画的描述。在第三个阶段，有新的证据被提出来，因为一本有 500 年历史之久的书被发现收藏于波兰国家图书馆，而且科特用特殊的器材对这本书进行了研究。这个论证序列建构起一组证据，用来支持假设。这典型地反映了科学调查通常是如何展开的。一开始，存在某个假设，该假设只是一个建立在薄弱证据（例如专家的意见）基础上的猜想。这些证据自身不足以证明最终的结论，但是足以推动调查向前进行，从而收集更多的相关证据。最初，这个假设是作为对事实的解释而起作用的，但是它与其他的一些能够解释相同事实的猜想有竞争关系。随着新证据的出现，我们可以根据从扩充后的证据集合中引出的论证，来比较和评价这些互相竞争的解释。

在图 5.10 中，我们看到有三个竞争性的解释。第一个解释是"这幅画是列奥纳多画的"，第二个解释是"这幅画是列奥纳多的助手画的"，第三个解释是"这幅画是伪造者（可能是 19 世纪的一位艺术家）画的"。这些解释被一些正、反论证所支持或攻击，这些论证被列在这几个解释之下。这里可以显示出一个很有趣的关系，即论证可以支持解释，也可以攻击或反驳解释。这三个解释中哪一个是最佳的

论证评价与证据

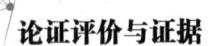

解释？这取决于相比较而言每一个解释能够多么好地阐释（account for）那些支持或反驳它们的证据。

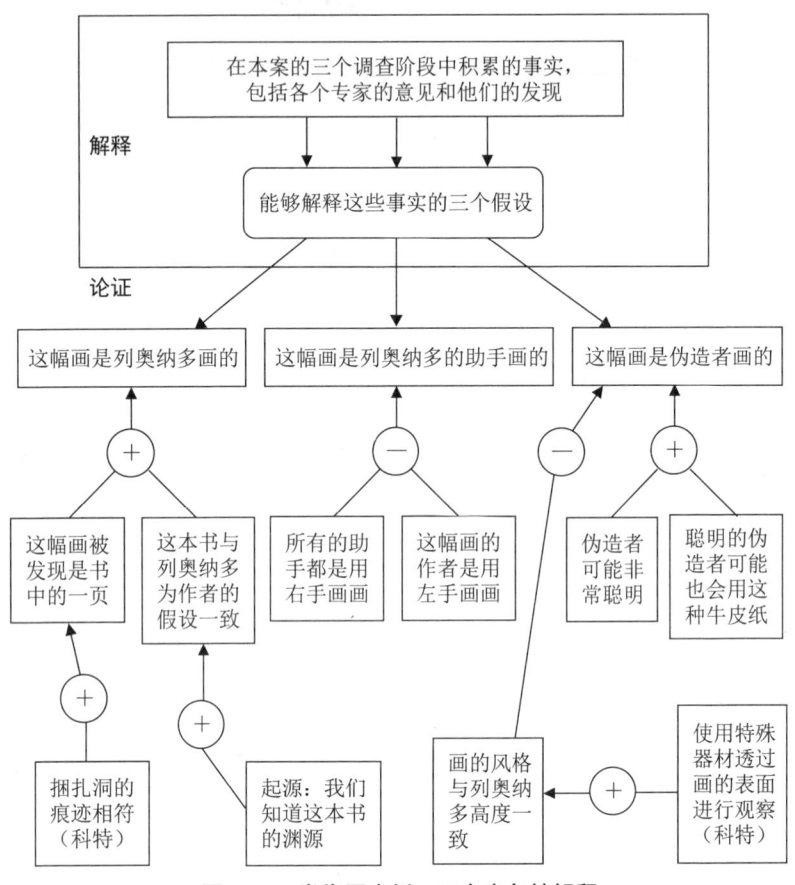

```
┌─────────────────────────────────────────────────┐
│           在本案的三个调查阶段中积累的事实，      │
│           包括各个专家的意见和他们的发现          │
│  解释              ↓  ↓  ↓                      │
│                                                 │
│           能够解释这些事实的三个假设              │
└─────────────────────────────────────────────────┘
   论证
     ↓              ↓              ↓
这幅画是列奥纳多画的  这幅画是列奥纳多的助手画的  这幅画是伪造者画的
     +              —              —        +

这幅画被发现  这本书与    所有的助  这幅画的   伪造者   聪明的伪
是书中的一页  列奥纳多    手都是用  作者是用   可能非   造者可能
              为作者的    右手画画  左手画画   常聪明   也会用这
              假设一致                                  种牛皮纸
     +            +                            +
捆扎洞的痕迹  起源：我们            画的风格      使用特殊
相符（科特）  知道这本书           与列奥纳多     器材透过
              的渊源                高度一致      画的表面
                                                 进行观察
                                                （科特）
```

图 5.10 肖像画案例：三个竞争性解释

168　　在图表的右侧是这样一个论证：伪造者可能非常聪明，而且聪明的伪造者可能会使用在列奥纳多创作的时代与地方所用的那种牛皮纸。这是一个很难反驳的反面论证，因为有不少这样的案例，伪造者在很长的一段时间内蒙蔽了别人，甚至躲过了非常专业的人士的检验。在图表中间是以下解释：这幅画是列奥纳多的某个助手画的。这本来也是一个难以排除的假设，但是有以下证据：列奥纳多是左撇子，而他工作室的所有助手都是用右手画画的。因此我们可以说，有比较强的证据反对该假设，使得该假设不能同样好地与左侧和右侧的假设竞争。位于左侧的解释是：这幅画是列奥纳多画的。这是一开始就被提出的一个竞争性假设，它源于肯普的专家意见。这个假设较为有力和合理，因为这幅画与列奥纳多的画作特征有许多吻合之处。不过这个假设自身尚不具备足够的份量，以胜过这幅画是某个伪造者所画的假设。然而，那本书的发现和科特对它的检验引出了关于洞痕与捆扎方式相符的科学证据，此时这个解释就变得非常有力了。理由是科特提供的科学证据表明了画纸上的洞与书的捆扎洞相符，这如此有力地支持了该假设。当这个证据被提出之后，这幅画是列奥纳多所画这个假设，能够最好地解释本案中的所有证据。因此它胜过了其他两个假设。现在它是所谓的最佳解释。通过最佳解释推论，这幅画是列奥纳多所画这个假设，已强大到可以满足证明责任要求，令艺术品研究领域的顶尖专家信服和满意。

5.8 评价的三个任务

为了界定评价的问题，我们需要区分三种不同的评价任务。第一个任务是，判断真实世界中的听众实际上会如何评价最终结论（即这幅画是列奥纳多的真迹）的可接受性。对于这个任务，首要的问题是确定我们应当将哪些人认作听众。我们可以将听众描述成艺术界（art world）。但是我们需要再做细分，还需要区分两类听众——即使这两类会有重叠。第一类听众是艺术品的购买者们，第二类听众是艺术专家们。

此处主张可以使用两个因素来判断这种评价。第一个因素是这幅画的金钱价值，以及随着新证据不断被提出，该价值将会如何上下变化。第二个因素是一些专家所表达的关于是否接受此画为列奥纳多真迹的态度。

以下是截止到 2012 年 9 月 6 日，在维基百科"年轻未婚妻肖像"

论证评价与证据

（Portrait of a Young Fiancee）词条[2]中列举的同意将这幅画归属在列奥纳多名下的专家名单：

- 马丁·肯普，牛津大学艺术史荣休教授
- 卡洛·佩德雷蒂（Carlo Pedretti），加州大学洛杉矶分校艺术史阿曼德哈默讲席荣休教授
- 尼古拉斯·特纳（Nicholas Turner），不列颠博物馆、保罗·盖蒂博物馆前馆长
- 亚历山大·韦佐西（Alessandro Vezzosi），意大利列奥纳多·达·芬奇理想博物馆主管
- 克里斯蒂娜·格多博士，研究列奥纳多及其助手的专家
- 克劳迪奥·斯特里纳蒂（Claudio Strinati）博士，任职于意大利文化部
- 米娜·格雷戈里（Mina Gregori），佛罗伦萨大学荣休教授

这不能说明在珍稀艺术品界已经形成普遍的共识，认为这幅画是列奥纳多的真迹。这只是说明了在这个时间节点上，有大量、充分的证据表明应当将证明责任转移到持怀疑论的一方，而且对此不存在相反的证据。这幅画的市场价值变化，也可以被看作指向了这种证明责任的转移。这幅画在2007年是以22 000美元的价格交易的。到了2012年，据多方媒体报道，这幅画被估值超过了1.6亿美元。我们可以认为，这个金钱数额大致上说明了，关于这幅画为列奥纳多真迹的主张，已有较为普遍的共识。

第二个任务是本章所要解决的。这个任务就是，对这个案件进行具体的描述，而且分析在这个案件中专门提出的论证。我们需要注意到，针对这幅画是否为列奥纳多真迹的争议，专家们进行了广泛的调查，收集和分析了大量的证据。其他继续对这个案例进行调查的专家，也会看到这些证据。本案中的证据集合在不断变化。随着时间的持续和新证据

---

[2] http://en.wikipedia.org/wiki/Portrait_of_a_Young_Fianc%C3%A9e.

的引入，或者随着已经提出的证据被进一步讨论、分析和评价，这个证据集合会有所改变。本章不是要（也不可能做到）使用证据集合中的所有信息来评价本案中的争议主张，本章的目的是，仅仅给出一个特定范围内的论述，将分析的范围限定于本章第一部分所描述的那些证据。

第三个任务是将给定范围内的证据信息输入 CAS，让该系统根据所输入的证据，自动地得出关于最终结论是否已被证明的决定。本章不企图完成这一任务。但是，假如我们对论证图表中各个命题一开始输入时的接受或拒绝程度值达成了共识的话，那么这一任务是有可能实现的。使用 CAS 评价论证，我们不仅要决定哪些命题已被接受，哪些论证被正确地应用，还需要针对每一个命题和每一个论证设定证明标准。我们希望设定一个很高的证明标准，因为艺术界对于任何没有署名且在记录列奥纳多作品的文献中没有提及的画作，都持高度怀疑态度。优势证据标准不能满足我们的要求，或许我们应该适用排除合理怀疑标准。

这三个任务都取决于我们认为应当针对最终的结论设定何种证明标准，以及如何分配关于该命题以及论证图表中导向该命题的其他论证要素的证明责任。通过某种规范模型来评价一个论证，不仅要使用该模型识别这个论证的结构，而且还要看输入到这个论证中的各个命题，即论证序列中各个前提和结论被赋予的初始值。在 CAS 中，有两类输入值（input values），一类是为证明责任而设，另一类是为了表示在一开始听众是否接受或拒绝各个陈述。5.4 节表明，CAS 使用四种证明标准来界定证明责任，这四种标准的严格性程度递增。在界定清晰且令人信服的证据标准、排除合理怀疑标准时，我们使用的等级标准是开放式的，没有设定在一个固定的数值上。问题是，如果我们对图 5.9（这个图展示了案例中的证据）的论证图示中的所有命题都赋予一个数值的话，那么就很可能会犯武断赋值的错误。尽管存在这一困难，我们仍然可以将 CAS 的证明责任概念运用到这个案例上，启发我们如何去评价这个案例。论证的分析者可以自主决定是否设定某种等级量值，这取决于对话的语境——论证属于该语境的一部分。在列奥纳多画作的案例中，所处的语境是科学调查。从关于这个案例的描述可以看出，一开始听众对于最终的结论持高度怀疑态度。因此为了说服听众改变其最初的怀疑观点，有必要将证明等级设定得非常高。

考虑到本案的具体情况所施加的限制，评价本章中的个案研究论证的一种非常实际的方式是使用证明责任转移（reversal of burden of proof）的概念。在图 5.5 的论证图示所表示的论证序列阶段，证明责任仍然在待证事实（即这幅画是列奥纳多的真迹）的拥护者一方，因为此时还没有找到关于某本可能本来包含了这幅画的书的证据。在找到这本书而且有了新的证据表明书的捆扎洞与画上的痕迹非常相符之后，证明责任就转移了。正面证据超过了反面证据，至此我们可以合理地说，证明责任转移到认为这幅画不是列奥纳多所画的怀疑论者一方。

5.9 对证据的评价

图 5.9 底部所展示的论证图示（即表示图 5.8 中的证据的部分），可以被认为是起决定作用的，因为它代表了非常有力的实物证据，而且得到了科技方法的支撑——科特用这种方法来分析这幅画，以及书上捆扎洞与画上穿洞痕迹相匹配。科特发现两者很匹配，这是非常有说服力的证据。图 5.9 底部所展示的这些发现，导向了树状图中更接近根部的一个命题，即这幅画本来是一本纪念比安卡·斯福尔扎婚礼的书中的一页。如前文所述，这个有力的论证契合图 5.7 中的树状图，因为它支持了这幅画源于一本书这个前提。通过这种方式，由第五个和第六个论证图示（参见图 5.7、图 5.8）共同构成的论证部分，是非常有力的。当这些论证图示与其他论证图示连接到一起之后，组合起来的论证结构就呈现为一个非常有力的论证，支持这幅画为列奥纳多的真迹这个最终结论。

图 5.11 展示了这个传导论证力度的过程。这个图示是一个简化的模型，可以帮助读者理解通常在 CAS 中应如何评价一个论证。在 CAS 的计算机界面中，为了表示一个命题已被听众接受，表示这个命题的文本框会变成绿色，而且会在其中标注一个对号。所谓一个命题已被听众接受，指的是这个命题的证据价值足够高，满足了所要求的证明

第 5 章 列奥纳多·达·芬奇的画作争议

责任。我们将表示方式略作简化，在图 5.11 中将某些文本框变成灰色，表示已被听众接受。

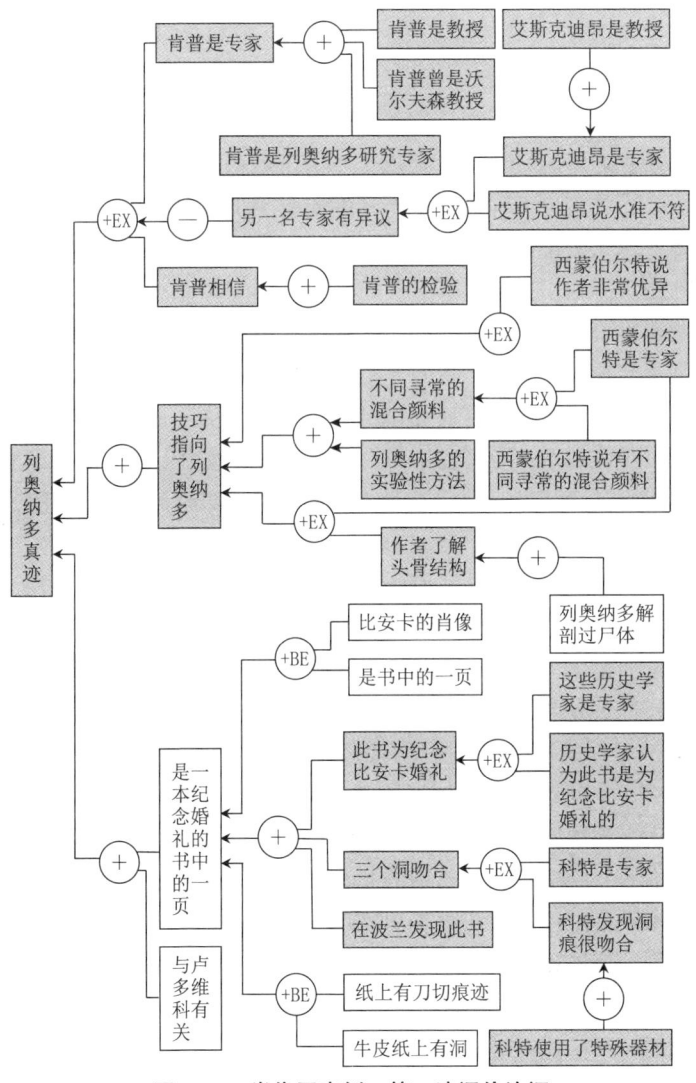

图 5.11 肖像画案例：第一遍评价论证

论证评价与证据

请注意，在图中有三个直接支持最终结论的论证。如图中所示，我们可以很容易地将所有的论证分成三部分。中间部分的论证是基于从西蒙伯尔特的专家意见的论证。下面的论证是基于在波兰发现的书这一证据，以及基于科特关于这幅画与书中缺失的一页相符的专家意见。

上面的论证代表了基于肯普的专家意见的论证，而这个论证被大卫·艾斯克迪昂的对抗性论证攻击。由于后一个论证的所有前提都被接受了，而且它也正确适用了基于专家意见的论证型式，因此基于肯普的专业意见的论证被驳斥了——尽管这个论证的前提都已经被接受了。这就告诉我们，由于基于艾斯克迪昂的专家意见的反面论证的攻击，基于肯普的专家意见的论证不具有足够的份量以证明最终的结论。

基于莎拉·西蒙伯尔特的专家意见的论证，位于图 5.11 的中间部分。假定这组论证的所有前提都已经被听众接受，而且假定这里面包括的三个具体的基于专家意见的论证都正确地适用了相应的论证型式，那么这组论证的结论（即"这种不同寻常的、试验性的绘画技巧指向了列奥纳多"这一命题）就可以被接受。在中间部分的论证中，所有的前提都被显示为灰色；我们还可以判断说，导向最终结论的所有论证节点，份量都超过了优势证据标准。如此一来我们就得到了第一个成功的正面论证，支持这幅画是列奥纳多的真迹这个最终结论。

当我们进入图 5.11 的下面部分时，就会遇到一个问题，这个问题是由 CAS 目前的发展阶段所具有的局限性造成的。第三个版本也仍然没有解决这个问题，即如何评价一个有一定证据支持或攻击的假设，但是随后出现了新的证据，使该假设更可信或更不可信（具体取决于证据的内容）——这就是所谓的累积性论证。在图 5.7 所显示的比较早的证据收集阶段，有证据表明这幅画是来自一本书，因为牛皮纸边缘有刀割的痕迹和穿洞的痕迹。但是这个证据仍是非常存疑的，在引入进一步的证据之前，不能证明这幅画是纪念比安卡·斯福尔扎婚礼的书中的一页。进一步的证据显示在图 5.11 下面右边。这些证据就是：历史学家们认为这本书是为了纪念比安卡·斯福尔扎的婚礼而写，科特提出了专家证据，发现洞痕吻合的。

因此现在的问题就是要指出，在出现了新的证据之后，我们应当如何对待旧的证据？此处旧的证据是基于最佳解释推论，新的证据不仅确认了旧的证据，而且实际上取代了旧的证据。图5.11下面的论证结构，可以用一种什么样的方式来重构，将新的专家意见证据更为充分地纳入考量？我们在本章结论部分解决这个问题的方法，就是设计出一种更好的对图5.11下面部分证据的呈现方式。这种方式会显示专家意见证据是如何改变原来的证据图景以及支持此前的基于最佳解释推论的猜测性证据的。

让我们回顾一下目前的进展。我们初步尝试的评价表明，有三组复杂的论证通向最终的结论。第一组有其力度，但不是非常强，不足以将最终的结论证明至恰当的标准。但是还有两组论证为最终的结论提供支撑：第二组是从莎拉·西蒙伯尔特专家意见的论证，第三组是一些更为复杂的、相互连接的论证，包含了图5.11下面部分展示的多个论证。当关于洞痕和割痕相符的论证被加入进来后，它强烈地支持了这幅画是书中的一页这个结论，这个结论与其他已被接受的前提相结合又进而强烈地支持了最终的结论。第二组和第三组论证补偿了第一组失败的论证。但是为了说明这三组论证何以在对所有证据之整体的评价中组装在一起，我们需要做更多的工作。

5.10 结　论

本章使用CAS分析的个案，吸引了广泛的社会兴趣，展示了目前最先进的论证方法能够多好地适用于在调查艺术品归属过程中所搜集的科学证据。正如肯普和科特所注意到的（Kemp and Cotte 2010, 9），这类调查是基于"似真性的证据积累"（a plausible accumulation of evidence），而不是基于绝对的确定性。因为这个原因，我们很合理地会考虑一种论证路径在以下方面的有用性：基于权衡支持性的论证和反对性的论证，来评价一个主张是否得到了证明。这种权衡考量的技术，展示了在多阶段的（multi-staged）社会调查场景中，就艺术品归属问题做出证据判断的方式。我们先来做一个简短的回顾。

本章 5.7 节说明，这个案件中的论证经过了三个主要的阶段。其中第二个阶段使用了最佳解释推论，将三个论证序列与三个假设相连接，这三个假设可以被用于解释本案的基本事实。做出这一分析是为了建构一个论证序列的模式，这个序列始于形成了最终的争议事实，然后进行收集证据以及从中提出最佳的假设，最后适用证明责任来终结调查程序。5.9 节展示了 CAS 如何塑造以树状图形式呈现的整个论证序列，以及随着每一个证据被提出，CAS 如何沿着树的枝干来传递对最终结论的支持。

图 5.11 以及图 5.9 的一个局限性是没有将图 5.4、图 5.5 的内容纳入考量。据称，为了简化图 5.11 和图 5.9，可以将图 5.4 与图 5.5 作为证据包（evidential package）的一部分省略掉。因为，这两个图中的论证，都可以看作是被对抗性论证所攻击，因此这两个论证所提供的证据可以被看作是非常薄弱的。所以我们可以说，图 5.9 显然没有将所有在调查中发现的相关的证据都纳入考量。有必要简单地浏览一下将图 5.4 和图 5.5 纳入考量之后的论证序列。图 5.12 中的论证图示展示了这一概览。

这个抽象的论证框架（abstract argumentation framework）与 CAS 不同，它将每一个论证呈现为一个节点，但是不呈现论证的构成要素，例如前提和结论。采用这种方法的结果是，用一种简化的方式呈现了一个论证对另一个论证的攻击，而前面的攻击性论证又被其他的论证所攻击，以此类推。图 5.12 采取了抽象论证框架的风格来表示其中的每一个文本框都代表了一个论证。唯一的例外是顶端的文本框，它所代表的是最终的结论，即这幅年轻女士肖像画是列奥纳多的真迹。在图 5.12 中，既包括了支持性的论证（即正面论证），也包括了攻击性的论证（即反面论证）。

第 5 章 列奥纳多·达·芬奇的画作争议

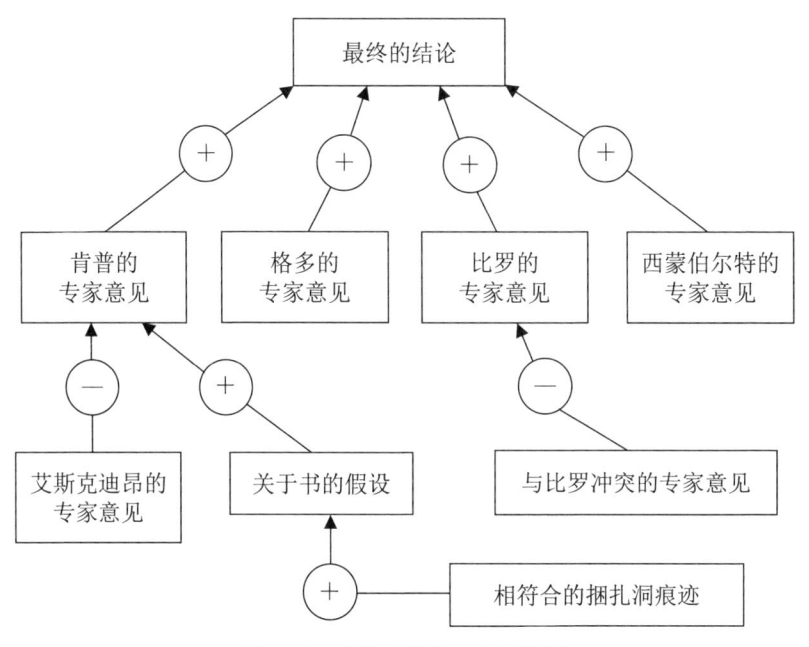

图 5.12 肖像画案例：证据概览

观察图 5.12，我们可以看到最初由肯普提出的猜测，即他开始认为这幅画可能是列奥纳多画的。这表示为左边肯普的专家意见。这个节点代表了图 5.3 中的论证。在这个节点右边是基于克里斯蒂娜·格多的专家意见的论证，对应于图 5.4 中的论证图示。这个论证提出了证据，说明这幅画是一位左撇子艺术家所画。正如前面关于图 5.4 的讨论所表明的那样，这不是一个非常有力的论证，因为有可能某个伪造者模仿了列奥纳多的左撇子风格。尽管如此它在整个论证的脉络中仍然具有一定的证据份量。因此在图 5.12 中，它被呈现为一个支持最终结论的正面论证。在下一个位于右边的论证之中，比罗提出了关于指纹的证据。正如前面关于图 5.5 的讨论所表明的那样，这是一个较为薄弱的论证，因为它被尚波特提出的相反的专家意见论证所攻击。在图 5.12 中，我们将此表示为：这个论证附有一个攻击性的论证，在攻击性的论证中，其他的专家批评了指纹证据的可靠性。基于莎拉·西蒙伯尔特的专家意见的论证，表示为图 5.12 最右边的节点。在肯普的专家意见下面，有两个正面论证，而且一个论证支持了另一个论证。肯普的专家意见下面还有一个反面论证，即艾斯克迪昂的相反专家意见。图 5.12 对本案中的所有证据进行了概括，因此在图 5.11 中缺少的要素可以在这里被考量。但是图 5.11 能够将一些重点之处表示出来，因此非常有用。

我们回顾一下图 5.11，看一下整个论证是如何分成三个阶段的。首先是上面部分的论证，用灰色的文本框表示它，它展示了最初肯普认为这幅画可以归属于列奥纳多的论证部分。但是随后艾斯克迪昂的专家意见提出了相反的论证，对肯普的论证提出了质疑。尽管如此肯普的论证仍具有一定的份量。接下来是中间部分的论证，里面包含了四个基于西蒙伯尔特的专家意见的论证。这一部分的所有论证都是有效的（即可以被接受为合理的论证），它们的前提也已被接受。最后是下面部分的论证，即所谓的起决定性作用的论证。这个论证源于关于书的捆扎洞的科学证据，它是最为有力的。但是问题在于，正如图 5.11 所示，这个论证没有以恰当的方式组装。

对 5.9 节结尾处提出的问题（即如何评价图 5.11 下面部分呈现的论证）的解决方案只能是常识性的，因为 CAS 还没有发展出一种评价累积性论证的方法。但是我们需要修正图 5.11，来展示当历史学家和科特提出的专家证据被添加到两个最佳解释推论上之后所发生的事情。解决方案可以是：我们修改图 5.11，将两个额外的溯因证据表示成已被接受。它们补强了直接支持"这幅画是一本纪念婚礼的书中的一页"这个命题的论证节点。在图 5.11 下面部分的中间位置，已经有很强的证据了，这个证据是基于科特和历史学家的专家证言。此前由最佳解释推论提出的证据，在调查的较早的阶段是较为薄弱的。现在它们非常有力，因为它们被随后的调查所确认——在随后的调查中，那本书被找到了，而且科特所进行的高度专业化的研究表明，这幅画来自那本书（科特的研究发现牛皮纸的洞痕与书的捆扎洞非常匹配，这

第 5 章 列奥纳多·达·芬奇的画作争议

达到了很高的证明标准)。

这种三阶段的论证序列发展模式,就是典型的证据组合在一起然后契合似真推理模型。这里面包含的三个步骤如下:首先,提出了一个猜测,这个猜测有调查的必要,因为它还没有被广为接受,甚至还与传统意见相悖。这个步骤对应于图 5.11 的上面部分。基于肯普的专家意见,有一个假设被提出,主张这幅画是列奥纳多所画,但是这个假设被另一位专家的对抗性论证所质疑。其次,在图 5.11 的中间部分,提出了新的专家意见证据,补强了肯普的论证。最后是图 5.11 的下面部分。这部分提出了更强的证据,解释了这幅画来源于一本书,这本书在波兰被发现,而且画纸上的洞痕与书的捆扎洞匹配。这个新的证据被认为是起决定作用的,因为它将所有三个部分组合在一起,形成了一个连贯的证据画面,其中的证据相互契合。

新的证据是如何实现这一点的?我们可以先修改图 5.11 下面部分的论证,将两个溯因论证表示成已接受,然后再考虑这个问题。最后一个阶段的论证补强了中间部分的论证,然后下面这两部分提出的证据向上补强了第一部分的论证。现在,大量的证据显然超过了由唯一的对抗性论证(即基于艾斯克迪昂的专家意见的论证)所提出的怀疑。因此,最终的结论得到了证明。

当所有三个阶段被连接在一起,而且证据被更新了之后,结果就是所有的文本框和论证节点都表示为灰色——除了位于图 5.11 上面左边的一个基于专家意见的论证节点。至此,我们可以将论证终结了。所谓终结不是说永远地结束调查。因为,科学调查总是需要对新证据开放,符合证伪的要求。但是终结确实意味着最终的结论可以被接受,因为现有的支持该结论的证据已经满足了所适用的证明标准。这个案例也不是一场法律审判,在法律审判中会预先设定证明标准,例如优势证据、清晰且令人信服的证据,或排除合理怀疑。但是我们仍然可以说,这个案例有了足够的说服性,足以令其他专家信服,接受最终的结论(如 5.9 节所示)。

对图 5.11 中本案证据结构的分析,为检验所提出的解决累积性证

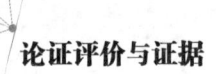

据问题的方案提供了个案研究。如果 CAS 或者其他类似的计算机论证系统提出了某种累积性证据模型，我们就可以将该模型适用于这个案件进行检验。

参考文献

Bench-Capon, T. J. M and G. Sartor. 2003. A model of legal reasoning with cases incorporating theories and values. *Artificial Intelligence* 150 (1-2): 97-143.

Bench-Capon, T. J. M. , S. Doutre, and P. E. Dunne. 2007. Audiences in argumentation frameworks. *Artificial Intelligence* 171 (1): 42-71.

Buckingham Shum, S. J. , A. MacLean, V. M. E. Bellotti, and N. V. Hammond. 1997. Graphical argumentation and design cognition. *Human-Computer Interaction* 12 (3): 267-300.

Dung, P. M. 1995. On the acceptability of arguments and its fundamental role in nonmonotonic reasoning, logic programming and n-person games. *Artificial Intelligence* 77 (2): 321-357.

Freeman, J. B. 1991. *Dialectics and the macrostructure of arguments*. Berlin: Foris.

Gordon, T. F. 2005. A computational model of argument for legal reasoning support systems. In *Argumentation in artificial intelligence and law*, IAAIL workshop series, ed. P. E. Dunne and T. J. M. Bench-Capon, 53-64. Nijmegen: Wolf Legal Publishers.

Gordon, T. F. 2010. The Carneades argumentation support system. In *Dialectics, dialogue and argumentation*, ed. C. Reed and C. W. Tindale. London: College Publications.

Gordon, T. F. 2011. Analyzingopen source license compatibility issues with Carneades. In *Proceedings of the thirteenth international conference on artificial intelligence and law*, (ICAIL-2011: no editor given), 50-55. New York: ACM Press.

Gordon, T. F. , and D. Walton. 2006. The Carneades argumentation framework. In *Computational models of argument: Proceedings of COMMA 2006*, ed. P. E. Dunne and T. J. M. Bench-Capon, 195-207. Amsterdam: IOS Press.

Gordon, T. F. , and D. Walton. 2009. Proof burdens and standards. In *Argumen-

第5章 列奥纳多·达·芬奇的画作争议

tation and artificial intelligence, ed. Iyad Rahwan and Guillermo Simari, 239 - 260. Berlin: Springer.

Gordon, T. F. , H. Prakken, and D. Walton. 2007. The Carneades model of argument and burden of proof. *Artificial Intelligence* 171 (10-15): 875-896.

Grennan, W. 1997. *Informal logic*. Montreal: McGill-Queen's University Press.

Hamblin, C. L. 1971. Mathematical models of dialogue. *Theoria* 37 (2): 130-155.

Hastings, A. C. 1963. *A reformulation of the modes of reasoning in argumentation*. Ph. D. dissertation. Evanston: Northwestern University.

Josephson, J. R. , and S. G. Josephson. 1994. *Abductive inference: Computation, philosophy, technology*. New York: Cambridge University Press.

Kemp, M. , and P. Cotte. 2010. *La Bella Principessa*. London: Hodder and Stoughton.

Kienpointner, M. 1992. *Alltagslogik: Struktur und Funktion von Argumentationsmustern*. Stuttgart: Fromman-Holzboog.

Prakken, H. , and G. Sartor. 2009. A logical analysis of burdens of proof. In *Legal evidence and proof: Statistics, stories, logic*, ed. H. Kaptein, H. Prakken, and B. Verheij, 223-253. Farnham: Ashgate.

Scheuer, O. , F. Loll, N. Pinkwart, and B. M. McLaren. 2010. Computer-supported argumentation: A review of the state of the art. *Computer-Supported Collaborative Learning* 5 (1): 43-102.

Tindale, C. W. 1990. Audiences and acceptable premises: Epistemic and logical conditions. In *Proceedings of the second international conference on argumentation*, ed. F. van Eemeren et al. , 288-295. Amsterdam: SICSAT.

vanGijzel, B. , and H. Prakken. 2011. Relating carneades with abstract argumentation. In *Proceedings of the 22nd International Joint Conference on Artificial Intelligence* (IJCAI 2011), 1113-1119, Barcelona, Spain.

Walton, D. 2004. *Abductive reasoning*. Tuscaloosa: University of Alabama Press.

Walton, D. , and T. F. Gordon. 2005. Critical questions in computational models of legal argument. In *Argumentation in artificial intelligence and law*, IAAIL workshop series, ed. P. E. Dunne and T. J. M. Bench-Capon, 103-111. Nijmegen: Wolf Legal

Publishers.

Walton, D., and E. C. W. Krabbe. 1995. *Commitment in dialogue*. Albany: State University of New York Press.

Walton, D., and T. F. Gordon. 2011. Modeling critical questions as additional premises. In *Argument cultures: Proceedings of the 8th International OSSA Conference*, ed. F. Zenker, 1–13. Windsor, University of Windsor. Available at http://www.dougwalton.ca/papers%20in%20pdf/11OSSA.pdf.

Walton, D., C. Reed, and F. Macagno. 2008. *Argumentation schemes*. Cambridge: Cambridge University Press.

第6章　从相关到因果的论证

内容提要： 关于因果关系有许多争论。因果关系的概念对于评价法律与科学中的证据推理非常重要，在那些从统计相关性推出因果结论的案例中尤其如此。本章会描述和评价三个从相互关联到因果关系的案例，这些案例是基于科学推理，而且吸引了公众兴趣，例如涉及健康问题的案例。第一个案例是关于这样一个问题：吃巧克力是否会让人更聪慧。第二个案例是关于南太平洋气候类型与流感大暴发之间的关系。第三个案例是关于铜的摄入是否会导致阿尔茨海默病的问题。本章将会论述如何改善现有的论证工具，使我们可以判断一个特定的例子是否构成一个合理的论证，以及如何判定那些得出了草率结论或者犯有谬误的案例。

本章认为应当在两个层面上研究从相关（correlation）到因果（causation）的论证。一个是论证型式的推论层面，论证型式代表了这种论证的结构，即基于特定的条件而推导出特定的结论。另一个是论辩（dialectical）的层面，关注的是使用这种论证的语境。本章将会论述，从相关到因果的论证最初是科学论证，用于在科学调查中收集证据和得出结论，后来这种论证被科学家和科学家之外的人应用于各种目的。例如，可以应用于医学领域以给出医疗建议，可以应用于设定公共政策。

6.1节讲述了使用从相关到因果的三个当前案例，它们都是基于科学推理，也吸引了广泛的公共兴趣，例如涉及健康问题。第一个案

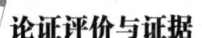

例是关于营养学的问题，第二个案例是关于气候类型与流感暴发之间的关系，第三个案例是关于铜的摄入是否会导致阿尔茨海默病的问题。本章就是围绕着分析这些案例（以及另外两个案例）中的从相关到因果的论证而展开的。本章为了完成这种分析任务所使用的主要工具是论证型式，它代表了从相关到因果的论证之形式。6.2 节会阐述非形式逻辑文献中关于这种论证型式的理解，而且会基于本章的目的而界定"相关关系"这个概念。我们知道因果关系这个概念是充满争议的，因此对因果关系的界定都是暂时性的。这一节也会说明 CAS 是如何使用这种型式的。6.3 节解释和概括了为得出一个从原因到因果关系的科学推论而需要符合的九个条件，即所谓的布拉德福德·希尔标准（Bradford Hill Criteria）。6.4 节解释了在那些因果关系调查的最终点可能难以或无法衡量的案例中，如何使用启发式工具进行从相关到因果的论证。例如，如果一个癌症治疗措施显示使肿瘤缩小了，那么肿瘤的缩小可以被视作一个替代性指标，替代了最终点，即生命的延续。6.5 节比较了为何这三个案例中的论证经得起分析，而且按照强弱次序排列这些论证。6.6 节表明需要在论辩的层面上检验从相关到因果的论证，将语境纳入考量——正如 6.7 节和 6.8 节中的案例所表明的那样。6.7 节和 6.8 节展示了另外两个案例。一个是关于吸烟与肺癌之间的因果关联的经典例子。另一个是当前处在争论之中的关于橄榄球与大脑损害之间的因果关联的案例。6.9 节论述了如何通过重述与从相关到因果的论证型式相匹配的批判性问题，从而改善现有的评价这种论证的方法。6.10 节提出了一个解决分析事后归因谬误之难题的方法。

6.1 三个当前的案例

第一个案例我们可以简称为"巧克力案例"。梅瑟利（Messerli 2012）开展了一项统计学调查，支持了以下假设：食用巧克力能够改善认知功能，甚至能够有效地延缓由于年龄增长而导致的认知功能减弱现象。他发现，一个国家的巧克力消费水平，与该国国民的认知功能水平之间，有相关关系。他的起点是以下假设："单位人口中的诺贝尔奖获得者数量,可以作为一个替代性指标,反映具有优越认知功能的人口比例,进而为我们提供衡量一个国家整体认知功能水平的方法"(Messerli 2012,1562)。开展研究的依据是在维基百科上能够找到的一个列表,上面按照单位人口诺贝尔奖获得者数量对各个国家做了排序。另一个依据是瑞士的一份数据,里面记录了 23 个国家巧克力的消费情况。

该调查发现,在这些国家人均巧克力消费水平与每千万人口中诺贝尔奖获得者的数量之间存在紧密的线性关联(Messerli 2012,1563)。梅瑟利提出了一个限制(1563),认为这样一个非常强的统计学相关性不能证明因果关系。但是他认为,看起来有可能"巧克力的摄入为诺贝尔奖获得者的萌生提供了所需的坚厚基础"(1563)。他也考虑了存在相反因果关系的可能性,即具有优越认知功能的人们更能意识到食用黑巧克力为健康带来的益处。但是他决定排除该假设(1563),因为获得诺贝尔奖"本身会在全国范围内提高巧克力摄入水平",这看起来不可能。他还提出了有理论根据的生物化学原理来支持他关于因果关系的结论:可可中包含一种叫作类黄酮的物质,已知该物质能改善脑部血流,这对于老鼠和人类的认知功能都有改善作用。

第二个案例我们可以简称为"鸟类案例",简要介绍如下。科学家们发现,最近的四次人类流感大流行(分别发生在 1918 年、1957年、1968 年和 2009 年),都是紧随反厄尔尼诺(La Niña)现象发生,反厄尔尼诺现象在南太平洋将低温海水带到了海洋表面。反厄尔尼诺现象与厄尔尼诺(El Niño)现象相反,后者指的是太平洋东部和中部的热带海洋水温异常持续变暖,前者指的是其水温异常持续变冷。这两种现象导致了气候的多变,被称作"厄尔尼诺南方涛动"(El Niño southern oscillation)现象。反厄尔尼诺现象与流感暴发之间的相互关联,表明了两者之间可能存在某种因果关系。但是它也表明,在这四个案例中两者之间的先后发生关联,很可能仅仅是一个巧合。对两者之间的关联做其他解释,可能是一种事后归因谬误。

然而,考虑的其他一些条件表明可能有几个介入的变量,将这两个事件联系到一起。第一，这些流感是由于人们感染了一种新的病毒而引起的，对于这种新的病毒人们还没有形成免疫。第二，这类流感病毒可以由动物传染给人，例如鸟、猪。第三，鸟类迁徙时进行飞行途中停留的方式会受到厄尔尼诺与反厄尔尼诺现象的影响。第四，像反厄尔尼诺现象这种变化，会很容易使鸟类以不同往常的方式混杂在一起。这些介入性的关联，很容易表明在反厄尔尼诺现象之后，引发流感的病毒如何能从鸟类传播到人。

沙曼和利普锡（Shaman and Lipsitch 2013）认为，考虑了这些证据之后，就可以得出一个因果关联："我们提出假设，反厄尔尼诺现象将不同的流感病毒种类共同带到世界某些地方，从而有利于流感病毒借助各个寄主之间的同时交叉感染而进行重组，繁殖出新的病毒种类。"他们使用了一些来自流感人群遗传学、各种寄主物种的流行病毒以及鸟类迁徙类型的证据，来检验这个假设。他们得出结论（Shaman and Lipsitch 2013, 3690），认为他们的发现表明了"在全球性的流感与厄尔尼诺南方涛动现象之间存在一种可能的关联"。但是他们非常慎重地说："两者间的这种关联是因果性的还是巧合，尚未得到证实。"他们还补充了以下结论：对于这四次反厄尔尼诺现象与四次全球流感事件之间的关联的"最似真的生物学解释"，涉及气候变化对于鸟类迁徙类型的影响。

第三个案例我们可以简称为"铜案例"。许多新闻媒体的报道提及了一项由美国国家科学院（National Academy of Sciences）开展的研究，该研究得出结论说摄入铜元素会导致大脑中的斑块积聚，进而导致阿尔茨海默病（Castellano et al. 2012）。阿尔茨海默病是由于一种叫作淀粉样蛋白的蛋白质在大脑中积聚造成的。该研究旨在说明，摄入铜会有一种积聚效应，损害从大脑中排出淀粉样蛋白的机理。铜元素对于人体的健康必不可少，在肉类、水果、蔬菜以及饮用水（经常流在铜管中）中都包含铜元素。据报道，主要的研究者拉希德·迪恩（Rashid Deane）博士在一场罗切斯特大学的发布会上宣称："非常清楚的是，随着时间，铜元素的积聚效应会损害从大脑中排出淀粉样蛋白的机理。"[1] 迪恩和他的同事开展了实验，让老鼠连续三个月饮用加入铜的水。他们的理论是，铜会侵入那些保护大脑不受毒素侵害的毛细血管壁，最终破坏防止有害物质进入大脑的血脑屏障（blood brain barrier）。最终导致的斑块积聚，被他们描述为一个"连环击"，即一方面刺激了淀粉样蛋白的产生，另一方面抑制了对淀粉样蛋白的清理。[2] 该研究的结论是，铜的过量摄入与"大脑的废弃清理机制无法清理的蛋白质积聚"（正是这种斑块积聚被认为导致了阿尔茨海默病）之间，存在因果关联。

关于这一发现的一个很有意思的方面是，其他专家强烈反对该发现。基尔大学生物无机化学教授克里斯多夫·埃克斯利发表了著作（Exley et al. 2012），声称他的团队关于脑组织的研究得出了相反的结论。埃克斯利在一次新闻采访中评论了前述研究，[3] 直截了当地表达了不同意见："包括我们自己的研究在内的一些研究，表明了相反的结论，即铜阻止了淀粉样蛋白形成在斑块中见到的那种结构。"他和同事在《自然》（Nature）杂志上发表了文章，支持自己的主张。他说，根据他研究团队所知晓的原理，基于他们关于脑组织的研究工作，如果说铜元素与阿尔茨海默病确有什么关联的话，也是它会有助于防范阿尔茨海默病。

6.2 关于论证型式的流行观点

约翰逊和布莱尔（Johnson and Blair 1983, 121）讨论了那些提出因

---

[1] James Gallagher, Copper Linked to Alzheimer's Disease, BBC News, accessed August 21, 2013: http://www.bbc.co.uk/news/health-23755037.

[2] Mark Michaud, University of Rochester Public Release date Aug. 19, 2013, Copper Identified as Culprit in Alzheimer's Disease, accessed Aug. 21, 2013: http://www.eurekalert.org/pub_releases/2013-08/uorm-cia081413.php.

[3] Deccan Chronicle (no author given). Copper linked to Alzheimer's? New Research Fuels Debate: http://www.deccanchronicle.com/130820/lifestyle-health-and-well-being/article/copper-linked-alzheimers-new-research-fuels-debate, accessed Wednesday, Aug 21, 2013.

果主张的一般类型的论证中包含的谬误（例如事后归因谬误）。他们界定了一种较为普遍的谬误类型，将其称为"可疑因果谬误"（fallacy of questionable cause）。这种谬误具有三个可识别的条件。第一个条件是，在提出者的论证中出现了一个关于因果关系的主张。第二个条件是，提出者赞成该因果主张，但是未能对此提供充分的支持。第三个条件是，存在一些质疑接受该主张的理由。这种路径有两个方面尤其需要注意。首先，它将因果论证的失败与一些批判性问题相关联，这些批判性问题基于缺乏支持性证据而提出了对接受因果主张的怀疑。其次，它将支持因果主张的论证之谬误看作一种虚弱、可疑的论证类型，这种论证本来可以被证据支持，但是实际上支持它的证据不充分。这一路径表明，当我们说这类论证是谬误性的或逻辑上可废止的，我们所质疑的不是这类论证的内在错误，而是质疑该论证的整体要素无法回答那些对于该论证提出的批判性问题。

戈薇（Govier 2005, 343）也认为，从相关到因果的论证本身不是一种谬误，为了强调这一点，她将所谓的错误重新命名为"可反驳因果谬误"（fallacy of objectionable cause）。她重新界定了与这种谬误相对应的推论形式，这种推论包含了三个前提和一个结论，表示如下（其中 A 和 B 代表了两个事件）：

> A 发生了。
> B 发生了。
> 我们可以似真地用一个因果关系连接 A 与 B。
> 因此 A 导致了 B。

她认为这种论证的问题在于，我们没有根据可以排除其他替代性解释，即 A 和 B 之间的联系不是因果性质的，而是其他性质的联系。

格罗尔克和廷德尔（Groarke and Tindale 2004, 305）重新界定了事后归因谬误，他们强调在评价从相关到因果的论证时，需要考虑那些批判性问题或对抗性论证，这些批判性问题或对抗性论证显示了该论

第 6 章 从相关到因果的论证

证可能如何违反了一个好的因果推理所需符合的条件。根据格罗尔克和廷德尔的论述，这些批判性问题和潜在的对抗性论证可以被建构成附加前提，附加前提需要添加到从相关到因果的简单论证型式之中。他们提出了（Groarke and Tindale 2004, 303）针对一般因果推理的下述型式（X 和 Y 表示契合因果关系的事件之变量）：

前提 1：X 与 Y 相关。
前提 2：X 与 Y 的相关性不是由于偶然。
前提 3：X 与 Y 的相关性不是由于某个共同的原因 Z。
前提 4：Y 不是 X 的原因。
结　论：X 导致了 Y。

格罗尔克和廷德尔还强调说，X 和 Y 这两个事件应当具有常规性的关联，即能够给出一个一般性理论（通常是基于科学家的工作），展示对于连接 X 和 Y 的事件链条的某种更深入的理解。

平托（Pinto 1995）对于教科书中关于事后归因谬误的描述进行了概括，他强调说："应当仔细地区分具体事件（particular events）与因果概括中出现的事件类型（types of events）。"平托（Pinto 1995, 309）举了这样一个例子：一个小孩子将一个橡皮球扔向他卧室的墙壁，紧接着在球与墙相撞的位置上，墙面出现了一道很小的裂纹。在这个例子中，有两个具体事件：小孩子将球扔向卧室墙壁；墙面随即出现了裂纹。关于事件类型的陈述，经常会组成概括（generalizations）。例如，"吸烟会导致肺癌"这个陈述是一个概括，它不仅适用于一个具体的案例（即某个人吸烟，后来得了肺癌）。

接下来我们要界定相关（correlation）与因果（causation）的概念，因为我们在论证型式中同时使用这两个概念。相关指的是两个（或多个）事件构成这样一个事例（或多个事例）：这两个（或多个）事件共同发生。相关是一个统计学的概念，因为这些事件共同发生的事例数量是可以计数的，得到的数字可以用作统计学计算的根据。请注意，根据这种界定，相关既可以是两个事件之间或两个事件类型之间，也可以是一系列事件或一系列事件类型之间的关系。例如，南太平洋的气候事件与流感暴发之间可能具有某种相关性，但是也可能在南太平洋的气候事件、鸟类迁徙类型、流感暴发等一系列事件之间存在某种相关性。

因果关系就其在本章的意义而言是一个实践性的概念，而不是一个纯粹的统计学概念。出于论证型式的目的，当符合以下条件的时候，我们就可以说事件 A 引起了另一个事件 B：根据本案中的证据，事件 B 的发生可以被推断为是事件 A 的发生的一个通常结果。根据这种界定，因果关系是一个场域依赖的（field-dependent）概念。一个场域就是一个稳定的环境，这个环境在不同的事例之中是恒定的，但并非完全同一。当我们以这种方式来界定因果关系的时候，因果关系就是各个事件之间的一种可废止的证据关联。"A 导致了 B"这个陈述的意思是，B 可以从一组包含 A 的因素中推出来。原因 A 被界定为一套条件，这些条件中的每一个对于事件的发生都必不可少，这些条件组合起来对于事件的发生就是充分的（若保持其他情况不变）。请考虑以下事件：一个仓库被烧毁了。恰在起火之前，有一位证人看到了纵火嫌疑犯伯尼离开了仓库所在的位置，而且还看到伯尼带着一个容器，容器闻上去有汽油味。在这个案例中，警察形成了一个假设，然后基于该假设开展调查。这个假设就是"伯尼纵火"这个陈述。根据该假设，起火的原因就是伯尼用汽油放火。这个案例可以被建构成一个形式论证系统中的论证图示，在图示中事件被表示为命题，因果推论被表示为论证节点。

现在论证型式已经被整合到软件系统中（例如 CAS[4]），这些软件系统可以用于识别、分析、图示化、评价和建构论证。使用者还可以从列表中挑选论证的型式，然后用所选的型式分析和评价论证，以及从数据库中搜寻新的论证来证明某个主张。CAS 是一个数学化的论

---

[4] 当前版本的"CAS 编辑"可从以下网址下载：https://github.com/carneades.

证模型（Gordon 2010），它是一个开放式的资源，使用者可以免费地使用它的图形用户界面。CAS 当前的版本，是一种三层结构的网页，包含一个数据库、一个可适用的逻辑和一个图形用户界面。之前的 CAS 版本——一个被称作"卡尼阿德斯编辑"（Carneades Editor）的桌面版本——仍然可用。当前的版本有一个各种论证型式的目录，里面包含了基于专家意见的论证、从证言的论证、从类比的论证、从先例的论证、实践推理、从相关到因果的论证等各种论证型式。

CAS 在塑造批判性问题时，区分了论证型式中的两种前提，一种是假定，另一种是例外。在型式中明确陈述出来的前提被作为假定，这意味着它们被视为已成立，除非受到质疑。而如果受到了质疑，论证者就需要提出一些证据来支撑该前提，否则论证会失败。但是除了普通的已经陈述出来的假定之外还有其他一些假定。代表了例外的那类前提，即使被质疑了，也仍然具有可接受性。从相关到因果的论证型式的当前版本如下：

名　　称：从相关到因果的论证
严　　格：虚假
方　　向：正面
结　　论：事件 E1 导致了事件 E2
前　　提：
- 事件 E1 和事件 E2 相关。

假　　定：
- 存在一个理论，能解释事件 E1 如何导致事件 E2。

例　　外：
- 事件 E3 导致了事件 E1 和事件 E2。

普通的前提（即"事件 E1 和事件 E2 相关"这个陈述）被认为是有效的，但是如果受到了质疑，就不再被接受。同样的标准也适用于假定，即"存在一个理论，能解释事件 E1 如何导致事件 E2"。但是例外就与普通的前提和假定不同了。仅仅提出质疑不足以使该前提不被

论证评价与证据

接受。必须指出一个具体的事件 E3，才能使该前提不被接受。换言之，我们可以认为：针对假定，证明责任在论证的提出者一方；而针对例外，证明责任在论证的反对者一方。

沃尔顿的著作（Walton 1996, 142）描述的型式版本非常简单。该型式只有一个前提和一个结论。

前　提：A 和 B 之间存在正相关。
结　论：因此 A 导致了 B。

但是该型式可以表述得更详细一些，表示成两个前提的论证形式：

前提 1：如果 A 和 B 之间存在正相关，那么 A 导致了 B 。
前提 2：A 和 B 之间存在正相关。
结　论：因此 A 导致了 B。

这个版本的型式具有所谓的 DMP（可废止的肯定前件式）格式。沃尔顿（Walton 1996）将这种论证形式看作是可废止的和假定性的，这就意味着尽管前提的成立为结论的成立提供了一个理由，但是当提出了一个恰当的批判性问题的时候，这个理由可能被废止。

以下七个问题是与从相关到因果的论证相匹配的一套批判性问题（Walton 1996, 142-143）：

问题一：E1 和 E2 之间是否存在正相关？
问题二：对于 E1 和 E2 之间的正相关，是否存在足够多的例证？
问题三：是否存在好的证据，证明 E1 和 E2 之间的因果关系是 E1 导致 E2，而不是 E2 导致 E1？
问题四：能否排除以下情形，即 E1 和 E2 之间的关系是由于另外一个因素 E3 导致的，或者说 E3 作为共同原因导致了 E1 和 E2？
问题五：如果存在一些介入因素，能否证明 E1 和 E2 之间的因果关系是间接的，即通过其他某个原因来实现的？
问题六：如果这种相关性在特定案例范围之外不再成立，那么能否清楚地指出这种范围限制？

问题七：能否证明 E2 的增减或变化，不是仅仅由于在不同时间界定 E2 的方式、界定 E2 时使用的标准等方面的变化？

如果论证的一方提出了一个符合从相关到因果的论证型式的论证，而且对方接受了该论证的前提，那么对方也应当接受该论证的结论——除非他能够提出一个批判性问题，或者提供一个对抗性论证。

针对上述第三个批判性问题，我们可以考虑以下这类案例（Freedman 2010, 59）。许多研究显示，运动更多的人一般会更为健康。这些研究所表明的结论是，运动是一种提高健康的方式。但是问题在于因果关系是沿着哪个方向展开的。运动是健康的原因，还是一个人的健康状态是一个导致他更愿意运动的原因？

针对第五个批判性问题，我们可以考虑以下这类案例（Freedman 2010, 57）。根据缺少睡眠与肥胖之间的相关性，有人主张说，如果人们开始有更多的睡眠，他们将会降低一些体重。但是除了睡眠的水平之外，也可能存在一些中间介入性的因素，这些因素导致了或者参与导致了肥胖。有可能是这样：那些睡眠不好的人，更容易运动得少、食用不健康食品、存在激素失调的问题或者更容易沮丧。有可能是这些睡眠之外的因素中的任何一个，或者几个因素结合起来共同导致了肥胖。当考虑了这些其他的变量之后，缺乏睡眠与肥胖之间的联系就可能仅仅是偶然性的了。所以跳跃到缺乏睡眠会导致肥胖这个结论，就应当被认作一种事后归因推理错误的例子——即使不是错误，也是存在疑问的。

概言之，我们从上述各种关于从相关到因果的论证型式的论述可以看到，该型式既可以被看作一个只包含一两个前提的简单型式，也可以被看作一个还包含了一些附加性前提的更复杂型式。关于有多少个批判性问题或者有多少个附加性前提，有不同的观点。这些关于该型式的论述的主要理论分歧在于，那些附加性的特点应当视作批判性问题，还是视作附加性前提。对于这一分歧，CAS 采取了一种系统化的方式，将批判性问题都变为附加性前提。我们可以看到，按照这种管理批判性问题的方式，论证的型式除了包括普通的前提之外，还包括了两类附加性的前提，分别是假定和例外。

6.3 布拉德福德·希尔标准

以下这九条关于得出从原因到因果关系（from causation to causality）的科学推论需要符合的优良条件（Susser 1977；Doll 1992），被称作"布拉德福德·希尔标准"（Hill 1965）。

1. **时序**（Temporality）。原因应该在结果之前。

2. **强度和关联**（Strength and Association）。关于因果关系的结论源于对一对事件之间的统计相关性的观察。相关的强度可以用数字化的方式来衡量。对因果推论的检测原则是，两个事件之间的相关性越强，一个事件导致了另一个事件的推论就越强。

3. **剂量-反应梯度**（Dose-response Gradient）。原因（在临床医学的案例中就是剂量）和结果（即病人的反应）之间应当有一定关系。这种关系或许应当具有最小和最大阈值。

4. **一致性**（Consistency）。因果假设成立的可能性，随着与该因果假设一致的事例范围的扩大而提高。

5. **理论可能性**（Theoretical Possibility）。如果两个事件之间的联系有科学理论上的依据，就应当对于这两个事件之间存在因果关系有更大的接受度。

6. **专一性**（Specificity）。一个特定的事件可能有多个原因，如果一个假定原因相比于另一个原因能更好地解释该事件的发生，那么这个原因更强。同样地，如果相对于某个因果假设，不存在其他同样可信的对事件的竞争性解释，那么这个因果假设就是最强的。

7. **证据**（Evidence）。基于实验的研究，由于可以保持其他变量稳定以免干扰结果，会使因果推论更可信。

8. **类似性**（Analogy）。一个已经被鉴别了的因果假设，如果其他与之相类似的假定原因已经被鉴别和排除了,那么这个因果假设可以被认为更强了。

9. **连贯性**(Coherence)。连贯性指的是,控制变量的科学实验发现,与基于我们在实践经验中熟知的关于事件之常识的独立日常证据相符合。

很显然,与从相关到因果的论证型式相匹配的那套批判性问题,和布拉德福德·希尔标准有很多相似性。第二个批判性问题是关于相关性例证的数量多少,而布拉德福德·希尔标准中第二条推进了这一考虑因素,提出了以下检测原则:相关性越强,关于因果结论的推论就越强。布拉德福德·希尔标准中第三条陈述了另一个与程度检测有关的方面:当原因更强的时候,结果也应当更强。第三个批判性问题是关于两个事件的方向,对应于布拉德福德·希尔标准的第一条,即原因应该在结果之前。

上文所介绍和下文会分析的案例表明,有一个因素非常重要,即布拉德福德·希尔标准第五条:如果有两个事件之间的关系有科学理论上的依据,那么因果推论会更强。这个具体的因素,在 CAS 版本的从相关到因果的论证型式中,也被强调了(参见上文)。因此,可以提出一个建议:将一个与这个因素对应的批判性问题,添加到上面的本来由七个批判性问题组成的清单中(Walton 1996)——该清单也出现在其他文献中(Walton et al. 2008)。

6.4 替代性指标

因果推理在科学调查和医学实验中是很常见的。例如,为了确定某种特定的药物能否有效地降低心脏病发病率,研究者开展了一项医学实验。一组病人服用该药物,另一组病人服用没有任何药效的安慰剂。然后比较这两组病人的服用效果。这种因果调查的结果或者所谓的最终点(ultimate endpoint),例如,是病人由于心脏病发作而死亡。所研究的因果要素就是服用特定的药物。该调查的目标是解决因心脏病发作导致预期寿命缩短的问题。

然而，通常会有一些实践性的理由表明，测量最终点非常困难或者成本很高，因此人们会使用一个所谓的替代性指标（surrogate marker）来代替最终点。在医学实验中，替代性指标有时也被称为"间接测定"（proxy measurement），即通过推论引起最终点的原因，来测定某种特定药物的效果。但是从原因到最终点的推论步骤是可废止的，而且可以受到批判性质询。例如，在研究心脏疾病成因的医学实验中，血管疾病是一种最常见的原因（Cohn 2004）。血管疾病通过特定的病理（包括炎症、空斑形成和血栓）引发心脏疾病。新的技术使我们可以借助一些替代性指标来追踪该过程："如果找到可靠的替代性指标，就能最终允许使用疾病级数（disease progression）来代替终点事件，指向疾病风险以及对疗法的反应"（Cohn 2004, 20）。出于实践性的理由，这些替代性的指标被应用，从而以更快捷和成本更小的方式得到结果。

科亨（Cohn 2004, 20）将替代性指标分成了两类，一类是结构性的，一类是功能性的。科亨使用了心血管疾病诊断的例子。动脉或心脏的结构性异常被作为心血管疾病的结构性替代指标。对颈动脉壁厚度和左心室质量的测量，可以识别这两种结构性替代指标。它们被认为可以指示那种会随时间而恶化的心血管疾病。功能性的替代指标被认为是心血管疾病结构的不完整指标。出现了某些功能性指标时，可以认为发病风险上升了，"但对于另一些功能性指标，不能确切地将指标的反映视作病发过程的前提条件"（Cohn 2004, 20）。心血管疾病的功能性指标包括血压、动脉壁顺应性或僵硬度。

这个例子提出了一些关于推论链接（inferential link）的问题，在替代性指标和最终点之间应当要求有恰当的推论链接。这种推论链接的性质是什么？它需要达到多高的强度，才能使某个东西成为最终点的有效替代性指标？两个事件之间存在相关性就可以了吗？还是必须要求替代性指标能导致最终点？如果是后者，那么这种因果关联需要多强？可否仅仅是一种连带原因，或者要求某种更强的因果关联类型？

例如，在高血压和心脏病等心血管疾病（即最终点）之间可能有某种相关性，但是将高血压单独作为心脏病等严重心血管疾病的替代性指标，可能是有疑问的。高血压或许是心脏病的一个影响因素，但是这不足以成为一个充分有效的理由，使我们出于诊断调查的目的而将高血压作为心脏病的替代性指标。

替代性指标和最终点之间的推理关联似乎应该更强。但是究竟需要用什么要求作为替代性指标的标准？一个合格的替代性指标和最终结果之间的推论应当达到多大的强度？一个可能的标准是，要使某个因素成为一个合格的替代性标准，那么出现该要素就必须会导致最终点的发生。另一个可能的标准是有以下这种因果关联：替代性指标的明显增加，对于认定最终点事件的发生概率的增加而言是必要的。

请考虑这样一个例子。最终点是因心脏衰竭而死亡，替代性指标是胆固醇水平的升高。胆固醇水平的升高增加了心脏衰竭的可能性。但是有很多人尽管胆固醇水平正常，仍然遇到了心脏衰竭的问题；反之，有很多人的胆固醇水平很高，却没有遇到心脏衰竭的问题。假设有一个临床试验表明，服用某种药物会导致胆固醇的降低。这是个很有趣的发现，但是它不足以表明服用这种药物将会防止心脏衰竭问题。据此，将胆固醇的水平升高作为心脏衰竭的替代性指标，在逻辑上是缺乏正当理由的。在有些情况下，某些因素一开始被作为潜在的致命性最终点的替代性指标，但后来又被撤销了。

有一种叫作"贝伐单抗"（Bevacizumab）的药物［经常用"阿瓦斯丁"（Avastin）这个商品药名］，它是一种可以促进癌症肿瘤缩小的抗体，因为它能够延缓新血管的增长。美国食品及药物管理局（FDA）在 2004 年批准将阿瓦斯丁用于几类癌症实验，在 2011 年又批准了可以用阿瓦斯丁治疗乳腺癌。尽管这种药物确实能够使癌症肿瘤缩小，但 FDA 随后撤回了关于用这种药物治疗乳腺癌的批准，理由是没有证据表明它能延长生命或者缓解病痛（Couzin-Frankel and Ogale 2011），而且有证据表明它会引起严重的高血压和出血。在这个例子中，替代性指标是癌症肿瘤的缩小，最终点是癌症病人的生命延长。此处我们可以看到一个可废止推理的例子。由于阿瓦斯丁被表明能导致肿瘤缩小,而肿瘤缩小又被认为是生命延长的一个替代性指标,所以得出结论认为阿瓦斯丁可以延长生命。当发现了进一步的证据,表明这个替代性指标与最终点之间的关联并不恰当时,前述因果推理就应当被撤回。

这个阿瓦斯丁的例子,以及本章所研究过的其他例子,清楚地说明了使用替代性指标以及得出从相关到因果的推论的危险性,显示了在分析和评价这类论证时批判性问题的重要性。看起来,借助替代性指标而做出从相关到因果的推论,经常会涉及统计学证据。在这些案例中,有一个较为隐蔽的点,或者说至少是没有被充分强调的点,即对从相关到因果的论证的恰当评价,关键取决于一个从某个替代性指标到最终结论(被视作推论的最终点)的推论。这种因果推论的结构,就像阿瓦斯丁的例子所显示的,参见图 6.1。

在这个例子中,实验行为(experimental action)是推荐使用阿瓦斯丁药物作为治疗癌症的手段,这是基于以下实验发现:过去证明了服用阿瓦斯丁药物会使肿瘤缩小。但是肿瘤的缩小被认为是所预期的治疗效果(即延续病人的生命)的一个替代性指标。然而进一步的研究表明,在这些案例中肿瘤的缩小不具有延续生命的预期效果。

在图 6.1 所展示的案例中隐含的一个有问题的推论,就是所谓的替代性指标推论(surrogate marker inference,SMI),即从替代性指标到最终点的推论。涉及 SMI,我们有必要在现有的批判性问题中再增加两个批判性问题,这两个问题是关于替代性指标的应用,它们在本章所研究的案例中是非常重要的。第一个问题是,所陈述的从相关到因果的推论,指向了最终的结论,还是指向了某个替代性指标?如果是指向了某个替代性指标,那么就会接着问第二个问题。第二个问题是,从替代性指标到结论的推论是否被证成。

第 6 章 从相关到因果的论证

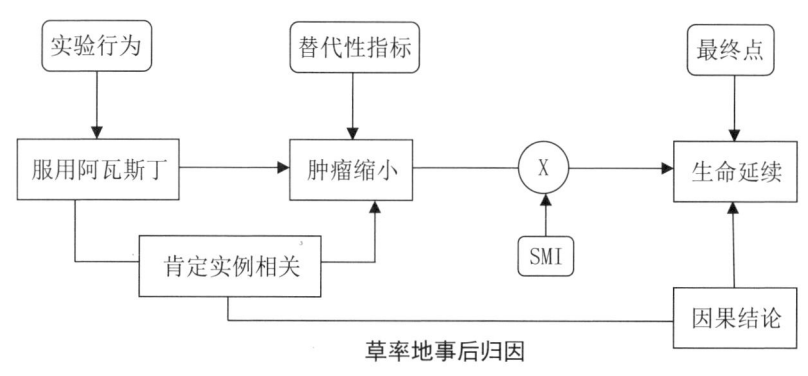

图 6.1 从替代性指标到因果结论的推论结构

6.5 案例比较

巧克力案例中的论证，与沃尔顿（Walton 1996）所提出的那套批判性问题相关。前两个批判性问题得到了回答，因为根据梅瑟利提出的数据，一个国家的巧克力消费水平与诺贝尔奖获奖者数量之间的相关性是很高的。与第三个批判性问题相关，我们可以注意到，在前述关于巧克力案例的描述中，梅瑟利注意到了相关因果关系的可能性，但是决定排除这种可能性。这一考虑是与第三个批判性问题相关的，因为第三个批判性问题所针对的是因果关系的方向。

在 BBC 的报道[5]中，其他科学家关于巧克力案例的讨论，涉及对其他一些批判性问题的考虑。有人指出，瑞士的人均巧克力消费水平是最高的，同时其诺贝尔奖获得者数量在各个国家中也是名列前茅的。但是，瑞典看起来是这种因果关系的一个反例。瑞典的诺贝尔奖获得者数量非常高，但其国民的巧克力消费水平远远低于其他国家的平均值。对于这一反常现象梅瑟利提出了两种解释。一个解释是，既然诺贝尔奖是在瑞典评选的，"瑞典人可能会有一些爱国主义偏向"。

---

[5] Charlotte Prichard, Does Chocolate Make You Clever?, BBC News, Nov. 19, 2012：http://www.bbc.co.uk/news/magazine-20356613.

论证评价与证据

另一个解释是,诺贝尔奖受瑞典资助,也会让瑞典人有一些优势。接下来我们将这个案例中的论证序列分成几个阶段,来看一下 CAS 是如何塑造论证结构的。

```
                                   ┌─────────────────────────┐
                                   │ 一个国家的巧克力消费水平 │
                                ┌──│ 与诺贝尔奖获得者数量之间│
                                │  │ 有高度相关性            │
┌──────────────┐      ┌───┐     │  └─────────────────────────┘
│ 食用巧克力会 │◄─────│+CC│◄────┤
│ 提高认知功能 │      └───┘     │  ┌─────────────────────────┐
└──────────────┘        ▲       │  │ 获得诺贝尔奖可以作为优越│
                        │       └──│ 认知功能的一个替代性指标│
                        │          └─────────────────────────┘
                        │
                                   ┌─────────────────────────┐
                                   │ 相对于其他国家,瑞典的巧│
                                ┌──│ 克力消费水平较低        │
                        ┌───┐   │  └─────────────────────────┘
                        │ − │◄──┤
                        └───┘   │  ┌─────────────────────────┐
                                │  │ 在瑞典获得诺贝尔奖的    │
                                └──│ 几率较高                │
                                   └─────────────────────────┘
```

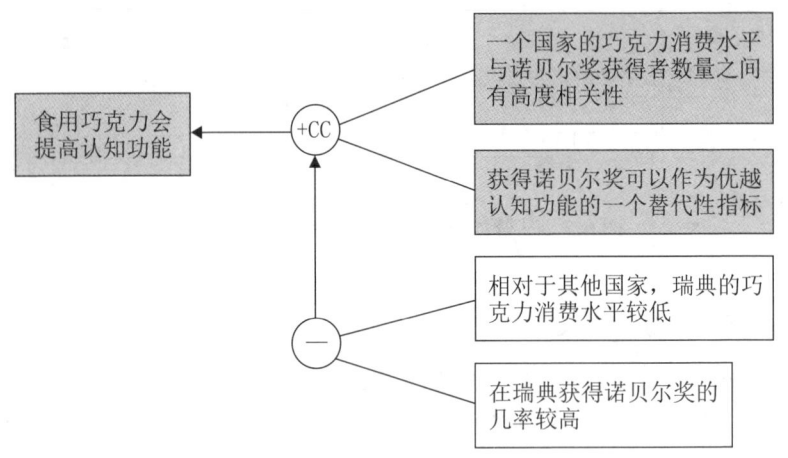

图 6.2 巧克力案例中的论证:第一阶段

图 6.2 上半部分所展示的正面论证包含了两个前提,这两个前提的可信度较高。一个前提是,一个国家的巧克力消费水平与诺贝尔奖获得者数量之间有高度相关性。如前所述,梅瑟利发现的数据表明了这种相关性是非常高的。另一个前提是,获得诺贝尔奖可以作为优越认知功能的一个替代性指标。这也是一个非常具有可信性的陈述。因此在 CAS 中,听众会接受这两个前提,所以我们在图 6.2 中用深色的文本框显示这两个前提。假定上半部分的论证契合从相关到因果的论证型式,那么这个论证就具有可废止的有效性(defeasibly valid)。基于此,CAS 会自动地将"食用巧克力会提高认知功能"这个结论记作"已接受"。所以图 6.2 也将这个结论呈现在深色文本框内。

然后我们来看图 6.2 下半部分的反面论证。这个论证提出了一个反例,即瑞典的巧克力消费水平很低,但是获诺贝尔奖的几率却很高。如果这个论证的两个前提都被接受,那么它会削弱前述从相关到因果的论证。接下来会发生什么呢？

如果下半部分的论证的两个前提都被接受了，继而这个论证将对前提的接受转换成对结论的接受，那么这个论证将会成为对前一个从相关到因果的论证（即图 6.2 上半部分的论证）的削弱。现在发生了什么？"食用巧克力会提高认知功能"这个陈述不再被接受。图 6.3 展示了这个状态。

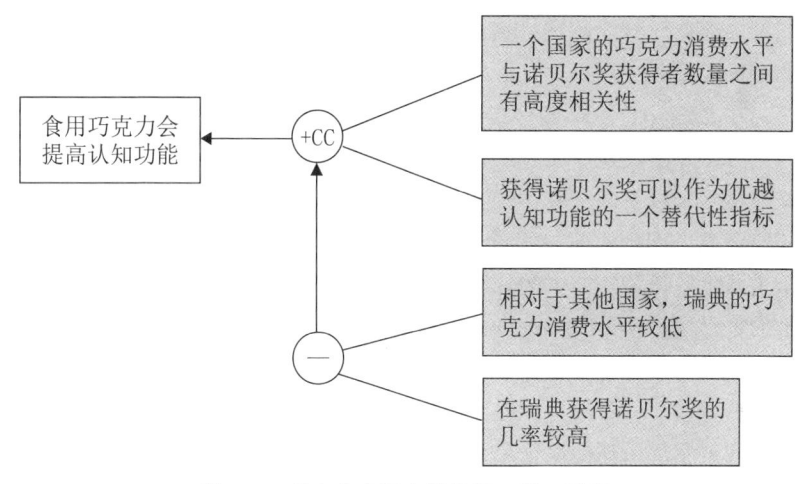

图 6.3　巧克力案例中的论证：第二阶段

下半部分的论证援引了瑞典这个反例，该论证的节点表包含一个"−"符号。假定该论证的两个前提都是可信的，这个论证就构成了对前述正面论证的削弱。如此一来它就攻击和废止了先前的论证。权衡考量之后，CAS 不再将先前的论证结论，即"食用巧克力会提高认知功能"这个陈述，认作已接受。所以这个结论现在被列在一个白色文本框内。

在这个例子中，瑞典的巧克力消费水平低被用作对从相关到因果的论证的辩驳。这个论证包含了两个阶段。既然图 6.2 中上半部分的正面论证所包含的两个前提都已被接受，而且既然它是一个具有可废

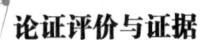

止的有效性的论证，那么它的结论就被显示在深色文本框内。但是在下半部分的反面论证被提出之后，如图6.3所示，位于左侧的结论就被显示在了白色文本框内，表示该结论不再被接受。

我们继续看图6.4，它表示这个巧克力案中论证的第三个阶段。图6.4与图6.3相比，增加了三个论证，其余的前提和结论是相同的。所增加的三个论证如下：第一个论证包含了这样一个前提，即"诺贝尔奖可能偏向瑞典"；这个前提又被另外两个论证所支撑。"诺贝尔奖可能偏向瑞典"这个陈述被表示成一个反面论证，它攻击了在它上面的那个反面论证。

在CAS中，一个例外指的是一个前提，这个前提只有得到了证据的支持后才能成立。在这个例子中，"诺贝尔奖可能偏向瑞典"这个陈述得到了以下两个陈述的支持：诺贝尔奖在瑞典评选、诺贝尔奖受瑞典资助。图6.4将这两个证据表示成两个相互独立的论证。最终CAS评价后认为，这个例外废止了它上面的反面论证。这个案例所展示的是，当一项辩驳（rebuttal）攻击了最初的论证之后，另一项削弱（undercutter）又攻击了前面的辩驳。这个削弱废止了瑞典反例论证所构成的辩驳，后者不再能够证明最终结论为假。基于这个理由，图6.4顶部所展示的最初的论证足以使最终的结论（即"食用巧克力会提高认知功能"）被接受——即使对该论证的削弱之前提都已被接受。

在评价该论证的时候，还应当考虑两个批判性问题。首先是这样一个问题：我们何以知道诺贝尔奖获得者们是否也喜欢吃巧克力？我们当然可以做出这样一个假定：在巧克力饮食习惯方面，那些诺贝尔奖获得者们是与其所在国的国民相当的统计学样本。但是这个假定有可能不符合事实。例如，事实可能是这样的：诺贝尔奖获得者相对于所在国的其他人而言，食用巧克力更少。尽管如此，认为在食用巧克力方面诺贝尔奖获得者与所在国的其他人相当，仍是一个合理的统计学假定。第二个批判性问题是，是否可以将获得诺贝尔奖作为拥有优越认知功能这个特点的替代性指标。但是我们可以认为听众不会质疑这个假设，因为诺贝尔奖具有极高的声誉，一般认为这个奖只会授予那些非常杰出的思考者。这个假定当然可以受到批评性的质询，但是在缺少相反证据的情况下，这个假定似乎很具有说服力。

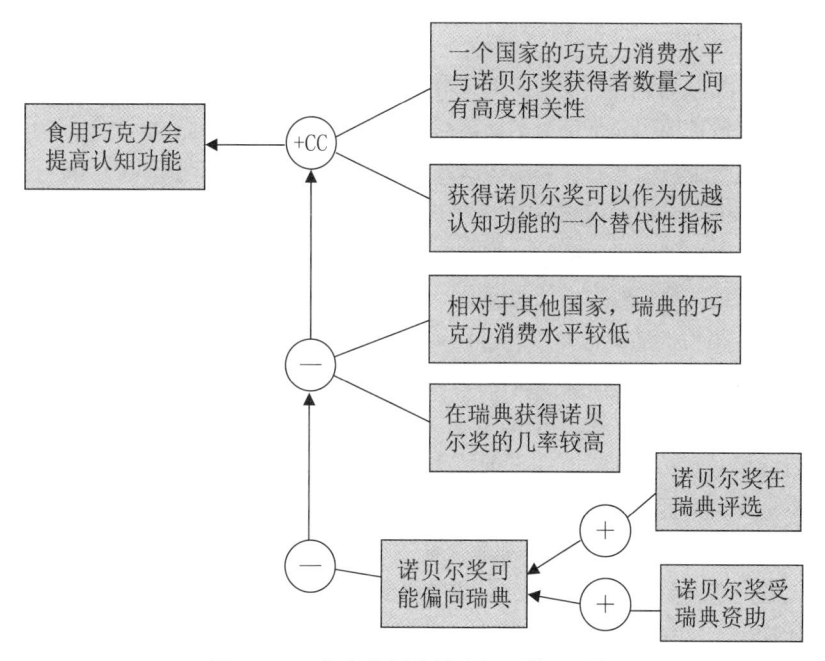

图 6.4　巧克力案例中的论证：第三阶段

接下来我们考虑前述的鸟类案例。一开始，通过四次反厄尔尼诺现象与最近的四次流感大流行之间的相关性，来表明这两类事件之间存在因果关联这个结论，看起来有些荒谬。我们仅有四个事件，还难以看出在太平洋的气候事件与这四个事件之间可能存在任何因果关联。最佳的结论是两者之间仅仅存在某种巧合。但是当我们的注意力被吸引到两个事件之间的几个介入性因素之后，关于这两个事件之间存在因果关系的假设就变得更加可信。首先，我们需要意识到引起这几次大流行的这类流感病毒可以从鸟类和其他动物传染给人。其次，我们需要看到，这些气候事件会影响到鸟类迁徙时飞行途中停留的方式，

论证评价与证据

这会很容易使鸟类以不同往常的方式混杂在一起。当知道了这些介入性因果变量之后，我们就很容易看到，很可能有一系列的事件在南太平洋的气候事件与流感大流行之间建立起一个因果关系（回答了第五个批判性问题）。

沙曼和利普锡还使用了来自群体遗传学和鸟类迁徙类型的证据，检验和支持了他们关于反厄尔尼诺现象会促进流感传播的假设。因此除了填补两个事件之间的因果关联以外，他们还提出了一些理论支撑（theoretical backing），以连接这两个事件与支持他们的假设。但是请注意，他们在描述这种因果关系的时候非常谨慎，表示说他们的结论是基于最佳解释论证。他们所提出的假说是：对反厄尔尼诺事件与流感大流行事件之间的相关性的最似真生物学解释，就是两类事件之间存在因果联系。

考虑到这些因素，我们可以评价说：在鸟类案例中的从相关到因果论证，比巧克力案例中的从相关到因果论证可信度更高。原因在于前者相对于后者而言，其论证已经回答了更多的批判性问题，此后更不易受到某些批判性问题的刁难。

铜案例中的从相关到因果论证，也建立在实验结果之上。迪恩和他的同事开展了一项实验，让老鼠连续三个月饮用加入铜的水。他们还提出了一个科学理论，以连接铜的摄入与导致阿尔茨海默病的斑块积聚。根据这种理论，阿尔茨海默病是由淀粉样蛋白在大脑中的积聚造成的。他们提出了一个科学理论，解释铜会如何侵入那些保护大脑不受毒素侵害的毛细血管壁，最终破坏血脑屏障。他们形象地将这个过程称作一个"连环击"，即一方面刺激了淀粉样蛋白的产生，另一方面抑制了对淀粉样蛋白的清理。

如果我们将对该从相关到因果论证的描述暂停在这个节点上，那么这个论证看起来是建立在恰当的科学证据上的，而且是建立在对连接各个变量的事件序列的恰当解释上的。因此我们很可能会如此评价这个论证：它至少像在巧克力案例和鸟类案例中的论证那样可信。但是在6.6节我们要继续审视这个案例中的其他证据，我们需要回顾：另一位专家极其不赞同迪恩及其同事的结论。

6.6　论证的论辩语境

在铜案例中我们可以看到典型的科学专家之间的论争，这在审判法律论证中也是常见的现象（Walton and Zhang 2013）。当在一个案例中，一位专家给出的结论与另一位专家给出的结论相冲突的时候，我们应当如何进行呢？在此类案件中可以适用另一种型式，即基于专家意见的论证型式。如 5.3 节所述，该型式采取了以下形式（Walton et al. 2008，310）：

> 大前提：信息源 E 是一位 S 领域的专家，S 领域包含了命题 A。
> 小前提：E 断言命题 A 为真（或为假）。
> 结　论：A 为真（或为假）。

与从相关到因果的论证型式一样，这种型式可以按照传统的可废止的肯定前件式（DMP）形式来表述。传统的版本表述如下（Reed and Walton 2003，201）：

> 条件前提：如果信息源 E 是一位在包含命题 A 的 S 领域中的专家，且 E 断言命题 A 为真（或为假），那么 A 就为真（或为假）。
> 大前提：信息源 E 是一位 S 领域的专家，S 领域包含了命题 A。
> 小前提：E 断言命题 A 为真（或为假）。
> 结　论：A 为真（或为假）。

如 5.3 节所述，有六个与该型式相匹配的批判性问题（Walton et al. 2008，310）：

> 专家问题：E 作为一个专家性的信息源，有多么可信？
> 领域问题：对于 A 所属的 F 领域，E 是该领域的专家吗？
> 意见问题：E 断言了什么隐含了 A 的内容？
> 信赖问题：E 本人是一个可信的信息源吗？
> 一致性问题：A 与其他专家所断言的内容一致吗？

论证评价与证据

支撑性证据问题:E 的断言是建立在证据之上吗?

铜案例涉及一致性问题。这个批判性问题在 CAS 中被作为一项例外。为了废止基于专家意见的论证,批评者需要援引一位异议专家的意见。

我们也可以将这个情境的结构塑造成一项反驳,如图 6.5 所示。问题是我们如何处理这种案例。图 6.5 上半部分的论证是一个正面的基于专家意见的论证,它支持着结论,即"应当接受 A 为真"这个主张。下半部分的论证是一个反面的基于专家意见的论证,它支持"不应当接受 A 为真"这个结论。如果仅仅考虑上半部分的论证,鉴于该论证的前提都已被接受(如图 6.5 所示),那么系统会自动地接受结论。

但是当我们将两个论证都纳入考量之后,鉴于两个论证的前提都已被接受(如图 6.6 所示),那么"A 为真"这个结论就不再被接受。除非我们知道一个论证比另一个论证更强,或者为某一方引入进一步的论证从而打破僵局,否则我们的解决方法就是搁置判断。此时应当得出的恰当结论就是:在铜案例中迪恩等人提出的从相关到因果论证,作为一个假说是尚处在争议之中的。既然迪恩自己也承认这仅仅是一个临时性的假说,需要经受进一步的检验和调查,那么在这个案例中将假说视作僵局看起来是恰当的解决方式。

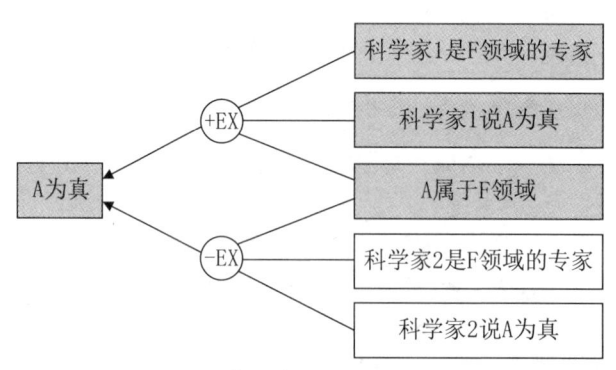

图 6.5 专家意见冲突:第一阶段

第 6 章 从相关到因果的论证

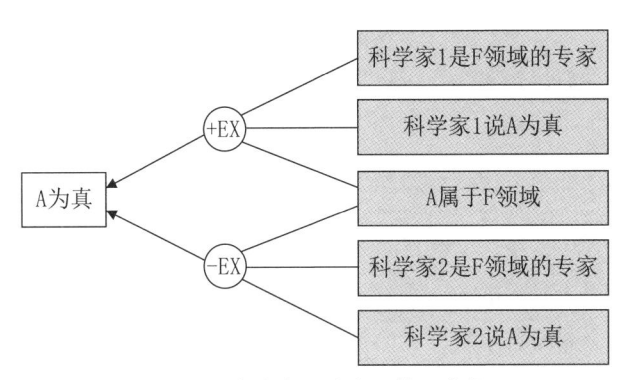

图 6.6 专家意见冲突：第二阶段

但是对于这种解决方式我们还应当考虑它的另外一个方面。针对是否应当避免摄入铜从而防止或治疗阿尔茨海默病这个问题，一位医生应当如何向他的患者给出建议？一位患有阿尔茨海默病的人，正在担忧是否要根据阿尔茨海默病与摄入含铜食物之间的因果关系的科学知识来改变其饮食习惯，他应当如何做？这样一位患者通常是不可能自行去检验相关的科学证据的。他充其量只能阅读相关的科学文献，搜集科学家们给出的科学发现，最后决定针对这个问题最好应当按照何种结论行事。

在解决专家冲突难题的时候，论证方法还应当考虑如何将科学意见传递给该科学主张所处的具体领域之外的人（Walton and Zhang 2013）。与论证型式一样，论证方法也要考虑提出一个论证或相关的言语行为所处的对话语境。就此处所讨论的论证类型而言，很重要的一点是需要区分两种应用论证的语境。在第一种语境中，论证是在科学的语境中应用，即发表在科学杂志上的研究性论文，根据统计学发现或者实验性的证据而报告了关于某种相关性的结果，而且推出了结论。在第二种语境中，推出的结论被作为一个科学发现而报告之后，有人对此感兴趣，可能希望运用该结论来解决某个问题，通常是关于如何行事的问题。例如，一种很典型的情况是这种科学发现被医生用于向患者给出行为建议。但是那些让多数公众感兴趣的科学发现将会在大众媒体上报告，而且被以听众容易理解和觉得有趣的方式报告。

因此，对于旨在研究从相关到因果的论证案例的人们，甚至是研究这些论证中的偏差和逻辑弱点，以及尝试发现用于评价这种论证之强弱的根据的人们而言，理解从一种语境到另一种语境的转换是极为重要的。

那些在大众媒体上通过吸人眼球的方式发布信息，从而使信息显得有趣和令人兴奋的人，会有一些压力。为了达到目的，大众媒体的报道可能会忽略科学研究者们提到的重要的限定条件，例如对副作用的说明、由于需进一步开展科学研究而对现有结论施加的限制等。不过，人们也注意到，科学家们也有自身的压力，因为他们会为了追求论文的发表而使其发现看上去令人兴奋。例如，科学杂志通常有以下强烈的偏好：更愿意发表积极的发现，而不愿意发表消极的发现（即某种预期的结果没有出现）（Freedman 2010，110）。如弗里德曼（Freedman 2010，11）所言，有强烈的压力让科学家们撰写那种易于发表的成果，即积极的、令人兴奋的成果；而与此同时，存在这么一个原则，即越是新奇和令人兴奋的观点，其正确的可能性就越小（Ioannidis 2005）。因此我们有理由接受这一主张：在诸如营养学和健康等问题上，从相关到因果的科学论证中存在的偏差和其他缺点，不能完全归咎于媒体对科学发现的错误报道。

6.7　关于吸烟与肺癌之间因果关系的争论

目前已研究的案例是传统的事后归因谬误（post hoc fallacy）的例子，在这些例子中都存在从一个根据已收集的科学证据而得出的相关性，到一个因果关系结论的仓促的跳跃。但是我们也可以发现相反问题的有趣案例。在这些案例中，支持两个事件之间存在因果关联的科学证据，因为相反证据的否定或削弱，而被贬低了。除了支持 A 和 B 之间因果关系的论证之外，还有攻击 A 与 B 因果假说的对抗性论证。这类最著名的例子就是烟草公司针对吸烟与肺癌（及其他病变）之间有因果关系这个假说所掀起的论战。

第 6 章 从相关到因果的论证

到了 1960 年代，有越来越多的科学证据显示抽烟与罹患癌症之间存在因果关系，而且很多科学研究在吸烟与癌症所致的死亡之间建立起了非常有力的因果联系。有一个叫作烟草研究委员会（Council for Tobacco Research）的组织得到了烟草公司的资助，该委员会支持那些旨在证明癌症与吸烟之间的联系"仅有统计学意义"的科学研究。烟草研究委员会认为，其资助和收集的反面科学证据表明，接受吸烟与癌症之间的因果理论还过于仓促（Proctor 1995, 1060）。今天我们可以嘲讽烟草公司所推动的这个研究，认为这是偏见性的证据，因为它是利益攸关主体所推动的，但是在当时这个研究对关于吸烟是否会导致癌症的公众意见产生了很大的影响。

在那个时期，激烈的公共争论在正反两边都积累了许多科学发现。烟草公司所支持的研究认为，可能有一种遗传学上的解释，表明某种个体特质会诱导人吸烟，同时这种特质也会让人更易于得癌症（Proctor 1995, 107）。这一论证与以下从相关到因果的论证之批判性问题对应：是否有某个共同的原因，连接了被认为有因果关系的两个事件？提出这个批判性问题是质疑假说（在本案例中即"吸烟会导致肺癌"）的一种方式。烟草公司一方的论证表明了可能有第三个变量，它同时导致了吸烟和肺癌。

在本案例中，这一批判性问题的提出也可以被塑造成一个对抗性论证。该对抗性论证可以表述如下：

- 科学证据表明，吸烟的人和得肺癌的人是因为他们的遗传特质而既偏好吸烟也容易得这种疾病。
- 因此，对于吸烟和肺癌之间的统计学相关性，存在比因果关系理论更好的解释。
- 这种更好的解释是一种遗传学解释，即有一种连接吸烟和肺癌的共同原因。
- 这种遗传学解释得到了科学研究的支持。
- 因此，吸烟会导致肺癌是有疑问的。

论证评价与证据

我们可以使用最佳解释推论的论证型式来塑造上述对抗性论证。在图 6.7 中，吸烟导致肺癌这个结论列在左侧。从相关到因果的论证显示在上部，用论证节点中的"+CC"符号标示。加号说明这是一个正面论证。从图中我们可以看到，这个论证被一个对抗性论证所攻击，该对抗性论证采取了最佳解释推论的形式，用论证节点内的"-IB"符号标示。减号说明这是一个反面论证。

图 6.7 所展示的是一个从相关到因果的论证由于一项削弱而变得存疑。这项削弱发挥了批判性问题的功能，从而让最初的论证存疑。另外，这个削弱性质的论证是成功的，因为它的一个前提得到了证据的支持——这体现在"这种遗传学解释有科学研究支撑"这个陈述中。

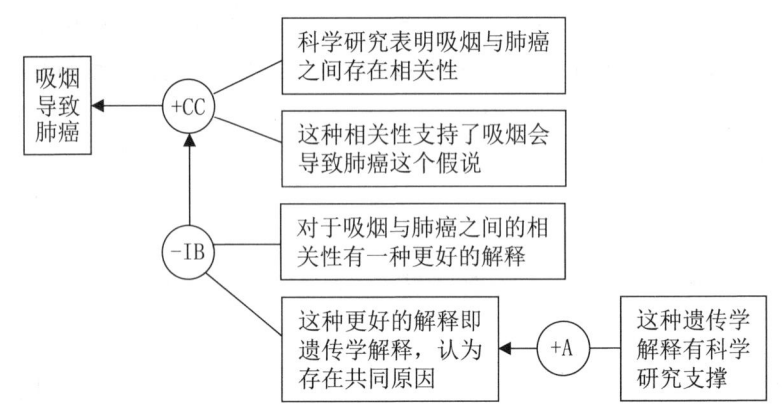

图 6.7　肺癌因果关系论证的对抗性论证

这个案例中非常有意思的一点是，这个论证不是一个纯粹的科学论证。这能否看作一个将科学证据用于公共管制目的的案例？正如普罗克特（Proctor 1995, 107）所解释的，这类研究具有法律和公共管制的价值。

有人可以言之有理地争辩说，那些罹患癌症的人至少应当部分地归咎于他们的遗传特质。可能许多吸烟的人是不会受到伤害的，毕竟每五个吸烟者中大约只有一个人会罹患肺癌——为什么不是每个人都会呢？

针对这个案例我们可以看到，基于从相关到因果的论证，关于吸烟与肺癌之关系的证据不断增加，变得越来越有力，威胁到了烟草公司的利益。他们做了回应，资助一些科学研究，这些研究不仅批评性地质疑了从相关到因果的论证，而且实际上还进行了回击，即做出自己的研究结论和使用这些结论建构对抗性的论证。

6.8 关于橄榄球与脑损害之间因果关系的争论

接下来这个例子是关于橄榄球运动是否会导致脑损害这个科学问题。马克·芬纳鲁-瓦达（Mark Fainaru-Wada）和斯蒂夫·芬纳鲁（Steve Fainaru）于2013年出版了一本书，即《否认联盟：国家橄榄球联盟的脑震荡危机》(*League of Denial*：*The NFL's Concussion Crisis*)。他们在书中讲述了这种因果关联最先被临床研究人员注意到，又在后续的调查中浮现的过程。当时，两个人都是娱乐与体育节目网（ESPN）的雇员。娱乐与体育节目网是一个传媒帝国，它包括七个全天24小时播出的体育频道、一个每月有约3700万访客的网站，以及一个有超过400个基站的广播网。美国职业橄榄球有非常庞大的观众群，这使得国家橄榄球联盟（NFL）成为一个非常盈利和有影响力的组织。芬纳鲁-瓦达和芬纳鲁出版了著作（Fainaru-Wada and Fainaru 2013），在书中详细、有据地讲述了组成上述因果关系故事的事件和科学调查。

我们从迈克·韦伯斯特（Mike Webster）说起。他是一位非常著名的橄榄球运动员，被称为"铁人迈克"，属于匹兹堡钢人队（Pittsburgh Steelers）。在1970年代，迈克所在的匹兹堡钢人队赢得了四次"超级碗"大赛。迈克的打法很有攻击性，经常做出非常剧烈的肢体动作。当与其他运动员接触时，他会猛烈撞击，能忍受肢体痛苦。迈克退休后，他的健康状况不佳，逐渐从抑郁症发展为严重的痴呆。他的家人

论证评价与证据

讲述了他的生活逐渐失控的过程。他开始健忘，不能将自己的想法组织起来；再往后他变成了一个暴躁易怒和犯糊涂的人，还威胁说要自杀；最后他紧张兮兮地住在自己卡车里，与家人分开（Fainaru-Wada and Fainaru 2013, 3）。最终，他决定起诉国家橄榄球联盟，诉称他的损伤是橄榄球运动所致。联盟的医生最后与迈克的医生达成了合意，认为他的损伤源于橄榄球运动。联盟同意按月支付给他赔偿费。

迈克于 2002 年去世，年满 50 周岁。匹兹堡验尸员贝内·阿玛鲁（Bennet Omalu）医生对其进行了尸体检验。他第一次检验迈克的大脑时，它看起来处于正常状况。但幸亏他决定先保存这个大脑。经过进一步的检验，他发现这个大脑呈现出 CTE（即慢性创伤型脑病变）的蛋白特性。CTE 是一种逐渐恶化的疾病，发生在有多重脑震荡或他种严重头部创伤历史的个体上。这种疾病只有在患者死后的大脑病理学检验中才能被完全确诊。

我们从这本书的视角来看，很有意思的是对阿玛鲁医生的结论的反对意见，以及反对意见是如何得到科学与医学专家的强烈支持的。当阿玛鲁医生发表了他的发现之后，橄榄球联盟尝试要求期刊撤回他的文章。在期刊拒绝了这一要求后，橄榄球联盟继续攻击阿玛鲁医生的研究和依据。橄榄球联盟也发表了自己的医学文章，声称橄榄球是安全的体育运动，否认大脑损害和橄榄球之间有关联。橄榄球联盟还创建了一个轻度创伤性颅脑损伤委员会（Mild Traumatic Brain Injury Committee），由医师担任主席。这个委员会非常强大，而且有充裕的资金支持，它持续为橄榄球运动与脑损伤之间无因果关联这一观点辩护。委员会的主席之职更替过多次，后来由一位神经科医师担任，这位医师明确指出，阿玛鲁医生的发现是错误的。

这个案例的后来进展是，波士顿大学成立了一个研究团队，尝试调查橄榄球对大脑损伤的影响。他们聘用了安妮·麦基（Anne McKee）医生，她是一位专门研究阿尔茨海默病的病理学家。安妮开始收集前橄榄球运动员的大脑，并研究它们。她在几乎所有她研究过的大脑上都发现了 CTE 的证据。当研究者有此发现后，他们认为橄榄球联盟的

第6章 从相关到因果的论证

管理者会支持他们的发现，并且尽力采取措施使橄榄球运动更加安全。然而，橄榄球联盟没有这么做，反而借助自己的科研和媒体力量攻击前述研究。橄榄球联盟指派了一个很有影响力的医学杂志发表一系列文章，来反驳橄榄球导致损伤的结论。其中几篇文章被同行评议人否决了，甚至后来连文章的作者也拒绝了（Fainaru-Wada and Fainaru 2013，6）。

逐渐地，有多个案例被公布（Fainaru-Wada and Fainaru 2013，7）。有一位著名的橄榄球联盟运动员喝防冻剂自杀；两位运动员朝自己的胸部开枪自杀；一位著名的橄榄球中后卫在自己海滨别墅的客房里开枪自杀。这几位橄榄球运动员都是公众人物，是众所周知、广受喜爱的良好市民，但是他们都变成了几乎完全不同以往的状态。最终，有近六千名退役的运动员及其家人以过失、欺诈为由起诉橄榄球联盟，认为橄榄球联盟通过宣传由自己资助和伪造的研究成果，来隐瞒橄榄球运动与大脑损伤之间的因果关联。

在波士顿大学研究者发表了研究结论之后，国会听证会将橄榄球联盟与烟草公司做类比——烟草公司持续多年搜集科学证据，来支持吸烟与肺癌之间无因果关系的主张。这个案例中的事件经过可以大致概括为：橄榄球联盟花了超过20年的时间，积累了一系列他们自己开展的科学研究成果，意在系统地攻击橄榄球运动与大脑损伤之间的因果关系理论。一名与橄榄球联盟有关系的神经外科医生说，与橄榄球运动相比，儿童因骑自行车或跌倒而遭受大脑损伤的可能性更大（Fainaru-Wada and Fainaru 2013，7）。就像在烟草公司的例子中那样，橄榄球联盟通过资助自己的专家提出相反的科学发现，来支持其论证。

在吸烟的例子和橄榄球的例子中，不仅是通过提出"其他专家有异议"这个批判性问题，从而批判性地质询一位特定的专家意见。在这两个例子中，都存在两个阵营，每个阵营包含多位科学专家，两个阵营间存在系统性异议。在每个阵营内部，专家的意见可能是一致的，但是作为一个专家意见的集合体，两个阵营相冲突。另外，我们还可以看到，第二个阵营的专家提出的论证，是专门用来攻击第一个阵营的专家提出的论证的。

在此类论证中，两边都有大量的证据。要想使用论证方法分析此类案例，我们一方面需要收集各个论证，另一方面需要展示这些论证如何互相关联，还需要检查每一个论证如何支持或攻击另一方提出的其他论证。除此之外我们还要收集和检查两边的专家们提出的、不存在异议的所有证据。详细检查这样一个案例是一个庞大的工程，这超出了本书的精力。使用本书介绍和演示过的论证方法来分析此类案例，是一个留待以后完成的研究课题。但是对于研究从相关到因果的目的而言，这两个例子都是非常有趣的，因为这两个例子都说明了有偏向性的科学证据的问题——这些科学证据被用于公关目的，从而保护特定行业的盈利目标。这种策略使用了基于专家意见的论证，来攻击先前的从相关到因果的论证。

6.9 重新表述批判性问题

我们可以尝试修改与从相关到因果的论证型式相匹配的批判性问题，这涉及布拉德福德·希尔标准中的第五条，即如果两个事件之间的联系有科学理论依据，因果推论就更强。这个因素在 CAS 中也备受强调。因此可以将以下批判性问题添加到现有的七个问题列表中：是否有某个科学理论依据连接 E1 和 E2？除此之外，还有其他要考虑的批判性问题。

图 6.1 中从替代性指标到因果结论的推论结构，表明了其他的批判性问题。首先，所提出的从相关到因果的推论，指向了最终的结论还是指向某个替代性指标？如果是指向替代性指标，那么要接着再问一个问题：从替代性指标到结论的推论是否正当？可能会有人争辩说，在现有的第七个批判性问题中，已经包含了对替代性指标的考量。因此此处新提出的批判性问题，可以视为原有的第七个问题的子问题。然而，考虑到替代性指标的重要性，正如本章的例子所示，我们应当将这两个新的问题添加到原有的问题列表中。

我们将这三个新的问题添加进去之后，就修正了与从相关到因果

第 6 章 从相关到因果的论证

的论证型式相匹配的批判性问题。新的问题列表如下所示：

问题一：E1 和 E2 之间是否存在正相关？

问题二：对于 E1 和 E2 之间的正相关，是否存在足够多的例证？

问题三：是否存在好的证据，证明 E1 和 E2 之间的因果关系是 E1 导致 E2，而不是 E2 导致 E1？

问题四：能否排除以下情形，即 E1 和 E2 之间的关系是由于另外一个因素 E3 导致的，或者说 E3 作为共同原因导致了 E1 和 E2？

问题五：如果存在一些介入因素，能否证明 E1 和 E2 之间的因果关系是间接的，即通过其他某个原因来实现的？

问题六：如果这种相关性在特定案例范围之外不再成立，那么能否清楚地指出这种范围限制？

问题七：能否证明 E2 的增减或变化，不是仅仅由于在不同时间界定 E2 的方式、界定 E2 时使用的标准等方面的变化？

问题八：是否有某个科学理论依据连接 E1 和 E2？

问题九：所提出的从相关到因果的推论，指向了最终的结论还是指向某个替代性指标？

问题十：如果是指向替代性指标，从替代性指标到结论的推论是否正当？

随着这些批判性问题逐个被提出，以及论证者恰当地回答这些问题，从相关到因果的论证会逐渐增强。正如三本教科书中的阐述所表明的（Johnson and Blair 1983，Govier 2005，Groarke and Tindale 2004），为了恰当地回答这些问题而获得的支撑性证据，使论证变得不那么虚弱，而且更不容易被提出归因异议（post hoc objection）。本章所提出的方法是，从相关到因果的论证应当在一个论辩系统（dialectical continuum）中进行判断，因此随着越来越多的关于两个事件之因果关系的批判性问题被恰当地回答，支持因果关系的论证就变得越来越强。当正面论证超过反面论证，以及回答了批判性问题的时候，从相关到因果的论证强度就会增加。反之，如果不能回答批判性问题，或者反面论

论证评价与证据

证攻击了正面论证，论证的强度就会降低。

为了更好地理解这种论辩性质的评价程序如何发挥作用，就需要解释 CAS 如何于对话的过程中在论证的一方与提出批判性问题的一方之间分配证明责任（Walton and Gordon 2011）。在一个对话过程中，使用与论证型式匹配的一套批判性问题来评价从相关到因果的论证，证明责任会在主张者和质询者之间来回转换。使用一个论证图表（像图 6.2、图 6.3、图 6.4 那样）来塑造这个对话过程，会遇到这样一个难题：某些批判性问题，一旦提出就会将初始的证明责任分配给主张者一方，但其他的批判性问题，只有当得到证据支持后，才会将证明责任分配给主张者。CAS 将前一种批判性问题称作"假定"，将后一种批判性问题称作"例外"。在 CAS 中，论证型式里的普通前提被认为是已经成立了；但它若被质疑了，就不再被接受，直至它被证据支持。但是为了表示两类不同的批判性问题，我们就需要两种附加性的前提，即假定和例外。假定与普通前提相似，在它们被质疑的时候，需要被证据支持；而例外被假设尚未成立，除非有证据证明它们成立。

应当注意的是，这十个批判性问题，既可以用于指引对因果关系的探究，也可以用于评价从相关到因果的论证。通常，对因果关系的调查可能始于两个事件之间的正相关联系，也可能始于两个令人困惑的事件——即使在两个事件之间有某种关联，但是对于这种关联尚无某种解释。这个批判性问题列表能帮助我们推进因果调查，因为通过这些问题我们可以收集一些实证性的证据或者其他能将两个事件联系起来的证据。或者找到将两个事件连接到一起的介入因素，或者通过引入一个科学理论来提出实证性的证据，该证据显示出事件之间的更加有说服力的联系，这种联系可以得到统计学正相关证据的支持。然后，对因果关系的调查可能行进到这样一个阶段，在这个阶段中提出了一个科学解释，揭示了两个事件之间的潜在关联，比如物理学上的、化学上的或者生物学上的关联。在下一个阶段，就可以将最佳解释推论适用于案例中的证据，最似真的解释的替代性解释会被舍弃——这也是基于在调查的这个时间点上已经获知的证据。如果要详细说明这一点，就需要更深入地理解这种调查的开始阶段和结束阶段，以及在它们中间的阶段的证据推理是如何导致对假设的证明或证伪的。第7章描述了一个调查中的这种证据推理模式。

6.10　事后归因谬误

从相关到因果的论证涉及一个问题，即在逻辑学中传统观点将其与"在它之后因此是由于它"（post hoc ergo propter hoc）这种谬误相关联。不过，这种所谓的"谬误"，在恰当的条件下，经常是一种合理的论证形式。不仅在医学和其他应用科学领域中这是一种最常用的推论形式，而且在日常生活中我们也频频使用之，如6.1节的几个例子所示。对于这个问题，正如本章所示，这种论证的具体事例形成了一个渐变体，既包括非常虚弱的论证，也包括基本合理但仍可质疑的论证，当然也包括谬误。本章讨论的范围较为有限，包含了五个主要的例子。但还有许多其他的例子，分布在渐变体的两个极端之间，这些例子可在以后进行研究。这里我们再考虑两个例子，一个位于弱的一端，一个位于强的一端。根据一则BBC新闻的报道[6]，巴克莱资本（Barclays Capital）将摩天大楼的建立与经济危机临近相联系，依据是：帝国大厦的建造，恰是在美国经济大萧条之前；哈利法塔的建造，恰是在迪拜的经济大衰退之前。尽管报道中引用了许多关于这两种事件之间正相关的令人印象深刻的例子，但是似乎没有其他的证据表明，建造摩天大楼会导致经济危机。关于强的论证的例子，请考虑吸烟与肺癌之间的关联。曾经这种因果关联被强烈地否认，尤其是被烟草公司否认，如6.8节所示。但现在证据使得这一论证具有足够强的说服力。

另外，各个例子所处的语境不同，这也需要被考虑到。在一场调查的最开始的发现阶段，一个非常虚弱的从相关到因果的论证，很可能是一个用于提出假设的合理论证形式。但是在调查的较晚的阶段，

---

[6] http://www.bbc.co.uk/news/business-16494013.

论证评价与证据

同一个论证可能被视为无充分根据，或者被视作谬误，如果此时它武断地指向某个因果结论却忽略了需要回答的批判性问题的话。在以下情形中，论辩语境的复杂性会更加突出：研究报告的作者提出了某个因果结论，该结论建立在对两个事件之相关性的实验或统计发现的基础上。随后，这一结论被科学研究群体之外的人们接受，他们为这个结论辩护。上面所研究的典型例子包含两个阶段。第一个阶段是，一篇科学研究论文提出了一个从相关到因果的论证，从而推导出一个因果结论。第二个阶段是，媒体或其他公共信息渠道上的报道，或者其他的学术类杂志，报道了这个因果结论，并且描述了导致科学研究者从相关推出因果结论的证据。这两种情境都可以被归类为从相关到因果的论证例子，但是在两种情境中，证明的标准和论证的方法都是不同的。

某些传统的逻辑谬误，与启发式（heuristics）或者称为"快速节俭的拇指规则"（fast and frugal rules of thumb）有关。启发式经常被使用，而且是一种非常有用的快速跳至一个暂时性结论的方法——随着更多计算方法发挥作用，该结论稍后可能需要被撤回或修改（Walton and Gordon 2009）。本章研究的例子显示，从相关到因果的论证非常符合这种类型。在这种论证的典型过程的第一阶段，一个令人惊讶的相关性被注意到了。在这个阶段，所要回答的问题是：这仅仅是一个巧合，还是两个事件之间存在某种因果联系？此时，对两个事件之间可能存在因果关系的猜测，应当被作为一个非常虚弱的论证——这个论证可以暂且被接受，从而向前推进以收集更多的证据，但是它应当向批判性问题开放。在论证过程的下一个阶段，可能会发现进一步的连接这两个事件的证据。例如，可能有其他的事件介入了这两个事件，介入的事件将两个事件连接成一个较长的序列。或者，有一些科学证据，或者某个科学理论，倾向于证明两个事件之间的联系，从而创造了一个关于它们之间因果关系的更有说服力的假设。

给定了这种评价程序之后，我们可以使用图6.1来说明如何解释事后归因谬误。正如图6.1底部所显示的，存在一种从相关跳跃到因

第 6 章 从相关到因果的论证

果结论的倾向性。这种推论中的跳跃，在日常生活中非常普遍，在科学推理（例如医学推理）中也非常普遍。我们很难抵制这种跳跃，反而很容易使用它。当我们看到两个事件的相关性的时候，甚至当我们看到一个事件发生在另一个事件之后时，我们使用这种关于因果关系的启发式跳跃到一个结论上，即可能一个事件导致了另一个事件。服从该启发式从而接受该结论，可能是一个正确的猜想，可能是一个无根据的猜测，也可能是一个谬误论证——这取决于我们认为这个从相关到因果的论证有多强。这种谬误，或者说归因推理错误，通常会在这种情形下发生：论证者基于某种相关性，向前跳跃得出存在因果关系的结论，却没有考虑各种批判性问题。在图 6.1 所展示的案例中，这种假定性的因果结论跳跃，只有在考虑了 SMI 在多大程度上能被证成后，才能被证成。因此图 6.1 所显示的推理类型，提供了一个关于事后归因谬误如何发生的理论解释，这个解释印证和拓展了许多学者采取的从相关到因果的论证路径（Johnson and Blair 1983, Govier 2005, Groarke and Tindale 2004）。一个从相关到因果的论证可能很虚弱，但是若作为一个尚未被充分检验的假说而提出，它仍然可以被暂时性地接受。不过，如果受到了质疑，随后的提问和回答过程必须满足与讨论语境相适应的证明责任的要求。

如果论证者非常武断、草率地坚持其主张，无视相应的批判性问题，甚至试图阻止提问者提出问题，或者逃避回答问题的责任，那么针对这种情形，我们就可以指责说，存在事后归因谬误。吸烟案例和橄榄球案例表明，事后归因谬误不仅包含使用启发式快速跳跃到因果结论这种错误，在有些时候，事后归因谬误还包括采用某种策略，意图阻止批判性问题的提出，从而逃避做出一个合理的从相关到因果的推论。芬纳鲁-瓦达和芬纳鲁（Fainaru-Wada and Fainaru 2013, 280）注意到在橄榄球案例和吸烟案例中使用的策略有一些重要的相似性。在这两个案例中，强大的公司使用它们的权力和雄厚财力资源，贬损与其意见相左的科学家的信誉。它们尽力贬低那些持异议的科学家的著作。它们使用了不恰当的批判性问题，来攻击那些相反的专家意见

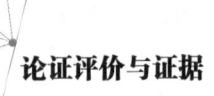

论证。它们提出了自己的专家意见论证，这些论证是建立在一些服务于它们利益的、得到它们资助的科学研究的基础上。

这两个案例展示了使用科学证据进行系统的公关活动的行为，或者尽力将证明责任推回到主张能从相关性推导出因果结论的一方的意图。这两个案例中展示的事后归因谬误类型，并非快速地跳至结论这种错误，是相反的情况。它们展示了这样一种意图：使用所有可疑的策略尽力说服听众（即社会公众）不予理会，从而过分地阻止一个已经得到充分支持的从相关到因果的论证。从本章的写作目的来看，这些案例只是用于反驳从相关到因果的论证的一些策略的示例。但是从论证逻辑的角度来看，它们代表了我们需要有所认识和进一步研究的一些论证类型。

参考文献

Castellano, J. M., R. Deane, A. J. Gottesdiener, P. B. Verghese, F. R. Stewart, T. West, A. C. Paoletti, T. R. Kasper, R. B. DeMattos, B. V. Zlokovic, and D. M. Holtzman. 2012. Low-density lipoprotein receptor overexpression enhances the rate of brain-to-blood Aß clearance in a mouse model of ß-amyloidosis. *Proceedings of the National Academy of Sciences U S A* 109 (38): 15502-15507.

Cohn, J. 2004. Markers of malign across the cardiovascular continuum: Interpretation and application: Introduction to surrogate markers. *Circulation* 109: IV-20-IV-21 (109 [suppl. IV]: 20-21.) http://circ.ahajournals.org/content/109/25_suppl_1/IV-20.full. Accessed 14 Aug 2013.

Couzin-Frankel, J., and Y. Ogale. 2011. Once on "fast track", Avastin now derailed. *Science* 333 (6039): 143-144. doi: 10.1126/science.333.6039.143.

Doll, R. 1992. Sir Austin Bradford Hill and the progress of medical science. *British Medical Journal* 305 (6868): 1521-1526.

Exley, C., E. House, A. Polwart, and M. M. Esiri. 2012. Brain burdens of aluminum, iron, and copper, and their relationships with amyloid-ß pathology in 60 human brains. *Journal of Alzheimer's Disease* 31 (4): 725-730.

Fainaru-Wada, M., and S. Fainaru. 2013. *League of denial.* New York: Random

第6章 从相关到因果的论证

House.

Freedman, D. H. 2010. *Wrong: Why experts keep failing us—And how to know when not to trust them*. New York: Little Brown and Company.

Gordon, T. F. 2010. TheCarneades argumentation support system. In *Dialectics, dialogue and argumentation*, ed. C. Reed and C. W. Tindale. London: College Publications.

Govier, T. 2005. *A practical study of argument*, 6th ed. Belmont: Wadsworth.

Groarke, L. A., and C. W. Tindale. 2004. *Good reasoning matters*! 3rd ed. Oxford: Oxford University Press.

Hill, B. A. 1965. The environment and disease: Association or causation? *Proceedings of the Royal Society of Medicine* 58 (5): 295–300.

Ioannidis, J. P. A. 2005. Why most published research findings are false. *PLoS Med* 2 (8): e124. Published online 2005 August 30. doi: 10. 1371/journal. pmed. 0020124. PMCID: PMC1182327.

Johnson, R. H., and J. A. Blair. 1983. *Logical self-defense*, 2nd ed. Toronto: McGraw-Hill Ryerson.

Messerli, F. 2012. Chocolate consumption, cognitive function andnobel laureates. *New England Journal of Medicine* 367 (16): 1562–1564.

Pinto, R. 1995. Post hoc ergo propter hoc. In *Fallacies: Classical and contemporary readings*, ed. H. V. Hansen and R. C. Pinto, 302–311. University Park: Penn State Press.

Proctor, R. N. 1995. *Cancer wars*. New York: Basic Books.

Reed, C., and D. Walton. 2003. Diagramming, argumentation schemes and critical questions. In *Anyone who has a view: Theoretical contributions to the study of argumentation*, ed. F. H. van Eemeren, J. A. Blair, C. A. Willard, and A. Snoeck Henkemans, 195–211. Dordrecht: Kluwer.

Shaman, J., and M. Lipsitch. 2013. The ENSO-pandemic influenza connection: Coincident or causal? *Proceedings of the National Academy of Sciences* 110 (Suppl. 1): 3689–3691.

Susser, M. 1977. Judgement and causal inference: Criteria in epidemiologic studies. *American Journal of Epidemiology* 105 (1): 1–15.

Walton, D. 1996. *Argumentation schemes for presumptive reasoning*. Mahwah: Lawrence Erlbaum Publishers.

Walton, D., and T. F. Gordon. 2009. Jumping to a conclusion: Fallacies and standards of proof. *Informal Logic* 29 (2): 215-243.

Walton, D., and T. F. Gordon. 2011. Modeling critical questions as additional premises. In *Argument cultures: Proceedings of the 8th International OSSA Conference*, ed. F. Zenker, 1-13. Windsor, University of Windsor. Available at http://www.dougwalton.ca/papers%20in%20pdf/11OSSA.pdf.

Walton, D., and N. Zhang. 2013. The epistemology of scientific evidence. *Artificial Intelligence and Law* 21 (2): 173-219.

Walton, D., C. Reed, and F. Macagno. 2008. *Argumentation schemes*. Cambridge: Cambridge University Press.

第 7 章 知识与调查

内容提要：根据本书前六章的内容，用于收集证据并使用证据来支持科学假设的科学推理，必须被视为可废止的。那些专家科学意见不一致的案例体现了这一观点。事实表明，随着新证据的出现与科学调查的推进，有时必须撤回某些科学意见。因此，如果我们要持有一个关于"知识"的概念，以契合本书前六章所开展的论证研究，那么这个概念就必须包括可废止的知识，而且要包含证明的标准——它们对关于知识与缺乏知识的推理来说，比在传统观点中要重要得多。本章提出了一个基于证据的调查模型，并为知识的可错性观点辩护。按照该模型，知识是在一个多主体互动的调查中建立起来的，在调查中各个主体参与建构对事实的解释；这些事实包括了许多证据，它们要接受批判性质询和对抗性论证。

本章主张以有限程序理性（bounded procedural rationality）的观点来构建一个表示程序结构的模型，据此，推理被用于证明关于一个命题应具有知识地位的主张。该模型把以下两个要求作为其要素：第一，该程序应当既使用支持主张的证据，也使用反对主张的证据；第二，该程序应当基于可废止的推理。这种模型主要是为了将科学知识表示为一系列普遍接受的命题（但允许存在保留意见）；这种模型也可以用于表示在日常对话交流中关于知识的主张所使用的推理。该模型已经在 CAS 系统中应用，CAS 支持在开放知识库中使用可废止的论证型式。在模型中，只有同时符合以下条件时，一个命题才可以成为知识：(1) 它已经在一个过程中被证明，我们把这个过程称作"调查"；(2) 它已经被证明至与该调查相适应的证明标准；(3) 它是基于在调查期间所收集的证据；(4) 它仅使用在该调查中可采纳的那些证据。

7.1 节首先描述了两种对立的知识观之间的哲学冲突。第一种观点目前在认识论中占主导地位，它具有四个规定性的原则：(1) 知识库只包含真理；(2) 知识库是一致的；(3) 知识库在演绎逻辑下是封闭的；(4) 知识库包含这样一种假设，即如果一个命题是已知的，那么我们就知道它是已知的。第二种观点是皮尔斯和波普尔提出的可错论观点，认为：一个命题可以在调查过程中被确定为知识，但后来随着有新证据证明它为假，就可能被剥夺知识资格。这两种知识观是不相容的。可错论知识观的怀疑式根源，可追溯至古代阿塞西劳斯（Arcesilaus）和卡内德斯（Carneades）的怀疑论。在 7.2 节，基于证据的调查模型被应用于一个使用 CAS 进行知识推理的标准示例，该模型具有五个规定性特征。7.3 节表明，该模型是基于关于调查的过程性观点，在这个过程中证据可以支持也可以废止对知识的主张。7.4 节模拟了这个过程的论证结构，具体做法是将 CAS 拓展为一个行为序列，即在一个小组协作调查中，各方轮流提出论断并提出证据来支持其论断的行为序列。7.5 节展示了这种在调查中评价证据的模型，是如何建立在一种可废止的逻辑之上的（这种逻辑使用允许例外的论证形式）。7.6 节与 7.7 节的论点是，从"缺乏知识"或"缺乏证据"中开展的推理，与"从证据到知识"的积极推理同样重要。7.8 节重新探讨了关于知识推理的两种观点之间的哲学冲突，并且讨论了双方的主要反对理由和回应。7.9 节总结了可错论的知识调查的特点。7.10 节阐述了本章的结论。

7.1 知识推理的两种相反观点

按照"证成的真信念"（justified true belief）的分析方式，当一项

第 7 章 知识与调查

命题[1]（表示为 p）满足以下三个条件时才能成为知识：（1）p 为真；（2）声称知道 p 为真的那个主体相信 p；（3）该主体有理由相信 p。令人惊讶的是，真实性条件（条件 1）没有引起任何重要程度的讨论（Steup 2010）。也许扎格泽博斯基（Zagzebski 1999, 93）的这句话是最为人熟知的关于知识的哲学定义：知识是"真信念加上某种其他的东西"。根据此种阐述，命题性的知识被解释为某种形式的"良好的真信念"（good true belief）（Zagzebski 1999, 99）。对于证成条件（条件 3），已经有多种阐述方式，例如证据主义解释、因果解释、可靠主义解释等。

将知识解释为"真信念加其他"（true-belief-plus）这种方式，也被许多认识论路径的论证理论研究者所采用（Lumer 2005a, 190, b, 215）。事实上，卢默尔（Lumer 2005a, 192）甚至声称：如果一个理论所使用的"知识"概念，与规范性认识论中所使用的"知识"概念的意义不同，那么这个理论就不能算作一种认识论路径。（卢默尔认为，规范性认识论将"知识"和"证成的信念"与客观的"真实"条件相联系；例如，通过现有的专家意见来确定知识。）

邦约（Bonjour 2010）区分了两种知识概念。根据笛卡尔式的知识概念，知识需要确凿的证成，即能确保所考虑的主张之真实性的那类正当理由。根据所谓"易错的"（最好称作"可错的"）知识概念，知识只需要一定程度的证成，而不需要确证。按照这种可错论观点，如果一项命题的正当理由相当有力，即使这种正当理由无法保证命题的真实性，也可以认定该命题属于知识。邦约拒绝接受可错论的知识概念。原因有二：第一，他认为无法找到令人满意的方法，来规定可错论知识所需的证成水平；第二，他认为知识是"极其宝贵的认知状态"，代表了完全的认知成功，因此任何低于完全确证程度的证成，都不足以赋予一项命题以知识资格（Bonjour 2010, 58）。

---

[1] 在本文中，"命题"（proposition）和"陈述"（statement）两词可以互换使用。

论证评价与证据

汉农（Hannon 2014, 1126）回应了邦约对可错论的攻击；他把邦约对可错论的反对意见扩展为如何从专家意见中合理获取证据的一系列问题。其中一个问题是，如何界定专业知识。我们大概可以合理地接受某个人作为专家，因为我们假设该主体具有某个专业领域的知识。但如果我们把这种知识设定为绝对可靠，就意味着这位专家永远不会出错，甚至无法通过纠正错误来改进。第 4 章和第 5 章对"基于专家意见的论证"的研究已经充分表明，以邦约所倡导的方式将专家知识视为绝对可靠，根本无法使我们以合理和有用的方式处理基于专家意见的论证。因此，汉农加入了在认识论领域中日益壮大的可错论哲学家阵营（Conee and Feldman 2004），主张采用一种可错性的知识理论。例如，当一位专家的意见与另一位专家的意见相矛盾时，就会出现问题。在前一章中，我们可以找到许多转向可错论知识概念的理由，但同时也存在许多问题等待可错主义者解决。本章将通过阐释 CAS 如何提供证据推理模型，以解决其中的一些问题；在该模型中，基于证据的论证可因满足调查初始阶段设定的恰当证明标准，而被归属为可错的知识。本章将提供一种新的可废止逻辑，让使用者能够合理地处理可错性论证，例如基于专家意见的论证。

经典逻辑的语义学模型是建立在这样一种真实观的基础上：所谓"真实"（truth），指的是一项命题与某种外部现实（reality）之间的关系，这种关系提供了据以判断命题之真假的标准。这一特点可见于经典演绎逻辑中，其中的命题具有真假值。事实证明，当用于表示数学推理时，这是一种有用的模型。认知推理在传统上也接受了这种模型，它以关于知识如何与真实和逻辑推理相关联的四个关键假设为基础。对此，有一个一般性的假设，即在模态逻辑的形式系统中，遵循这四个假设，就可以模拟知识。关系符号"→"表示经典演绎逻辑中的实质条件（material conditional）。雷斯彻（Rescher 2003, 10-11）采用了包括这四个原则在内的一些原则，来表示知识的典型特征。他指出（Rescher 2003, 10），尽管"一些作者认为真实和知识之间的联系只是偶然的"，但这种观点是站不住脚的。本章用这四个公理性的原则来代

第 7 章 知识与调查

表当前认识论中的主流观点。

1. 真实性：Kp→p。知识库只包含真理；知道 p，意味着 p 是真实的。
2. 一致性：~（Kp & K~p）。知识库是一致的；不可能既知道 p，又知道非 p。
3. 演绎封闭：K（p→q）→（Kp→Kq）。知识库在演绎蕴涵下是封闭的；知道了任何一个命题，意味着知识也包括了该命题的所有逻辑后果。
4. 迭代：Kp→KKp。知识库的内容是透明的；如果 p 是已知的，那么我们就知道 p 是已知的。

在他对知识逻辑的研究中，雷斯彻（Rescher 2005，4）指出，真实性假设是作为认知逻辑系统的一般原则而存在。他将该原则表述为："如果 $K_x p$，则 p"。其中 x 表示一位聪明的知者。"如果-则"被用来表示一种演绎关联；它可以是基于模态必要运算符（modal necessity operator）的严格蕴涵关系，但在此处我们用它表示经典演绎逻辑中的实质条件。

库克（Cooke 2006，1）界定了皮尔斯式的可错主义，将其与迭代知识（iterated knowledge）主张相联系，并与传统认识论所持的知识观进行对比。根据传统认识论，为了能够声称自己"知道"，调查主体必须处于这样一种认知状态，即知道自己知道。相比之下，可错主义理论假设调查者无法判断他是否掌握了所调查之事的真相。库克不仅否认了迭代假设，即如果 A 已知为真，则我们知道 A 已知为真；他甚至否认主体能够处于"知道自己知道 A 为真"这种认知状态。因此，在皮尔斯式的可错论者看来，迭代是一个失败的假设。

沃尔顿（Walton 2005）将满足这四个条件的任何知识理论都称为理想化的知识模型。他认为，任何理想化模型都不适用于模拟以可废止的认知推理（即在科学发现和调查中可以发现的那种推理）为基础的知识这一实用目的。沃尔顿认为，在这种情况下，知识库不是一致的、透明的，或者不符合演绎蕴涵下的封闭性特点。因为，即使在一个非常高的水平上被确证，科学知识也仍然要一直持续被检验，所以应当视作可废止的。沃尔顿（Walton 2005）提出了一个实用的知识概念，它建立在两个常识性的"陈词滥调"之上，但是它们却反映了我们在世界中的日常认知情况：（1）知识库可能不完整；（2）知识库可能出错。

知识库可能不完整，因为可能有许多真实的主张，尚未包含进知识库之中。此外，"这种实用模型知识是可废止的，也即一个现在已知的命题可能会在以后被反驳（即作为知识而被废止）"（Walton 2005, 59-60）；因此，允许在探究、调查与发现的过程中撤回知识。

根据皮尔斯的观点，在有限的时间和有限的证据资源的约束下开展的调查，其真正目的并不是发现真理，也不是为了确定已经发现了真理，而是为了坚定地确定意见。皮尔斯（Peirce 1984, 354）写道："推理的唯一合法目的就是，确定当问题经充分讨论后，将达成何种决定。"如果将真理作为调查的结果，则会"阻碍调查之路，因为我们的思维会被封闭，因此我们就不会被充分地激励去展开调查"（Peirce 1931, 6.2）。显然，皮尔斯关于调查的观点，不接受前述真实性原则。此外，他警示我们不要从"我们可以非常确定许多事情"这个前提推断出"我们完全知道自己何时知道"这个结论（Misak 1987, 260）。可以推出，前述迭代原则在皮尔斯的调查观点中也不起作用。若一方面坚持真实性条件，另一方面认为在调查中可废止推理对于评价主张是否成为知识发挥着重要作用，就是矛盾的。

但对此存在强烈的反对观点。真实性原则在认识论中被广泛接受，以至于有认识论学者认为，否定这个条件是不可想象的。雷斯彻（Rescher 2003, 10）认为，若坚持知识与真理之联系仅具有偶然性的观点，"当这种观点在话语中实际运作时，就会对知识概念施加暴力"。其理由是，"主体知道命题 p，但 p 不为真"这一表述是"毫无意义的"。他提供了两个论证来支持其主张。

第一个论证基于这样一个前提，即当一个人不准备接受某事时，

第 7 章 知识与调查

他就不能说他知道某事情况如此。他从这个前提得出结论,认为只有当一个人认为 p 是事实时,他才可被认为知道命题 p。然而,请注意,假设该论点的前提为真,也并不意味着命题 p 必须为真,而只能说明这个人认为 p 为真。换言之,它意味着接受命题而非命题为真:如果一个人说他知道某个命题是事实,那么他就必须被认为已经接受了这个命题。不能据此说这个命题本身实际为真。

第二个论证是,除非一个人准备接受一个命题作为他思想的真实前提和行动的适当基础,否则就不能说他知道命题为真。但与第一个论证相同,该论证的结论是:知识意味着接受。它没有证明真实性原则,即知识意味着真实。

根据本章其余部分提出的调查的可废止推理模型,这些论证都可能受到质疑。它是一种以接受为基础的模型,不需要满足前述知识推理四原则中的任一个。在可错论的模型中,鉴于科学知识的证伪原则,争议案件可能需要成为进一步调查的对象。在可废止的认知推理中,不可能通过使用某种真理标准(即命题与外部现实之间的某种关系),来保证得出的结论确实为真。在可废止推理中,结论可依据目前收集到的证据而被证明为真;但当收集到新证据时,同一结论可能随后被证明为假——当然,一个谨慎的调查应尽可能避免这种情况。

问题是,我们可以有很多证据来支持一个命题,并且没有证据反对它,所以总的来说,这个命题当然可以被称为是已知为真的;但之后,随着更多证据的出现,我们可能会发现这个命题为假。对于科学知识而言,重要的是,随着新证据的出现,在这种情况下它向废止敞开。这种可废止性要求与所谓知识是"证成的真信念"的传统定义不一致。它也不符合这样一种观念,即一旦出现新的实验发现,或者出现一种能提供更好解释的新理论,那些原来被正确地接受为科学知识的命题就会变成不合格的或被拒绝作为知识。

可废止知识路径的历史动因,在阿塞西劳斯、卡内德斯、费隆(Philo of Larissa)和西塞罗(Cicero)提出的怀疑主义理论中有迹可循。据西塞罗所述,希腊怀疑论学者阿塞西劳斯采纳了苏格拉底对话中的观点,即感官或头脑无法确定地理解任何事物。他总结道:"真理被淹没在深处"(Thorsrud 2002,6)。从这些前提出发,阿塞西劳斯还得出结论说,知识是不可能的。从他的前提和结论来看,我们可以认为阿塞西劳斯假定了(作为一个隐含的前提),即真实性是真正的知识的一个必要条件。如此重构,他的论证如下:我们不能拥有真理(或确信我们拥有真理);知识以真理为必要条件;因此我们无法拥有知识。他的结论是典型的怀疑论者的结论。但一个人可以选择成为可错论者,而非怀疑论者;因为,可错论者另有其道。他可以承认:虽然真理不能被知道(至少在排除所有怀疑的确定性程度意义上),但是通过在系统的调查过程中收集和检验证据,可以获得具有可错性的知识——尽管作为该过程之结果的知识,最终仍无法被证实为一个毋庸置疑的真命题。

西塞罗归属于怀疑论者的这种观点,表明了一种不需要真实性条件的认识论路径。根据这种认识论,一个思想开放的、理性的主体,在探求真理时可以受其激励和指引;尽管如此他会怀疑是否已经抵达了探求的终点,且寻获了一劳永逸、不会再受质疑的真理知识。在这种调查中,真理是非常重要的,因为对真相的尊重是一种理想,这种理想激励了调查。我们也可以认为,这种观点与以下观点是一致的,即在获得隐含了真理条件的知识方面,存在着重重困难和人类的局限性。

皮尔斯秉持一种可错主义观点,认为我们所有的知识都是可错的,或许只有一个例外:"没有;在我们的知识中,没有任何东西是我们能够保证在任何特定情况下绝对正确的……如果一定要我给出一个例外的话,那就是:除了这个断言之外的所有的断言都是可错的——这是唯一绝对无误的断言"(Peirce 1931, 2.75)。皮尔斯指出,许多事情可以达到"基本确定"(substantially certain)(Peirce 1931, 1.152),但这与包含真实性条件的绝对确定性(absolute certainty)不同。在他看来,真理是调查的目标,但只有经过无限的证据过程和论证过程,才能在调查程序中达到,而这需要耗费无限的时间。他得出结论说,知识应当被视作真理的近似值；它通过了检测性的调查程序，该程序检验了所有似真的观点后，选择了最可能为真的那个观点。在这种观点中存在一种不对称性，即知识可以通过检验被证伪，但永远无法被证实（在被证明至毫无怀疑的真实性意义上）。

可证实性与可证伪性的区别是波普尔科学哲学的核心，也是波普尔如何定义科学知识的一个重要方面。在他看来，一个理论必须是可证伪的，才能被认为是科学知识。然而，请注意，它不一定是可证实的（不管在何种盖然性程度上，即达到排除多大程度怀疑的真实性）。根据波普尔的批判理性主义哲学，人类的知识建立于猜想性质的推理基础上。他认为，科学假设可证伪，但不可证实；也就是说，实验检验的积极结果可以提供证据来支持一个假设，但并不意味着该假设为真，或让我们知道它为真。对波普尔来说，寻求真理是科学发现的一个强烈动机。和皮尔斯一样，他认为就科学调查所包含的真伪数量而言，科学调查能以可测量的方式接近真理（逼真性）。他主张，逼真性是可测量的；同时，作为其科学哲学的内容之一，他认为科学知识是客观的。这指的是：(1) 科学知识基于一个以接近真理为目标的证据过程；(2) 科学知识独立于认知主体。

可错论的知识推理路径，与将知识视为"证成的真信念"的主要认识论路径，存在强烈的冲突。根据可错论的观点，一个命题要被接受为知识，只需通过一个调查程序去证明之；证明是建立在一些支持和反对该命题的论据之上，而这些论据又是在调查程序中被产生和评价的。

7.2 证据与知识

什么是证据？它与知识有什么关系？证据由证据数据（或证据项）以及从中合理得出的推论组成。因此证据包括两部分：一部分是通过感官或传感器（当存在自动化装置或带存储器的设备时，如黑匣子数据记录器等）对数据形成的感知；另一部分则是从对此类数据的感知中，借助推论所得出的结论。如果我在停车场看到了很像红色汽

论证评价与证据

车的东西,我对红色汽车的感知就是数据;从中我可以得出一个合理的推论,即停车场里有一辆红色汽车。假设后来我说停车场里有一辆红色汽车,那么这个结论也可以作为证据,但这时它取决于我的记忆。如果后来我告诉别人我在停车场看到了一辆红色汽车,他们也可以根据这种言词证据(证人证言)推论出停车场有一辆红色汽车。

知识以证据为基础。确实,在上文所界定的术语之含义上,"基于证据"是知识的必要条件。这里的术语含义包括了许多不同学科中的证据概念,涵盖了科学和法律领域,如考古学、法医证据、医学、艺术品与文物鉴定等。

知识和证据之间的关系一般有五个组成部分。第一部分是有待证明的最终结论,即被主张具有知识地位的那个命题。第二部分是一组数据,这组数据被提出来,作为从中得出推论的基础。第三部分是对数据和从数据中得出的结论的积累或汇总,这些数据和结论都与支持最终结论相关,它们构成了证据集(证据群)。第四部分是推理链,它提供了论证(也可以被称作证成),从而基于证据群而证明了最终命题。第五部分是推理链为证明最终结论而必须符合的证明标准。通过一个对话程序(即调查,它可以被塑造成一个对话系统),"证据"变成了"知识"。

当前的认识论研究认为,有一些基础命题(诸如"我现在看到一块红布"之类的命题),不需要借助其他作为支持证据使用的命题,被证成为知识。换言之,一个基础命题被视为知识,是因为它是直接可见的,不需要其他证据的支持。存在基础命题的可能性,似乎与可错论的观念相悖。后者认为所有知识都以在调查中收集的证据为基础,都要被从证据做出的推理支撑,这些推理支持了关于知识的主张。而在基础命题的情形中,某些内容即使无其他的证据基础,不需要理性的论证,也仍然可以被认定为知识。

波洛克(Pollock 1995)的可废止推理理论可以回应这一反对观点,1.9 节已概述过波洛克的理论。波洛克的论证结构,可以在 CAS 论证图示中呈现(Gordon and Walton 2009)。如图 7.1 所示。

第 7 章　知识与调查

左侧文本框中为结论，即"这个物体是红色的"这一陈述。右侧上方的两个文本框表示支持结论的前提。中间带有符号"+"的节点，表示从这两个前提导向结论的论证。连接前提与结论的论证作用是正向的，则表明这两个前提支持该结论。此处的前提类似于假设，即被认为是成立的。然而，还存在第三个前提，位于最下面的文本框中。连接该前提和上方节点的论证是反向的，这种反面论证在 CAS 中被称作"削弱"。所谓削弱，是指攻击并且可能废止前一个论证的论证类型。

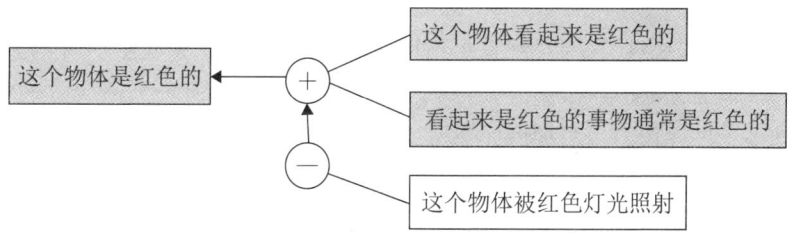

图 7.1　红色灯光案例：CAS 版本

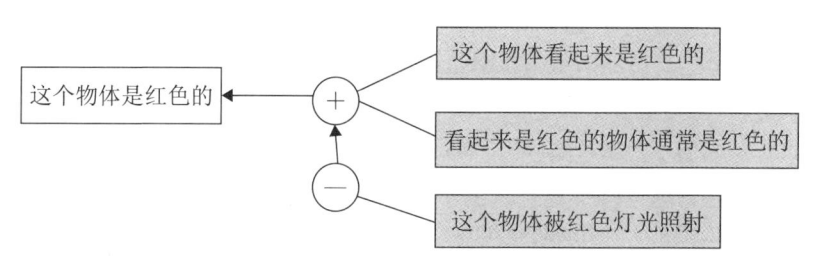

图 7.2　红色灯光案例：削弱论证的例外

为什么这种论证在波洛克理论中是可废止的？是因为一个对抗性论证可以通过攻击主张和理由之间的联系来削弱原来的论证。如果对抗性论证的前提被接受，且该论证符合从其（一个或多个）前提到结论的论证型式，那么该论证的结论也必须暂且接受。

这种证据情形如图 7.2 所示。其中的例外（即"这个物体被红色灯光照射"这一陈述）已被接受。即使原来的论证仍然有两个前提对它提供支持，但当例外情形被认可时，论证就失败了。于是，用包含加号的圆圈表示的论证，无法继续提供为证明结论所需的支持。结论被例外削弱了。

按照波洛克的理论（Pollock 1995，41），图中第二个论证是削弱第一个论证的"削弱性废止"，而非"反驳性废止"，因为第二个论证是基于一项可废止的概括，即红色的物体在红色的灯光中也呈现为红色。尽管有第二个论证，但我们知道，这个物体可能仍然是红色的。这里想要说明的是，需要一项论证来支持关于知识的主张。

波洛克的可废止感知规则（Pollock 1995，41）定义了该论证的确切性质：对内容 φ 的感知，是相信 φ 的初步（prima facie）理由。此外，对基于感知规则的任何论证，其削弱性废止皆可作如下表述（Bex et al. 2003, 38）："目前的情况是，对内容 φ 的感知不是 φ 的可靠指标（reliable indicator）"，这削弱了原来的论证。这条规则的功能类似于与论证型式相匹配的批判性问题。它留下了提出怀疑的机会。如果有人为了回应符合该型式的论证而质疑它，它可以将证明责任转移到论证的主张者身上，要求其回应怀疑或者放弃关于知识主张的论证。

这表明，所谓的基础命题是以论证为基础的；该论证需要作为证据使用，以支持关于知识的主张。这样的论证需要基于波洛克的可废止感知规则——这是通向主张的推论所需依赖的概括或保证。这种论证形式在日常对话论辩中十分常见，在法律论证中也很普遍。举一个有趣的法律例子（Prakken 2003, 858）。

前提1：这个东西看起来像一份宣誓书。
前提2：如果某物看起来像一份宣誓书，那么它就是宣誓书。
结　论：这个东西是一份宣誓书。

这个论证是可废止的，因为如果对文件进行更详细的阅读，可能会发现它不是一份真正的宣誓书，而只是一件赝品。然而，在适当的条件下，可以合理地假设该文件是一份宣誓书，而不需要由专家检查它。可以暂且假定这是一份宣誓书，因为根据外观和我们对文件的其他了解，只要没有理由怀疑它的真实性，我们就可以接受它。

在一种论证型式理论中，这种可废止的论证被称作"基于外观的论证"（Walton 2006）。

> 这个物体看上去可以归入言语范畴 C。
> 因此，这个物体可以归入言语范畴 C。

正如波洛克以及古代怀疑主义的反对者们所持的观点，这种论证形式最好被视为是可废止的，而不是结论性的。最好在权衡各种考虑因素后对其进行评价，并且应当认为它是可受怀疑的。根据沃尔顿（Walton 2005）的解释，该论证型式附有以下与之匹配的批判性问题。

> CQ1：它看似可以归入 C 的外观，是否会因某种原因而具有误导性？
> CQ2：尽管它可能看起来可以归入 C，但是否存在一些理由表明，它可能更应当归入另一个范畴 D？

如果在某一具体案例中提出了上述任何一个问题，就需要暂缓接受原来的知识主张，直到主张者给出令人满意的回答。因此，即使是最简单明了的关于直接知识的主张（例如"我现在看到一块红布"），一旦我们以波洛克的方式仔细分析它，也应当被认为是一种可废止的论证——至少，它在一定程度上依赖于可能有待搜集的外部证据的支持。

7.3 调查的程序性观点

本节概述了一种全新的关于调查的程序性观点，借以更好地理解以下观念，即支持知识的证据是可废止的。在该模型中，若一个命题因受到证据的充分支持且达到恰当的证明标准而被接受，则它被归为知识。其中，命题 p 不必为真，即可纳入知识范畴。然而，即使放弃外部真实条件，它仍然与外部现实存在联系。知识的获取被视作收集、检验证据并根据证明标准衡量证据之程序的组成部分。

因此，该模型支持一种可称作"实用主义"的知识理论，因为它因以下情况而异：与所调查的知识领域相称的证明标准，以及证据的资格条件。在 CAS 模型中，一组相互作用的主体为了探究他们共同调查的事项之真相而收集数据。在此过程中，他们一边收集新数据，一边通过使用已有数据进行检验，来证实或证伪假设。随着知识调查的深入，有些假设得到了证据更有力的支持，而有些先前被接受的假设却不得不废止，因为它们被源源不断的新数据证伪。与调查的类型（例如科学调查或法律调查）相匹配，存在某种既定的证明标准；据此，调查程序可以确定一个命题是否得到了证明且应被接受（McBurney and Parsons 2001）。

这种实用主义的认知理性模型，同时也是程序性的；也就是说，在任何给定的时刻，判断一个命题是否被接受为知识，都取决于所适用的证明标准以及在这个时间点上已经收集到的相关数据。在调查的某个时刻应当被认为已知为真的命题，随后可能被证明为假。或者，在某个特定时间收集到的一组数据，可能证成两个互相不一致的假设。在该模型中，一个具体的命题可能在调查的某个时刻被归为知识，而在之后的某一时刻，同一命题不再被归为知识。总之，命题是否应当被认作知识，取决于在调查的某个给定时间点上，将支持它的证据与反对它的证据相权衡，然后确定它是否应被理性地接受。在这种实用模型中，知识不再被定义为证成的真信念，甚至不是任何一种信念。它是基于在调查的特定时间上收集的证据，基于在此种调查中可合理地用于证成主张的论证类型，以及基于在此种调查中所设定的知识之证明标准。根据这种模型，发现（discovery）知识与证实（verification）知识之间的分界（这种界分是分析哲学之旧思维方式的典型特征）不再是绝对的。

波普尔的知识理论也是程序性的；他认为，通过批评和检验的程序减少错误，从而不断改进暂时性理论，科学知识就会朝着真理迈进。

这个猜测与反驳的程序，始于对问题 P_1 的表述；接着从 P_1 到猜测性的问题解决方案，即理论 TT。下一个阶段是排除错误（表示为 EE），用波普尔的话来说，即"对我们的猜想进行严格的批判性检验"，或对相互竞争的猜想（如果有的话）进行比较性评价的批判式讨论（Popper 1972，164）。最后，在检验第一个假设的过程中会出现问题情境（problem situation）P_2。根据波普尔（Popper 1972，164）的观点，整个程序采用以下形式：$P_1 \to TT \to EE \to P_2$。通过对问题 P_1，P_2，……，P_n 的不断精炼，这个过程进行着自我重复，从而朝着发现所讨论事项之真相的方向取得进展。按照这种路径，一个命题要成为科学知识的组成部分，不必然要求为真。它只需根据在检验与批评中提供的证据被接受为真即可。因此，它所处的科学调查程序，也是在不断推向真理。波普尔（Popper 1963，312）认为这一程序是一个缓慢、稳定、连续以及不断改进的试错过程。尽管他认可"科学的任务是寻找真理"的看法，但根据他对科学方法的观点，我们可能永远不会得到一个为真的假设；或者说，当我们得到这样的假设时，也不可能知道它为真（Popper 1963，229）。他所接受的是一种老观念的新版本，即我们的知识是可错的。

这种看待问题的方式，转变为如何制定调查程序（应当在该调查程序中收集和处理证据）之结束条件的问题。在开始阶段，需要设定一个与调查类型相适应的证明标准；当支持命题的正面证据减去反面证据后，足以满足所设定的标准，就可以认为这一命题经调查被证明是可接受的。如果支持最终命题的证据足够有力，以至于此时调查已达到其证明标准，那么基于在程序中已收集和评价的支持与反对该命题的证据，可以认为该命题为真。据波普尔的观点（Popper 1972，18），科学理论的确证程度取决于对该理论已经进行的批判性讨论、该理论的可检验性程度、所通过的检验之严格程度以及它所经受的检验之方式。

7.4 卡涅阿德斯的调查模式

所谓对话系统（dialogue system）是一种交流序列模型，在其中双方（或多方）受规则制约，有序地轮流进行提问、论证和解释等言语活动，实现双方之间的相互作用。形式对话（formal dialogues）是抽象的规范结构，可用于模拟真实对话（例如议会辩论或科学调查）中的论证。在 CAS 模型中，形式对话被界定为一个有序的三阶集合，表示为<O, A, C>；其中 O 代表开始阶段，A 代表论证阶段，C 代表结束阶段（Gordon and Walton 2009, 244）。对话规则［或者称为"规约"（protocol）］界定了在这三个阶段中允许双方做出什么样的行动，以及如何能够回应或何时必须回应这些行动。承诺规则决定了插入（insertions）与撤回（retractions）的时间和方式（Walton and Krabbe 1995）。每一主体有各自的个体目标，但对话自身也有其集体目标。对话有七种基本类型：说服性对话、发现性对话、探究性对话、谈判性对话、信息收集性对话、审议性对话和辩论性对话（Walton and Krabbe 1995）。在探究性对话中，集体目标是证明一个给定的陈述；或者当已收集的证据无法证明该陈述时，证明该陈述无法被证明。审议性对话中通常适用最佳论证标准，而探究性对话则需要更高的证明标准，如排除合理怀疑标准。在结束阶段，要根据开始阶段就设定的证明标准，来确定哪一方赢得或输掉了对话。

探究性对话旨在证明一项陈述（这项陈述在开始阶段被设定为最终主张）为真或为假，或者当不能得出这样的结论时，说明没有足够的证据来证明该陈述之真假（Walton 1998, chapter 3）。有观点认为对话是累积性（cumulative）的，这意味着：一旦某个陈述在调查的论证阶段之任何时间点上被接受为真，那么在调查的所有后续时间点上，即贯穿随后的论证与结束阶段，该陈述必须始终为真。直觉主义逻辑语义学（Kripke 1965）模拟了调查中的累积性论证。该模型呈现出树状结构，各个节点代表了在调查中某一时间点的证据情况，此时有更多的证据需要验证；但不能出现一个命题被证伪，而不得不撤回的情况。因此，将调查模拟成严格的累积性质，也经常被称作"基础主义"——这种观点与以下做法是不兼容的：当新证据证伪了一项基于证据的承诺时，撤回该承诺。

第7章 知识与调查

为了建立一个更现实的调查模型，布莱克和亨特（Black and Hunter 2007）构建了一个用于医疗领域的形式对话系统；据此，由于数据库通常是不完整、不一致的，且具有不确定性条件，因此撤回的行为是必要的。这些不确定性条件源于许多不同的医疗健康专业人员共享专业知识，合作为患者提供护理的情境。布莱克和亨特（Black and Hunter 2007, 2）研究了不需要严格累积性质的探究性对话。这种系统必须有撤回承诺的相关规则（Walton and Krabbe 1995）。

对话的论证阶段 A 由一系列行为组成，其中每一个行为 M 都是一个有序对<SpA, Con>；其中 A 是行为的内容，SpA 是一个言语行为，表示借以在 D 中提出 A 的行为类型。例如，存在一种做出主张的言语行为，即断言（assertion）。发言者可以说"我断言命题 A"；断言的承诺规则要求命题 A 被添加到发言者的承诺列表之中。通常会存在一个涉及证明责任的规则：每当说者提出这类言语行为，而听者对此提出质疑，请求说者用某个证据支持其主张时，说者必须提供恰当的证据或放弃其主张。在形式化的对话系统中，这一规则并非总是适用于所有断言。有时，参与者可能会假设性地断言一个陈述，即断言一个假设，尽管他目前无法证明。然而，如果说者采取行动主张他知道命题 A，那么他不仅要提供证据来支持这一主张，而且证据必须达到足以支持其知识主张的证明标准。在对话系统中，可以区分知识主张和较弱的主张；后者当受到质疑时，只需要较弱的支撑性论证来支持自己即可。

在这种适当的模型中，知识应当是可废止的，因为它允许源于现实世界的外部证据在其程序中发挥一定作用，而该程序在决定一个命题是否为知识的时候，并不必然要求获得真理。相反，决定一个命题是否为知识的方法，是对正反证据的衡量，这需要以在程序中收集的证据为基础。命题要成为知识，支持它的证据必须比反对它的证据更强有力，且达到在调查的开始阶段即确定的程度。这种强度要求被称为"证明标准"。证明标准应当是足够高的，以避免被主张为真的命题在之后不得不被撤回这种现实可能性。

在这种可废止的知识模型中,程序的产物可称作"知识"。并且,在 CAS 模型中,用来判断某物为知识的标准与产生知识作为其最终状态的过程是相联系的。然而,出于下述各种理由,这种模型不仅仅代表一种"基于共识的路径"。首先,推理必须基于外部证据,从而借助这些外部证据来检验关于知识的主张。这类证据可以通过观察或假设检验等方式获得。其次,如果命题 p 已知为真,则它应遵循可废止逻辑,即除非有额外的证据证明它为假,否则该命题必须被接受为真。换言之,依据基于无知的论证(argument from ignorance)之论证型式,如果一个命题没有被证伪,那么它可以被推断为已知的真命题;当然,这还需要一个额外的假定,即知识库的完整性程度足以允许做出这一推断。如果知识库的完整程度,足以使基于无知的论证满足其证明标准,成为一个可接受的可废止论证,那么就可以得出适当的结论。我们所遵循的推论过程,即从支持和反对关于命题 p 的知识主张的证据,到结论"p 是/不是知识"的过程,如图 7.3 所示。

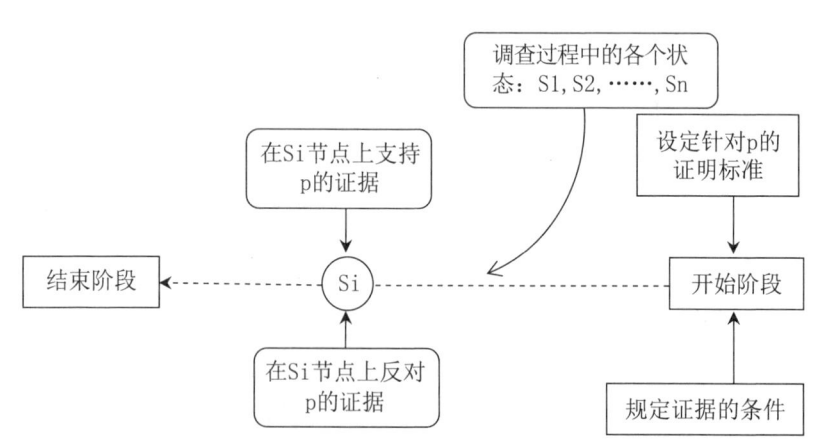

图 7.3 评价可废止知识主张的过程

在图 7.3 中,当有新证据出现时,关于知识的主张应当接受所收集到的正反证据的检验。随着该过程的展开,在某一特定时间点上被接受的知识，后来可能须让位于新知识，因为旧知识会被新证据削弱或推翻。图 7.3 下方虚线箭头所示部分代表了可废止知识的发展。随着知识积累过程的进展，异议和辩驳会导致我们放弃那些以前被归入知识的命题。它们在当时确实是知识，但现在不是。依据与调查相适用的理性论证标准，我们之所以拒绝那些被新证据证明为假的命题，是由于调查程序本身的目标所致。目标为：获得真相，或至少尽可能地接近真相，同时避免虚假、谬误、无视证据以及其他与理性调查不相符的错误。

可以说，这种实用主义知识模型比主流的认识论模型更有用，因为它能更好地解释外部标准应用于调查实践的方式（McBurney and Parsons 2001）。

为每一项科学调查设定单独的证据标准，这显然是不可能的。还有一个问题是，在什么条件下应当重启调查。可错论者认为，设定一个排除所有怀疑的标准是不现实的。即使人们想要设定一个非常高的标准，比如排除合理怀疑标准，也有必要为重新调查留有余地，以便进一步开展科学调查并引入新证据。这一假设的依据是科学知识的可废止性，而它又是以作为认定真正科学知识之标准的可证伪性为基础。

汉农（Hannon 2014, 1127）试图说明，邦约所持"知识须可靠无误"的观点是错误的。他认为，这种立场苛责过高的准确性；但他也指出，确定为了证明某事而需达到何种非结论性的证成水平，是一个难题，对此他无法给出"简练的"的答案。大家应该还记得，邦约反对知识的可错性概念，理由之一是他认为没有显而易见的方法来确定知识所需的证成水平。科尼和费尔德曼（Conee and Feldman 2004, 296）对此回应：法律中的证明标准也可以适用于其他语境。他们认为，刑事法中的排除合理怀疑标准也可以适用于法律语境之外的日常对话论证；可以采用一个与之类似的标准，他们称作"有强烈理由支持主张"。不过，根据他们的可错论观点，对证明标准的衡量仍应当为以下判断留出空间：论证者的支撑性证据到底要多强，才能足以使人接受其主张。

论证评价与证据

图 7.3 所示模型中描述的调查过程，通过避免在论证中显露出来的错误，从而靠近真理；错误的显露，得益于在调查过程中引入的证据，这些证据适用于被主张为知识的命题。在一个评价知识的调查中，目标是证明某个给定的命题为真或为假，或者根据收集到的所有证据确定它不能被证明或证伪。假如已经收集到足够的证据，就可以因符合适当的证明标准而确定结论。CAS 中使用了以下四种证明标准（Gordon and Walton 2009），罗列在此以便读者理解图 7.1 所示的论证过程如何设定恰当的证明标准。

- 微弱证据标准（SE）要求：主张至少存在一个可适用的论证。
- 优势证据标准（PE）要求：已经满足微弱证据标准，且分配给某个可适用的正面论证的最大份量，必须比可适用的反面论证的最大份量更大。
- 清晰且令人信服的证据标准（CCE）要求：已经满足优势证据标准；可适用的正面论证的最大份量，必须超过一个临界值 α；可适用的正面论证的最大份量，与可适用的反面论证的最大份量之差，还要超过某个临界值 β。
- 排除合理怀疑标准（BRD）要求：已经满足清晰且令人信服的证据标准，且可适用的反面论证的最大份量，不能超过某个临界值 γ。

当我说我知道某事，或者说某事是知识的时候，就应当意味着，我有足够有力的证据对此提供支持，且满足了把它归入知识范畴所应遵循的证明标准。为了说某事是知识，非常重要的是，被主张为知识的命题必须建立在证据的基础上，这些证据达到了特定的程度。只有当一个命题被特定的证据证明，且该证据对于所在学科来说是足够的（或者更一般地讲，对于主张这个命题的语境来说是足够的），它才能被恰当地称为知识。

在科学探究的领域，所适用的标准必须很高，足以让被接受为真的命题将来不得不被撤销的可能性降到最低。然而，按照这种模型，由于产生知识的认知推理本质上是可废止的，因此不能完全排除撤销知识的可能性。即使整个调查程序已结束，结论已经被接受，但如果有新证据出现，调查程序仍可能重启。

CAS 的调查模型解释了可废止的基于证据的知识概念，这种知识概念不需要遵循 7.1 节中提出的四个认知推理原则，将它们作为证明一项命题属于知识的方法之组成部分。

7.5 可废止逻辑

在该模型中，"p 已知为真"的陈述并不演绎地蕴含着"p 为真"的陈述。但一个类似的推论是成立的："p 已知为真"可废止地蕴含着"p 为真"的陈述。所谓 p 可废止地蕴含 q，是指在其他条件相同的情况下，如果 p 为真，那么 q 也为真，但存在例外情形。知识和真理之间的可废止关系，确实暗含了与外部现实之间的联系。因此，该模型并没有完全放弃外部标准。

该模型中规定的过程不能确保获得真理，但可以基于证据而确保获得对于应归为知识之内容的可废止的支持。这是因为，用于支持与攻击知识主张的基于证据的论证，是以外部现实为基础。例如，可以基于外观的论证型式为基础。如 7.4 节所示，这种论证是可废止的；但它仍然是以我们通过感知所知道的现实为基础。

可废止逻辑（Nute 1994）是一种基于规则的非单调形式系统，它构建的推理模型可以从不完整的，甚至有时互相冲突的信息中得出似真的结论。在该系统中得出的结论只能被暂时地接受，它受制于以后会出现的新信息，新信息可能要求撤回该结论（Simari and Loui 1992）。该系统中的基本要素是事实和规则。规则又分为两类，即严格规则（strict rules）与可废止规则（defeasible rules）。事实指的是那些无可争议的陈述，它们在讨论的限定范围内被接受为真。各个陈述用 A、B、C 等字母表示，字母用完后就使用下标。严格规则是传统意义上的规则：只要前提是无可争议的（例如事实），那么结论也是无可争议的。例如"企鹅是鸟"就是一个严格规则。严格规则采用的条件句形式为：$A_1, A_2, A_n, \ldots\ldots, \to B$，其中不可能所有的 A_i 都为真，而 B 为假。可废止规则是指可以被相反的证据废止的规则，如"鸟会飞"。可废止规则的条件句形式为：$A_1, A_2, A_n, \ldots\ldots, \Rightarrow B$，其中每个 A_i 都被称作一个先决条件，所有 A_i 一起被称作前件，B 被称作后件。可废止条件句被废止的原因在于，它允许例外存在，例如"这只鸟是一只企鹅"。一条规则可能与另一条规则相冲突。针对一套规则而设定的优先关系（priority relation），决定了任意两个相互冲突的规则之间的相对强度。

可废止逻辑的目的之一在于解决观点的冲突，但它同样可以用来模拟认知推理，因为知识库是不完整的，我们必须在未知与已知的基础上进行推理。如果已经存在对于结论 A 的一些支持，但也存在一些对结论~A 的支持，可废止逻辑就可以使用优先关系来决定得出哪个结论。例如，优先性可能被赋予被更好地知晓的那个结论。如果对 A 的支持优先于对~A 的支持，则得出接受 A 的结论。可废止逻辑也可用于时序推理（temporal reasoning）（Riveret et al. 2006）。例如，一个命题在某一时间已知，在另一时间可能不是已知。一个定论（definite conclusion）永远不会被撤回，即便出现新的信息。而可废止的结论只是一个暂时性的结论，若出现新的信息，它可能不得不被撤回。此外，可废止逻辑能够判断一个结论是否可证明。

可能得出四种类型的结论（Governatori 2008）：

- 肯定性定论：指仅凭事实和严格规则即可证明该结论。
- 否定性定论：指不可能仅凭事实和严格规则来证明该结论。
- 肯定性可废止结论：指能够可废止地证明该结论。
- 否定性可废止结论：指一个人可以说明该结论甚至不能得到可废止的证明。

如果存在一条规则，据此得出结论 A，且该规则的各个先决条件均为事实；而可据以得出结论~A 的更强规则，其先决条件无法获得；则可以接受可废止的结论 A。

可以用论证术语来解释这个推理过程。为证明一个结论，你必须执行三个步骤（Governatori 2008）。

1. 为待证明的结论提供一个论证。
2. 考虑与该结论相对抗的所有可能的论证。
3. 废止所有这些对抗性论证，要么通过证明这些对抗性论证的某些前提不成立，要么通过生成一个支持结论且论证力量更强的新对抗性论证。

如果一个程序的目标是证明或证伪某个争议主张，且通过提出与该主张相关的正反论证而向前推进，那么可废止逻辑非常有用。如果存在支持结论的论证，并且所有反面论证都被废止，那么该结论最终被证明。

可废止逻辑中的一个重要部分是论证废止（反驳）的概念。一项废止（defeater）可以被理解为一个规则和一组事实，它们证明了与原先的论证相反的结论。但是这个定义似乎太过简单，我们接下来提出更复杂的定义。一项废止是指与已经提出的原先论证相对抗的论证，它包含三类。它可以是一个说明原先论证之先决条件（前提）不成立对抗性论证；可以是一个直接证明原先论证的相反结论的更强有力的论证；还可以是一个质疑原先论证从前提到结论的推论过程的论证。

西马里和路易（Simari and Loui 1992）、费尔海（Verheij 1999, 115）和沃尔顿（Walton 2002, 43）提出，许多常见的论证型式都契合演绎逻辑中我们所熟悉的肯定前件式演绎的可废止形式。标准的肯定前件式论证应当基于作为实质条件的二元常项"→"，它有时也被称作"严格蕴涵"（strict implication）。变量 p、q、r 等代表命题（陈述）。

大前提：$p \to q$
小前提：p
结　论：q

论证评价与证据

这种论证形式可称作"严格的肯定前件式"（strict modus ponens，SMP）。与之相对的，还有一种可废止的肯定前件式，其形式如下，其中符号"⇒"是表示可废止条件的二元常项。

大前提：p⇒q
小前提：p
结　论：q

这种论证形式被称作"可废止的肯定前件式"（defeasible modus ponens，DMP）（Walton 2002, 43）。[2] 举个例子，以下论证符合 DMP 形式：如果某物是一只鸟，则它一般会飞，但存在例外；翠迪是一只鸟；因此翠迪会飞。该论证是可废止推理的典型例子，这种推理在计算机科学中有所应用。我们有可能发现翠迪的翅膀断了，导致它不能飞；或者发现翠迪是一只企鹅，一种不会飞的鸟。假如我们在一个特定的案例中，发现翠迪符合上述特征之一，那么原来的 DMP 论证就被推翻了。这种论证最好不被认为具有演绎有效性，即就算新信息表明了论证不再以预期的方式适用于特定情形，该论证仍然成立。我们应当认为，这种论证只是在调查过程中暂时成立；但如果出现了新证据，指向了大前提中陈述的规则之例外，那么该论证就可能不再继续成立。

当前人工智能领域中应用可废止逻辑的趋势是，支持采用可废止的肯定前件式，而不支持采用否定后件式的形式（Caminada 2008, 111）。普拉肯和萨托尔（Prakken and Sartor 1997）以及雷特（Reiter 1980）提出了遵循这一模式的两个可废止逻辑系统的例子。卡米纳达（Caminada 2008）区分了认知推理和其他推理。认知推理被认为是以客观现实为基础，客观现实可以为关于知识的主张提供支持；在其他类型的推理中，矛盾表现为"软冲突"，对此可以通过赋予各种可废止规则以优先性顺序来解决。卡米纳达认为，否定后件式适用于可废

---

[2] 费尔海（Verheij 1999, 115, 5）将第二种推论形式称作"modus non excipiens"。他认为，在一般性规则允许有例外的情况下，应当适用这种推论形式。

止的认知推理，因为它具有"硬冲突"的特征。如果从第一个命题中可废止地推出第二个命题，而第二个命题表现出一个硬冲突以至于它不成立，那么就可以推出第一个命题也不成立。然而，同样的推理原则并不适用于软冲突，例如在法律推理和伦理推理中，此时可能会出现裁决的困境与冲突。

7.6 从无知中推理

显然，可废止逻辑与表示基于知识和感知的推理的论证型式密切相关。纽特（Nute 2001, 89）给出了两个富有说明意义的例子，与这种认知推理形式产生了重要的联系。第一个例子（引述如下）是一个缺乏知识论证（lack of knowledge argument）的典型案例，或者按照更常用的说法，称作"基于无知的论证"（argument from ignorance）。

> 缺乏信息有时会成为相信某事的积极理由。冰箱里有牛奶吗？我们看了看，没有看到牛奶。在这一情境中，没有找到存在牛奶的证据，是一个让我们相信冰箱里没有牛奶的好理由。

第二个例子（引述如下）是一个典型的基于外观的论证。

> 再举个例子，我相信在我前面有一只猫。我之所以相信这一点，是因为我前面出现了一只猫。这似乎是充分的证据。当然，我们也可以考虑到我可能出错的情况。我可能产生了幻觉；也可能这是一只猫的全息影像；或者，可能有一面镜子，我以为在我面前看到的猫实际上在我身后。但是我没有理由相信我产生了幻觉，同样地，也没有证明存在全息投影仪或镜子的证据。没有证据证明我的感知环境是异常的，这为我"前面有一只猫"的信念提供了部分的证成。

上述例子很有说明意义，不仅因为它涉及由怀疑论引起的传统认识论问题，还因为该论证链条中的一部分结构是从无知中推理（reasoning from absence of knowledge，RAK）的例子。在论证研究领域，RAK 被表示为所谓的基于无知的论证——传统上，这被认为是一种谬误推理形式。然而，最近的研究表明，它的非谬误用法非常普遍。

事实上，这种推理形式被称为"封闭世界假设"（Bondarenko et al. 1993），它是指所有需要知道或寻找的信息都已被纳入一个人已有的信息集合之中。封闭世界假设的成立，要求满足以下条件：数据库中所有的肯定性信息都已被列出；因此，否定性信息不需要列出，缺失意味着否定（Reiter 1980, 69）。雷特（Reiter 1987, 150）举了一个航班数据库的例子。在这个数据库中，若要列出所有的航班，以及所有相互之间未通航班的城市，那么要写的信息就太多了。若遵循封闭世界假设，则如果在这个信息库中没有明确列出两个城市之间的航班，就可以得出这两个城市之间未通航班的结论。在基于知识的推理序列中使用这种论证形式，意味着当未能找到证据时，就等于许可了一项推论（Kakas and Toni 1999; Toni 2008）。封闭世界假设的运用似乎等同于基于无知的论证，但在进一步讨论之前，让我们先给基于无知的论证下个定义。

基于无知的论证这种论证型式存在两个前提，"知识"或"缺乏知识"在其中发挥了提供理由的作用（Walton 1996, 254）。

  无知前提：我们不知道命题 A 为真（假）。
  条件前提：如果 A 为真（假），那么我们会知道 A 为真（假）。
  结 论：因此 A 为假（真）。

基于无知的论证型式看起来与 RAK 的推理形式相同，而 RAK 又属于封闭世界假设所表现的那种缺省推理（default reasoning）。纽特基于外观的论证例子中的最后一句话就是很好的佐证。

我们可以区分两种推理形式，从而看清 RAK 的最典型谬误形式。谬误推理的形式是：$\sim Kp \Rightarrow \sim p$。这里存在从无知到谬误的跳跃，因为没有考虑到条件前提。这种推理的非谬误形式如下所示：

[～Kp &（p⇒Kp）］⇒～p。此时考虑了条件前提，从而加深了调查的深度；该推理显然具有否定后件式的形式特征。

在特定情况下，条件前提是否成立取决于该情形中知识库的完整程度。例如，假设所提的问题是：圭亚那是否为南美洲的主要橡胶生产国。并且假设我们关于南美洲橡胶生产国的知识库包含了关于这一主题的大量知识。如果圭亚那是一个主要生产国的话，这一知识几乎肯定会包含在知识库中。假如我们搜索知识库，发现不能得知"圭亚那是一个主要的橡胶生产国"这一命题为真。根据基于无知的论证，我们可以得出"圭亚那不是主要的橡胶生产国"的结论。因此，基于无知的论证，或者称作"基于缺乏证据的论证"（这种叫法可能不那么有失偏颇），通常是合理的，尽管我们应当谨慎地认识到它应取决于什么是已知的与什么是未知的。

由于 RAK 采取了否定后件式的形式，让我们回到这个问题：在认知推理中，否定后件式是否应当被认为有效？这一推理序列采取了以下否定后件式形式：若 p 则 q；～q；因此～p。上述例子似乎具有说服力（Caminada 2004, 87），但有些研究者不接受否定后件式具有可废止的逆反推理性质。布鲁卡（Brewka 1989）提出了一个反例：男人通常不蓄须；但这并不意味着，如果一个人留了胡子，他通常就不是男人。在这个例子中，我们的陈述是：如果一个人是男人，那么他通常不蓄须。这个陈述的逆反命题形式是：如果一个人蓄须，那么这个人通常不是男人。如果我们又有一个陈述："这个人蓄须了"，并且接受可废止规则的逆反推理性质，我们就可以得出"这个人不是男人"的陈述——这个结论似乎是错误的。所以必须认识到，可废止规则不同于基于演绎逻辑的严格规则。在严格规则中，只要前件成立，后件也成立。因此，当后件不成立时，可以确定前件也不成立。可废止规则显然与此不同。可废止规则只是告诉我们，如果知道了前件成立，就有相信后件成立的某种程度的倾向。因此，如布鲁卡的例子所示，否定后件与否定前件之间的关系可能非常不同。

论证评价与证据

否定后件式与逆反推理密切相关。对可废止蕴涵关系的逆反推理，表现为以下推论规则：$(p \Rightarrow q) \Leftrightarrow (\sim q \Rightarrow \sim p)$。其中，符号$\Leftrightarrow$代表可废止的相互蕴含关系。可废止的相互蕴涵是在可废止推理中表示对等的一种形式，我们可以用这种对等形式替代原来的推理。可废止的否定后件式是指从前提"p⇒q"和前提"~q"，推出结论"~p"的过程。如果我们假设可废止的肯定前件式有效，且可废止的逆反推理也有效，那么可废止的否定后件式就会有效。肯定前件式的推理形式如下：

p⇒ q
p
所以 q

借助逆反推理，我们用"$\sim q \Rightarrow \sim p$"代替上面第一个前提。然后双重否定 p，即假设 p 成立（$p \Leftrightarrow \sim \sim p$），我们可以把第二个前提变为"$\sim \sim p$"，同时把结论变为"$\sim \sim q$"。最终得到如下推论：

~q ⇒ ~p
~ ~p
所以 ~ ~q

该推论显然是一种可废止的否定后件式。换言之，如果双重否定、可废止的肯定前件式与可废止的逆反推理均成立，那么可废止的否定后件式也成立。

在下一节中，我们将说明封闭世界假设和基于无知的论证之间的一些区别。综上所述，对于理解认知推理而言，无知（缺乏知识）和知识同样重要。从无知到知识的转变过程中运用了各种推理形式，这需要在实践性的现实主义知识论框架下进行理解与建构。尽管皮尔斯和波普尔的调查模型假设，在这类程序中，逼真性（verisimilitude）是表明已经成功地集结证据的一个重要特质。但需要指出的是，"远离无知"的特质在判断整个调查是否成功方面同样的重要。如波普尔所强调的，调查通过理性批判的过程向前推进；在理性批判的过程中，暴露了论证中的错误与谬误，以及之前被接受而现在被当作简单理论甚至无知迷信的假设。一项成功的调查不仅走向真理，同时也远离谬误和错误。

7.7 可废止的知识、证据与缺乏证据

可废止知识理论有一个久已存在的问题，该问题与日常对话论证中的陈述有关。在日常对话论证中，人们会说"我知道这是真的"，而不是说"我认为它是真的"；因为这个事情是如此地显而易见，毋庸置疑。例如，如果我看着我面前的双手说"我看到面前有两只手"，我就可以说我知道面前有两只手；因为，我确信不会再有新的证据使这个命题为假。当我认为这个命题为真时，可以理解为我非常确信它为真，它是毋庸置疑的；所以我知道它为真。事实是显而易见的，因此它不需要可废止知识模型所要求的那种证据来证成它。

在纽特的例子中，某人说他相信他前面有一只猫；他用来支持自己信念的理由是，他相信在他前面看上去有一只猫。当我们仔细检视他的信念是如何被证成的时候，进行仔细分析会发现，它是基于一个暗含的前提。如果有个怀疑论者质疑他的观点之依据何在，那么他必须以证据作为其观点的基础。正如下方新的可废止知识模型所示，尽管某人表述得不是很明确，但他的这种信念也是基于无知。早在7.2节中讨论过的例子表明，它可以表示为基于无知的论证或从无知中推理（RAK）的一个实例。

纽特的例子中，论证的第一部分用 CAS 模型表示，如图7.4所示。图左侧是结论"我前面有一只猫"。最上方的文本框里是证据，即命题"我前面看上去有一只猫"。这个论证是基于外观的论证型式的例子。如7.2节所述，波洛克认为这种推理是以可废止的感知规则为基础。它在论证节点中表示为"+AP"，即代表基于感知的论证型式。

图7.4中，白色文本框里的两个前提在 CAS 中被设为例外。一个例外代表了一种批判性问题；当且仅当有证据支持该例外时，它就会

废止原来的论证。例如，如果有证据表明我可能产生了幻觉，那么就会削弱从前提"我前面看上去有一只猫"到结论"我前面有一只猫"的论证。

同样，如果有证据表明我可能看到了一个全息影像，就会削弱从前提"我前面看上去有一只猫"到结论"我前面有一只猫"的论证。但由于目前两个例外都不成立，而基于感知的论证之前提是成立的，因此，"我前面有一只猫"的结论也成立。

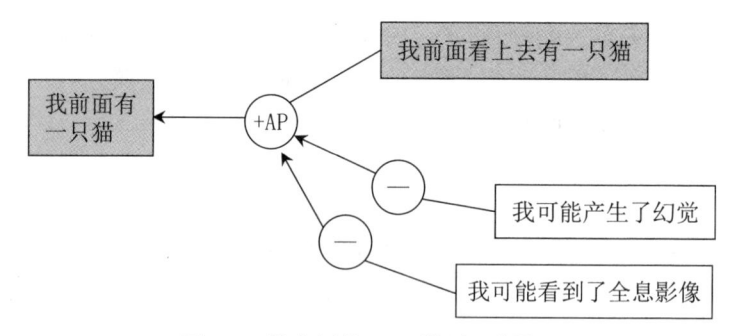

图 7.4 猫案例的 CAS 模型：步骤一

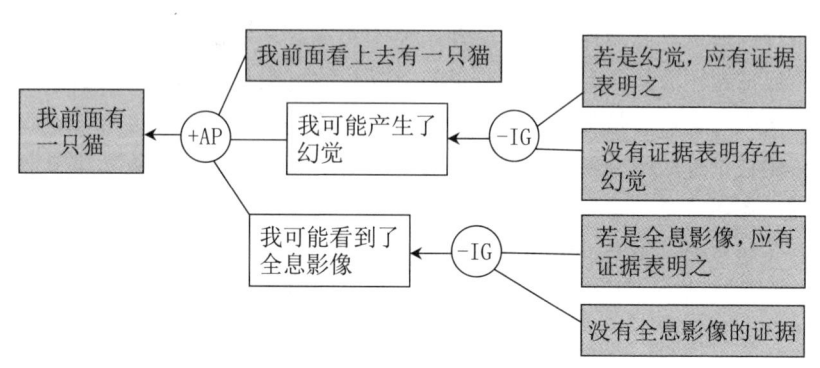

图 7.5 猫案例的 CAS 模型：步骤二

接着来看图 7.5 右侧的文本框。右边所示的两个论证都是 RAK 论证，符合基于无知的论证这种论证型式，图中用节点中的"-IG"符

第 7 章　知识与调查

号表示。在这两个论证中，表示前提的文本框都是灰色的；也就是说，这些前提已被接受。此外，代表这两个论证的圆圈，表明它们符合缺乏证据的论证（基于无知的论证）型式。每个型式名称中都有一个减号，表示两个论证都是反对它所指向的结论的反面论证。"我可能产生了幻觉"和"我可能看到了全息影像"两个陈述都放在了浅色文本框内，表明两个陈述都被拒绝了。如果接受任一陈述，那么左侧所示的结论就不能被接受。现在已经排除了这两个例外，最终结论在图 7.5 中显示为已被接受。

在图 7.5 中显示出来的一点是：用于证明两个例外的证据，可能废止原来的可废止论证；因此，缺乏了证明这两个例外的证据，实际上就成为原来的论证未被废止的一个理由。这种证据条件表明，我可以正当地相信在我前面有一只猫。既然原来的基于外观的论证具有一定强度，且没有任何理由怀疑这些外观的真实性，因此，我有理由说"我知道我前面有一只猫"。尽管这一知识主张是可废止的，但图 7.4 所示证据，以及图 7.5 中显示的缺乏证据情形（这也是证据条件的组成部分），有力地证成了"我前面有一只猫"的主张，因此我可以正当地认为"我知道我前面有一只猫"。

当使用 CAS 来表示一个论证时，必须为在论证中作为前提和结论的所有命题设定证明标准。在上述例子中，为了做简化处理，没有插入证明标准。上述图表中呈现的仅仅是论证结构，以及每个作为前提或结论的命题是否被接受或被拒绝。当使用 CAS 图示界面时，用户必须插入一个证明标准；例如，优势证据标准，即支持主张的证据必须强于反对主张的证据。用户还被要求指出论证链条中的每一个前提是否已被接受或拒绝，是否遇到了质疑，或者是否被明确地陈述了出来。例如，普通的前提是被明确陈述出来的，因而最初被放在一个没有颜色填充或标记的文本框内。当这种前提被接受之后，包含它的文本框就会出现某种标记（例如变成深色）。用户要将所有上述信息都添加到 CAS 的清单中。当通向最后结论的论证链条中所有的前提和结论所处的状态都被指示之后，一旦指明了指向最终结论的论证链中所有前

233

提和结论的状态，CAS 就会自动地指示出最终结论所处的状态，当然这还取决于所设定的证明标准是什么。

在本节最后，我们需要更严谨地区分基于无知的论证与封闭世界假设。可以发现，在包含经典逻辑句子的知识库中，封闭世界假设并不适用。我们来考虑一个包含析取命题 {A∨B} 的知识库。由于 A 和 B 都不能从 {A∨B} 中推导出来，此时若适用封闭世界假设，就可以既推导出否定 A，也推导出否定 B。从这一点出发，若依据经典逻辑中的析取三段论规则，可以同时推导出 A 和 B，从而使得知识库不一致。这一结果表明，在知识调查的形式系统中，同时适用经典逻辑与封闭世界假设是存在问题的。在构建调查结构模型时，需要仔细区分 RAK 和封闭世界假设的适用情形。我们在此提出解决该问题的设想：在调查的结束阶段仅适用封闭世界假设，而在论证阶段仅适用 RAK。通常来说，在论证阶段的言语行为序列中，基于无知的论证是一种在双方之间转移证明责任的工具；此时，一方提出一个断言，另一方则要求其提供证据来支持断言。这种论证交往是基于无知的论证会引出问题的典型情况。另一方面，封闭世界假设是一种非常重要的工具，用以标记论证阶段的结束点，以便由此评价双方的论证，以确定哪一方符合证明标准。

7.8 异议和回应

在本节中，我们再次探讨 7.1 节描述的关于知识推理的两种观点之间的冲突。我们需要更好地理解试图维护或反驳这些观点如何会造成哲学上的困难，以及如何与日常语言中的用法避免冲突。我们常把各种科学学科的内容，称为我们已经拥有的知识。然而，在 7.1 节所述的四个认识论原则所要求的意义上，这些学科中的命题集似乎根本不是真正的知识。这是因为我们无法知道在各种学科中确立的命题是否为真——如果我们所说的"知道"，指的是我们可以用极其高的证明标准来证明它们，以至于在未来某个时候它们作为知识被撤销或撤回的可能性（甚至是逻辑上的可能性）完全不存在的话。这种观点导

第 7 章　知识与调查

致了一个不幸的结果，那就是科学知识是不可废止的；正如我们所见，它与即使是虚弱形式的可错主义也是相冲突的。这一观点呈现出进退两难的局面。另一个选择就是采取可错论的途径，认为当前各种科学学科中的命题集合，符合"知识"一词的另一种意义。不过这种可错论观点也产生了一个与我们通常谈论知识的方式不太一致的结果。假设我们现在持有一个命题，它已被公认为科学知识的组成部分；但新的科学结果表明，有证据反对它，从而导致了该领域的科学家拒绝接受这一命题。根据 CAS 调查模型，我们可以这样描述这种情况：该命题曾经是知识，但以后不再是知识。在许多人看来，这种说话方式似乎是不对的。他们认为更自然的说法是：我们曾经以为该命题是知识，但后来发现它根本不是真正的知识。

虽然已经出现从传统认识论的知识观点（表现为 7.1 节所述的四个原则）向某种形式的可错主义的转变，但在哲学上这两种观点都非完全没有问题。这两种观点之间的冲突，很可能是一个永远伴随我们的哲学问题。到目前为止，四个原则所代表的立场是当前认识论中最广为接受的观点。尽管如此，可错性观点源远流长，且得到了皮尔斯和波普尔这两位著名近代哲学家的支持。

在日常语言中，关于知识的陈述往往是模糊不清的。一个关于知识的陈述，可能意味着我主张某个命题属于科学知识；也可能仅仅是指，我个人对一个命题的真实性非常有信心，不管我是否有充分的证据证明它可被认定为科学知识。另一个棘手的方面是抽象名词"知识"与动词"知道"之间的转换，后者可能包含更强的关于个人确信或信念的暗示。CAS 调查模型假设了一个有序的过程；在该过程中，通过收集和审查证据来评价关于知识的主张。但在哲学上讨论它的适用性时，我们似乎总是回到同样的老问题，即它能否与我们通常谈论知识的方式相契合。例如，在科学史上某个命题曾经被认为属于知识，但后来新理论的发展或新的发现废止了这种知识主张，这会发生什么？从可废止的知识探究理论来看，即使后来被废止了，之前它确实是知识；在后来的时间点上，与它相矛盾的某个其他命题，被视作知识。

这种观点在一些人看来似乎是自相矛盾的。如果它在某一时刻之后被废止了，那么在此之前它怎么可能是真正的知识呢？当然，更自然的说法是它并不是真正的知识。它只是在当时看起来像是知识，但后来就不能再被称为知识了。

针对这一异议，有一种更好的替代性描述，它消除了既说某事是知识又说它不是知识之间的矛盾。根据这种替代性描述，我们有理由说所争论的命题以前是知识，但这并不意味着它真的是知识。这只是意味着，在当时我们相信它是知识，这是有正当理由的，即使后来的情况证明它根本不是真正的知识。据此，随着调查程序的进行，在某个时间点上一个命题可能被正当地相信是知识；但当它被新的证据证伪时，关于该命题是知识的主张随后会被废止。根据这一理论，对该情境的恰当描述方式为：尽管根据当时可获得的证据，该命题被正当地相信为知识，但它在当时也不是知识。

CAS 调查模型包含了一个假设，即知识确实是可废止的。这不仅仅是说，关于知识的主张是可废止的，或者说我们正当地相信为知识的东西是可废止的。它舍弃了知识总是蕴含真理这一假定，因为这一假定将导致以下结果：任何被证明为假的内容，在调查的更早阶段也不能算作真正的知识，即使那时我们有理由接受它为知识。CAS 调查模型采用的观点是：什么是知识，什么不是知识，会随着时间而改变。特别是，它允许以前是知识的东西，在以后可以不再算作知识。与这种观点相竞争的其他观点，不允许存在这种可能性；正如皮尔斯所描述的，它们认为一旦某事成为知识，就必须在无限的探究过程中永远符合知识的资格。

一种可能性是，这两种路径塑造了不同类型的知识。例如，蕴涵真理的知识概念，可能是数学认知推理的最佳模型；而可废止的知识路径，是实验科学中认知推理的最佳模型。然而，皮尔斯甚至将可错主义拓展适用于数学知识的领域。他提出了这样一个问题：是否有人愿意拿自己的生命去赌一分钱，赌某个实际上并不怀疑的观察性陈述或数学陈述的真实性？对于这样的赌注，我们会对观察性陈述有所犹

第 7 章 知识与调查

豫；但也有理由将这种犹豫扩展到数学陈述上。皮尔斯认为，即使是最伟大的数学家也可能因为注意力的小疏忽而在算术上犯某个小错误。他的结论是：没有一个理性的人会针对数学陈述的真实性下这种赌注，因为"你不可能下很多次这样的赌注，持续赢得数百万却不会输掉一次"（Peirce 1931，1.150）。

有些人可能会认为，本章所主张的关于知识推理的可错论观点暗含着一种有害的相对主义，这种相对主义允许我们声称，自己知道各种不为真的命题。针对这一异议，需要说明的是，本章所描述的调查程序是以证据为基础的，并且需要符合知识主张的可证伪性原则。根据这种模型，如果发现一个命题为假，并且有足够的符合适当证据标准的证据来支持这一发现，那么该命题必须被撤回。为了明确该观点，有必要阐明其逻辑涵义。

如果我们发现一个命题为假，那么就不能说它已知为真。事实上，如果我们发现有一些证据证明它为假，但在此之前我们认为它为真，那么此时就必须放弃已知它为真的假设。基本上，这一描述代表了波普尔（Popper 1963）提出的科学知识可证伪性原则。但是，从可证伪性原则不能推出"若命题已知为真，则它为真"的陈述。即使一个命题已知为真，它也不必然为真。事实上，为了使可证伪性原则站得住脚，就必须放弃蕴含真理的知识概念。因为，即使某个命题是科学知识的一部分，根据可证伪性原则，所有真正的科学知识也都必须是可证伪的。也就是说，它所依赖的推理必须是可废止的。

再来回顾波洛克的红色灯光案例，或者任何一个关于常识性知识的陈述，例如摩尔所举"我看到一只手在我面前"的例子。我可能非常自信我看到了红色物体，或者看到了一只手在我面前；所以，我有资格在日常对话的语境中声称，我知道我看到了红色物体，或者我知道我看到了我面前有一只手。这取决于在我看到红色或看到手举在我面前的情况下所适用的证明标准是什么，以及错误判断所导致的后果可能是什么。但正如波洛克所指出的，如果房间被红色的灯光照亮，而所有东西被红色灯光照亮时看起来都是红色的，那么我看到的物体

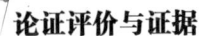

可能不是红色的。出于怀疑论者自古以来提出的各种理由（如 7.1 节所述），即使我非常确信我看到了一只手在我面前，甚至可以说我"知道"自己看到了一只手在我面前，也不能具有演绎必然性地推出有一只手在我面前。原因是——尽管这看起来非常不可能——仍然存在我搞错了的可能性。

如 7.1 节所示，雷斯彻概述了传统认识论中的知识观点，他认为知识与真理之间的联系只是偶然的，这与我们在日常话语中使用"知识"一词的方式有剧烈冲突。当你做出一个知识主张时，你是在主张一个特定命题为真。如果我说我知道该命题为真，那么我就是在主张该命题确实为真。但如 7.1 节所示，这一观点并不表明知识演绎性地蕴涵着真理。这并不意味着如果你知道一个命题，它就一定为真。不能推出命题必然为真；只能推出你认为它为真。在 CAS 模型中，这意味着"接受"而非"真实"：如果一个人说他知道一个命题如此，意味着他必然接受了这个命题；这不意味着，该命题本身必须是真的——这里的真指的是，该命题不会随着调查的进一步推进，而被舍弃为假。

7.9 关于可废止知识的可错论观念

汉农（Hannon 2014）认为，知识的核心目的是"标识可靠的信息源"，而这一目的可以通过将证成要求设定在一定的水平上来实现，无需要求达到完全的确定性。汉农（Hannon 2014，1128）提出了他所谓的知识的"可靠信息源标准"。根据这一标准，知识所需的证成水平应当是：使拥有知识的主体处于一个"足够强大的地位"，从而可以适切地为具有"不同计划、目的和兴趣"的知者群体（community of knowers）充当可靠的信息来源。根据他的可错性理论（Hannon，2014，1129），为实现该目的，我们需要识别出那些可靠的个体，他们可以作为提取（并使用）知识的来源。知识的概念源自"我们识别可靠信息源的需求"。该理论假设，我们都需要可靠的信息，以作为行动的指引；为此，需要一个可以在我们之间传输的共享信息池，这样它们就可以被接受，作为所需的那种共享知识。因此，存在一个实践需求，

第 7 章 知识与调查

即识别那些拥有知识的信息源，且评价他们主张是知识的那些信息之质量。本书第 4 章和第 5 章基于专家意见的论证部分所研究的案例表明，如果我们想要推进研究，将论证、解释、证据和知识的概念统合成一种在理论和实践上均可行的论证模型，就必须采用这种可错论的知识概念。

如 7.1 节所述，邦约和汉农之间的分歧产生于"确定的"（conclusive）和"证成"（justification）这两个术语在传统认识论和哲学中使用时的含义。在本书中我们使用了各种术语。首先让我们考虑"确定的"这个术语。从人工智能领域出发，如上一章所示，与演绎逻辑相关联的单调推理和与可废止逻辑相关联的非单调推理之间有所区别。在一个演绎推理中，若它的前提不会受到质疑或批判性质询，那么它的结论就可以被认为得到了确定性的证明。对于这种确定性的论证，我们只能通过攻击结论，或者攻击某个前提来进行。而攻击可废止推理，既可使用攻击结论或前提的方法，也可以攻击连接前提和结论的推论环节。例如，可以通过主张某一前提所依据的规则存在例外来攻击它。这种攻击形式就是波洛克所说的"削弱"。

接下来让我们考虑"证成"这个词。在这本书的框架中，术语"证成"只是指用于支持所涉主张的正面论证，而不是用于攻击主张的反面论证。此外，根据本书倡导的基于证据的论证理论，"证成"也可以指基于支持主张的证据的正面论证。本书已表明，至少存在一个在人工智能领域中发展的形式化的计算机论证模型，即 CAS，它不仅可以把这些概念整合进一个可废止逻辑框架中，还可以将该框架应用于分析和评价基于专家意见的论证问题。当然，本书表明，它也可以应用于模拟所有其他类型的论证。

该模型把知识与有序的调查过程联系起来，并认识到证据在此过程中所发挥的作用，因此该模型将知识表示为可废止性质。这种新的可废止知识模型的主要特点可以概括如下：

1. 知识是一个调查过程的结果；在这个调查过程中，已有的知识可以继续接受检验,并且可能被撤回。知识不仅现在不被废止,而且必须能够回应新的异议,在新证据出现时经受住检验。

2. 在调查知识主张的过程中,知识库可能是不完整的,甚至是不一致的;但是在可废止模型的结束阶段,所接受的知识应当是具有一致性的。

3. 知识所依据的推理是可废止的,而不具有演绎有效性;因此,(a) 排除所有怀疑的确定性不是一个恰当的知识标准,(b) 在恰当条件下知识主张必须是可撤回的。

4. 支持正反论证的证据所提供的校正,以对外部现实的感知为基础;因此,一个命题被接受(或被拒绝)为知识,不需要将真相作为外部标准。

5. 真实性条件 $Kp \to p$ 被替换为较弱的假设 $Kp \Rightarrow p$。

6. 知识库在演绎蕴涵与可废止蕴涵中都不是封闭的。假设 $K(p \Rightarrow q) \Rightarrow [Kp \Rightarrow Kq]$ 不成立。

7. 可废止蕴涵 $Kp \Rightarrow KKp$ 的迭代形式不成立。

8. 一个命题是否应当归为知识,取决于是否存在符合调查程序的恰当证据种类,以及是否符合为调查程序所设定的证明标准。

该模型保留了部分但非全部"证成的真信念"分析中的要素。它保留了"证成"要素,但用可废止逻辑来塑造证成的要求。可废止逻辑既包含了严格演绎蕴涵,也包含了可废止蕴涵;但在该模型中,它使用可废止蕴涵来构建评价知识主张的过程。尽管如此,它并不完全排除演绎蕴涵在某些情况下的作用。

7.10 结 论

本章没有将知识定义为一种真信念,而是提供了一种融贯的、具有说服力的知识模型:知识是一系列可废止的命题,它们以证据为基础,且已被证明至特定的证明标准。所适用的证明标准可以设置得足够高,从而区分应当被认定为知识的命题,以及基于证据可以被合理地接受的命题(但此时证据的强度不足以使这些命题被称作"知

第 7 章 知识与调查

识")。新模式的一个重要启示是,它比传统的哲学知识论研究更加强调证据的概念。根据该模型,证据以逻辑推理和外观(或称作"感知")为基础;这些外观与其他外观以一种具有一致性的方式相吻合,它们可以被检验,且提供了支持或反驳某一主张的理由。

根据该模型的要求,如果一个命题得到了特定科学学科中所使用的证据的支持,并且达到了所适用的作为知识门槛的证明标准,就可以被合理地归为科学知识。该模型的一个主要特征是,不要求被归为知识的一个命题必须为真。然而,它确实要求:一个命题若要被归为知识,就必须基于从外部现实输入的信息,以此作为证据数据。它假定了这些来自外部现实的证据数据,以及建立在此之上的知识都是可证伪的。因此,根据这种新观点,尽管知识不要求将外部的真相作为标准,但知识受到来自外部现实的、可检验的证据的支持和反驳。该模型允许以前被接受的知识主张随着新证据的出现而被废止。它还意味着超越所有怀疑的证明标准不适用于知识主张。该模型是一个双重动态模型,即一方面知识被不断地添加,另一方面知识可以被撤回。在该模型中,已知的命题,甚至是被合理证明的命题,都可以随着新证据的获取而被撤回。

本章关于在调查中如何产生知识的模型,已被尽可能地简化,以便展示其核心特征;但进一步的研究将有助于拓展该模型。它主要被应用于模拟科学知识,但它也适用于模拟侦探如何使用日常对话推理推进调查。典型案例包括第 1 章的血字案和第 5 章关于达·芬奇画作的科学证据案例。

就拒绝接受外部真相要求这点来说,该模型很显然有悖于"证成的真信念"分析。该模型不要求存在一个主体,该主体相信所争论的命题为真。事实上,尽管该模型(至少是这里所描述的它的最简单形式)将调查表示为一个由一个小组进行的协作过程,但它既不要求主体的概念,也不要求信念的概念。该模型只是要求在一个可以接受或拒绝知识主张的过程中权衡证据。

本章说明了,为何需要将知识重新定义为一个理性调查过程的结果，这个过程得出了一种可废止的知识，即这种知识在科学调查和知识进步的过程中，永远可能被新出现的证据所证伪。本章从科学调查者自身的内部视角提出了一个科学知识的模型；这些调查者协同工作所产生的结果，可以达到在该领域所适用的证明标准，从而发现新的知识。但是，需要认识到，科学家不仅有义务按照他们为自己设定的标准开展研究，而且有义务将研究结果提供给那些可以在自己的调查和思考中使用这些结果的人，包括其他科学家。

本书的前六章主要关注更广泛受众（包括其他科学家以及依靠科学研究、基于证据对政治政策和个人行为做出决策的人）的外部视角。从这种外部视角来看，问题在于如何解释基于科学研究的发现，并与其他证据（包括那些得出相反结论的科学研究成果）相权衡。前六章在计算机系统的基础上，说明了如何识别、分析和评价这类论证。但是，如果不采用这样的知识观，整个计划就不可能实现：这种知识观容纳知识可以被修正的可能性，因此，一个已知为真的命题可能在以后被发现为假或不被接受，从而被新的知识所取代。这种知识推理的证据理论（在其中，知识库不断地更新），提供了一个解决本书前六章提出的问题的理论框架。

参考文献

Bex, F. , H. Prakken, C. Reed, and D. Walton. 2003. Towards a formal account of reasoning about evidence: Argument schemes and generalizations. *Artificial Intelligence and Law* 11 (2-3): 125-165.

Black, E. , and A. Hunter. 2007. A generative inquiry dialogue system, In *Sixth international joint conference on autonomous agents and multi-agent systems*, ed. M. Huhns and O. Shehory, 1010-1017.

Bondarenko, A. , F. Toni. and R. A. Kowalski. 1993. An assumption-based framework for non-monotonic reasoning, In *2nd international workshop on logic programming and non-monotonic reasoning*, ed. L. M. Pereira and A. Nerode, 171-189.

Bonjour, L. 2010. The myth of knowledge. *Philosophical Perspectives* 24 (1): 57-

83.

Brewka, G. 1989. *Nonmonotonic reasoning: From theoretical foundations towards efficient computation.* PhD thesis, University of Hamburg.

Caminada, M. 2004. *For the sake of argument: Explorations into argument-based reasoning.* PhD thesis, Free University of Amsterdam. http://icr. uni. lu/~ martinc/publications/thesis. pdf.

Caminada, M. 2008. On the issue of contraposition of defeasible rules. In *Computational models of argument: Proceedings of COMMA 2008*, ed. P. Besnard, S. Doutre, and A. Hunter, 109–115. Amsterdam: Ios Press.

Conee, E., and R. Feldman. 2004. *Evidentialism: Essays in epistemology.* Oxford: Oxford University Press.

Cooke, E. 2006. *Peirce's pragmatic theory of inquiry: Fallibilism and indeterminacy.* London: Continuum.

Gordon, T. F., and D. Walton. 2009. Proof burdens and standards. In *Argumentation and artificial intelligence*, ed. Iyad Rahwan and Guillermo Simari, 239–260. Berlin: Springer.

Governatori, G. 2008. *Defeasible logic*, http://defeasible. org.

Hannon, M. 2014. Fallibilism and the value of knowledge. *Synthese* 191 (6): 1119–1146.

Kakas, A., and F. Toni. 1999. Computing argumentation in logic programming. *Journal of Logic and Computation* 9 (4): 515–562.

Kripke, S. 1965. Semantical analysis of intuitionistic logic I. In *Formal systems and recursive functions*, ed. J. N. Crossley and Dummet Michael, 92–113. Amsterdam: North-Holland.

Lumer, C. 2005a. Introduction: The epistemological approach to argumentation—A map. *Informal Logic* 25 (3): 189–212.

Lumer, C. 2005b. The epistemological theory of argument: How and why? *Informal Logic* 25 (3): 213–243.

McBurney, P., and S. Parsons. 2001. Representing epistemic uncertainty by means of dialectical argumentation. *Annals of Mathematics and Artificial Intelligence* 32 (1–4): 125–169.

Misak, C. 1987. Peirce, Levi and the aims of inquiry. *Philosophy of Science* 54 (2): 256-265.

Nute, D. 1994. Defeasible logic. In *Handbook of logic in artificial intelligence and logic programming*, Nonmonotonic reasoning and uncertain reasoning, vol. 3, 353-395. Oxford: Oxford University Press.

Nute, D. 2001. Defeasible logic: Theory, implementation, and applications. In *Proceedings of INAP 2001, 14th international conference on applications of prolog*, 87-114. Tokyo: IF Computer Japan.

Peirce, C. S. 1931. *Collected papers*, ed. C. Hartshorne and P. Weiss, Cambridge: Harvard University Press.

Peirce, C. S. 1984. *Writings of Charles S. Peirce*, vol. 2, ed. E. C. Moore, Bloomington: Indiana University Press.

Pollock, J. L. 1995. *Cognitive carpentry*. Cambridge, MA: The MIT Press.

Popper, K. 1963. *Conjectures and refutations: The growth of scientific knowledge*. London: Routledge.

Popper, K. 1972. *Objective knowledge: An evolutionary approach*. Oxford: Oxford University Press.

Prakken, H. 2003. Logical dialectics: The missing link between deductivism and pragma-dialectics. In *Proceedings of the fifth conference of the international society for the study of argumentation*, ed. Frans H. van Eemeren et al., 857-860. Amsterdam: SicSat.

Prakken, H., and G. Sartor. 1997. Argument-based extended logic programming with defeasible priorities. *Journal of Applied Non-classical Logics* 7 (1-2): 25-75.

Reiter, R. 1980. A logic for default reasoning. *Artificial Intelligence* 13 (1-2): 81-132.

Reiter, R. 1987. Nonmonotonic reasoning. *Annual Review of Computer Science* 2: 147-186.

Rescher, N. 2003. *Epistemology: An introduction to the theory of knowledge*. Albany: Sate University of New York Press.

Rescher, N. 2005. *Epistemic logic: A survey of the logic of knowledge*. Pittsburgh: University of Pittsburgh Press.

第7章 知识与调查 ▲

Riveret, R., G. Governatori, and A. Rotolo. 2006. Argumentation semantics for temporal defeasible logic. In *Third European starting AI researcher symposium* (*STAIRS 2006*) *Riva del Garda*, Frontiers in artificial intelligence and applications, vol. 42, ed. L. Penserini, P. Peppas, and A. Perini, 267-268. Amsterdam: Ios Press.

Simari, G., and R. Loui. 1992. A mathematical treatment of defeasible reasoning and its implementation. *Artificial Intelligence* 2 (3): 125-157.

Steup, M. 2010. The analysis of knowledge. *Stanford encylopedia of philosophy*. http://plato.stanford.edu/entries/knowledge-analysis/. Accessed 18 Oct 2010.

Thorsrud, H. 2002. Cicero on his academic predecessors: The fallibilism of Arcesilaus and Carneades. *Journal of the History of Philosophy* 40 (1): 1-18.

Toni, F. 2008. Assumption-based argumentation for epistemic and practical reasoning. In *Computable models of the law: Languages, dialogues, games, ontologies*, ed. G. Sartor et al., 185-202. Berlin: Springer.

Verheij, B. 1999. Logic, context and valid inference. In *Legal knowledge based systems. JURIX 1999*, ed. H. J. van den Herik et al., 109-121. Nijmegen: Gerard Noodt Instituut.

Walton, D. 1996. *Argumentation schemes for presumptive reasoning*. Mahwah: Lawrence Erlbaum Publishers.

Walton, D. 1998. *The new dialectic: Conversational contexts of argument*. Toronto: University of Toronto Press.

Walton, D. 2002. Are some Modus Ponens arguments deductively invalid? *Informal Logic* 22 (1): 19-46.

Walton, D. 2005. Pragmatic and idealized models of knowledge and ignorance. *American Philosophical Quarterly* 42 (1): 59-69.

Walton, D. 2006. *Character evidence: An abductive theory*. Dordrecht: Springer.

Walton, D., and E. C. W. Krabbe. 1995. *Commitment in dialogue*. Albany: State University of New York Press.

Zagzebski, L. 1999. What is knowledge? In *The Blackwell guide to epistemology*, ed. J. Greco and E. Sosa, 92-116. Oxford: Blackwell.

第 8 章　证据与论证评价

内容提要：这一章针对当前论证研究领域的核心问题，即厘清论证与证据的关系。该问题在第 5 章和第 6 章中已经略有涉及，其中论证和证据的概念在列奥纳多·达·芬奇画作案件的科学证据应用中，以及在评价从相关到因果的科学论证案例中都极为重要。作为论证评价研究计划的一部分，证据与论证的一般关系仍有待审视。因为这是一个具有高度一般性的普遍问题，所以把它留在了最后一章。本章针对该问题提出的解决方案是，将六种可废止认知推理的论证型式融入一个型式集合中，从而使案件中的基本证据能够通过其他型式生成间接证据。这种区分有助于澄清在使用"证据"术语时的模棱两可之处。从广义上来说，"证据"可以包括任何被提出来支持或攻击某一主张的论证。从狭义上来说，"证据"指的是特定类型的论证，如基于观察、事实发现、统计数据、实验检测或其他科学发现的论证。

本书前七章已经用许多案例演示了 CAS、ASPIC+以及 DefLog 等形式论证系统如何能够用于评价论证，这些案例跨越了多种情形。本章会重新审视前面的五个例子，并介绍和分析三个新的例子，用来说明此类论证系统应当如何在某些特定方面进行拓展，从而改善其论证评价的能力。在前一章研究过的案例中，主要问题在于审视证据如何被塑造成论证的一部分，以及如何在一个论证序列中识别证据。

第 8 章 证据与论证评价

本章 8.1 节比较了贝叶斯概率的证据理论和计算机论证系统，后者以可废止论证型式（例如基于感知的论证、最佳解释推理等证据推理形式）构建证据推理模型。8.1 节还形式化地定义了"论证"一词，为本章的核心目标（即阐明论证和证据之间的关系）做铺垫。8.2 节概括总结了 CAS 如何用作评价论证与证据的方法论程序。

8.4 节重新考虑了巧克力案例和一个新案例，观察案例中的某些论证部分为何可被识别为证据。8.5 节借助一个新案例，展示了何以通过重构其中的论证，可以为如何建构论证图示中的证据提供一些启发。8.6 节重新审视了血字的研究案例，更准确地描述该案例如何使用观测性证据和基于常识的证据。8.7 节回顾了之前的所有案例，并简要归纳了在这些案例中模拟证据推理的主要问题。8.8 节解释了，当前关于证据推理的形式化、计算机模型，如何运用可废止论证的逻辑系统，以及与之相伴的知识库。书中举例说明了知识库在确定案件中的证据方面的作用。8.9 节表明，基于规则的系统中的一些规则，可与本书前几章案例所展示的部分重要论证型式相比拟。8.9 节还表明，基于知识的系统可用于在知识库中搜寻证据，从而构建支持最终结论的论证序列。文中认为，某些论证型式（例如基于感知的论证和基于专家意见的论证）可以用来识别特定种类的证据。8.10 节总结了解决以下问题的一般方案，即如何确定一种划定论证和证据之间微妙界限的方法。

8.1 概率与证据

普拉肯（Prakken 2004）指出，构建证据推理的形式模型主要有两种路径，其中一种是，基于标准的概率论，使用概率网络的方式。这种路径借助对命题的概率分配，以及贝叶斯推理规则，来计算条件概率（Hahn and Oaksford 2006）。这种贝叶斯方法似乎一直很有吸引力，因为几乎所有的证据推理都与不确定性有关（Vreeswik 2003，289）。它的一个问题在于，需要输入数字，对构成前提和结论的命题以及通过证据推理从命题中得出的推论赋值。以血字的研究案例为例。我们

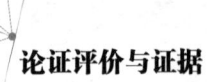

如何给案件中被列为基本证据的命题赋予概率值？似乎没有办法以非任意的方式完成概率值分配。如果武断地分配这些值，那么对最终结论计算出的概率值，就会呈现为不恰当的精确性，掩盖了谬误推理。

用贝叶斯公式计算证据更新，取决于该系统如何界定合取。合取概率表示两个事件同时发生的概率。假设这两个事件是相互独立的，这两个事件的合取概率总是小于或等于其中一个单独发生的概率。但特韦尔斯基和卡内曼（Tversky and Kahneman 1982）已经证明，这种计算证据概率值的方法会导致一种被称为"合取谬误"的结果。请考虑这样一个例子：琳达是一位 31 岁、非常坦率和非常聪明的银行出纳员；她学习过哲学专业；在学生时期，她非常关注社会正义问题，而且参加过反对核武器的游行。基于上述事实背景，特韦尔斯基和卡内曼询问了一组被试者，以下两个命题中哪一个更有可能：（1）她是一名银行出纳员；（2）她是一名银行出纳员而且踊跃参与女权运动。绝大部分被试者选择（2）作为回答。但根据贝叶斯定理的概率计算方式，两个命题同时为真的概率（它们的合取概率）小于单独一个命题为真的概率。这种计算方式会使（2）的可能性小于（1）的可能性；因为（2）的内容更具体（即所主张的内容更多）。该结果似乎对使用贝叶斯定理评价证据推理提出了一个严峻挑战，因为在一些真实情况下，合取的证据价值将低于每一个命题的单独证据价值，而在其他的真实情况下，合取的证据价值会更高（Prakken 2005）。合取谬误在认知科学文献中引起了激烈讨论，但已提出的解决方案没有被广泛接受。

另一个问题是，贝叶斯方法将案件中的所有证据知识组合成概率分布，可能会模糊直接相关证据和辅助性证据之间的区别（Prakken 2004, 35）。从本章所倡导的论辩性证据理论来看，这是一个很严重的难题；因为根据该理论，区分基本证据和间接证据是非常重要的。造成这种困难可能是因为，至少对于法律证据而言，对立双方会交互进行论证和对抗性论证，这构成了用于评价论证的证据基础。在这类情形中，该论证模型自然适用于证据推理，因为它通过构建一个树状结构来表示对立双方论证与对抗性论证的互动过程，然后通过树状图传

第 8 章 证据与论证评价

导接受度从而确定最终结论是否得到支持。

应用贝叶斯定理作为评价证据的方法,与使用所谓的主观概率来解释概率这种做法是密切相关的。主观概率被用于量化评估某个主体的个人信念。但难题在于,一个主体无法知道另一个主体的个人信念。哲学上通常将这种难题称为"他心问题"(problem of other minds)。论证路径避免了上述问题,因为它采用对话中的承诺(Walton and Krabbe 1995)作为决定接受的核心因素。CAS 的论证评价方法遵循了这一路径,它使用接受而不是个人信念作为论证评价的关键决定因素。

再强调一遍,主观概率方法的另一个问题是:难以对某个主体针对一项命题的个人信念赋予一个量化的值——除非武断地赋值,但这样就等于承认谬误。然而,还有其他界定概率概念的方式,且可能与本章提出的证据推理理论相契合。存在许多种界定与证据推理相关的"概率"的方式,这一问题充满争议。此处无法进行充分的讨论,但对两种概率进行区分,可能很有必要。

科恩(Cohen 1977)把我们所熟悉的标准概率类型(即在从 0 到 1 的量度范围内衡量一个假设的概率)称为"帕斯卡概率"。这种概率度量方式的适用,要给所有被考虑的命题赋予数值。它符合标准概率演算中的否定规则、合取规则和析取规则,也与计算条件概率的贝叶斯公式相契合。而"培根概率"的概念非常不同。根据科恩(1979,389)的观点,"帕斯卡概率"在评定一个命题的概率值的时候,是基于这样一个假设,即所有相关的事实都已在证据中被具体化。相比之下,"培根概率"是根据所有相关事实已被证据具体化的程度,来评定一个命题的概率值。"培根概率"更倾向于"个案具体化"的证明,即根据在一个给定的案例中,已知和未知的情况来评价现有的证据(Stein 2005, 43)。

这一区分在证据推理中至关重要,如 7.6 节和 7.7 节所表明的,在基于调查过程中积累的知识来评价证据推理时,既要考虑所发现的积极证据,也要考虑消极的证据。根据安德森等人(Anderson et al.

2005, 258) 的观点,"培根概率"最重要的特点是,一个假设的可能性之大小,取决于已经进行了多少次不同的检验,以及这些检验关涉相关事项的完整性程度。他们引用了一个测试药物是否具有毒性的例子。如果有一种药物通过了许多次检验,但是该药物的长期影响未被考虑到,它与其他药物一起服用时的效果也没有被测试;那么不管该药物通过了多少次检验,我们都不能接受它是无毒的结论。在这方面,"培根概率"不仅是基于已经进行的检验,而且还要考虑哪些检验尚未被进行。

不过仍然有可能发展出一个贝叶斯式的论证框架,与本书所采取的证据推理之论证路径相契合。但到目前为止,贝叶斯路径的适用困难说明了,它需要被修正,从而解决当将贝叶斯定理应用于自然语言论证的真实案例时所产生的那些谬误。因此,本书采取了另一种路径。

这种替代性路径源于之前的一些关于概率推理之证据基础的研究(Schum 1994)。这些研究提出了一个关于证据推理的研究计划,这与所谓的"新证据学"有关(Tillers 1989, 1226)。这个计划是基于以下观点,即概率的标准方式,尤其是以贝叶斯定理为基础的方式,自身不能提供一种用于评价法律中的证据推理的一般性方法。舒姆可被看作这种论证路径的早期倡导者,因为他将与威格莫尔图示相关的那种论证图表,应用于证据推理的案例当中。

舒姆的方法导向了第 7 章概述的那种证据推理分析,这些内容源于对科学证据认识论的研究(Walton and Zhang 2013)。传统的认识论从个人信念结构的角度来定义知识,因此它符合将概率界定为主观信念的路径。根据这种路径,知识是特定的信念种类,通常被表述为"证成的真信念"。第 7 章中概述的认识论是一种不同的路径。它可以被称作基于证据的知识理论。它将知识界定成一个可废止的概念,但这个概念以那些支持或攻击所调查的假设的论证为基础。据此,一个命题是否能被恰当地归为知识,取决于支持它的正面证据和反对它的反面证据(以及证据的缺乏情况)。本书认为,这种基于证据的认识论与最近在人工智能领域开发的论证评价系统相吻合。

新的计算机论证系统,可以被认为适用了可废止论证的逻辑系统,其中运用了论证型式,例如基于证人证言的论证、基于专家意见的论证、最佳解释推理等证据推理形式。这些新系统将论证型式与树状结构结合起来,用于论证分析和评价,而且还采用了以下假设,即证据推理的一些重要概念(例如证明责任)可以在形式对话系统中得到最佳的建构。这种逻辑和论辩路径将这些工具与一个应用框架结合起来;在这个应用框架中,通过一个树状结构来界定和评价正反的论证。该路径的一个关键特征是,它通过比较支持和反对某个结论的论证来评价证据推理。本书中已经介绍了属于这种类型的三个主要系统,即 DefLog、ASPIC+ 和 CAS。

在 CAS 中,论证的概念被呈现为图示结构、论证型式、听众概念和形式对话系统等要素。CAS 将论证模拟成定向图表,由连接各个陈述点的论证节点组成。在 CAS 风格的论证图示中,各个陈述点被表示为文本框中的命题。各个论证节点被表示为圆圈,圆圈内有加减符号,用来区分正面论证与反面论证。论证节点中还包含表示论证型式的符号。CAS 可以呈现任何一种论证型式(无论是演绎的、归纳的还是可废止的论证型式)的案例。根据定义,CAS 的论证图示是一个二分、定向、标号图,由陈述性的节点和论证性的节点以及连接它们的、通向前提与结论的线段组成。正如前几章中的许多案例所表明的,CAS 使用论证图表来分析和评价论证,使这些论证图可视化。正如 7.4 节所解释的,CAS 也在一个主要的形式对话结构中模拟论证,该结构被界定为一个有序的三阶集合<O, A, C>;其中,O 是开始阶段,A 是论证阶段,C 是结束阶段(Gordon and Walton 2009, 244)。

在这样的对话中,随着行为(比如提出论证的行为)的进展,证明责任可以从一方转移到另一方。证明责任的问题包括:适用于当前论证的证明标准是什么;针对对话中的某一行为,证明责任落在哪一方;根据规则证明责任如何从一方转移到另一方。沃尔顿和克拉贝

（Walton and Krabbe 1995）提出和论述的对话规则（"规约"）限定了在三个阶段的每一个阶段中，双方允许采取何种类型的行为。

在这种界定论证概念的方式中，我们首先看到提出论证是一种言语行为，可以为了不同的目的而进行，这取决于说者和听者所从事的对话类型的目标。其中一种对话类型是说服性对话，在其中说者试图让听者接受一个陈述（主张），听者本来对此表示质疑。为此，说者所使用的论证，需要基于对听者而言可接受的前提。论证就是从一组作为前提的陈述，推论到另一个被称为结论的陈述，该陈述本来处于争议之中。然而，如前几章所示，论证也被用于谈判性对话、商议性对话、探究性对话和信息收集性对话中。以这种方式来看，论证不仅仅是一组前提和一个结论。它还需要被看作是在多主体对话环境中用于某种交流目的的东西。对于听众来说，评价论证图示是为了确定在对话的某一阶段中陈述的可接受性（Gordon and Walton 2009）。

在 CAS 中，借助证明标准总体地评估正反双方的论证，从而完成对论证的评价（Gordon and Walton 2009）。当符合以下条件的时候，论证的结论就成立了（或者说是可接受的）：该结论已经被听众接受；或者，它满足了与对话类型相适应的证明标准；或者，论证的前提成立，且结论与前提之间由一个符合论证型式要求的论证连接。

一个需要回答的问题是：如何扩展 CAS 以及其他论证系统，从而将证据的概念纳入考虑，且模拟论证如何以证据为基础。在开始这项任务之前，有必要简要回顾一下 CAS 如何评价论证。

8.2 CAS 中的论证评价

本书已经通过一些例子演示了如何进行论证评价。本节中，我们用一个更抽象的例子来说明这个过程。图 8.1 展示了一个典型的论证图示，其中的论辩过程包含了 9 个指向最终结论（表示在图左侧）的论证。论证序列中含有 12 个前提。

论证中的某些前提被列在图 8.1 的深色（灰色）文本框中，表示这些前提已被听众接受。论证过程从论证图表右侧开始，一直到左侧的最终结论。图 8.2 显示了一开始的几处变化,由 CAS 论证评价系统自动完成。

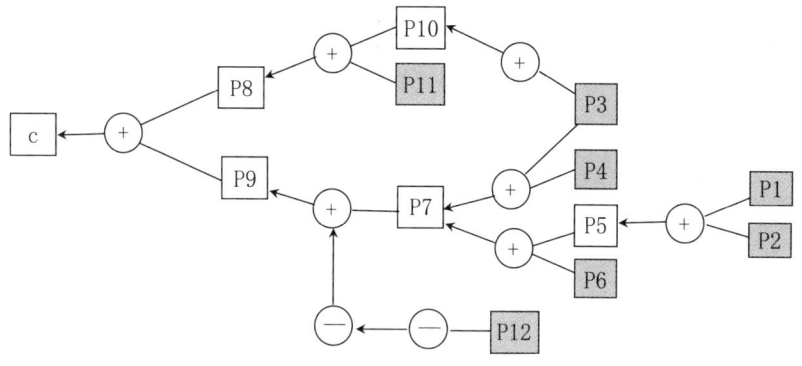

图 8.1 传导论证:步骤一

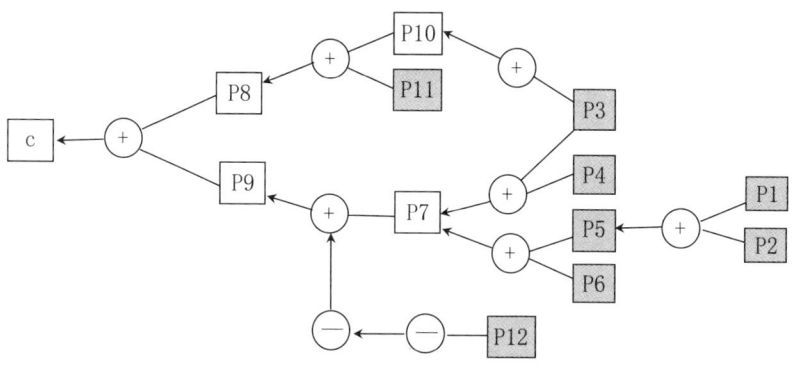

图 8.2 传导论证:步骤二

为了阐述之便,我们假设每个用节点表示的论证都是一个有效论证,也即它符合某种论证型式的要求。现在我们来看图 8.2 的最右侧部分。前提 P1 和 P2 都已被接受,因此这两个前提左侧的论证节点是可接受的。既然满足了这些要求,CAS 自动将前提 P5 标记为深色(即已接受)。接下来看图 8.3。

现在前提 P5 和 P6 已被接受,而且因为我们知道 P3 和 P4 也已经被接受，因此 CAS 自动计算得出 P7 被接受。接下来看图 8.4。由于 P3 是推出 P10 的单一论证的唯一前提，因而 P10 自动被接受。

既然已知 P11 被接受，那么 P8 也应当被接受。这是图 8.4 所表示的情况。下面我们来看图 8.5。在图 8.5 中，由于单一前提 P7 已经被接受，P9 也必须表示为被接受。接下来请看图 8.6。

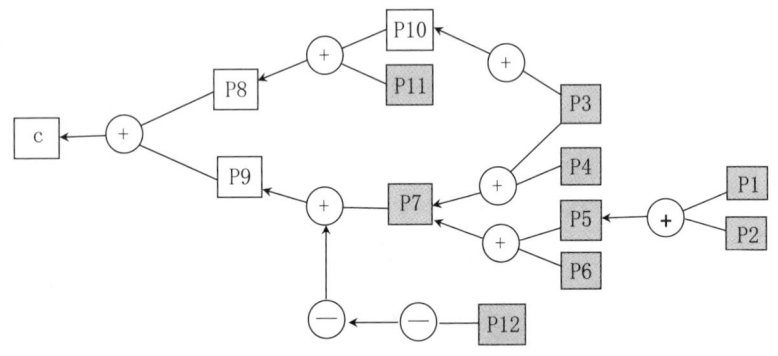

图 8.3　传导论证：步骤三

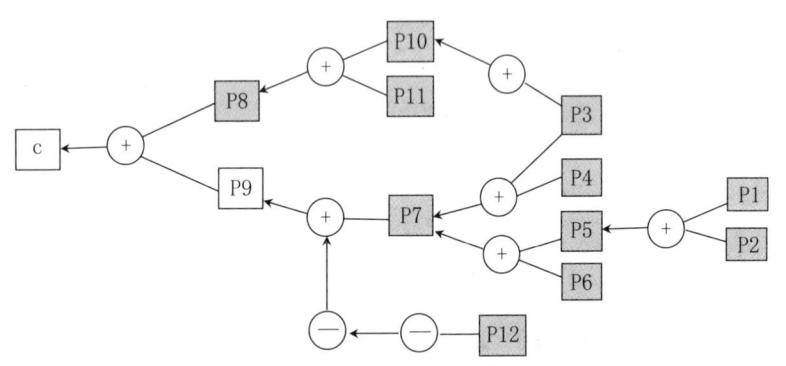

图 8.4　传导论证：步骤四

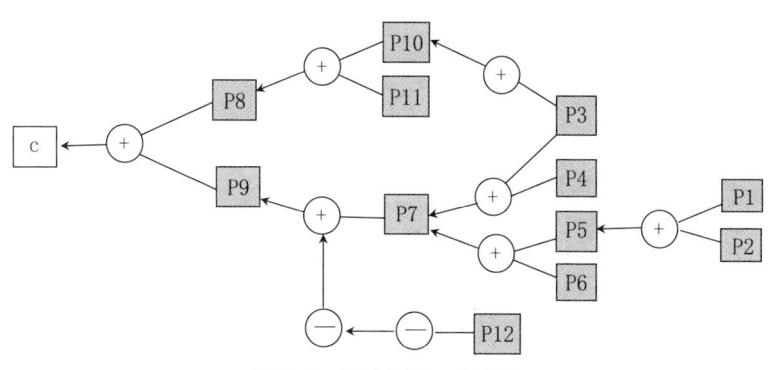

图 8.5　传导论证：步骤五

在图 8.5 的底部，我们发现有一个削弱，攻击了用含有减号的圆形节点表示的论证。但我们还看到，下方还有另一个包含前提 P12 的论证，它削弱了前一个削弱。通常情况下，存在一个削弱就足以废止一项论证；但在一个抽象的论证结构中，如果这个削弱受到另一项论证的攻击，且该论证的所有前提都已被接受，它也符合某一种论证型式，那么该削弱将被废止。以上就是图 8.7 所示情况。

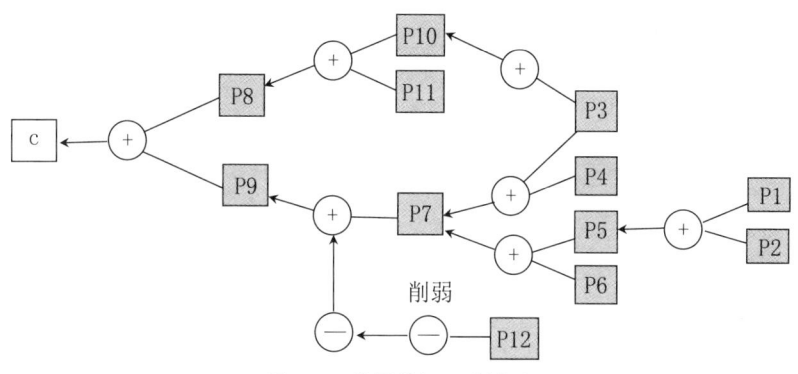

图 8.6　传导论证：步骤六

论证评价与证据

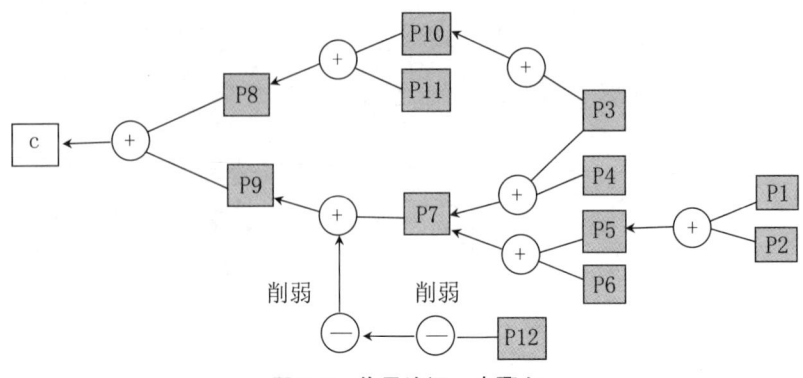

图 8.7 传导论证：步骤七

在图 8.7 中，包含前提 P12 的削弱论证，成功地废止了另一个削弱论证；后一个削弱，本来攻击了从 P7 到 P9 的论证。因此 P9 仍然被接受。接下来我们看图 8.8。

根据图 8.8 呈现的论证图示，左边的最终论证的前提 P8 和 P9，都已被接受。假设从这两个前提到最终结论 C 的论证是符合论证型式的恰当论证，那么 CAS 自动将结论 C 表示为被接受。这一结果由图 8.8 中已完成的论证评价呈现出来。图表显示出，由多个正面论证所提供的证据，未被对抗性论证（即其中的削弱）废止；因此，整个论证足以证明最终的结论。当然，这个结果还取决于为最终的结论和图中其他要素所设定的证明标准，以及圆形节点中表示的论证结构。先把这些问题放在一边。这八幅图表所示的序列，可以让读者有一个简单但良好的大致了解，即 CAS 以及类似的计算机系统如何完成或辅助使用者完成论证评价。

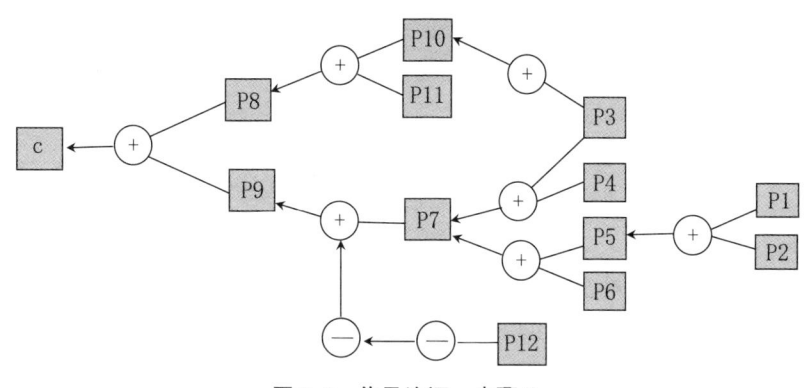

图 8.8　传导论证：步骤八

8.3　论证与证据的关系

在日常对话语言中使用"证据"一词的方式隐含了歧义。该术语的用法之一是，允许它包含所有的论证，不管是用以支持还是削弱某一主张的论证。这种意义上的"证据"，就等同于术语"论证"。这种广义的用法造成了一个问题，即它没有为区分作为一般概念的"论证"与"证据"留下空间。狭义上，"证据"是指某些特定类型的论证，如基于观察、事实发现、科学家（包括统计学家）的专家意见或实验结果的论证。这种狭义的用法存在的问题是，它将证据与收集和评价证据的各种不同领域相关联。

法律中的证据包括证人证言、专家意见证言以及各种环境证据，例如实物证据等。法律中的证据规则决定了在审判中哪些是可采的证据。可被采纳的命题才是案件中的事实。在第 1 章的威格莫尔案例中，证据（所谓的案件中的事实）以及可以从中得出的推论，都被表示在威格莫尔论证图示中。科学中的证据包括大量的观察数据、统计发现和实验结果，它们被用于检验假设，以科学的方法评价该假设是否只是一种暂时性的推测，能否在科学调查中被证明成立（或不成立）。这种对科学证据的描述非常宽泛，但可以借此比较科学证据与法律证

论证评价与证据

据。正如本书前几章已充分说明的那样，法律证据往往是基于科学证据，这些科学证据由科学专家在法庭上提出。此时这两类证据已经混杂在一起；尽管如此，原则上仍可以且应当将它们区分开来。因为它们是不同种类的证据，应当以不同标准和不同程序评价它们。

除了科学证据和法律证据这两个概念之外，哲学中也使用"证据"一词，但与"知识"一词紧密相关，而"知识"是认识论这一哲学分支的核心关注点。第7章所提出的证据推理和调查的可错性理论，解释了证据和知识之间的关联。在论证理论中，相对而言较少关注证据的概念，很少将它作为学科的基础概念；反而将大量的注意力投向"论证"的概念。事实上，到目前为止，在本书中论证的概念一直被作为所讨论的论证系统中的核心工具。因此，尽管在 CAS 等形式化论证系统中精确地构建了论证概念模型，但它如何与证据概念相关联，仍不太明确。

至今，证据概念在论证理论中尚未被充分利用和探究。作为解决这一问题之方法的组成部分，可以在对话的开始阶段就设定构成证据的标准，该标准可以适用于论证阶段和结束阶段的论证过程。这种方式早已在法律论证中被采用，是通过证据规则（例如美国法体系中的《联邦证据规则》）来实现的。但是如何在形式化的计算机论证系统中实现这种方式呢？

在目前的论证技术系统中，论证图示中的前提和结论可以被赋值，被表示为已接受或已拒绝；系统可以根据前提是否已被接受，自动判断结论是否应被接受。尚无一种标记某些命题的方式，这些命题应当被识别为构成证据，因为这一特殊原因应当被接受，即对论证脉络中的其他命题具有一些特殊的支持作用。有没有办法通过在现有的论证技术系统中加入新的东西，从而利用证据性命题？

在对话的开始阶段，就可以设定哪些东西可在之后的论证阶段和结束阶段算作证据的标准。这些标准将用作制定论证阶段的言语行为规范。在结束阶段，它们还可以用于辅助决定如何终结对话。在开始阶段被接受为证据的那些命题，在论证阶段被认为具有特殊的地位。

这包括两个方面：第一，这种证据命题在论证阶段被自动地评价为已接受；第二，尽管证据命题在论证阶段并非不可质疑，但对它们的质疑方式应当不同于其他在该阶段已接受的命题。

上述提议对于如何在形式对话环境中区分论证与证据的问题，以及如何评价基于此类证据的论证问题，提供了一种路径，但也留下了许多空白。如何以该路径为基础，提出一种有效的工作方法，这一问题仍然没有解决。为了思考如何实施这种路径，有必要重新考虑前面的一些案例，并考虑一些新的例子。

8.4 重新考虑巧克力案例

本节将讨论两个案例。一个是第 6 章中介绍的巧克力案例，现在从论证和证据之间的关系角度重新审视。另一个是新案例，它展示了证据如何在论证评价中发挥作用。

当我们回顾第 6 章所研究的从相关到因果的论证案例时，我们看到所有这些例子都是基于科学证据得出推论，以支持关于公共政策问题（如健康和安全）的论证。鸟类案例以关于最近人类流感大流行的科学证据和关于受南太平洋事件影响的天气变化的科学证据为基础。在这个案例中，一项科学发现表明，根据生物学和地理学的证据，南太平洋的天气条件与鸟类迁徙相关联，使不同的流感亚型聚集在一起，有可能造成流感大流行。这个案例的论证遵循了第 6 章研究的其他案例的典型模式。首先，从一些出版物中可以发现一组科学证据，它们来自一个或多个科学领域，是基于观察和统计结果，且暗示了某种具有广泛公共政策影响的结论。由此所引出的问题是，公共政策的决策者需要解释和评价这些证据，以便得出涉及公共政策议题的结论。因此，鸟类案例以及第 6 章研究的其他案例，再次提出了评价基于专家意见的论证的问题。对此，我们有一个从这些科学证据（它们基于统计、实验或医学发现等）到结论（它由决策者推论得出，而这些决策者在给定案例中并不是主要科学证据领域的专家）的标准序列。这种传递所造成的问题在铜案例中更加突出。在该案例中，两位主要的科

论证评价与证据

学专家对摄入铜是否会造成大脑中的斑块积聚,从而导致阿尔茨海默病的问题进行了研究,但他们没有达成一致。

这类案例的问题是要弄清楚,在传递论证的过程中,论证是如何与证据相关联的。传递论证的过程,发生在两个层面之间。第一个层面是科学家们陈述他们的发现这个论证部分。这些发现通常是在科学期刊上发表。第二个层面是从所陈述的科学发现得出推论这个论证部分。做出推论的主体并非这些在期刊上发表的科学发现所属之研究领域的专家。

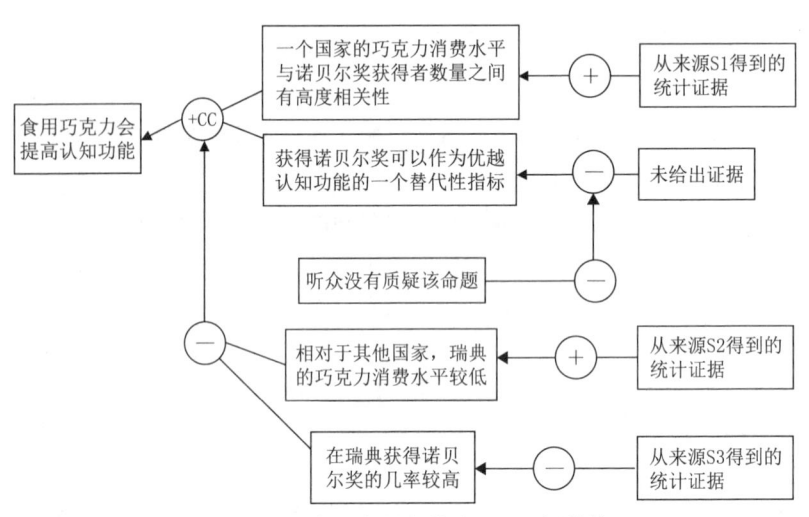

图 8.9 巧克力案例中的论证:证据结构

关于如何解决这个问题,可以简单地回顾巧克力案例,从中得到一些启发。该案例中的主要证据是一篇科学文章,它基于一项统计调查,支持食用巧克力可以改善认知功能这一假设。让我们用一种不同的形式重构巧克力案例中的论证;它符合 CAS 论证图示的基本结构,但会更清楚地表示论证的证据结构。

在图 8.9 中,与其他图示一样,最左侧显示了最终结论。这种模拟论证的特别之处在于,区分了"证据"一词的两种含义。基本的科学证据由三个文本框表示，从一些来源中引用了统计证据。在这三个地方，都是从基本的科学证据中推导出其他结论。所推出的结论也可以说属于证据，但此处的"证据"有更广泛的含义。这种广义上的证据不仅包括前述统计证据，还包括通过推论而得出的结论。例如，"一个国家的巧克力消费水平与诺贝尔奖获得者数量之间有高度相关性"的结论，是从科学资料 S1 中的统计证据推出来的。在广义上，巧克力消费水平与诺贝尔奖得主之间存在高度相关性的命题，也可以被视为证据。它是在一个联合论证中被当作证据使用；该联合论证还包含另一个前提，以支持食用巧克力会提高认知功能的最终结论。

使用这种方法来评价基于证据的论证，存在一个问题：在给定的案例中，可能并不总是那么容易清楚地确定，一个特定命题应当属于基本证据，还是属于从基本证据中推论出的结论。这样的结论也许可以归类为"证据推理"，或归类为从案件的事实性证据推出的"二阶证据"（secondary evidence）。但这将使它不同于从感知数据或权威来源获得的基本证据（例如基于专家证言的科学证据）。以下将重新评价本书前几章讨论过的几个案例，它们更具体地指向了这个问题，并提供了解决问题的方法。

图 8.9 所示证据结构中另一个值得注意的方面是，缺乏证据支持"获得诺贝尔奖可以作为优越认知功能的一个替代性指标"这一基本前提。这种情况让人想起 7.6 节中讨论的"从无知中推理"，以及缺乏证据的论证型式。但这个案例中的论证，并不是该论证型式的一个范例。有趣的是，这个案例中的论证，得到了另一个论证的支持；后者包含这样一个前提，即"听众没有质疑该命题"。换言之，既然听众已经接受了这个命题，就没有必要再证明它。这并不是说，命题"获得诺贝尔奖可以作为优越认知功能的一个替代性指标"不容置疑；而是说，之所以不存在质疑，是因为诺贝尔奖是一个如此享有盛誉的科学奖项，以至于人们普遍认为，获得该奖项表明了优越的认知能力。

论证评价与证据

8.5 中国吸烟案例

下一个例子来自《经济学人》(*Economist*) 杂志上的一篇文章("The Tobacco Industry: Government Coughers", March 1, 2014, 39-40)。这篇文章认为中国存在较严重的吸烟问题,并基于统计证据和专家意见证据提出了解决问题的方法。该文章展示了一个基于专家意见证据的复杂论证脉络,这些专家意见证据源于《英国医学杂志》(*British Medical Journal*) 和世界卫生组织等。分析文章中的整个论证脉络是一项有趣但耗时的工作。为了此处的分析目的,我们仅抽出这篇文章中表述问题和提供解决方案的主要论证进行演示。主要论证可表示为一个由十一项命题组成的关键事项列表。我们把这个例子称作"中国吸烟案例"。

关键事项表

1. 中国是全球第一大烟草市场。
2. 按照目前趋势,21世纪将有1亿人死于烟草相关的疾病。
3. 随着经济和医疗成本的增长,经济负担将飙升。
4. 中国遇到吸烟问题。
5. 许多研究表明,烟草税在减少消费方面非常有效。
6. 世界卫生组织表示,课以重税是解决这一问题最重要的途径。
7. 这种方法在南非等贫穷国家行之有效。
8. 它在法国等富裕国家也发挥了作用。
9. 发表在《英国医学杂志》上的一项研究发现,通过对烟草实施高税收政策,可以避免近 13 000 000 例与吸烟相关的死亡。
10. 解决问题的办法是中国对烟草实行高税收政策。
11. 中国应该对烟草实行高税收政策。

此处不讨论关于论证型式的问题。上述关键事项表中的命题,可以作为论证的前提和(或)结论,该论证的结构如图8.10所示。最终结论是"中国应该对烟草实行高税收政策"这一主张,如图左侧所示。支持这一结论的两个主要前提是:"中国遇到吸烟问题"的陈述,

第8章 证据与论证评价

以及"解决问题的办法是中国对烟草实行高税收政策"的陈述。每一个前提都由另一个论证来支持,两个论证自身都有三个前提。下方的论证中的三个前提之一,又被一项附带两个前提的论证所支持。

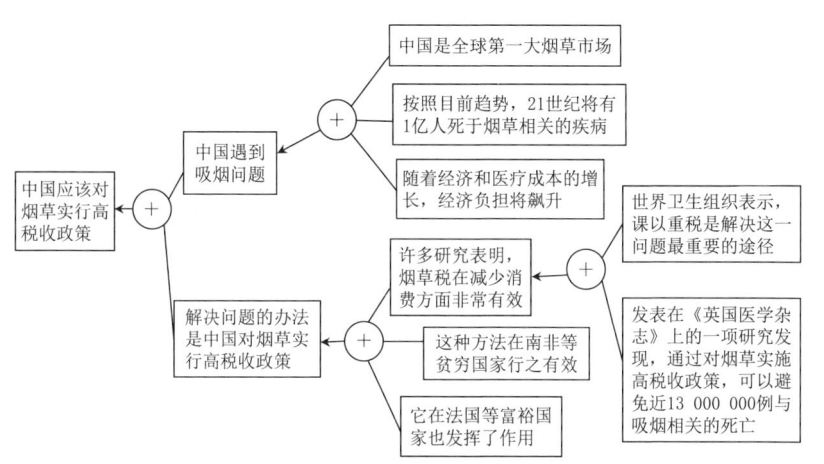

图 8.10 中国吸烟案例:第一个论证图示

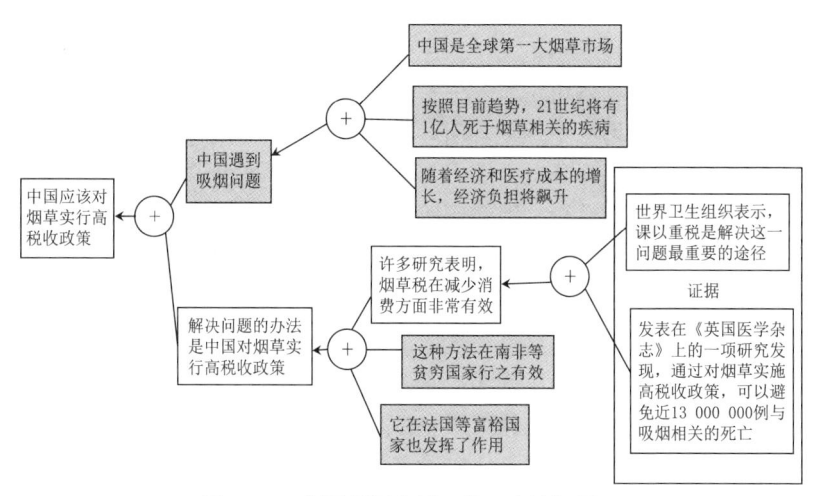

图 8.11 中国吸烟案例:第二个论证图示

论证评价与证据

请看图 8.10 中的论证图示。我们应该问：它的哪些部分可以被归为基本证据？哪些陈述应当属于由基本证据推论出的间接证据？右边的两个命题似乎符合基本证据的范畴，因为其中一个引用了发表在《英国医学杂志》上的一项研究，另一个则引用了一份来自世界卫生组织的声明。

在图 8.11 中，右边的两个命题被放在标有"证据"的文本框中。接下来，我们需要观察这两个陈述是如何影响论证评价的，因为它们从右边开始，传导至左边的最终结论。

为了演示之便，我们假设图 8.10 所示的论证中的一些前提已经被听众所接受。被听众接受的命题显示在图 8.11 的深色文本框中。我们还假设，图 8.11 中所有的论证节点都代表可适用的论证，即该论证符合某种有效的可废止论证型式。输入所有的条件后，剩下的问题就是：CAS 将如何评价论证，从而判断最终主张是否已被证据证明。最终的结论还取决于案例所适用的证明标准；但就本案例而言，我们不必担心这个问题。默认为适用优势证据标准。

图 8.12 所示的中国吸烟案例中的论证评价，展示了考虑基本证据后的结果。

在这个评价序列中，第一步是：当图中右侧证据框中的两个命题被归类为系统中的基本证据之后，它们就会自动被接受。由于这两个命题都被接受了，而且由于它们是一个正向关联论证中仅有的两个前提，所以该论证的结论，即它们所支持的命题"许多研究表明，烟草税在减少消费方面非常有效"，被系统接受了。该命题所处的文本框现在显示为深色。这一步运算完成后，下一个论证的所有三个前提都已经被接受；既然该论证具有可废止的有效性，所以"解决问题的办法是中国对烟草实行高税收政策"的结论也被接受了。因此，该命题现在显示在深色文本框中。接下来，最左侧的论证是一个仅有两个前提的关联论证，且两个前提都已经被系统接受。所以最终结论，即"中国应该对烟草实行高税收政策"的主张，显示为被接受。由此，系统自动计算它被接受，显示最左边的文本框为深色，如图 8.12 所示。

第 8 章 证据与论证评价

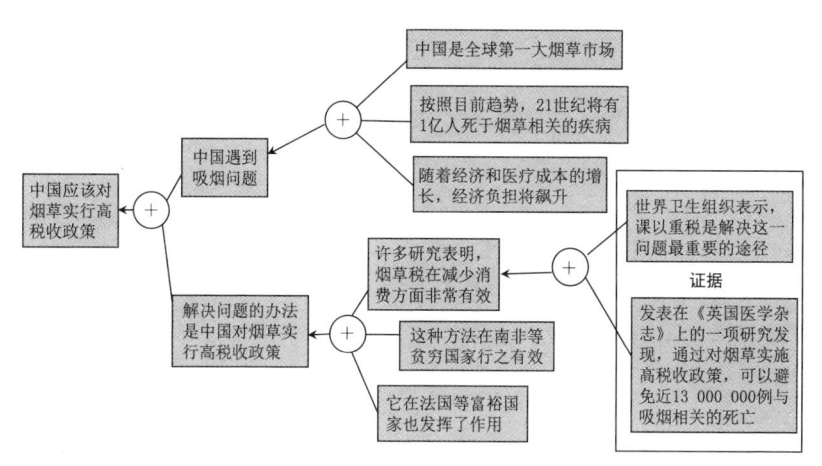

图 8.12 中国吸烟案例：第三个论证图示

在图 8.12 中，所有的前提都被听众接受；所有将这些命题连接在一起的论证序列所代表的推论，也应当被听众接受；因而结论得以证明。但是从图 8.10 和图 8.11 的转变可以看出，正是对图右边所示两个基本证据命题的接受，使论证序列依次向前推进，直至确立最终结论。

8.6 重新审视血字的研究案例

读者可能还记得，在 1.5 节讨论血字的研究案例如何使用溯因推理时，我们注意到福尔摩斯的推理是基于他与华生第一次见面时所做的六个事实观察。在图 1.3 右侧位置，竖着罗列了这六个观察性的陈述。它们代表了观察性证据，福尔摩斯能够通过最佳解释推论，从这些证据中得出结论。福尔摩斯以这些结论为前提，做出进一步的推论，最终通过一系列逻辑推理得出华生去过阿富汗的最终结论。这令华生感到非常惊讶。

论证评价与证据

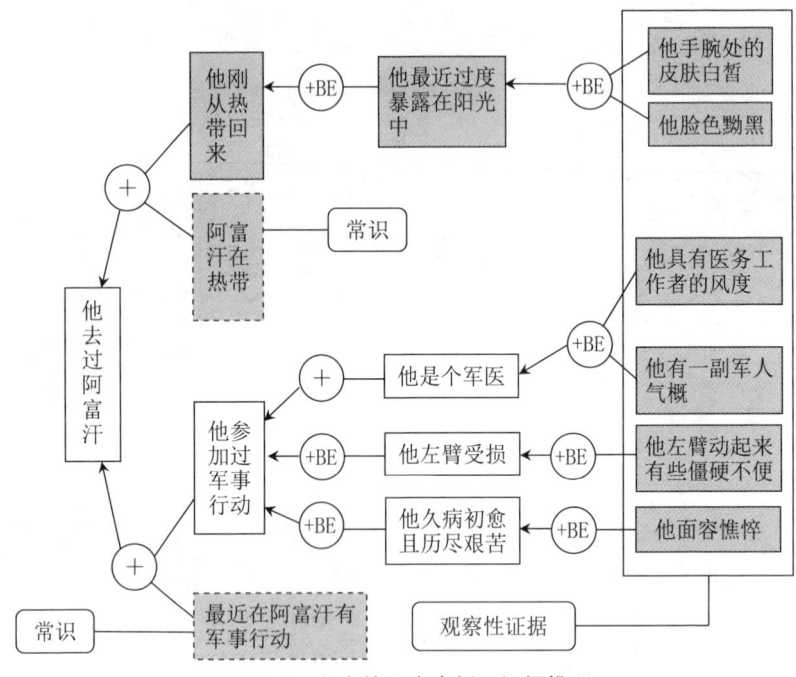

图 8.13　血字的研究案例：证据推理

如何用 CAS 评价福尔摩斯的推理过程？显然，根据华生的反应，福尔摩斯的推理成功地证明了华生去过阿富汗的结论。但是，如何用 CAS 模拟从给定的观察性证据到最终结论的推理序列呢？我们来看图 8.13 的论证图示是如何完成的。

福尔摩斯是一位敏锐的观察者，所以我们假设右侧矩形中显示的命题都被接受为事实。在图 8.13 中，它们被归为观察性证据项。为了表示这些命题都被接受，CAS 将它们显示在一个深色文本框中。那么在 CAS 中论证序列如何从这里开始运行？

让我们从上往下观察。顶部的论证的两个前提，即命题"他手腕处的皮肤白皙"与命题"他脸色黝黑"，都显示为被接受。假设该论证符合最佳解释推理的论证型式，那么结论——命题"他最近过度暴露在阳光中"——现在被 CAS 自动计算为被接受。同样地，在顶部论证下面，中间一栏的三个结论也都被接受。因为支持这三个结论的论证是基于观察性证据，而这些证据已经被接受；若将适当的隐含性前提补充进来，那么这三个论证都符合最佳解释推论的型式。现在让我们再看顶部的论证。"他最近过度暴露在阳光中"的结论现在显示在一个深色文本框内，因为它已经被接受；由此得出的结论——即命题"他刚从热带回来"——也自动被 CAS 显示为接受。我们再次假设这个论证符合最佳解释推论的型式。

接着我们来看，他刚从热带回来的结论已经被接受之后会发生什么。这与另一个前提"阿富汗在热带"结合在一起。该前提是否应当被接受？在图 8.13 中，该前提显示为被接受，因为它是一个常识。但是请注意，这个命题在柯南·道尔的《血字的研究》中并没有明确陈述出来。所以我们需要将该论证表示为一个省略推理，即前提未被明确陈述的论证。为了表明前提是隐含的，包含命题"阿富汗在热带"的文本框边界使用虚线表示。"阿富汗在热带"这一说法可以被福尔摩斯、华生和该论证的听众所接受，因此它被显示为已接受。现在这两个前提都被接受，并且显示在深色文本框中；接下来，"华生去过阿富汗"的结论可以自动被 CAS 标记为接受——但这样做是假设了，支持它的论证，即图表上半部分的论证（如上所述）之强度，足以满足所适用的证明标准，从而可得出华生去过阿富汗的结论。我们在此假定，若只考虑上半部分的论证，论证强度是不足的；华生去过阿富汗的论证基础是"他手腕处的皮肤白皙"和"他脸色黝黑"的证据，这些证据本身不足以充分支持华生去过阿富汗的结论。

所以为了评价这个例子中论证的充分性，还得继续看图示中下半部分的论证序列。我们会发现类似的模式。中间栏的三个结论，由右边一栏的六个观察性证据陈述所支持；这三个结论又可以用作前提，支持"华生参加过军事行动"。正如上述论证序列，该命题将会显示在深色的文本框中，且与一个基于常识的隐含性前提"最近在阿富汗有军事行动"相结合。假设上半部分和下半部分的论证序列结合在一

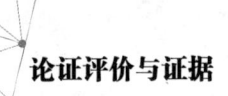

起,足以支持最终的结论,那么 CAS 会将命题"华生去过阿富汗"显示在深色文本框中。当 CAS 完成所有计算后,图 8.13 中所有的文本框都会显示为深色背景。上述评价过程演示了 CAS 如何评价案例中的论证,从而成功地证明"华生去过阿富汗"的结论。不过,这个评价结果假设了,各个论证节点都被认为是恰当的,遵循了相应的论证型式。

8.7 案例中的证据问题

接下来让我们看一下,在 1.7 节(图 3.4)的加拉帕戈斯群岛雀类案例中,是如何使用证据的。图示展现了第二份学生解释的基于证据的结构。在该论证图示中,图示底部显示的证据包含如下陈述:刺蒺藜是在 1977 年旱灾时存活最好的植物。该数据就是本案中的证据。证据被用于支持论证,然后这些论证被用来支持位于图表顶部的解释。在图 1.3 和图 8.13 所示的血字的研究案例分析中,我们有一个类似的证据推理模式,尽管组合各类要素的方式有所不同。在血字的研究案例中,六项观察性证据产生了四种解释。每一种解释之所以被选定为由观察性证据得出的结论,是借助了最佳解释推论。四个结论是对观察数据的最佳解释。我们可以看出,在此,先是从观察数据中推导出结论,转而这些结论又成为推出进一步结论的前提。最后,利用这两个进一步的结论,以及附加的隐含性前提,推导出"华生去过阿富汗"的最终结论。

在加拉帕戈斯群岛雀类案例中,证据被用来支持论证,而论证又被用来支持解释。在血字的研究案例中,证据被用于生成解释,这些解释被整合为基于最佳解释的论证。这些最初的论证产生了进一步的论证序列,从而通向最终结论,使最终结论被证据和基于证据的论证所证明。在这两种情况下,证据的作用是相当的;因为在每一种情况下,证据都用于支持论证与解释;论证与解释交织在一起,推导出一个论辩的序列,证明了最终的结论,或者解释了某些有待解释的事件。

第8章 证据与论证评价

使用 CAS 评价血字的研究案例，对于展示证据的作用特别重要，这体现为两个方面。首先，可以看到，本案的论证可以追溯到图 8.13 右侧矩形中显示的六项观察性证据。其次，从这六个基本的证据命题中得出了多个推论，这引出了一个问题，即从这些推论中得出的结论本身是否应当被视为证据。以华生的左臂受损这个结论为例，该命题支持了华生参加过军事行动的结论。因此，"他左臂受损"的命题可以作为证据来支持"他参加过军事行动"的命题。按照这种方式，把左臂受伤的命题看作一项证据，似乎是非常合理的。简言之，图 8.13 的这个方面指出了"证据"这一术语的基本歧义。我们可以认为基本的证据是由直接的观察构成的。但"证据"一词还有更广泛的含义；华生左臂受伤的命题也可视作证据群的组成部分，它们支持了华生去过阿富汗的最终结论。

这个案例中另一个值得一提之处是，图中在虚线方框里显示的两个命题，在本质上也属于证据。但它们是隐含的假设，不属于观察性证据的范畴。这一点在下文讨论不同证据种类的时候非常重要，在下一个案例的讨论中也十分突出。

读者可能还记得，在 2.1 节，威格莫尔在他的图表中用一些特殊的符号表示不同种类的证据。圆形节点（圆圈）表示证据性事实。圆圈内的点表示，相信该圆圈所代表的命题在事实上成立。威格莫尔论证图示中的方形节点表示证言类证据。放在方形节点下方的无限符号代表在法庭上由法官感知的事实。这些区别都很有趣，如果能以某种形式将其纳入新的自动化系统中，可以帮助论证图示的制作者区分论证和证据，且以图表的形式表示出来。

在使用论证型式的系统中（例如 CAS），这些符号中的某一些是不必要的。我们不需要用威格莫尔图示中的那种方形符号来表示证言类证据，因为已有"基于证人证言的论证"这种论证型式说明之。CAS 将此型式表示为一种独特的论证类型，以代表论证的圆形节点中的符号标记。但是，如果用一些图形来区分已被接受的命题，和因被列为案中基本证据而被接受的命题，可能是有用的。例如，如果一个命题

论证评价与证据

代表了在法庭上由法官感知的事实,它就可以被列为证据。在法律论辩中,庭审论辩阶段开始之前,就要对所提出的事实是否可被采纳为法庭上的证据而做出决定。在庭审开始前,每一方都应当将自己收集到的证据告知另一方。在一个论证图示中,可以用一种特定类型的节点表示证据性事实,区别于从证据性事实经过推论得出的进一步结论。

在现代的论证图示系统中表示证据的一种方法是,简单地将图示中某些文本框内的命题,指定为代表证据的陈述,即被听众视为事实的命题。这些命题将自动地被认定为已接受。因此,在评价给定案件中的论证时,这类命题会自动地显示在论证图示的深色背景文本框内。

我们可以通过修改图2.2这一现代风格的威格莫尔论证图示来演示。回顾图2.2可以发现,最终待证结论是"D谋杀了V"这个命题,如左侧文本框所示。导向该结论的论证序列中,哪些部分可以归为证据?最有可能的两个命题是:"D与该敌意动机所涉及的那位女士结婚了",以及"D多次威胁过V"。这两个命题被表示在图8.14的深色文本框中。

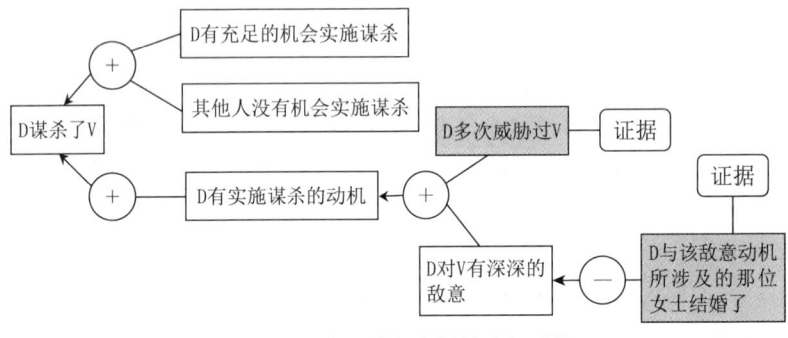

图 8.14 威格莫尔案例的论证重构

我们可以这样完成证据评价的过程:可以看到,一旦"D与该敌意动机所涉及的那位女士结婚了"的命题被接受,且假定含有减号的圆形节点所代表的论证具有可废止的有效性,它就提供了一个似真的反面论证，攻击"D对V有深深的敌意"的命题。这个论证现在可以被评价为一个对抗性论证，攻击或破坏D对V有敌意的命题。正如威格莫尔（Wigmore 1931, 57）所指出的那样，被告确实与该女子已经结婚这一事实，倾向于解释报复情绪可能已经不复存在了。因此，"D对V有深深的敌意"的结论需要放在一个白色背景的文本框中，表示该文本框内的命题未被接受。

继续跟进图8.14的评价过程，我们可以发现，"D有实施谋杀的动机"的结论也需要放在一个白色背景文本框内，因为支持该结论的唯一论证中的一个前提未被接受。现在我们却少了动机；如图8.14顶部所示，基于D有机会实施谋杀的论证不足以证明D谋杀了V的结论。对该案件中论证序列的评价说明了，既有证据不足以证明D谋杀了V的最终结论。

巧克力案例以及第6章所讨论的其他从相关到因果的论证案例表明，在此类案例中有两个证据层面。在第一个层面上，科学研究成果被以科学学科的形式提出。在第二个层面上，不属于该领域专家的其他主体，需要从所报告的科学发现中做出推论。这些案例提出的一个问题是，如何建构从基本证据到二阶证据的传导过程。在这种情况下，确定基本证据和从基本证据推论出的二阶证据之间的界限并非易事。

在中国吸烟案例中，出现了同样的问题，只是形式有所不同。这个例子源于《经济学人》中的一篇文章，该文章认为，鉴于吸烟给中国带来了公共健康问题，中国应该对烟草实行高税收政策。基本证据由图8.12右侧所示的两个命题组成。而这两个命题分别由不同来源的证据构成：一个来自世界卫生组织的声明，另一个来自发表在《英国医学杂志》上的一项研究。在此情况下，基本证据不是科学家提出的经验证据，甚至不是科学家或世卫组织所做的陈述，而是一份描述这些陈述的报告。

同样的问题以另一种形式出现在"血字案"中。福尔摩斯对华生外表的六项观察可以归为基本证据，因为它们都是福尔摩斯对华生的直接观察。本案的所有间接证据都是从这六个基本陈述的推论序列中得到的，在此基础上仅使用了"阿富汗在热带"和"最近在阿富汗有军事行动"这两个陈述作为附加前提。这一案例表明直接观察发现作为一种基本证据的重要性。

达尔文雀类案例的不同之处在于，基本证据被用于支持论证，而论证又被用作支持解释的证据。达尔文理论中提供的科学证据以及他对进化事实的描述，构成了基本证据。从这些基本证据中得出的推论，被用作支持解释的论证。该模式具有最佳解释推论的特点。这里的问题仍然是：如何模拟从基本证据到由推论得出的其他证据的传导过程。

读者可以回顾 3.7 节中伯兰和赖泽（Berland and Reiser 2008, 40）的观点，他们认为第二份解释比第一份解释的优势在于，学生们提出了支持解释部分的证据。如图 3.4 所示，可以明显区分主张、证据和推理三个组成部分。可以依据桑多瓦尔和赖泽的第二个标准，通过说明为什么第二份解释比第一份解释更好，从而模拟解释的结构。从根本上说，这是因为：第二份解释中的某些部分得到了事实性证据的支持，这些证据来自为学生们配备的知识库。该解释的结构如图 8.15 所示。

图 8.15 的解释图表结合了论证与解释。它展示了如何使用从知识库中提取的事实性信息，来建构支持解释的论证。在最上面一栏，我们看到学生们给出的解释被塑造成一个故事。注意，作为脚本来说，这个解释中的故事比图 3.4 的故事图表中建构的解释更加全面。根据桑多瓦尔和赖泽的第一个标准，该解释不如学生的第一份解释好。然而，根据他们的第二个标准，鉴于图 8.15 下面两栏所展示的论证，该解释是一个更好的解释。最下面一栏中列出的四项事实性证据，支持了中间一栏的论证，中间的论证又支持了最上面一栏的解释部分。

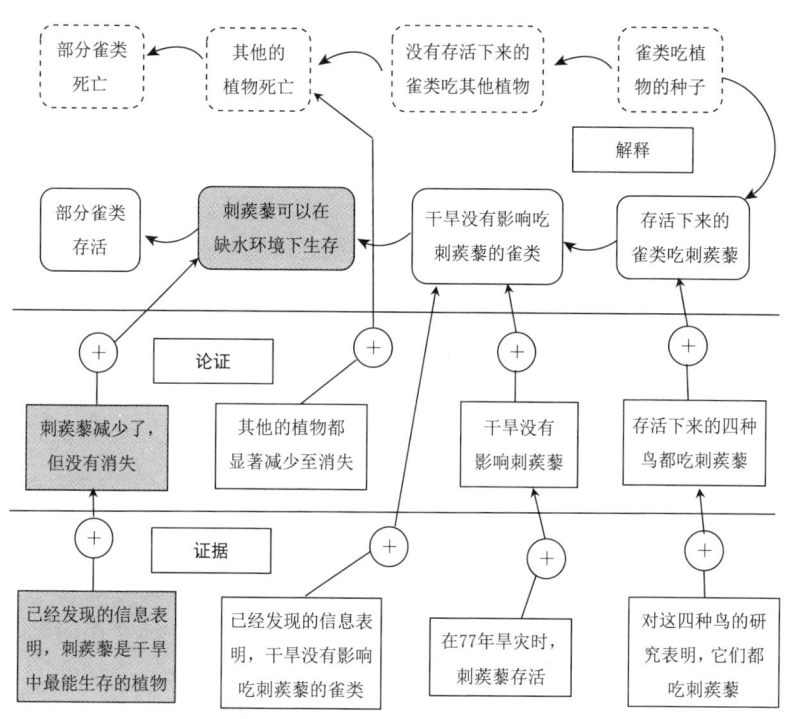

图 8.15　科学教育案例：融合论证、解释与证据的图表

CAS 的论证评价方法可以应用于图 8.15 中展示的论证结构。最下方展示的四个文本框分别代表一项证据。在一个案例中，某个命题有资格作为证据，是指它在该案例的知识库中能够被找到；这意味着它已经被接受为知识，这种知识是从具有可采性的"知识"来源中收集的。关于知识资格的问题，参见第 7 章的内容。三个深色文本框例示了一项证据如何支持论证，该论证又如何支持脚本中的陈述。

在威格莫尔的案例中，问题在于确定图 8.14 所示论证的哪些部分应归为基本证据，哪些部分应归为由基本证据推论出的二阶证据。图 8.14 显示，该案例中只有两个命题被接受为证据，即"D 与该敌意动机所涉及的那位女士结婚了"以及"D 多次威胁过 V"。我们不深入讨论实际案例的细节，假设这两个命题在该案中被当作事实性的证据。

该问题还涉及图 8.14 中未被显示为已接受的其他命题，也就是 "D 有充足的机会实施谋杀" 和 "其他人没有机会实施谋杀" 这两个命题。对威格莫尔案例做进一步的描述将会表明，这两个命题都得到了庭审中进一步证据的支持。也许图 8.14 中已被接受为证据的那两个命题，也可以由进一步的证据支持。

对该案例的这些观察表明，基本证据与从基本证据推出的二阶证据之间的区分，取决于案件的事实情境。在审判中，证据被收集之后，应该开示给双方使用。

8.8　基于知识的系统

形式化论证系统（例如 ASPIC+ 和 CAS）有许多共同特征，除了在人工智能领域发展的其他技术之处，它们都是基于知识的系统（knowledge-based system）。基于知识的系统包括两个主要元素：知识库（knowledge base）和推理引擎（inference engine）。知识库包含一套以适合于计算机的语言表述的命题；而推理引擎被用于从基本的命题中做出推论，且遵循某种在该系统中被允许的推论规则。

非形式逻辑领域的研究者倾向于将他们的工作视为由三部分构成，即论证识别、论证分析和论证评价。但他们认为，他们是将自己的工具应用到某个特定的对话语境中，这些对话语境是自然语言论证的个例。他们认为自己的任务是研究这些语境，从而识别其中的论证以及暗含的前提与结论，分析这些论证，最终评价这些论证（Johnson and Blair 1983）。出于这些原因，似乎没有理由考虑知识库。然而，本书已经讨论过的论证评价案例已经说明了这么做的理由。这些案例告诉我们，为了评价论证，必须确定：哪些命题无需进一步的论证，我们就可以期待听众（这些听众正是论证所指向之人）已经接受它们的似真性。此外，为了洞悉证据在这一过程中应发挥的作用，必须确定：对于某一特定领域，应适用什么证明标准，可以采用哪些证据种类。因此，通过尝试评价这些例子，我们发现，为了在这些案例中区分证据和论证，将知识库的概念纳入论证领域，扩大论证领域的视野和眼界，是非常有助益的。

标准的基于知识的系统，通常都是基于规则的（rule-based）计算机系统，由一套表示案例中事实条件的命题和一组用于从给定命题中进行推论的规则组成。例如，DefLog、ASPIC+和CAS都是基于规则的系统。这类系统能够包容论证型式的途径之一是将各种型式视为规则。本质上，这些规则可以是演绎性质的，或者是概率性质的，它们也可以代表可废止的论证型式。

CAS使用包含案件事实的知识库，这构成了所有当事方或讨论方所知道的基本的事实性证据。这一特点能够帮助CAS填补缺失的前提和结论，并构建新的论证；使用者可以通过构建新的论证，从而证明最终的结论。新的论证是从一些前提中推出来的，而这些前提是CAS通过搜索其知识库获得的。当在特定案件中评价基于证据的论证时，这可以视作一种在图表中表示证据的替代性方法。

举一个简单的例子。现在我们在考虑这样一个问题：维基百科是不是可信的信息源？或者说，听众是否接受"维基百科可信"这个命题？对此，存在两个有待考虑的论证。第一个是正面论证，它基于两个前提，即"维基百科和《大英百科全书》一样可信"，以及"《大英百科全书》是可信的"。该论证表示在图8.16中。

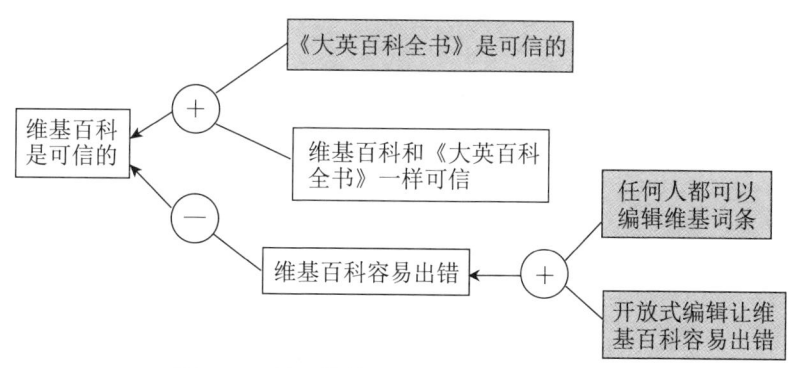

图8.16 关于维基百科是否可信的论证图示

论证评价与证据

如图 8.16 所示,听众接受了"《大英百科全书》是可信的"这一前提,但不接受"维基百科和《大英百科全书》一样可信"的前提。因此,上面的论证无法证明维基百科可信的结论。接下来考虑下面的对抗性论证。它所基于的主张是"维基百科容易出错"。该主张得到一个带有两个前提的论证的支持,且这两个前提都已被听众接受。这一论证表明,即使上面的正面论证成立,维基百科可信的说法也是不可接受的。

现在,让我们假设在这个案例中有一个知识库,它包含了许多事实命题,并且这个知识库中的证据对所有参与论证的人来说都是可以访问的。此外,我们还假设:CAS 具有在这个知识库中搜索的能力,能够找到可以用作证据的命题,以支持或反对图 8.17 中所示的论证和命题。假如知识库中包含了这样两个命题:第一,《自然》杂志上的一项研究发现,维基百科和《大英百科全书》一样可信;第二,维基百科的网页上声称,编辑们对词条进行了仔细检查。

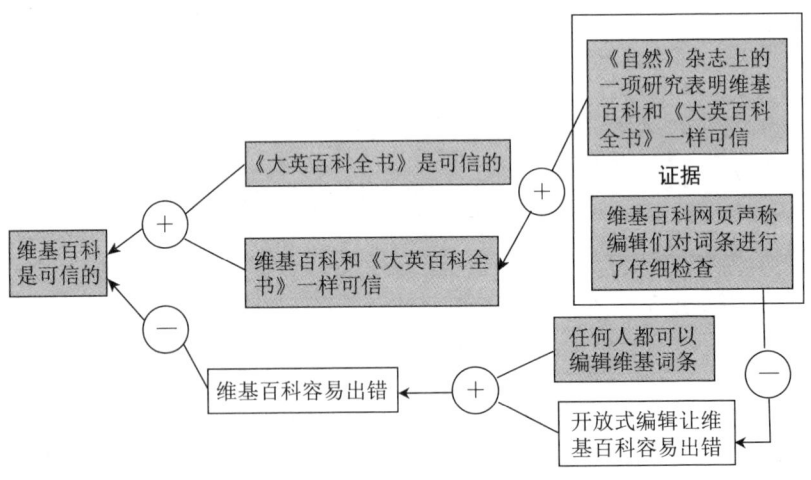

图 8.17 关于维基百科是否可信的新证据

当从知识库中检索到这两个命题之后,CAS 就可以评价它们对先前论证的影响。让我们先来看下面的论证，之前它的前提和结论都被接受了。但是，从知识库中得到的证据表明，编辑们对条目进行了仔细检查；这一证据被应用到论证中，说明"开放式编辑让维基百科容易出错"的前提不再是可接受的。因此 CAS 自动将该命题的文本框显示为白色背景。由于这项论证现在不成立了，所以它的结论，即"维基百科容易出错"的说法就不再被接受了。它显示在白色文本框中。

接下来让我们看上面的论证序列。来自《自然》杂志的证据支持了命题"维基百科和《大英百科全书》一样可信"。听众以前不接受这个命题，但现在根据这个证据，听众们接受了它。上面的论证的两个前提都是可接受的，这项论证是成立的；它表明"维基百科是可信的"这个最终结论应当被接受。当从知识库中检索到证据，将其应用于原来的论证之后，正面论证支持了最终结论，而反面论证被证据反驳了；显然，听众现在发现"维基百科是可信的"这一主张是可接受的。

CAS 如何访问这样的知识库，并将其作为证据应用到既有论证中，从而影响在特定案件中支持或反对最终结论的论证序列，这一机制目前尚未被解释。但是这个例子解释了它所执行的任务。

8.9 论证型式与证据

波洛克的著作（Pollock 1995）以简洁且有效的方式确定了六种可废止认知推理形式，这六种形式在普拉肯（Prakken 2004，36-37）提出的基于知识的系统中，可以作为规则使用。根据波洛克的论述，每一种形式都代表了支持一项主张的初步理由；但它们都是可废止的，也就是说，可以被对抗性论证废止。其中四种形式与本章关于证据的讨论尤其相关。φ 代表一项命题。

   感 知：对内容 φ 有感知，是相信 φ 的一种初步理由。
   记 忆：记起 φ，是相信 φ 的一种初步理由。
   时间持续性：φ 在时间点 T_1 时为真，是 φ 在以后的某个时间点 T_2

时为真的一种初步理由。

常　　识：φ 是常识，这是 φ 的一种初步理由。

1.9 节阐述了第一种形式，并将其转化为一种名为"基于感知的论证"的型式。但所有这四种形式，包括另外两种，都与关于论证和证据的研究密切相关。另外两种形式分别称作"统计推论"和"归纳"。此处，无需具体描述它们的内容。但值得注意的是，它们可以用来代表一些论证形式，在这些论证形式中，统计性的证据被提出来，可废止地支持一个主张。更重要的是，在本书前几章的案例分析中，感知、记忆和常识规则不断地与已被证明有用的可废止论证型式相对应。下文将阐述如何将上述四种基本形式塑造为一组论证型式，以及这些论证型式如何区分直接证据和间接证据。

雷德福德和阿加（Redford and Agah 2014）提出了一种新型的计算机论证路径，即证据基础主义论证（Evidentialist Foundationalist Argumentation，EFA）。该路径受到证据主义认识论（Conee and Feldman 2004）的启发，并使用了 ASPIC 方法。ASPIC+就是一种契合 ASPIC 框架的人工智能系统的例子。ASPIC 框架是一种应用于人工智能领域的综合框架，它界定论证的方式是，将论证的过程模拟成一个树状推论结构，其中的推论适用了严格的或可废止的推论规则。EFA 的目标是，提供一种收集和评价证据的工具，且以下述核心观念为基础：某些类型的证据是可计量和可证实的。如果一项陈述由某种传感器（例如温度传感器、记录风速或风向的设备、气压传感器、数码照片或视频记录设备等）直接产生，则该陈述被认为是可证实的（Redford and Agah 2014，219）。使用 EFA 收集证据，至关重要的一点是，要谨慎地区分哪些东西应被归为直接证据，哪些东西是从直接证据经推论得出的证据。雷德福德和阿加（Redford and Agah 2014，212）使用下面的例子来说明这一点。

例如，如果一个温度传感器在坐标（54，45）的位置上，时间 12：01 时，显示读数为 35 摄氏度。这些不是直接证据，即不能认为这些数值实际地反映了现实。对于任何实践目的来说，完美的传感器都是不存在的。实际的温度可能比读数低 2 摄氏度，实际的位置可能与显示的坐标有 2 公里偏差，实际的时间可能是 12：00：56。但这些是传感器初始读取值的直接证据。传感器上的数据，是传感器读取内容的直接证据，而不是事实的直接证据。关于事实的论证，是以传感器数据为基础的可废止论证。

应当认为传感器在特定时间、特定地点的读数，是传感器所显示的内容的直接证据，并且该证据是固定的、可证实的，即传感器在该时间、该地点显示了某个数值，这当然是真实的——但这对于实际上所发生的事情而言，只是间接证据。

为了进一步说明，雷德福德和阿加（Redford and Agah 2014，212）还举了一个关于"存在独角兽"这个陈述的例子。在一个文档中或者网站论坛中，发现了这样一个陈述。既然这个陈述是在一个记录设备上发现的，那么是否意味着它可以成为存在独角兽的直接证据？他们给出了否定回答："（它）只是针对以下内容的有时间戳的直接证据：有人输入了'存在独角兽'这句话（或编写了一个程序来生成这些字符串）"。当用这个陈述作为前提，构建一个可废止的论证，指向独角兽存在的结论时，这一直接证据就变成了间接证据。

一般而言，传感器更为可靠，不像人类的记忆那么容易出错。洛夫托斯（Loftus 1979）论述了人类记忆很容易出错的问题，研究了错误记忆被用作证据的许多案例。但在法律和历史等领域，许多证据都是证言性质的，是基于目击者对过去所见之事的主张。从目击者亲眼所见到后来的回忆行为，可能已经过去了很长时间。然而，从证人的所见所闻得出推论，仍是一种证据性的论证。

7.2 节指出，证据由证据数据（或证据项）以及从中合理得出的推论组成。同时该节还强调了，通过感官而对数据形成的感知，是证据的重要组成部分。例如，我在停车场看到了一个看起来像红色汽车的东西，那么我对红色汽车的感知就是一种数据，这是外部世界输入给我的。基于该感知，我可以得出一个合理的推论，即停车场里有一辆红色的车。在这里我们发现可以做出一个区分：由关于红色汽车的视觉数据组成的证据，以及由该证据得出的结论，即"停车场里有一辆红色汽车"这个命题。基于这类证据，可以得出合理的论证。例如，一个看起来值得信任的证人声称，她在某个时间在停车场看到了一辆红色汽车；依据该证据，我们可以在适当的情况下得出结论：有证据表明当时在停车场有一辆红色汽车。

证人证言的论证型式采用如下形式（Walton et al. 2008，310）。

> 能知前提：证人 W 能够知道 A 是否为真。
> 诚实前提：证人 W 在说（自己所知道的）真话。
> 陈述前提：证人 W 说，A 为真（假）。
> 结　　论：可以合理地认为，A 为真（假）。

以下是与基于证人证言的论证相匹配的五个批判性问题（Walton et al. 2008，310）。

> CQ1：证人所说的话，是否内在地一致？
> CQ2：证人所说的话，与已知案件事实（基于该证人证言之外的其他证据）是否相一致？
> CQ3：证人所说的话，与其他证人（独立）作证的内容是否相一致？
> CQ4：从证人的陈述中，是否可以发现某种偏见？
> CQ5：证人所断言的陈述 A，有多可信？

运用该型式的例子是在刑事审判中将证人证言作为证据使用（Gordon et al. 2007）。除非存在可采性的例外，否则证人证言通常在刑事审判中是可以采纳的。因此，在开始阶段，证据规则允许这种形式的论证。在论证阶段（也就是审判的主要阶段），这类证据可以被批

第 8 章 证据与论证评价

判性质询，也可能存在对抗性论证和反驳。在法律中，证人证言包含两种主要形式：一种是普通的证人证言，它基于对看到的事物、听到的事物或其他感知内容的主张；另一种是专家意见证言，它的处理方式与普通证人证言不同，但又有可比之处。

7.2 节说明了，存在一种"基于感知的论证"之论证型式，对此 1.6 节中波洛克的可废止推理理论也有所描述。我们还可以看到，该型式是可废止的，并且在应用于任一特定情形时，都可能受到批判性质询。它之所以是可废止的，是因为对该论证的接受，取决于（比如在证人证言的情形中）证人的记忆力、证人的可靠性和证人视觉的准确性等因素。第 7 章解释了论证中的这些方面，说明了在同一个案例中，可能有证据支持一个命题，与此同时又有证据削弱或攻击同一个命题的可接受性。例如，另一位证人可能作证说，他当时也在停车场；他仔细地环顾了四周，没有看到红色汽车。

基于感知的论证是以某个主体有感知事物的能力为基础，而基于证人证言的论证还以下述假定为基础：某个主体有记住事件的能力，该主体能够与另一个主体交流，做出陈述从而使后者可以把这些陈述当作证据。鉴于前一个主体有出错、说谎、遗忘或存在偏见的可能性，由此产生了我们所熟悉的批判性问题。所以批判性问题旨在矫正使用此类证据时会产生的典型错误。

这些论述表明，通过区分更为基本的证据和从基本证据推论得出的间接证据，可能有助于解决"证据"一词的歧义性。进一步的方法是，建立一个关于证据推理中的论证型式的分类体系。因此，例如：基于证人证言的论证（这种论证型式代表了一种在法律中非常重要的证据），它以基于感知的论证为基础。这表明，源于感知（外观）的证据，比证人证言类型的证据更基本。

论证评价与证据

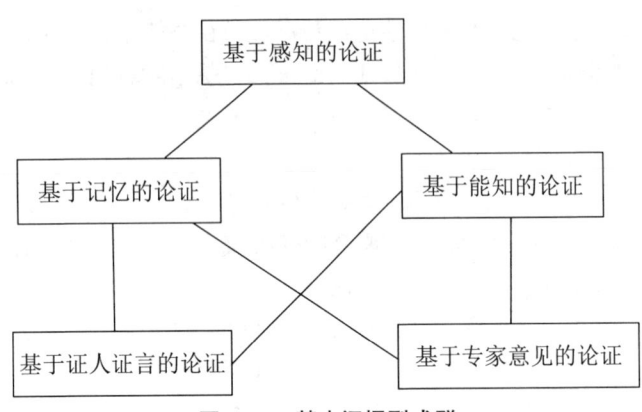

图 8.18 基本证据型式群

基于感知的论证、基于证人证言的论证和基于专家证言的论证相互关联，从而形成一个型式群（Walton and Sartor 2013）。图 8.18 显示了表示该型式群结构的一种方式。

7.6 节所解释的可废止的肯定前件式（DMP），是最一般的型式，它包括了所有其他的型式（但可能有一些例外，例如缺乏证据的论证）。DefLog、ASPIC+和 CAS 中都使用了 DMP 这一型式。该型式表示为以下形式，其中 A 和 B 表示命题：

大前提：$A \Rightarrow B$
小前提：A
结　论：B

尽管上述所有可废止型式都是一般性类型，可以涵盖许多推理的实例，但可废止的肯定前件式被视为可废止推理的最一般模式。它涵盖了许多（甚至几乎所有的）其他型式。

大前提中的连接符"$\Rightarrow$"表示可废止的蕴涵关系（即 ASPIC+中界定的那种蕴涵关系）。在此意义上，"$A \Rightarrow B$"指的是：B 可以暂时地从 A 中推出；假定不存在例外，也不存在支持相反结论的理由（即反驳）。例如，基于专家意见的论证型式可以被表述为契合可废止的肯

第 8 章　证据与论证评价

定前件式的形式。

　　大前提：(E 是一位专家，且 E 说了 A) $\Rightarrow$ A
　　小前提：E 是一位专家，且 E 说了 A
　　结　论：A

注意，小前提是一项合取命题。这种合取形式可以容纳其他复杂的型式，即适用时需要一组条件，例如：A_1，……，A_n。

其他符合这种格式的论证型式列表，读者可以参阅沃尔顿等人的著作第 9 章（Walton et al. 2008）。其中包括了以下十种在本书前面的章节中应用和讨论过的型式。

1. 基于能知的论证
2. 基于证人证言的论证
3. 基于专家意见的论证
4. 基于外观（感知）的论证
5. 基于无知的论证
6. 从相关到因果的论证
7. 从原因到结果的论证
8. 从证据到假设的论证
9. 可废止的肯定前件式（DMP）
10. 最佳解释推论

到目前为止，本章的讨论引出了一个一般性问题，即如何提供一个分类体系，使这十种型式嵌套在一个结构中，该结构可用于帮助论证评价者在任何一个给定的论证案例中区分基本证据和推断性证据。这个问题悬而未决，但最近有许多非常值得注意的关于论证挖掘（argument mining）的研究（Mochales and Moens 2011），它们探索了如何构建论证型式之分类体系的一般性问题。

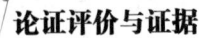

8.10 结　论

有三种论证技术工具，可用于说明如何拓展当前的计算机论证系统，以解决整合论证和证据的问题。第一种工具是在 ASPIC 框架内使用被称作证据基础主义论证（EFA）的新计算机方法。第二种工具是调整波洛克（Pollock 1995）提出的六种可废止认知推理形式，这些形式可以被纳入与基本证据密切相关的论证型式群的分类体系。该型式群说明了基本证据如何产生推论，而推论又界定了间接证据。第三种工具是利用在诸如 ASPIC+和 CAS 等计算机论证系统中发现的知识库的特点。在特定案例中，将这三个工具运用于用树状结构表示的论证图示，某些包含论证前提的文本框可以被标记为基本证据。从这些前提中通过论证得出的结论，可以被识别为间接证据。

论证图表最左侧是最终结论，同时，相互关联的论证网络形成了导向最终结论的树状结构。当论证分析者面对这样一个论证图表时，问题就出现了，即论证图表的哪些部分应被标识为代表了案例中的证据。本章所讨论的例子，建议采用以下方法。首先，我们必须区分基本证据和由基本证据推论出来的间接证据。基本证据一般由显示在图表右侧部分的命题组成；这些命题是前提和论据，但它们自身无需被右边的其他论证支持。从这些基本的证据命题，通过推论得出的其他命题，可归入间接证据的范围。

其次，分析者需要观察图表中显示的论证型式。例如，假设有一个论证符合基于专家意见的论证型式。这样的论证本身当然可以算作支持最终结论的证据。但是该论证型式中的某个特定的前提，也可以算作证据。在基于专家意见的论证中，"专家说了某事"这个前提，就是一个证据。专家的陈述也就是所谓的专家意见证据。

另一个通常代表证据的论证型式是基于感知的论证。它也与基于证人证言的论证型式密切相关。因此，如果一位证人陈述了一个命题，那么，"证人陈述了这个命题"就是证据，而证人所陈述的内容也可以归为证据。

第8章 证据与论证评价

还有一个常见的代表证据的推论型式是最佳解释推论。在最佳解释推论中，论证者会考虑数种竞争性解释，并选择可以解释案件既定事实的最佳解释。因此，举例来说，在血字的研究案例中，福尔摩斯的六项观察（图 8.13 最右侧文本框中表示的六个命题，标识为观察性证据）构成了该案的基本证据。其余的证据是从这些基本命题中，经由相互连接的论证序列（它们导向"华生去过阿富汗"的最终结论）而得出的。如图 8.13 所示，从六个基本命题中得出的四项论证，符合最佳解释推论型式。介于这六个观察性命题和"华生去过阿富汗"的最终结论之间的其余命题，都可以归为间接证据。

可归为基本证据或间接证据的内容，因具体情境而异。在自然科学通常使用的证据中，基本证据可能包括机器上的传感器记录，或实验结果记录。在法律中，视频记录等可视证据是很常见的证据形式。证人证言也是一种非常常见的证据形式。在每个调查领域，都需要有用于确定哪些论证能构成证据的标准，以及用于确定基于证据的论证需要达到何种强度才能使其结论被接受的证明标准。根据 ASPIC+和 CAS 等形式化系统所采用的论证框架，这些标准在调查的开始阶段就已经设定。

要解决如何区分论证和证据这个一般性问题，还要意识到，在给定的案例中，哪些东西构成证据，通常需要取决于三个主要因素。第一个因素，要确定哪些种类的证据适合于给定案例中的论证。在形式化的论证模型中，需要在对话序列的开始阶段就确定。例如，假设案例中的论证是关于生物学的，其结果也是由生物学家决定，那么，关于生物学家一般会将哪些类型的发现或计算视作他们领域的恰当证据，会预先存在一些共识。或者，假设案例中的论证是关于法律，且以审判（民事或刑事审判）为语境，那么在司法领域确立且约束审判程序的证据规则，被用于限定哪些发现和论证可以被采纳为证据。

在开始阶段就阐明该问题，有助于对证据的种类进行界分，例如分为统计证据、实验证据、证人证言证据、专家意见证据等。这取决于与主体参与的调查或论证类型相匹配的基本证据种类有哪些。

论证评价与证据

第二个因素是，在论证阶段提出的某个论证，是否符合某种获得认可的论证型式。在论证阶段，双方都提出了论证，并通过支持和攻击符合论证型式的论证进行论证评价。某一论证是否符合论证型式的问题，有助于确定某一论证是否应当被归为证据。例如，基于专家意见的论证或基于普遍意见（常识）的论证，在某类调查中可能被接受为证据，但在另一类调查中则不能。基于专家意见的论证可能在司法审判中被接受为证据，但同样的论证可能不会被一群参与物理学科技研讨会的物理学家或在该领域的论文中认为是证据。

在决定一个命题能否被归为证据时，第三个有用的因素是，它是否源自知识库。因为知识库代表了在本案件中已被接受为事实的证据性发现。知识库不仅会考虑那些符合在特定领域被普遍接受的证据类型的命题，还会考虑那些从最初被接受为证据的命题中经推论（尤其是经符合论证型式的推论）得出的命题。该要素适用于在计算机科学中使用的形式论证模型，这些模型一般都有一个知识库，可以从中得到支持或攻击所做的主张的前提。计算机论证模型的这一侧面，可能不为计算机领域之外的论证理论研究者熟知。但它确实是论证技术的一个非常重要的组成部分，可用于实现许多目的。

根据这里提出的证据理论，一个证据可以被其他证据支持吗？对此的回答包括两部分。首先，间接证据依其定义，总是被其他的证据所支持。其次，正如本章讨论过的案例所表明的那样，直接证据通常不会再被其他证据支持，但它也可以。例如，从一位统计学专家的报告中提取的统计学证据，作为一种典型的论证，可在案件中用作基本证据。但当受到质询时，它就可以基于其他的证据来为其提供支持。比如，可以主张说：这位统计学家给出的数据，得到了另一位统计学家提供的数据的支撑。在这种情形中，既然从知识库里提取了进一步的信息从而拓展了案情，那么原先的基本证据现在变成了间接证据。

参考文献

Anderson, T., D. Shum, and W. Twining. 2005. *Analysis of evidence*, 2nd

第 8 章 证据与论证评价

ed. New York: Cambridge University Press.

Berland, L. K., and B. J. Reiser. 2008. Making sense of argumentation and explanation. *Science Education* 93 (1): 26-55.

Cohen, L. J. 1977. *The probable and the provable.* Oxford: Oxford University Press.

Cohen, L. J. 1979. On the psychology of prediction: Whose is the fallacy? *Cognition* 7 (4): 385-407.

Conee, E., and R. Feldman. 2004. *Evidentialism: Essays in epistemology.* Oxford: Oxford University Press.

Gordon, T. F., and D. Walton. 2009. Proof burdens and standards. In *Argumentation and artificial intelligence*, ed. Iyad Rahwan and Guillermo Simari, 239 – 260. Berlin: Springer.

Gordon, T. F., H. Prakken, and D. Walton. 2007. The Carneades model of argument and burden of proof. *Artificial Intelligence* 171 (10-15): 875-896.

Hahn, U., and M. Oaksford. 2006. Why a normative theory of argument strength and why might one want it to be Bayesian? *Informal Logic* 26: 1-24.

Johnson, R. H., and J. A. Blair. 1983. *Logical self-defense*, 2nd ed. Toronto: McGraw-Hill Ryerson.

Loftus, E. F. 1979. *Eyewitness testimony.* Cambridge, MA: Harvard University Press.

Mochales, R., and M. -F. Moens. 2011. Argumentation mining. *Artificial Intelligence and Law* 19 (1): 1-22.

Pollock, J. L. 1995. *Cognitive carpentry.* Cambridge, MA: The MIT Press.

Prakken, H. 2004. Analysing reasoning about evidence with formal models of argumentation. *Law, Probability & Risk* 3 (1): 33-50. [PDF]

Prakken, H. 2005. A study of accrual of arguments, with applications to evidential reasoning. In *Proceedings of the tenth international conference on artificial intelligence and law, Bologna*, 2005. New York: ACM Press, 85-94.

Redford, C., and A. Agah. 2014. Evidentialist foundationalist argumentation for multi-agent sensor fusion. *Artificial Intelligence Review* (42): 211-243. Accessed on 14 July 2014 at this site. doi: 10. 1007/s10462-012-9333-3.

Schum, D. A. 1994. *Evidential foundations of probabilistic reasoning*. New York: Wiley.

Stein, A. 2005. *Foundations of evidence law*, 2005. Oxford: Oxford University Press.

Tillers, P. 1989. Review: Webs of things in the mind: A new science of evidence. *Michigan Law Review* 87 (6): 1225-1258.

Tversky, A. , and D. Kahneman. 1982. Judgments of and by representativeness. In *Judgment under uncertainty: Heuristics and biases*, ed. D. Kahneman, P. Slovic, and A. Tversky. Cambridge: Cambridge University Press.

Vreeswijk, G. 2003. Review of Kevin B. Korb and Anne E. Nicholson, *Bayesian Artificial Intelligence*, Chapman and Hall, 2003. *Artificial Intelligence and Law* 11: 289-298.

Walton, D. , and E. C. W. Krabbe. 1995. *Commitment in dialogue*. Albany: State University of New York Press.

Walton, D. , and G. Sartor. 2013. Teleological justification of argumentation schemes. *Argumentation* 27 (2): 111-142.

Walton, D. , and N. Zhang. 2013. The epistemology of scientific evidence. *Artificial Intelligence and Law* 21 (2): 173-219.

Walton, D. , C. Reed, and F. Macagno. 2008. *Argumentation schemes*. Cambridge: Cambridge University Press.

Wigmore, J. H. 1931. *The principles of judicial proof*. Boston: Little, Brown and Company.

索 引

（页码为本书边码）

A

Abduction（溯因）12, 13
  -argumentation（溯因论证）
    --evaluation（评价溯因论证）86
    --modeled（塑造/模拟溯因论证）106
  -inference（溯因推论）12, 13, 53, 150
  -reasoning（溯因推理）2, 4, 12-13, 24-26
Abstract argumentation framework（抽象论证框架）31, 124, 166, 250-251
Acceptance-based model（基于接受的模型）213-214
ACCEPTER（译者注：指一个名为"ACCEPTER"的计算机系统）76
Account（阐述）64, 89
Ad verecundiam fallacy（诉诸权威的谬误）142
Agah, A.（阿加）270, 271
Agent（主体）
  -goal of（主体的目标）48-50, 52
Agora（译者注：指一个名为"Agora"的软件工具）24

Anderson, T.（安德森）246
Anderson vs. Griffin（安德森诉格里芬案）84-86, 105-106, 117
Anomaly（反常现象）16-17, 21, 43, 51, 52, 60, 69-72, 76, 78-80, 82, 83, 90, 91, 99, 105, 109, 111, 151, 192
Antecedent（前件）53, 225, 230
Antiphon case（安梯丰案例）
  -argument diagram for（安梯丰案例的论证图表）43, 44
ArguMed（译者注：指一个名为"ArguMed"的论证图表工具）124, 125
Argument（论证）
  -from absence of evidence（缺乏证据的论证，参见"Argument from ignorance"）
  -from action to motive（从行为到动机的论证）48, 50
  -from appearance（基于外观的论证）
    --critical questions for（与基于外观的论证相匹配的批判性问题）30-31

363

论证评价与证据

　　--scheme for（基于外观的论证的论证型式）29，31，218，225，231
-from correlation to cause（从相关到因果的论证）
　　--critical questions for（与从相关到因果的论证相匹配的批判性问题）6，180，186，196，199-200，203，204
　　--evaluated（评价从相关到因果的论证）180，204
　　--rebuttal to（辩驳从相关到因果的论证）193
　　--scheme for（从相关到因果的论证的论证型式）185，187，192，196，203
　　--undercutter to（削弱从相关到因果的论证）192，199-200
-defined（界定论证）13，36，153，247
-diagram（论证图表）2-5，8-11，15，17-18，23，24，30，32，35-38，43-50，54-56，58，59，61-63，65，121，124，125，127，133，141，143，145，146，152，153，155-160，166，204，247-249，251，255，257-260，262-264，268，275
-from expert opinion（基于专家意见的论证）
　　--critical questions for（与基于专家意见的论证相匹配的批判性问题）6，118-119，121，131，136，150，157
　　--defeasible nature of（基于专家意见的论证的可废止性质）131，132
　　--defeated（被废止的基于专家意见的论证）157
　　--evaluated（评价基于专家意见的论证）6，118-119，131，141，150
　　--scheme for（基于专家意见的论证的论证型式）6，24，118，126，128，130-132，134，139，142-143，161，163-164，196，275
　　--strength of（基于专家意见的论证的强度）158
　　--sub-questions for（基于专家意见的论证的从属性问题）132
-graph（论证图）39，53，60，65，103，126-129，134，184，247，248
-from ignorance（基于无知的论证）
　　--scheme for（基于无知的论证的论证型式）222，229，232
-mapping（图示论证）3-5，15，23，36-37，40，43，61，121，146，156-166，170，171，174，175，216，248，253，263
-from motive to action（从动机到行为的论证）
　　--heuristic form（从动机到行为的论证的启发式形式）47
　　--scheme for（从动机到行为的论证的论证型式）46-48
-nested（嵌入论证）123
-nodes（论证节点）10，42，48，50，59，60，126，129，135，153，155，156，175，176，184，199，217，231，247，249，258，261

-from perception（基于感知的论证）
　--scheme for（基于感知的论证的论证型式）29，231，272，273，275
-purpose of（论证的目的）18，40，51，73，103-104，202-203，249，259，268
-request（请求论证）95
-from sign（基于痕迹的论证）30
-tree（论证树状图）127，163
-from witness testimony（基于证人证言的论证）
　--critical questions for（与基于证人证言的论证相匹配的批判性问题）272
　--scheme for（基于证人证言的论证的论证型式）46，263，271，273
Argumentation framework（论证框架）31
Argumentation scheme（论证型式）46，150
Argumentum adverecundiam（诉诸权威的论证）122，142
Aristotle（亚里士多德）96
ASPIC+（译者注：指一个名为"ASPIC+"的计算机论证系统）53，124，129，166，243，247，267，268，270，273-276
Assertion（断言）
-components of（断言的要素）94
-defined（界定断言）93-94
Assumption（假设）
-closed world（封闭世界假设）228-230，233-234

-commonsense（常识性假设）53
-implicit（隐含的假设）18，59，71，75，89，98，263
Audience（听众）
-defining members of（界定听众的构成）104
Authority（权威）117，118，120，122，130，131，133
Avastin example（阿瓦斯丁案例）190

B

Battle of the experts（专家意见冲突）135，158，161，164，197
Battle of the scientific experts（科学专家意见冲突）195-196
Bayesian approach（贝叶斯方法）
-rules（贝叶斯定理）122，123
Bench-Capon, T. J. M.（本奇-卡彭）69，97，110，111，154
Berland, L. K.（伯兰）20，22，23，100，265
Bex, F. J.（贝克斯）viii，42，52，53，56，57，64，70，84-89，106，111，114，218
Bias（偏见/偏向）51，81，123，128，192，193，198，199，202，272，273
Bipartite graph（二分图）60
Birds example（鸟类案例）181，194，195，254
Biro, P.（比罗）148，158，161，164，175
Black, E.（布莱克）93-94，221
Blair, J. A.（布莱尔）viii，182，204，206，267

Bonjour, L.（邦约）211, 223, 237
Bradford Hill Criteria（布拉德福德·希尔标准）180, 187-188
Burden of producing evidence（提出证据的责任）86, 133
Burden of proof（证明责任）
 -determination of（证明责任的确定）86, 93, 155, 248
 -formal model of（证明责任的形式模型）106
 -global（整体的证明责任）86, 107
 -rules for（证明责任规则）86, 93, 94
 -shift（证明责任的转移）204, 207, 218, 248

C

Caminada, M.（卡米纳达）227, 229
Carneades argumentation system（CAS）（卡涅阿德斯论证系统）
 -argument defined in（卡涅阿德斯论证系统中的论证）13, 36, 153, 247
 -argument graph（卡涅阿德斯论证系统中的论证图）126-129, 134, 247
 -argument map（卡涅阿德斯论证系统中的论证图示）146, 216
 -burden of proof in（卡涅阿德斯论证系统中的证明责任）146, 155, 170, 171, 204
 -described（对卡涅阿德斯论证系统的描述）146, 170
 -exception in（卡涅阿德斯论证系统中的例外）134, 152-153, 185, 193, 196
 -mapping tool（卡涅阿德斯论证系统中的图示工具）146
 -undercutters in（卡涅阿德斯论证系统中的削弱）129, 217, 251
Cartesian conception（笛卡尔式的概念）211
Case-based reasoning（CBR）explanation systems（基于案例的推理解释系统）76
Causal inference（因果推论）
 -dependence of（因果推论的依赖性）6
Causal inquiry（因果调查）204
Causation（原因/因果关系）184, 195
Cause（原因）183, 185
Chaining（连接）10, 12, 18-19, 53, 79
Chocolate example（巧克力案例）180, 191, 195, 244, 254-256
Circular reasoning（循环推理）142
Clarification dialogue（说明性对话）99
Clincher argument（起决定性作用的论证）175
Coal case（煤案例）70, 78, 90
Cohen, L. J.（科恩）246
Cohn, J.（科亨）189
Commitment（承诺）
 -retraction（撤回承诺）12, 94, 221
 -rules for（承诺规则）77, 100, 221, 222
 -set（设定承诺）74, 75, 93-94, 100, 103

索 引

Commonwealth vs. Umilian（国家诉优美利安案）37
Conclusion（结论）
　-defeasible（可废止的结论）151, 218
　-definite（确定的/绝对的结论）226
　-steps to prove（证明结论的步骤）24, 138, 154, 159, 161, 164, 166, 167, 171, 173, 217, 226, 251, 261, 262, 265, 268, 269
　-types of（结论的种类）226
Conditional probability rule（条件概率规则）122-123
Conee, E.（科尼）211, 224, 270
Conjunction fallacy（合取谬误）123, 245
Conjunction rule（合取规则）122, 123, 246
Consequent（后件）225, 230
Convergent argument（聚合论证）47, 153
Cooke, E.（库克）212
Copper example（铜案例）181, 195-196, 254
Correlation（相关）184, 195
Cotte, P.（科特）148-150, 159-160, 162, 167, 168, 171, 173, 175, 176
Critical discussion（批判性讨论）
　-violation of rules for（对批判性讨论规则的违背）119
Critical questions（批判性问题）
　-backup evidence（支撑性证据问题）131, 134, 150, 196
　-completeness of（完整性问题）133
　-consistency（一致性问题）131, 150, 196
　-expertise（专家问题）122, 131, 132, 150, 196
　-field（领域问题）131, 150, 196
　-opinion（意见问题）6, 118, 126, 131, 137, 150, 156, 196
　-problems with（批判性问题存在的问题）132
　-reliability（可靠性问题）96, 98, 122
　-trustworthiness（信赖问题）131, 134, 136, 150, 196
Cumulative argument（累积性论证）19, 172, 175, 221（另参见 "Evidence-accumulating argument"）
Cyc project（Cyc 项目）55

D

da Vinci portrait case（达·芬奇肖像画案例）145-176
Deadlock（僵局）127-128, 135, 136, 166, 196
Deduction（演绎）
　-closure（演绎终结）121
　-*modus ponens*（演绎的肯定前件式）227
　-science of（演绎科学）14
Defeasible argument（可废止论证）
　-characteristic of（可废止论证的特征）132
Defeasible knowledge based reasoning（可废止的基于知识的推理）28
Defeasible logic（可废止逻辑）viii, 210, 211, 222, 225-228, 238-239

367

Defeasible *modus ponens*（DMP）（可废止的肯定前件式）53, 55, 61, 124, 125, 130, 131, 135, 186, 196, 227, 230, 273, 274

Defeasible *modus tollens*（可废止的否定后件式）230

Defeasible reasoning（可废止推理）12, 82, 118, 142, 190, 209, 213, 214, 216, 227, 230, 270, 273, 274

Defeater（废止）27, 124, 217, 218, 226

DefLog（译者注：指一个名为"DefLog"的计算机系统）124-126, 129, 130, 243, 247, 268, 273

Dialectical shift（对话转换）90, 91, 97

Dialogue（对话）
—closed（对话结束）81, 83, 94
—conditional rules in（对话中的条件规则）49, 245
—defined（界定对话）106
—described（描述对话）156
—rules（对话规则）72-77, 83, 100, 156
—stages of（对话的阶段）110, 253

Dialogue game（对话游戏）84

Dialogue models of argumentation（论证的对话模型）69

Dialogue system（对话系统）247

Dialogue system for explanation（CE）（解释对话系统）
—closing stage（解释对话系统中的结束阶段）77, 81
—closure rule for（解释对话系统中的结束规则）77, 96
—success rules（解释对话系统中的成功标准）81

Directed graph（定向图）13, 36, 38, 59, 60, 153, 247

Disappearing sailor case（消失的海员案例）36, 39-43, 45, 50, 52, 55-59, 63, 103, 263, 264, 266

Discovery dialogue（发现性对话）
—aim of（发现性对话的目的）151
—stages of（发现性对话的阶段）151
—burden of proof in（发现性对话中的证明责任）151

Disjunction rule（析取规则）122, 246

Divergent argument（发散论证）12

DMP［参见"Defeasible *modus ponens*（DMP）"］

Doutre, S.（杜特）90, 96, 97, 110, 111, 154

Dung-style framework（栋式框架）124

Dunne, P. E.（邓恩）90, 96, 97

E

Embedding（嵌入）35, 69, 90, 96, 97, 100, 106

Endpoint（终点）180, 188-191

Enthymeme（省略三段论/省略推理）14, 65, 119, 261

Epistemic reasoning（认知推理）
—defeasible（可废止的认知推理）211, 212, 214, 224-230, 235, 236

Epistemology（认识论）141, 142, 209-216, 223, 228, 234, 237, 247, 253, 270

Eskerdjian, D.（艾斯克迪昂）148, 149, 156, 161, 164, 171, 175

Event calculus（事件推演）21
Evidence（证据）
  -argument theory of（论证证据理论）3-5, 7, 26, 27, 45, 52-54, 62, 89, 107, 108, 111, 124, 129, 132, 136, 151, 153, 166, 171, 172, 174, 176, 186, 193, 199, 206, 207, 245, 253, 260, 265
  -backup（证据支撑）131, 134, 150, 193, 196
  -basis of（证据基础）5, 19, 36, 40, 45, 58, 88, 89, 101, 104-106, 117, 119, 121, 133, 137, 169, 176, 183, 187, 188, 190, 198, 203, 216, 225, 229, 245, 254, 270
  -biased（偏向证据）123, 128, 132, 199, 202, 272, 273
  -legal（法律证据）
    --rules of（法律证据规则）100, 252, 253
  -motive（动机证据）5, 13, 35-38, 40-41, 45-50, 58, 62-64, 215, 264
  -observational（观测性证据）13, 14, 19, 26, 28, 32, 35, 63, 159, 187, 222, 236, 244, 252, 254, 260-263, 265, 267, 275
  -provenance（来源证据）8, 137, 138, 140, 156
  -role of（证据的作用）267
  -scientific（科学证据）3, 6, 20, 22, 23, 100, 101, 117, 134, 141, 168, 195, 197-200, 202, 206, 207, 247, 252-256, 265
  -scintilla of evidence standard（微弱证据标准）127, 155
Evidence-accumulating argument（证据累积论证）19（另参见"cumulative argument"）
Evidence-based argument（基于证据的论证）118, 211, 256
Evidential arguments（证据性论证）36, 53, 62, 146
Evidentialist Foundationalist Argumentation (EFA)（证据基础主义论证）270, 274
Evidential reasoning（证据推理）
  -tree structure of（证据推理的树状结构）23, 54, 245, 247
Examination discourse（检查性对话）
  -aim of（检查性对话的目的）96
  -goals of（检查性对话的目标）96
Exceptions（例外）13, 21, 31, 55, 133, 134, 136, 141, 149, 152, 153, 157, 174, 185, 187, 193, 196, 204, 210, 215, 217, 225, 227, 231, 232, 238, 272-274
Exetastic discussion（埃克塞阿斯蒂克讨论）
  -aim of（埃克塞阿斯蒂克讨论的目的）97
Exley, C.（埃克斯利）82
Expertise（专门知识）4, 5, 120, 122, 128, 131, 132, 139, 142, 150, 171, 196, 197, 211
Expert opinion（专家意见）
  -critical questioning（对专家意见的批判性质询）6, 30, 117, 118, 122, 126, 129-136, 141, 150,

152, 157, 185, 196, 203-205, 207, 272
- in error（错误的专家意见）10, 119, 132, 141, 142, 207, 272
- evaluated（评价专家意见）4, 124, 140, 141, 162, 163, 166, 167, 171, 247, 254, 276

Expert system（专家系统）12, 79, 96

Explainer（解释者）21, 49, 71, 76-83, 90-95, 98, 100, 105, 110

Explanation（解释）
- common in AI（人工智能领域普遍存在的解释）79
- criteria for（解释的标准）5, 6, 19, 53, 60, 84, 100, 101, 105, 187-188, 237
- evaluated（评价解释）4, 19, 20, 52, 53, 60, 67, 83, 88, 100-102, 105, 106, 108, 111, 113, 150-151, 166, 167, 192, 195, 204, 247, 260
- legal（法律中的解释）100, 111, 114
- purpose of（解释的目的）2, 7, 9, 13, 18, 19, 40, 42, 47, 62, 81, 99, 103, 104, 150, 192
- success of（解释成功）2, 6, 20, 43, 51, 65, 73, 77, 81-84, 90-92, 95-100, 105, 107, 111
- testing（检验解释）8, 11, 61, 73, 81-83, 95-98, 104, 110, 111, 195, 214

Explanation attempt（尝试解释）80, 81, 83, 91, 95, 98, 112

ExplanationConstructor（译者注：指一个名为"ExplanationConstructor"的软件工具）19

Explanation dialogue（解释性对话）
- closure rules of（解释性对话的结束规则）77, 82, 83, 96
- commitment in（解释性对话中的承诺）97, 245
- goal of（解释性对话的目标）76, 77, 98
- requirements of（解释性对话的要求）76, 78, 83, 91
- substages of（解释性对话中的阶段）90

Explanation request（请求解释）80, 95

Explan system（解释系统）90-95

F

Factual question（事实问题）80, 95

Fallacy（谬误）7, 119, 122, 123, 142, 180-183, 205-207, 245

Fallacy of appeal to authority（诉诸权威的谬误）117

Fallacy of objectionable cause（可反驳因果谬误）183

Fallacy of questionable cause（可疑因果谬误）
- identifying condition of（识别可疑因果谬误的条件）182

Fallibilistic view（可错论）210, 216, 234, 236

Falsifiability（可错性）215, 223, 236, 239

Federal Rules of Evidence（联邦证据规则）253

索 引

Feedback loop（反馈循环）84，90
Feldman, R.（费尔德曼）211，224，270
Field（场域/领域）2-6，10，19，59，62，73，109，110，113，122，128，130，131，135，141，142，150，184，196，197，228，234，237，252-254，271，276
Field-dependence（场域/领域依赖性）6，184
Finocchiaro, M.（菲诺基亚罗）110
Fluent（流动）21，120，202
Football head injury example（橄榄球导致脑损伤案例）180，200-203，207
Freedman, D. H.（弗里德曼）120，121，142，186，198

G

Galapagos finches case（加拉帕戈斯群岛雀类案例）22，54，71，117，262
Gap（缺口/空隙）（参见"Inconsistency"）
Geddo, Cristina（格多）148，157，161，163，165，166，169，175
Generalization（Generalization）
-common sense（常识性概括）93
-defeasible（可废止的概括）217
Getty Kouros case（盖蒂青年雕像案例）138-140
Goldman, A.（戈德曼）120，130，142
Govier, T.（戈薇）183，204，206
Gricean assumption（格赖斯假定）73
Gricean conversational rules（格赖斯对话规则）119

Groarke, L. A.（格罗尔克）8，183，204，206
Grootendorst, R.（格鲁顿道斯特）119
Guthrie, W. K. C.（格思里）97

H

Halo effect（光环效应）122，131
Hamblin, C. L.（汉布林）93，94，119，151
Hannon, M.（汉农）211，223，237
Harman, G.（哈曼）13
Hastie, R.（黑斯蒂）52
Haynes, A. S.（海恩斯）119
Henkemans, F.（亨克曼斯）109
Heuristic scheme（启发式型式）46
Hoffman, M.（霍夫曼）24
Hunter, A.（亨特）30，221
Hybrid system（混合系统）92-95，108-111，113，123
Hybrid theory（混合理论）23，50-55，57，84，92

I

Idaho vs. Davis（爱达荷诉戴维斯案）47
Idealized model of knowledge（理想化的知识模型）212
Implicit premise（隐含性前提）14，17，18，28，40，44，46，54，61，85，89，104，214，231，261，267
Inconsistency（不一致）6，52，53，60，74，78，90，92，95-98，100，101，105，107，108，112，134，214，221，233，235，238
Inference DMP（肯定前件式推论）131

Inference from a cause to an effect（从原因到结果的推论）56
Inferences（推论）
  -chain of（推论链条）79
  -rules（推论规则）28, 53, 55, 61, 124, 270
Inference to the best explanation (IBE)（最佳解释推论）（另参见"Abductive reasoning"）
  -backwards reasoning in（推论中的反向推理）2, 5, 12, 14, 24-26, 28, 31, 36, 48-50, 62-65, 79, 120
  -components of（推论的要素）50, 61, 62, 114, 175, 262, 265
  -critical questions for（推论的批判性问题）65-67
  -evaluated（评价推论）67
  -scheme for（推论的型式）18, 56, 107, 260, 275
  -ultimate conclusion of（推论的最终结论）101
Inferential jump（推论跳跃）10, 39, 40, 187, 206, 207
Inferential link（推论链接）27, 29, 189, 238
Inquiry（探究/调查）
  -aim of（探究/调查的目的）213, 215
  -goal of（探究/调查的目标）151, 221, 223, 224, 226
Inquiry dialogue（探究性对话）
  -aim of（探究性对话的目的）151
  -burden of proof in（探究性对话中的证明责任）151, 156
  -stages of（探究性对话的阶段）151, 156
Iteration（迭代）212, 213, 238
Iterationaxio（迭代原则）213

J

Johnson, R. H.（约翰逊）182, 204, 206, 267
Josephson, J. R.（约瑟夫森）17, 49, 64, 150, 151
Josephson, S. G.（约瑟夫森）17, 49, 64, 150, 151
Jumping to the conclusion（跳跃到结论）187
Justification（证成/正当理由）94, 99, 210, 211, 216, 223, 224, 228, 237-239
Justified true belief analysis（"证成的真信念"分析）210, 214, 239, 240, 247

K

Kahneman, D.（卡内曼）123, 245
Kass, A.（卡斯）109, 110, 114
Kemp, M.（肯普）6, 148, 149, 156, 157, 161-164, 168, 169, 171, 173, 175, 176
Knowledge（知识）
  -accumulation of（知识的积累）173
  -base（知识库）12, 20, 28, 53, 55, 75, 76, 79, 99, 100, 124, 142, 209-210, 212-213, 222, 225, 228, 229, 233, 238, 240, 244, 265-270, 275-277
  -common（一般知识/普遍知识）

15, 18, 21, 25, 31, 50, 51, 53, 55, 56, 61, 67, 71, 74-76, 78, 79, 88, 89, 93, 99-100, 103, 104, 188, 244, 261, 276
- defeasible（可废止的知识）28, 214, 222, 223, 231-240
- defined（界定知识）210
- evidence based theory of（基于证据的知识理论）238, 247
- expert（专家知识）211
- fallibilistic theory of（可错的知识理论）237
- incomplete（不完整的知识）48
- justification（知识证成）210, 211, 224, 237
- requirements for（知识的要求）209, 210, 214, 216, 238
- scientific（科学知识）20, 71, 197, 209, 212-215, 223, 234-236, 239, 240
- standard for（知识的标准）233, 237, 238

Knowledge-based systems（知识库系统/专家系统）12, 20, 28, 53, 55, 75, 76, 79, 99, 100, 124, 142, 209-210, 212-213, 222, 225, 228, 229, 233, 238, 240, 244, 265-270, 275-277

Kowalski, R.（科瓦尔斯基）21

L

Lack of evidence reasoning（缺乏证据推理）45, 231-234
Leake, D.（利克）70, 73, 75, 76, 109-110, 114
Legal argumentation（法律论证）62, 96, 141, 152, 195, 218, 253
Linked argument（联合论证）11, 14, 47, 125, 153, 258-259
Lipsitch, M.（利普锡）181, 195
Loui, R.（路易）225, 227
Lumer, C.（卢默尔）210, 211

M

Macagno, F.（马卡纽）3, 55, 65, 274
Messerli, F.（梅瑟利）180, 191, 192
Mizrahi, M.（米斯拉伊）121, 130, 142
Modus nonexcipiens（译者注：费尔海对可废止的肯定前件式的表述）124, 227
Modus ponens（肯定前件式）
- defeasible（可废止的肯定前件式）53, 130, 186, 196, 227, 230, 273, 274
Modus tollens（否定后件式）55, 227, 229, 230
Motive（动机）5, 13, 35, 36, 38, 40-42, 44-50, 58, 62-64, 214, 264
Moulin, B.（穆兰）79, 110
Multimodal argument（多模式论证）8

N

Natural language（自然语言）
- knowledge statements in（自然语言中的知识陈述）234
- text（自然语言语境）8, 52
Negation rule（否定规则）122, 246
Negotiation dialogue（谈判性对话）

151, 221, 248
New evidence scholarship（新证据学）246
Nute, D.（纽特）225, 228, 229, 231

P

Peirastic discussion（派阿斯蒂克讨论）
 -aim of（派阿斯蒂克讨论的目的）97
Peirce, C. S.（皮尔斯）12-14, 210, 212, 213, 215, 230, 234-236
Pennington, N.（彭宁顿）52
Pera, M.（培拉）110
Permissive persuasion dialogue（PPD）（自由的说服性对话）74
Pinto, R.（平托）183
Pizza example（披萨案例）74
Plausible reasoning（似真推理）
 -characteristics of（似真推理的特征）61, 104
Pollock, J. L.（波洛克）
 -defeasible perception rule（波洛克的可废止感知规则）218, 231
 -theory of defeasible reasoning（波洛克的可废止推理理论）216, 274
Popper, K.（波普尔）
 -theory of knowledge（波普尔的知识论）220
Post hoc fallacy（事后归因谬误）7, 180-183, 205-207
Post hoc reasoning（事后归因推理）187, 206
Practical inference（实践推论）
 -scheme for（实践推论型式）48

Prakken, H.（普拉肯）28, 29, 53, 69, 123, 124, 133, 139, 166, 218, 227, 244, 245, 247, 270
Premise（前提）
 -characteristics（前提的特征）14, 32, 61, 104, 227
 -implicit（隐含前提）14, 17-18, 28, 40, 44, 46, 54, 61, 85, 89, 104, 214, 231, 261, 262, 267
 -ordinary（普通前提）45, 133, 141, 153, 185, 204, 233
 -ultimate（最终前提）32
Principle of falsification of scientific knowledge（科学知识可证伪性原则）236
Probability（概率）
 -notion of（概率观念）13, 246
 -Pascalian（帕斯卡概率）104, 246
 -subjective（主观概率）246
Problem of other minds（他心问题）49, 245
Profile of dialogue（对话剖面）106, 113
Proof standards（证明标准）
 -beyond reasonable doubt（BRD）（排除合理怀疑证明标准）41, 106, 127
 -choosing（选择证明标准）220, 224
 -clear and convincing（清晰且令人信服证明标准）176
 -preponderance（优势证明标准）86, 106, 137-138, 152, 156, 176, 233
 -scintilla（微弱证明标准）127
Proposition（命题）9, 10, 16, 18, 23, 32, 38, 46, 53-55, 60, 62,

索　引

63，97，120，124，127，130，135，153－156，162，170，171，192，196，209-229，231，234-240，244-247，253-273，275，276
Proxy（替代物）188

Q

Questioner（问者）
　-aim（问者目的）73，96

R

Radiator case（暖气片案例）71，78，79
Rational（理性的）24，48，56，63，69，98，118，121，209，214-216，219，223，230，236，240
Reasoning（推理）
　-backward（反向推理）5，12，14，24-26，36，48-50，63，64
　-from cause to effect（从原因到结果的推理）188
　-monotonic（单调推理）237
　-nonmonotonic（非单调推理）237-238
　-sequence of（推理序列）8，15，24，40，47，79，102，152，260
Reasoning from absence of knowledge（RAK）（从无知中推理）210，228-233
Rebutters（反驳）27-30，32，121，124，129
Rebutting defeater（反驳性废止）（参见"Rebutters"）
Redford, C.（雷德福德）270，271
Red light example（红色灯光案例）27，29，125，217，236
Reed, C.（雷德）65，69，70，74-77，130，132，196，274
Reiser, B. J.（赖泽）19，20，22，23，100-103，265
Reiter, R.（雷特）227，228
Rescher, N.（雷斯彻）212，213，237
Restaurant example（餐馆案例）21，51，55，75
Retraction（撤回）12，74，93，94，140-142，190，201，206，213，221，222，224-226，234，236，238，239
Reverse causation（相反因果关系）180，191
Rigorous persuasion dialogue（RPD）（严格的说服性对话）74
Rules（规则）
　-defeasible（可废止规则）225，227，229-230
　-general（一般性规则）12，13，227
　-inference（推论规则）28，53，55，61，124，270
　-strict（严格规则）225，226，230

S

Sandoval, W.（桑多瓦尔）19，20，100-103，265
Sartor, G.（萨托尔）124，133，154，166，227，273
Schafer, B.（谢弗）5，47-50，63
Schiappa, E.（夏帕）2，140
Schlangen, D.（施兰根）99
Schum, D. A.（舒姆）14，23，246，247
Scientific explanation（科学解释）

-goal of（科学解释的目标）20, 100
Scientific inference from causation to causality（从原因到因果关系的科学推论）
　-conditions for（从原因到因果关系的科学推论的条件）180, 187
Script（脚本）21, 58, 61, 62, 64, 66, 71, 75, 100, 101, 111, 265
　-gap in（脚本中的缺口）51
Scriven, M.（斯克里文）21, 95, 110
Scriven's hypothesis（斯克里文的假设）83
Scriven's test（斯克里文的检验）90, 91, 96
Sergot, M.（谢戈特）21
Serial argument（连续论证）11-12
Shaman, J.（沙曼）181, 195
Shelley, C.（谢莉）50
Shroud case（裹尸布案例）2, 9, 30
Simari, G.（西马里）225, 227
Simblet Sarah（西蒙伯尔特）149, 159, 171, 173, 175
Single argument（单一论证）11, 15, 249
Skyscrapers example（摩天大楼案例）205
SMI（替代性指标推论）[参见"Surrogate marker inference (SMI)"]
Smoking example（吸烟案例）184, 202, 207
Smoking in China example（中国吸烟案例）256-259, 265
Speech act（言语行为）
　-rules governing（言语行为的规则）72, 80

Statement（陈述）
　-verifiable（可证实的陈述）270
Story（故事）
　-coherence（故事连贯性）53, 56, 58, 59, 91, 104
　-definition（故事的定义）2, 53-59, 64, 65, 71, 85-89, 103, 104, 109-114
　-scheme（故事型式）53, 58
　-sequence（故事序列）56
Study in Scarlet case（血字的研究）2, 13-19, 24, 25, 27, 28, 240, 244, 259-262, 265, 275
Surrogate marker（替代性指标）
　-dangers of using（使用替代性指标的危险性）190
　-functional（功能性替代性指标）189
　-structural（结构性替代性指标）189-191, 203
Surrogate marker inference (SMI)（替代性指标推论）191, 203, 206

T

Thagard, P.（撒加德）50, 59
Tindale, C. W.（廷德尔）154, 183, 204, 206
Tree structures（树状结构）13, 23, 53, 54, 141, 156, 174, 221, 245, 247, 275
Trust（信任）119, 121, 133, 141
Trust management systems（信任管理系统）119
Trustworthiness（可信性）119-120, 126, 129, 131, 134, 136, 137,

142，150，196，271

Truth（真实/真理）80，95，99，142，209，211-215，219，220，222-225，231，235-240，271

Tversky, A.（特韦尔斯基）123，245

Tweety example（翠迪案例）227

Twining, W.（特文宁）246

U

Ultimate claim（最终主张）3，9，11，23，38，156，158，162，221，269

Ultimate conclusion（最终结论）
—support for（对最终结论的支持）4，9-11，62，139，154，157-158，162-166，171，173，175，244，245，256，261，263，269

Ultimate endpoint（最终点）180，188，190

Ultimate *probandum*（最终待证事实）38，103，104

Ultimate proposition（最终主张）13，32，135，153，156，216，220

Undercutter（削弱）
—argument（削弱论证）29，125，200
—defeater（削弱性废止）（*See* Undercutter）
—description（对削弱的描述）27-31，121，124，129，136，157，161，164，192-194，199，217，238，250，251
—rebuttal（辩驳）193
—undercut（削弱）27，125-126，153，155，161，164，166，192，217，218，223，231，250

Underlying argument（潜在论证）32，50

Understanding（理解）13，19-21，49-52，55-58，64，67，69-71，73-84，91-96，98-100，104，105，109-111，183
—failure of（理解失败）51
—misunderstanding（误解/错误的理解）70，82
—transfer of（传递理解）20-21，73-75，77，83-84，91，98-99

Universal quantifier（全称量词）169

US vs. Beard（美国诉比尔德案）87，105

V

van Eemeren, F. H.（万·默伦）119

Veracity（真实性）210，212-214，233，238

Verheij, B.（费尔海）69，124，125，227

Verifiability（可证实性）215，270，271

von Wright, G. H.（文·莱特）74

W

Walton, D.（沃尔顿）5，6，10，29，40，42-44，46-50，55，61，63-65，69，70，74，77，81，84-90，95-100，104，106，111，118-120，122，127，129-133，141，145，146，150-152，155，156，185，186，188，191，195-197，204，206，212，213，216，218，221，224，227，229，245，247，248，271-274

Why-Because System with Questions（附带问题的"为什么-因为"系统）

93，94

Why² System（"为什么²"系统）94

Wigmore chart（威格莫尔图示）35，37，38，62，247

Wigmore，J. H.（威格莫尔）35-42，46，61，62，103，263，264

Witness testimony（证人证言）32，46，61，247，263，271-276

Y

Yes-no questions（"是-否"问题）74，94

译后记

对本书的翻译计划始于 2016 年 8 月。当时我在写其他文章时，偶然检索到沃尔顿教授这本刚出版的著作的英文电子版本。略做浏览后，我被书中的一些关键词吸引，打算进一步阅读，搞清楚其中的概念和理论渊源。未及太多思考，就给熊明辉教授发邮件，说明了翻译本书的计划，询问可否纳入他主持的"西方法律逻辑经典译丛"。经过几次沟通后，熊明辉教授和中国政法大学出版社编辑，共同安排将本书纳入译丛，并着手解决版权购买和出版申请等事宜。

2019 年 10 月，在译稿完成大半后，我发邮件给沃尔顿教授，邀请他为本书撰写一个序言，但迟迟未能收到他的回复。2020 年初，我从网络上看到他去世的消息。以下是温莎大学"推理、论证与修辞研究中心"（CRRAR）官网"缅怀道格拉斯·沃尔顿教授"页面对他的介绍：

> 沃尔顿博士在温尼伯大学工作了很长时间，于 2008 年加入温莎大学，担任论证研究项目主席。他是一位多产的学者，仅在温莎大学期间就发表了一百多篇论文，出版了多本专著。他在许多我们可以枚举的前沿问题上引领了这个领域，夯实了几代学者持续建立的基础，为今后几代学者制定了研究议程。尽管他享有国际盛誉，但在人们印象中，他是一个极为谦逊、不吝时间和专长、愿意指引年轻人思想的人。与他熟识的人们，现在可以认为自己是幸运的，并将继续受到他留下的巨大遗产的鼓舞。……他是论

证研究领域全球最知名和被引证最多的学者，同时也是人工智能和多主体系统领域的引领学者。他独自写作或与他人合作了近六十本著作以及超过四百篇文章。在沃尔顿博士的职业生涯中，他的哲学见解催生了用于分析对话的新模型、用于改善课堂交流和医学交流的新方法、法律论证和法律解释的革新性方法以及模拟人机交互的新算法。

实际上，2012 年 8 月我攻读博士学位期间，在张保生教授和张南宁博士的推荐下，曾发邮件给沃尔顿教授，询问能否到其任职的机构进行为期一年的访学。沃尔顿教授回复我，大意是：在下个年度，CRRAR 项目所获得的资助能否持续暂未确定，因此 CRRAR 的办公场所和设施甚至是他本人的任职也无法确定；他目前无法在温莎大学给我发邀请函。沃尔顿教授还在邮件中向我推荐了三位在北美任教、适合指导我研究计划的证据法学教授。因此，对我而言，翻译本书呼应了一段被错过的访学经历。

感谢熊明辉教授将本书纳入他主持的译丛，并且提供版权购买和出版费用方面的资助。还要感谢他容忍我在翻译本书时的拖沓。感谢王智烨硕士研究生翻译了本书第 7 章和第 8 章的初稿。我在她提供的译稿基础上进行了修改，重译了部分内容。感谢黄泽敏副教授、宋旭光副教授、张嘉源博士研究生对书中一些术语译法提出的建议。感谢崔瀚月硕士研究生校改了一些文字错误。感谢中国政法大学出版社彭江老师和冯琰老师等人，他们为推动出版和编校书稿付出了辛苦的努力，而且也以极大的耐心容忍了我的拖沓。

樊传明

二〇二三年仲秋

声 明	1. 版权所有，侵权必究。
	2. 如有缺页、倒装问题，由出版社负责退换。

图书在版编目（ＣＩＰ）数据

论证评价与证据/(加)道格拉斯·沃尔顿著；樊传明译.—北京：中国政法大学出版社，2023.11
书名原文：Argument Evaluation and Evidence
ISBN 978-7-5764-1254-3

Ⅰ.①论⋯ Ⅱ.①道⋯ ②樊⋯ Ⅲ.①证据－研究 Ⅳ.①D915.13

中国国家版本馆CIP数据核字(2023)第232886号

出 版 者	中国政法大学出版社
地 址	北京市海淀区西土城路 25 号
邮寄地址	北京 100088 信箱 8034 分箱　邮编 100088
网 址	http://www.cuplpress.com（网络实名：中国政法大学出版社）
电 话	010-58908289(编辑部) 58908334(邮购部)
承 印	固安华明印业有限公司
开 本	880mm×1230mm　1/32
印 张	12.5
字 数	360 千字
版 次	2023 年 11 月第 1 版
印 次	2023 年 11 月第 1 次印刷
定 价	65.00 元